Gottesdienste mit Kindern

Handreichung 1998

Evangelische Verlagsanstalt

Herausgegeben von Dorothea Meinhold
in Verbindung mit Dorothea Creutzburg und Martin Seidel

ISBN 3-374-01641-3

Printed in Germany. H 6533
Umschlaggestaltung: Maria Scholz
Satz: CDT Andreas Paul, Ermlitz/Oberthau
Druck: Druckerei Böhlau, Leipzig

Inhaltsverzeichnis

3

Abkürzungen

EG	– Evangelisches Gesangbuch
GoKi	– Gottesdienste mit Kindern – Handreichung, Evangelische Verlagsanstalt Leipzig
KGB	– Wir wollen fröhlich singen, Evangelisches Kindergesangbuch, Evangelische Verlagsanstalt Berlin
LJ	– Liederbuch für die Jugend, Quell Verlag Stuttgart
LfK	– Liederheft für den Kindergottesdienst, Westfälischer Verband für Kindergottesdienst
LZU	– Das Liederbuch zum Umhängen, Menschenkinder Verlag Münster
MGR	– Mal Gottes Regenbogen in das Grau-in-Grau der Welt, Verlag Junge Gemeinde Stuttgart
MK	– Mein Kanonbuch, tvd-Verlag, Düsseldorf
MKL	– Menschenskinderlieder, Beratungsstelle für Gestaltung von Gottesdiensten, Frankfurt/Main
ML	– Mein Liederbuch für heute und morgen, tvd-Verlag Düsseldorf
111 KL	– 111 Kinderlieder zur Bibel, Verlag Ernst Kaufmann, Christophorus-Verlag
9 x 11 NKL	– 9x11 Neue Kinderlieder zur Bibel, Verlag Ernst Kaufmann, Christophorus-Verlag
●	– Vorschlag für die Verkündigung parallel zur Predigt des Gottesdienstes der Erwachsenen (ca. 20 Minuten)
*	– Vorschläge für monatliche Gottesdienste oder Kindernachmittage

Zur Arbeit mit diesem Heft

Die Bibeltexte und Themen, die diesem Heft zugrunde liegen, richten sich nach dem „Plan für den Kindergottesdienst 1998–2000", herausgegeben vom Gesamtverband Kindergottesdienst in der Evangelischen Kirche in Deutschland.

Bausteine für Gottesdienste mit Kindern und Erwachsenen finden Sie für

25. Januar
Lukas 15,11–32 – Wieder an einem Tisch
15. Februar
1. Mose 12,1–9; 15,1–6 – Gott beruft Abraham zum Träger seines Segens
1. März
1. Mose 18,1–15; 21,1–7 – Isaak, der Sohn der Verheißung
26. April
Lukas 24,36–50 – „Fangt an in Jerusalem und seid dafür Zeugen"

31. Mai
Apostelgeschichte 2,1–17 – Der Himmel auf Erden – wo Menschen sich verstehen in der Kraft des Geistes
28. Juni
Apostelgeschichte 10,1–48 – „Nun erfahre ich in Wahrheit, daß Gott die Person nicht ansieht"
5. Juli
Apostelgeschichte 16,9–15 – „Komm herüber und hilf uns!"
26. Juli
1. Petrus 2,4–10 – „Miterbaut zu einer Wohnung Gottes im Geist" – Wir sind lebendige Steine zu seinem Haus
Gottesdienst zum Schulanfang
Geborgen unter Gottes Schirm – Lukas 15,11–24
23. August
Psalm 124 - Wenn alle gegen uns sind
30. August
Lukas 5,17–26 – Gut, wenn man Freunde hat

4. Oktober
1. Mose 8,20–22; 9,8–17 – Gott schenkt die Erde als Lebensraum für Mensch und Tier

11. Oktober
Lukas 1,46–55 – Maria lobt Gott, der die Armen nicht vergißt

18. Oktober
Lukas 12,16–21 – Was fehlt dem reichen Kornbauern?

15. November
Wer tröstet mich? – Lukas 7,11–17

29. November
Sacharja 9,9f. – Es wird Friede sein

24. Dezember
Matthäus 1,18–25 – Christvesper

Für monatliche Gottesdienste oder Kindernachmittage werden die Texte empfohlen, die im Inhaltsverzeichnis und in den Übersichten mit * versehen sind.

Anschauungsmaterial, das eventuell längerfristig besorgt werden muß (s. auch „Übersichten"):

1. März
Bild von Marc Chagall, Drei Männer besuchen Abraham (in verschiedenen Chagallbänden enthalten)

8. März
Bilder von Hagar und Isamael aus Kinderbibeln, s. Handreichung

3. Mai
Diaserie zum Bilderbuch „Gott erschafft die Welt" von Kees de Kort, Deutsche Bibelgesellschaft Stuttgart, Balinger Str. 31, 70567 Stuttgart

5. Juli
Bilder von Philippi und Umgebung aus Katalogen der Reisebüros

18. Oktober
Gerhard Schöne, Vergeßt ihr auch das Beste nicht, aus Kassette oder CD „Die sieben Gaben" Nr. 4, Buschfunkvertrieb

29. November
3 Folien oder Dias aus dem Bilderbuch: Scheidl / Bernadette, Ein Esel geht nach Bethlehem, Nord-Süd-Verlag, ISBN 3858253170, 24,80 DM. Dieses Buch gibt es auch als Verteilheft zu etwa 1,50 DM.

Kanon zur Jahreslosung

Text: Epheser 5,2
Musik: Siegfried Macht

Kanon für 4 Stimmen

1.
d   C   F   **2.** d   C   F

Lebt   in der Lie- be, wie auch   Chris- tus uns ge- liebt.

3.
d   C   F   **4.** d   C   F

In   der Lie- be   lebt, wie Chris- tus   uns   ge- liebt.

I Komm, Trost der Welt
Im Kind Jesus begegnet der helfende Gott

Lied: O Bethlehem, du kleine Stadt, EG 55

Liturgischer Text: Lukas 2,29-32

Sonntag	Text/Thema	Art der Zusammenkunft Methoden und Mittel
4./6.1.1998 2. Sonntag nach dem Christfest / Epiphanias	Lukas 2,21–40 * Erkennen, was die Nacht hell macht – Simeon und Hanna	Gottesdienst mit Kindern Erzählung, Stegreifspiel
11.1.1998 1. Sonntag nach Epiphanias	Lukas 2,41–52 Erkennen, wo Gott sich finden läßt – Der zwölfjährige Jesus im Tempel	Gottesdienst mit Kindern Erzählung

4./6.1.1998 – 2. Sonntag nach dem Christfest / Epiphanias – Lukas 2,21–40

Erkennen, was die Nacht hell macht – Simeon und Hanna

Lieder: O Bethlehem, du kleine Stadt, EG 55
Seht ihr unsern Stern, LFK 2 50, MKL 130, ML B 50
Ein Kind kommt aus Bethlehem, ML B 32
Stern über Bethlehem, LfK 2 20, LJ 326, ML B 30
O Jesu Christe, wahres Licht, EG 72, KGB 87
Wißt ihr noch, wie es geschehen, EG 52, KGB 81, LfK 2 35, ML A 4
Liturgischer Text: Lukas 2,29–32

Zum Text

Acht Tage nach der Geburt wird Jesus entsprechend den jüdischen Gesetzen (3Mose 12,3) beschnitten und erhält seinen Namen. Dreiunddreißig Tage später erfolgt die Reinigung der Mutter, die nach einer Geburt zunächst als unrein galt. Erst nach der Reinigung darf sie wieder den Tempel betreten. Gleichzeitig wird Jesus als Erstgeborener geheiligt und Gott geweiht (s. 2Mose 13,2).
Die dabei geopferten Turteltauben weisen auf die Armut von Maria und Joseph hin (vgl. 3Mose 12), da im allgemeinen ein Lamm als Opfertier in der Reinigungszeremonie dargebracht wurde.
Mit all diesen detaillierten Schilderungen

9

will Lukas mit Nachdruck bezeugen, daß sowohl Jesus als auch seine Eltern gesetzestreue Juden gewesen sind.

Dem weisen und gottesfürchtigen Simeon wird die Offenbarung zuteil, daß Jesus der langersehnte Messias, der Tröster und Retter des Volkes Israel ist (s. Jes 9,1–6). Er glaubt der Verheißung, er schaut nach vorn und folgt seiner inneren Stimme, dem Wirken des Heiligen Geistes, der ihn in den Tempel weist.

Mit seinem Lobgesang (vgl. auch Lk 1,68–79) bekräftigt Simeon die Verheißung, die Maria für ihr Kind empfangen hat.

Die Eltern staunen, obwohl sie doch schon längst um die besondere Bedeutung ihres Kindes wissen. Damit hebt Lukas die Unermeßlichkeit dessen, was hier beginnt, noch einmal hervor.

Es läßt sich eben nicht vom Verstand her, sondern nur mit dem Herzen erkennen und glauben, daß Jesus Christus der Heiland und Retter ist, den die Propheten verheißen hatten.

Maria wird auch hier von Lukas besonders hervorgehoben, indem Simeon sie segnet. Darin klingen das Zukünftige, die Ahnung um die Passion, das Wissen um die Zweifel, die Auseinandersetzungen, den schweren Weg Jesu an.

Jesus wird der sein, an dem sich die Geister scheiden werden in die, die der Verheißung Gottes trauen, und in die, die ablehnend gegenüberstehen werden. Das sind Menschen, die in ihrer Angst vor Veränderung und Machtverlust, in ihrem Beharren an Festgefahrenem die Offenheit ihrer Herzen verloren haben. Sie können den Schein des Lichts und der Hoffnung für die armen, verlorenen und ausgestoßenen Menschen nicht ertragen. Deshalb werden sie alles daransetzen, diesen Schein wieder zum Verlöschen zu bringen (s. V. 34f.).

Hanna, die Prophetin, bestätigt Simeons Worte und verleiht ihnen durch die anerkannte Autorität ihrer Persönlichkeit in Glaubensdingen noch zusätzliches Gewicht.

Der Text und die Kinder

Auch jüngeren Kindern ist aus den Christvespern oder dem Kindergottesdienst die lukanische Weihnachtsgeschichte vertraut. In der Erzählung von Simeon findet sie ihre unmittelbare Fortsetzung. Der kleine Jesus wird in den Tempel gebracht – eine Parallele zu unserer Taufpraxis, die sicher einige unserer Kinder schon einmal miterlebt haben. So können wir bei diesen Erfahrungen ansetzen, und die Kinder können sich gut in die Geschichte hineinhören und hineinversetzen.

Simeon ist einer, der den alten Verheißungen vertraut und schon lange auf die Erfüllung dessen wartet, was seinem Volk vor langer Zeit versprochen wurde. Diese Erfahrung kennen auch unsere Kinder: Versprechen, auf deren Erfüllung sie manchmal fast zu lange warten müssen oder Zusagen, die sich im Nachhinein nicht erfüllen lassen. Ich denke, Kinder können gut nachvollziehen, was es heißt, auf etwas zu warten, das ihnen sehr viel bedeutet.

Simeon ist über dem Warten alt geworden, und doch hat er seine Hoffnung, seinen Glauben an die Verheißung nicht verloren. Nun erkennt er in dem kleinen Kind die Erfüllung seiner Hoffnungen.

Ob er sich das so vorgestellt hatte? Ich weiß es nicht. Aber auch dies ist eine alltägliche Erfahrung unserer Kinder, daß Dinge und Ereignisse oft anders aussehen oder geschehen, als sie es sich vorgestellt oder erträumt hatten.

Und: Wenn man auf etwas so lange warten mußte, dann kennt die Freude keine Grenzen mehr, wenn es endlich geschieht. So können die Kinder sicher auch die übergroße Freude des Simeon nachempfinden, die ihn seinen Lobgesang singen läßt.

Daß mit Jesus nicht immer alle einverstanden sein werden, wissen die Kinder zum Teil schon aus anderen Geschichten, wenn nicht, dann kennen sie das aus der eigenen Erfahrung. Wer sich mit seinen Ideen weit aus dem Fenster hängt, der muß auch einstecken können. Diese Erfahrung haben auch jüngere Kinder heute leider schon allzu oft gemacht. So werden sie die bildhafte Sprache des Simeon gut verstehen können.

Was bleibt – und dies ist für mich das Wichtigste an diesem Text – ist die Erkenntnis Simeons, daß die Verheißung in Jesus in Erfüllung gegangen ist und noch gehen wird. Simeon hat sehen dürfen, wofür Augen und Herzen anderer noch verschlossen waren, er durfte Jesus erkennen. Und so ist dieser Text, mehr als viele andere eben auch ein Epiphanias-Text, der sagt: Christus ist erschienen. Macht eure Herzen weit auf, damit ihr ihn und die Hoffnung, die er schenkt, mit hineinnehmen könnt in euer Leben.

Gestaltungsvorschlag

Begrüßung und ortsüblicher Beginn

Lied: in Anknüpfung an die Weihnachtsgeschichte: Wißt ihr noch, wie es geschehen oder O Bethlehem, du kleine Stadt

Erzählung „Der kleine Timetius"

Einmal in der Woche, am Sabbat, geht Timetius mit seinem Vater zum Gottesdienst. Sabbat, so hatte der Vater Timetius erzählt, das ist der siebente Tag der Woche, der Tag, an dem sich Gott von all seinen Schöfungswerken ausruhte, und an dem deshalb auch wir Menschen ausruhen und uns Gott zuwenden sollen.

So war der Gang zum Gottesdienst auch nichts Besonderes mehr für Timetius. Im Gegenteil, oft wurde ihm die Zeit lang während der Rabbi sprach, und er wartete sehnsüchtig darauf, wieder hinaus ins Freie zu kommen.

Auch heute würde es sicher wieder so werden. Timetius seufzte leise.

In der Ferne war schon der Tempel zu sehen. Von allen Seiten kamen die Menschen aus ihren Häusern und gingen zum Gottesdienst.

Beim Näherkommen erkannte Timetius einige von ihnen, Nachbarn und Freunde seiner Eltern. Der Vater blieb stehen, um sie zu begrüßen, und Timetius nutzte die Gelegenheit, um sich leise davonzustehlen.

Im Vorraum sah er einen alten Mann stehen, den er kannte, Simeon hieß er. Simeon war immer hier. Wann immer sie herkamen, saß oder stand er im Tempel. Es schien fast so, als ob er auf irgend etwas wartete. Timetius hatte sich schon oft gefragt, ob Simeon nicht irgendwann einmal die Geduld verlieren würde. Schließlich trat offensichtlich nicht ein, worauf er wartete, sonst würde er ja endlich nach Hause gehen.

Neugierig schlich der Junge um den Alten herum. Heute wollte er es ganz genau wissen.

„Äh, äh, entschuldigen Sie." „Ja?" – Simeon sah Timetius mit einem aufmunternden Blick an. „Du möchtest mich bestimmt etwas fragen. Nicht wahr, mein Junge?"

„Ja", fuhr Timetius vorsichtig fort. „Ich möchte Sie fragen, warum Sie immer hier stehen und warten. Jedesmal wenn ich mit Vater in den Tempel komme, sind Sie auch da."

„Das ist eine gute Frage, mein Junge", antwortete Simeon, „aber das läßt sich gar nicht so einfach erklären.

Weißt du, vor langer, langer Zeit hat Gott uns versprochen, daß er einen Retter, einen Erlöser zu uns schicken wird. Du weißt ja, daß wir unter der Herrschaft der Römer leben und viele von uns ihr Leben nicht frei führen können. Das soll ein Ende haben. Unser Volk, das Volk Israel soll wieder frei sein. Einer wird kommen, der uns errettet. Gott hat uns einen Heiland verheißen, der heil machen wird, was zerbrochen ist. Darauf warte ich. Ich glaube nicht, daß Gott sein Volk vergessen hat. Ich glaube an die Verheißung, und deshalb stehe ich hier. Denn wo sollte ich den Heiland anders suchen als in unserem Gotteshaus, im Tempel?"

Timetius guckte ungläubig. Worauf wartete der alte Mann? Ob er schon ein bißchen durcheinander war? Sicher, auch Timetius hatte schon von dem verheißenen Retter gehört, aber so richtig glauben konnte er das doch nicht. Er überlegte hin und her. „Timetius, da bist du ja endlich", die scharfe Stimme des Vaters unterbrach seine Gedanken. O weh, der Vater war bestimmt böse, daß er sich so heimlich davongeschlichen hatte und nicht bei ihm stehengeblieben war.

„Vater, weißt du, der Simeon hat mir gerade erzählt, warum er immer hier steht und wartet. Kennst du die Geschichte?"

„Sicher, Timetius, alle hier im Ort kennen Simeons Geschichte. Das ist doch nichts Neues."

„Ist es denn wahr, was Simeon erzählt?"

„Ich weiß es nicht, mein Junge", antwortete der Vater. „Die Zeit wird zeigen, ob Simeon recht hat. Aber jetzt komm, der Gottesdienst beginnt gleich."

Lied: Ein Kind kommt aus Bethlehem

Fortsetzung der Erzählung

Auch in unserer Geschichte von Timetius kam an diesem Tag ein Kind, daß in Bethlehem geboren war, in den Tempel. Maria und Joseph, zwei junge Menschen aus Nazaret brachten ihren erstgeborenen Sohn, um ihn segnen zu lassen und Gott ein Dankopfer zu bringen.

Fröhlich wurden sie von der Gemeinde aufgenommen und begrüßt. Es war immer ein frohes Ereignis, wenn ein neues Kind zu Gott gebracht wurde. Doch heute war alles irgendwie anders als sonst, unruhiger und aufregender. Kaum daß die jungen Eltern mit dem Kind auf dem Arm den Tempel betreten hatten, trat der alte Simeon zu ihnen.

Timetius sah erstaunt, wie er sich in den wenigen Minuten seit ihrem Gespräch verändert hatte. Simeons Augen strahlten, sein ganzes Gesicht leuchtete als hätte er einen großen Schatz gesehen. Tränen liefen ihm übers Gesicht, Tränen der Freude und des Glücks. Und er wirkte so jung, so voller Leben. Timetius hatte noch nie gesehen, wie Freude einen Menschen verändern kann.

Dann fing Simeon an zu sprechen: „Herr, ich danke dir. Mein Herz ist voller Freude, weil mein Warten nicht umsonst war. Du hast heute meine Augen und mein Herz geöffnet, damit ich den Heiland in diesem kleinen Kind erkennen kann."

Der Heiland? War der alte Mann jetzt völlig durchgedreht? Timetius traute seinen Ohren nicht. Dieser kleine Junge, Jesus, der Sohn von Maria und Joseph sollte der Heiland sein, auf den Simeon sein ganzes Leben lang gewartet hatte?

Doch dann trat er näher, näher zu Simeon und näher zu dem Kind. Und er wurde angesteckt von der Freude, dem großen Glück des alten Mannes. Das Strahlen seiner Augen ließ es Timetius warm ums Herz werden. Er war auf einmal ganz fröhlich und ausgelassen.

Simeon war mit seiner Rede aber noch nicht zu Ende. Er wandte sich an Maria, die Mutter, und sprach weiter: „Dein Sohn wird der sein, um den sich die Gläubigen streiten werden. Es wird Menschen geben, die an ihn glauben als den Heiland, und andere, die ihn für gefährlich halten. Der Weg, der vor dir liegt, wird nicht einfach werden." Und er legte seine Hände auf Maria und segnete sie. Staunend stand Timetius dabei. Er blieb wie angewurzelt auf seinem Platz stehen.

Auch als dann noch Hanna, eine alte Tempeldienerin, hinzutrat und Simeons Worte bestätigte, rührte er sich nicht vom Fleck. Kaum wagte er zu atmen. Ein Gedanke drehte sich in seinem Kopf hin und her: Was ist, wenn es wirklich wahr ist? Wenn Jesus wirklich der Heiland ist?

Eine Hand legte sich auf Timetius Schultern. Er drehte sich um: Vater? Timetius hatte gar nicht gemerkt, daß sein Vater die ganze Zeit neben ihm gestanden hatte. „Frag lieber nicht, mein Junge. Ich weiß es auch nicht." Und dann fuhr er fort: „Ich glaube es."

Gespräch und Gestaltung eines Stegreifspiels zur eben gehörten Geschichte

Ulrike Flade, Potsdam

11.1.1998 – 1. Sonntag nach Epiphanias – Lukas 2,41–52

Erkennen, wo Gott sich finden läßt – Der zwölfjährige Jesus im Tempel

Lieder: *O Bethlehem, du kleine Stadt, EG 55*
Lobet den Herren, alle, die ihn ehren, EG 447, KGB 14, LJ 258, MKL 57
Liturgischer Text: Lukas 2,29–32 und Psalm 23,1–4

Zum Text

Diese Geschichte ist der Abschluß der Kindheitsgeschichten Jesu. Ich denke aber, der Begriff „Kindheitsgeschichten" ist vordergründig. In Lk 1,26–56 und 2,1–52 geht es um mehr als um Kindheit. Jesu Lebensweg wird eingeleitet. Schon hier wird deutlich, für die Sache mit Gott und Jesus brauchen wir mehr als unsere natürlichen Augen und Ohren, wir brauchen ein Herz, das bereit ist, sich auf Gott und Jesus einzulassen. Maria hatte so ein Herz:
In Lk 2,19 *bewegte* sie alles in ihrem Herzen, was die Hirten von dem Kinde gesagt hatten, nämlich daß er der Heiland sei, der Christus, der Herr (Lk 2,11).
In Lk 2,33 *wunderten* sich die Eltern Jesu über das, was von ihm gesagt wurde, nämlich daß er ein Licht sei, zu erleuchten die Heiden und zum Preis des Volkes Israel (Lk 2,32), jedoch wird das nicht ohne Schmerzen für Marias Seele Wirklichkeit werden.
Und in Lk 2,50 verstanden die Eltern ihren Sohn nicht, aber Maria *behielt* alle diese Worte in ihrem Herzen. Auch wir brauchen ein Herz, das bereit ist, an Gott zu glauben, ohne alles verstehen zu müssen.
Jesus hat auch so ein Herz. Von früher Kindheit an ist er mit Gottes Sache befaßt. Seine Antwort an die Eltern in Lk 2,49 ist vorbereitet. Er hat sich zu Herzen genommen, was er mit anderen Kindern oder mit seinen Geschwistern (Lk 8,32) zusammen kennengelernt hat. Dazu gehörte gewiß auch das jüdische „Gesangbuch", der Psalter. Wir können annehmen, daß er auch Psalm 23 gelernt hat.

Die Darstellung Jesu im Tempel, die ich wegen des geistlichen Werdeganges Jesu in die Erzählung einbeziehe, hat ihre biblische Wurzel in 2 Mose 13,2. Auch für das Passafest, das der Zwölfjährige erlebt, gibt es eine biblische Anordnung in 5 Mose 16,1–8. Die Stellen sollten nachgelesen werden. Zur Illustration eignet sich Dietrich Steinwede: Jesus aus Nazareth. Verlag Ernst Kaufmann, Lahr 1972 ff.
Fremdartige Worte wie „Passa", „Tempel", „Brandopferaltar" werden im Zusammenhang der Erzählung verständlich.

Der Text und die Kinder

Es geht wohl Erwachsenen und Kindern gleichermaßen so, daß sie nicht alles, was sie aus der Bibel und dem Gesangbuch hören oder lesen mit dem Verstand sofort begreifen (vgl. Lk 2,48–49). Wichtig und gut aber ist, daß die Kinder mit und von den Erwachsenen lernen, an der Sache mit Gott und Jesus dranzubleiben. In diesem Punkt ist uns Jesus in dieser Geschichte ein Vorbild. Er bleibt dran.
Ein weiterer Punkt ist: In dieser Geschichte verstehen sich Eltern und Kind in einer bestimmten Situation, bei einer bestimmten Entscheidung nicht. Aber sie sagen sich gegenseitig ihre Empfindungen und achten sie. Sie gehören zueinander in Liebe und mit Toleranz. Das ist vorbildlich.
Die Gefahr dieser Geschichte ist das Moralisieren: Jesus könnte als der unbedingt gehorsame, der „untertänige" Sohn seiner Eltern dargestellt und damit den Kindern als Vorbild des Gehorsams vermittelt werden. Das dürfte den Kindern nicht sehr verlockend erscheinen und wür-

de die Botschaft des Textes auch stark verkürzen. Wir versuchen, dieser Gefahr aus dem Weg zu gehen, indem wir einerseits den Lernprozeß Jesu einbeziehen und die theologische Linie nicht aus den Augen lassen und andererseits das allseitige Mißverstehen zwischen Eltern und Kind nicht übergehen.

Gestaltungsvorschlag für jüngere und ältere Kinder

Lied: O Bethlehem, du kleine Stadt

Psalm 23,1–4

Erzählung

Die Eltern, Maria und Josef, brachten ihren kleinen Sohn Jesus, wie es damals üblich war, in den Tempel. Dort erlebten sie etwas Merkwürdiges: Zwei sehr alte Leute, Simeon und Hanna, begrüßten den kleinen Jesus als Heiland für die ganze Welt. Simeon sagte:

Liturgischer Text: Lk 2,29–32

Erzählung

Und Simeon sagte zu Maria noch etwas sehr Unverständliches: „Wenn das Kind groß wird, werden manche gegen ihn sein, und manche werden für ihn sein. Manche kommen an ihm zu Fall und werden durch ihn aufstehen. Viele werden ihm widersprechen. Auch durch deine Seele wird ein Schwert dringen…" Der Vater und die Mutter wunderten sich sehr über solche Worte über ihr Kind. Dann mußten die Eltern mit ihrem Jesus wieder heim nach Nazaret ziehen. Dort lebten sie wie alle Leute in Nazaret. Im Alltag arbeitete die Mutter als Hausfrau und der Vater als Handwerker. Die Kinder spielten und halfen und lernten zu Hause oder auch im Gemeindehaus, in der Synagoge. Jesus bekam noch Geschwister. Sie waren eine große jüdische Familie. Und eines Tages war es so weit. Jesus durfte in das Gemeindehaus, in die Synagoge. Dort saß er mit anderen Jungen aus Nazaret auf der Erde, vor ihnen der Rabbi mit der Schriftrolle, und sie lernten die alten Geschichten Gottes mit ihrem Volk und die Geschichten von Abraham, von Mose, von König David und vielen anderen. Und sie lernten die Lieder ihres Volkes, auch das Lied „Der Herr ist mein Hirte", den 23. Psalm. Ja, den konnte Jesus gut verstehen. Das hatte er schon oft beobachtet, wie der Hirte die Schafe mit seinem Stock behütet. Der Hirte weiß, wann seine Schafe Hunger und Durst haben. Er bringt sie zum frischen Wasser, zur grünen Weide. Der Hirte führt die Schafe durch ein schmales, dunkles Tal. Der Hirte ist für die Schafe da. O ja, diesen Psalm liebte Jesus sehr. Diesen Psalm lernte er ganz schnell. Und er spürte und wußte: „So wie der Hirte ist auch Gott zu mir. Bei Gott fühle ich mich wohl. Ich bin am liebsten da, wo ich von Gott höre."

Und so freute sich Jesus sehr auf seinen zwölften Geburtstag. Jetzt durfte er zum ersten Mal dazugehören, wenn die große Reise zum Passafest im Tempel von Jerusalem gemacht wurde. Ja, was am Passafest gefeiert wurde, das wußte Jesus, das hatte er mit den anderen Jungen beim Rabbi in der Synagoge gelernt: Gott hat sein Volk in der ägyptischen Sklaverei bewahrt und es aus der Gefangenschaft befreit. Daran erinnert alles, was beim Passafest gegessen, getrunken, gesagt und gesungen wird. Aber so etwas wissen und selber beim Feiern dabei sein, das ist ein Unterschied. Und endlich war es also so weit. Viele Leute aus Nazaret machten sich auf den Weg. Drei Tage lang wanderten sie durch Felder und Wiesen, bergauf und bergab. Keiner wurde müde oder bekam schlechte Laune. Alle, alle freuten sich auf das große Fest im Tempel von Jerusalem. Und dann sahen sie alle, auch Jesus, am Abend des letzten Reisetages den Tempel, wie er erstrahlte in der untergehenden Sonne! So groß und schön hatte Jesus sich den Tempel wohl nicht vorgestellt! Und seine Vorfreude wurde immer größer. Und endlich waren sie in Jerusalem. Die vielen Menschen! Die vielen fremden Sprachen! Die vielen Schafe! Die viele Musik, die überall zu hören war! Das war überwältigend. Und Jesus blieb dicht bei seinen Eltern.

Und dann waren sie am Tempel. Zuerst kamen sie in den riesigen Vorhof. Dann gingen die Eltern mit ihm durch ein Tor in den Frauenhof. Dort blieb Maria mit den Frauen. Jesus aber und sein Vater und alle anderen Männer und Jungen gingen wieder durch ein Tor in den Männerhof. Was sieht Jesus alles in dem Männerhof! Vor dem Allerheiligsten steht ein großer Tisch aus Stein, ein Brandopferaltar. Davor stehen die Priester. Einige haben ganz rasch und schmerzlos die Lämmer, die die Männer mitgebracht haben, getötet, einige tragen die Lämmer zum Brandopferalter und legen sie darauf. Die Menschen wollen damit Gott danken, daß er wieder ein ganzes Jahr bei ihnen gewesen ist. Und Jesus hört Musik, Musik aus Silbertrompeten. Jesus ist gerne hier in Jerusalem, im Tempel. Nach dem Gottesdienst gehen die Männer und Jungen wieder zu den Frauen und Mädchen. Und dann essen und trinken sie alle draußen im Tempelvorhof. Sie erzählen, sie freuen sich, sie lachen miteinander. Und das ging sieben Tage lang. So lange und schön ist das Passafest.

Dann versammelten sich alle zum letzten Mal vor dem Tempel. Priester segneten sie. Sie sprachen zueinander: „Das nächste Mal wieder in Jerusalem!" Und dann gingen alle wieder nach Hause. In Jerusalem wurde es wieder still. Nur Jesus ging nicht mit. Er blieb im Tempel. Er wollte immer mehr von der Geschichte seines Volkes hören und von dem, was die Menschen mit Gott erlebt haben. Er saß bei den Priestern und Schriftgelehrten. Er fragte und antwortete. Er fühlte sich wohl hier. Hier war er zu Hause.

Und die Eltern? Einen Tag lang waren sie schon gewandert. Sie dachten, Jesus sei bei seinen Freunden oder bei den Verwandten und Bekannten. Aber am Abend: Jesus kam nicht zu seinen Eltern. Da waren sie sehr beunruhigt. Sie fragten überall nach Jesus. Sie machten sich noch in der Nacht auf den Weg zurück nach Jerusalem. Sie suchten, sie riefen, sie fragten nach ihrem Kind Jesus. Drei Tage lang, drei Nächte lang. Und endlich, endlich kamen sie in den Tempel: Da saß ihr Kind, ihr Sohn Jesus, mitten zwischen den Priestern und Schriftgelehrten. Das konnten die Eltern nicht fassen, das konnten sie einfach nicht begreifen. Sie waren entsetzt. Und Maria, die Mutter sagte: „Mein Sohn, warum hast du uns das angetan? Siehe, dein Vater und ich haben dich mit Schmerzen gesucht! Wir haben dich – mit Schmerzen – gesucht!"

Und Jesus sagte: „Warum habt ihr mich gesucht? Wißt ihr nicht, daß ich sein muß in dem, was meines Vaters ist? Wißt ihr nicht, daß ich hier, im Tempel, in Gottes Haus sein muß. Hier ist mein Zuhause!" Nein, sie verstanden sich nicht in diesem Augenblick. Die Eltern verstanden ihren Sohn nicht. Der Sohn verstand die Eltern nicht. Und doch gehörten sie zusammen: Der Sohn zu den Eltern, die Eltern zum Sohn. Sie gingen zusammen nach Nazaret, in ihr Zuhause. Jesus war und blieb lange Jahre ihr Kind wie seine anderen Geschwister.

Maria aber, die Mutter, hat wohl noch oft an die denkwürdigen, die merkwürdigen Worte gedacht: Die Worte der Hirten…, die Worte des Simeon... und nun die Worte ihres Sohnes Jesus.

Lied: Lobet den Herren, alle, die ihn ehren, Str. 1 (Hier singen wir von unserer Freude am Gottesdienst.)

Gebet: Psalm 23,1–4

Renate Seidel, Neustrelitz

II Alle um einen Tisch
Tischgeschichten bei Lukas

Lied: Komm, sag es allen weiter, EG 225, LJ 142, LfK 1 C 20, MKL 56
Liturgischer Text: Freundlich und hilfreich ist Gott, s. u.

Sonntag	Text/Thema	Art der Zusammenkunft Methoden und Mittel
18.1.1998 2. Sonntag nach Epiphanias	Lukas 5,27–32 An einem Tisch	Gottesdienst mit Kindern Zeichnung von leerem Tisch mit Stühlen, Psalmlied, Gespräch, Erzählung, dunkles und helles Tuch, gemeinsames Essen
25.1.1998 3. Sonntag nach Epiphanias	Lukas 15,11–32 Wieder an einem Tisch	Gottesdienst mit Kindern und Erwachsenen Erzählung, Bildbetrachtung, Gespräch, Lied
1.2.1998 Letzter Sonntag nach Epiphanias	Lukas 19,1–10 Mit dem an einem Tisch?	Gottesdienst mit Kindern Puppenspiel oder Einstiegsgeschichte, Erzählung, Spiele
8.2.1998 Septuagesimä	Lukas 14,15–24 * Kommt alle zum Tisch des Lebens!	Gottesdienst mit Kindern Gespräch, Erzählung, Lied, Festessen oder Rollenspiel, Gebet

Kinderpsalm, auch zu singen

Text: Ernst Richter
Melodie: Hanna de Boor
(auch im Kanon singbar)

Refrain

Freund-lich und hilf-reich ist Gott. Ja, un-ser Gott ist barm-her -

Strophen

zig.
1. Ich will mich ü - ber den Herrn freu - en.
2. Ich will mich ü - ber den Herrn freu - en und
3. Er hat mir mei - ne Schuld ver - ge - ben
4. Er hat mich stark ge - macht, so -
5. So hoch der Him-mel ü - ber der Er - de ist, so

1. Al - les, was in mir ist, mein
2. all das Gu - te nicht ver - ges - sen, das
3. und hat heil ge - macht, was
4. lan - ge ich le - be, sorgt
5. groß ist Got - tes Freund - lich - keit für

1. Herz und mein Geist sol - len ihn lo - ben.
2. ich von ihm em - pfan-gen ha - be.
3. in mir zer - bro - chen, zer - bro - chen ist.
4. er für mich, sorgt er für mich.
5. die, die zu ihm ge - hö - ren.

18.1.1998 – 2. Sonntag nach Epiphanias – Lukas 5,27–32

An einem Tisch

Lieder: Komm, sag es allen weiter, EG 225, LJ 142, LfK 1 C 20, MKL 56
Gott, dein guter Segen, LfK 2 138, LZU I 31, ML 2 Ökumene heute, C 67

Liturgischer Text: Freundlich und hilfreich ist Gott, Kinderpsalm, s.o.

Das Thema

Die Geschichte von der Berufung des Zöllners Levi und dem Mahl mit den Zöllnern wird durch das Thema „An einem Tisch" auf das gemeinsame Mahl hin ausgerichtet. Die Themen Umkehr und Nachfolge, die für die Erzählung auch von Bedeutung sind, werden damit in den Hintergrund gerückt. Das Neue an der Geschichte innerhalb des Lukas-Evangeliums ist, daß Jesus jetzt nicht nur Fischer, also unbedeutende Leute, sondern auch vom Volk als Sünder verachtete Zöllner zu seinen Jüngern macht. Zöllner pachteten zu Festpreisen Zollstellen; die Einnahmen über die Pachtsumme hinaus bildeten den Reingewinn der Zöllner. Deshalb, und auch wegen ihres häufigen Kontaktes zu Heiden, waren Zöllner ausgesprochen unbeliebt. Auf Jesu Wort hin (V. 27) verläßt Levi alles, er vollzieht eine radikale *Umkehr*. Auf dieser Umkehr liegt für Lukas die Betonung des Textes. In V. 32 sagt Jesus: „Ich bin für die Sünder zur Umkehr gekommen". So wird auch das von Levi bereitete große Gastmahl verständlicher: Er beginnt seine Umkehr mit einem Abschiedsmahl für seine Freunde und einem Freudenmahl für seine Errettung.

„Sünder" (V. 30) ist ein vielfach zu deutender Begriff: Für Lukas bezeichnet er zugleich das moralisch Verwerfliche und die Unbußfertigkeit. Für die Pharisäer waren alle, die zum gemeinen Volk gehörten, Sünder. Sünder kann aber auch Angehörige bestimmter Berufsgruppen bezeichnen. Es gehört zu den Regeln der Pharisäer, sich nicht mit Sündern an einen Tisch zu setzen.

Das „Murren" der Pharisäer (V. 30) erinnert an das Murren des Volkes Israel in der Wüste gegenüber Gott und bezeichnet damit die Auflehnung von Menschen gegen das Handeln Gottes. Wer die Jünger (V. 30) sind, ist nicht ganz klar: Vorher (Lk 5,10f) ist nur von Petrus, Johannes und Jakobus ausdrücklich die Rede, später (Lk 6,17) wird jedoch eine große Schar seiner Jünger vorausgesetzt. Es ist wohl anzunehmen, daß sich um Jesus eine Gruppe von Anhängern geschart hat, die mit ihm ziehen.

Das gemeinsame Mahl ist nach V. 31 eine Möglichkeit des Heilens, eine symbolische Handlung, die Heilsein zuspricht und damit Heilung bewirkt. Damit wird von den angesprochenen Menschen Bekehrung (Umkehr) erwartet, die sie dann auch – weil sie heil und damit keine Sünder mehr sind – würdig macht, mit allen an einem Tisch zu sitzen.

Jesus ißt mit den Sündern („den Kranken", V. 31). Damit zeigt er, daß er sie als ehrbare, gleichberechtigte Personen anerkennt. Schon allein diese Zuwendung ist heilsam: Die normalerweise aus der Gesellschaft Ausgegrenzten werden sich ihrer Würde bewußt. Jesus akzeptiert ihre Einladung zum Festessen und damit ihre Gemeinschaft. Das Essen zeigt die Anerkennung aller in der Gemeinschaft und die Freude am gemeinsamen Feiern. Jede Mahlzeit, die wir gemeinsam halten, schafft und symbolisiert Verbundenheit der am Mahl Teilnehmenden. Wenn wir sie im Namen des Herrn feiern, erinnert sie uns auch an unsere Verbundenheit mit Gott und unseren Wert in Gottes Augen.

Das Thema und die Kinder

Die meisten Kinder werden von zu Hause oder von Kindergarten oder Schule gemeinsames Essen kennen. Sie wissen, daß es schön ist, dabei füreinander Zeit zu haben und sich zu unterhalten. Wahrscheinlich haben sie auch schon Feste gefeiert und wissen, wie sehr es zur Festfreude gehört, ausführlich an einem Tisch zu sitzen und zu essen. So werden sie auch verstehen können, daß gemeinsames An-einem-Tisch-Sitzen bedeutet, daß man sich gegenseitig anerkennt. Eine Gemeinschaft ist nur dann schön, wenn alle Achtung voreinander haben und sich zu schätzen wissen.

Für Kinder strukturieren gelegentlich Rituale den Tagesablauf (je kleiner sie sind, desto wichtiger ist z. B., daß die Prozedur des Zu-Bett-Gehens immer in gleicher Weise verläuft). So kennen sie vielleicht auch die Sitte, sich vor dem Essen an den Händen zu fassen und sich guten Appetit zu wünschen. Einige werden vielleicht auch Umgang mit gemeinsamen Tischgebeten haben. Jedenfalls ist ihnen vertraut, daß gemeinsame Mahlzeiten gemeinsam beginnen, und daß ein kleines Ritual zu Beginn die Tischgemeinschaft vertiefen kann. So wird ihnen ein Essen, das mit einem Lied und Händereichen beginnt, nicht ungewöhnlich sein.

Schwierig zu verstehen ist für Kinder sicher V. 28: „Er verließ alles", vor allem in der strengen Bedeutung, wirklich Haus, Besitz und Familie zurückzulassen. Gerade für kleinere Kinder, für deren ungestörte Entwicklung eine intakte Familie und Umgebung wichtig sind, ist dieser Aspekt der Erzählung möglichst wenig zu betonen. Wichtiger ist, daß die Kinder begreifen, daß die Erfahrung der Achtung und Zuwendung Freude und Selbstvertrauen gibt und damit das Leben verändern kann.

Gestaltungsvorschlag für jüngere und ältere Kinder

Vorbereitung

Wir malen auf ein möglichst großes Blatt einen großen leeren Tisch mit Stühlen.

Psalm

„Freundlich und hilfreich ist Gott", wir singen den Kehrvers oder den ganzen Psalm.

● Bild und Gespräch

Jetzt zeigen wir den Kindern das Bild mit dem leeren Tisch. Wir unterhalten uns mit den Kindern darüber, was auf so einen Tisch alles gehört, wenn man miteinander essen will. Die Kinder können das, was ihnen dazu einfällt, auf den Tisch malen. Schön wäre es, wenn die Kinder auch malen, wer alles mit am Tisch sitzen soll. Bei oder nach dem Malen reden wir mit den Kindern darüber, wie es bei ihnen zu Hause beim Essen zugeht.

Ihr eßt zu Hause mit euren Eltern zusammen? Eßt ihr mittags im Kindergarten oder in der Schule? Manchmal habt ihr Besuch zum Essen, ist das dann anders als sonst? Beginnt ihr das Essen gemeinsam? Wenn man beim Essen zusammensitzt, kann man sich gut unterhalten. Worüber unterhaltet ihr euch beim Essen?

(Vielleicht läßt sich schon dieses Gespräch dahin lenken, daß es schön ist, gemeinsam zu essen, und daß man dabei gut miteinander reden kann.)

● Lied: Komm, sag es allen weiter

● Erzählung

In den nächsten Kindergottesdiensten geht es um das gemeinsame Essen. In der Bibel gibt es mehrere Geschichten davon Eine erzähle ich euch heute:

Levi sitzt in einem kleinen Häuschen am Stadttor. *(Die Erzählerin breitet ein graues Tuch in der Mitte oder je nach Sitzordnung vor den Kindern aus.)*

Es ist noch früh, noch kommen nicht viele Leute vorbei. Doch, dahinten kommt ein Gewürzhändler mit seinem Esel. „Na, was hast du heute zu verzollen?" fragt Levi, als er heran ist. „Hier, nur ein bißchen Pfeffer und den Sack Salz!" antwortet er. „Und was hast du dahinten in dem kleinen bunten Beutel?" „Ach, nur ein bißchen Proviant für heute, ich bin doch den ganzen Tag in der Stadt!" „Na, das möchte ich doch mal sehen!" sagt Levi. Der Gewürzhändler holt mürrisch den Beutel hervor. „Ach, du ißt also Safran und Paprika pur?" bemerkt Levi hämisch. „Du mußt mir zwölf Denare Zoll zahlen und noch zwei Denare Strafe, weil du mich betrügen wolltest." Wütend gibt der Gewürzhändler ihm das Geld. „Halsabschneider!" murmelt er in seinen Bart, „Betrüger! Das steckst Du doch wieder in deine eigene Tasche! Du weißt doch genau, daß sich bei deinen Preisen der Handel kaum noch lohnt." Levi antwortet nicht mehr, und schließlich geht der Gewürzhändler, leise vor sich hin schimpfend, weiter.

Weit und breit ist keiner zu sehen. Levi läßt den Kopf hängen. Gleich am frühen Morgen schon wieder Ärger! Der Gewürzhändler wollte ihn betrügen und nennt ihn auch noch einen Halsabschneider! So geht es ihm oft. Und heute früh, als er mit seiner Frau am Tisch saß, da schaute sie wieder ganz traurig drein, und sprach mit ihm kein Wort. Wie soll einem da das Essen schmecken?

Immer wieder muß er ihre Vorwürfe hören: „Wenn ich das früher gewußt hätte!" sagt sie oft. „Du hast mir gesagt: ‚Ich werde für die Stadtverwaltung arbeiten!', kein Wort davon, daß du eine Zollstation kaufen willst! Ich kann mich ja nirgendwo mehr sehen lassen! Keine meiner Freundinnen spricht noch mit mir, und hinter mir höre ich sie tuscheln: ‚Ihr Mann ist der Zöllner und Halsabschneider Levi!'"

Sie hat ja auch Recht mit ihren Vorwürfen. Aber wenn er ihr gleich gesagt hätte, daß er als Zöllner eingesetzt werden soll, dann hätte sie ihn wohl nie geheiratet.

Er hat ja versucht, ehrlich zu sein, am Anfang. Aber wie wenig Geld hatten sie da, bei den geringen Zöllen, die die Stadt vorschreibt! Oft hat es nicht einmal für ein

schönes Essen zum Sabbat gereicht! Und was hat es ihm genützt? Seine Ehrlichkeit hat ihm doch keiner geglaubt! „Ach, ihr Zöllner seid doch alle Betrüger", haben sie gesagt, wenn er betonte, daß er nicht mehr Zoll nimmt als vorgeschrieben. Da hat er angefangen, doch hier und da ein bißchen mehr zu nehmen. Und wenn einer so aussah, als hätte er genug, dann hat er auch viel mehr genommen. Nun haben sie wenigstens genug Geld zum Leben, können sich auch immer mal etwas besonderes leisten. Seine Frau ist besser gekleidet als viele ihrer Freundinnen! Ihr Haus ist inzwischen auch gemütlich eingerichtet. Aber so richtig wohlfühlen kann er sich seitdem nicht mehr in seiner Haut. Von den alten Freunden will keiner mehr etwas mit ihnen zu tun haben. In die Synagoge trauen sie sich schon lange nicht mehr, seit sie da einmal in den Vorraum zurückgeschickt worden sind, weil Sünder wie sie am Gottesdienst nicht teilnehmen dürfen. Da hat er auch das Beten aufgegeben. Gott will wohl mit solchen wie ihm auch nichts zu tun haben. Er, Levi, hat sich in letzter Zeit mit einigen anderen Zöllnern angefreundet, die waren ja auch ganz nett. Und sie haben die gleichen Probleme wie er, da kann man doch wenigstens mit jemandem reden.

Aber wenn er noch einmal ganz von vorne anfangen könnte – er würde es tun! Ganz anders leben, vielleicht ärmer, aber geachtet, mit vielen Freunden – das wäre schon was! Er würde gerne wieder zur Gemeinde gehören, zum Gottesdienst gehen, in Frieden mit Gott und den Menschen leben. Und seine Frau wäre glücklich. Aber hier werden sie wohl nie wieder dazugehören können.

Von weitem kommt eine große Gruppe Menschen aus der Stadt auf das Tor zu. Die gehen langsam, unterhalten sich, lachen … Zu verzollen haben die wohl nichts. Mal zu so einer Gruppe gehören – das wäre schön! Ach, jetzt sieht er es, das ist dieser Jesus, von dem jetzt so viele reden. „Ein Prediger", sagen viele, manche sagen „Erlöser", andere „Betrüger". Ob dieser

Jesus einen Zöllner wie ihn wenigstens grüßt?

Sie sind herangekommen. „Schalom", sagt Jesus und blickt Levi dabei aufmerksam an. „Willst du mit uns kommen?" „Na, aber ich muß doch ..." fängt Levi an, doch dann überlegt er. Wollte er nicht eben noch zu dieser Gruppe gehören? Eigentlich kann es doch nur besser werden für ihn, auch wenn er mal auf seine Zolleinnahmen verzichtet. Vielleicht ist das ja die Gelegenheit, neu anzufangen. „Ja, ich komme!" sagt er, schließt das Zollhäuschen ab und geht mit Jesus mit.

Den ganzen Tag bringt er mit Jesus und seinen Leuten zu. Jesus erzählt viel von Gott. Schöne Geschichten sind das, damit kann auch er etwas anfangen. Und das klingt ganz anders als das, was der Rabbi in der Synagoge immer sagte. Gott – so liebevoll wie ein Vater. Gott gibt auch dem verlorenen Sohn noch eine Chance – so etwas hat Levi noch nicht gehört. Dann hat ja auch er eine Chance, weil Gott ihn liebt! Levi wird beim Zuhören immer froher. Auf einmal weiß er, was er zu tun hat. Er wird seine Zollstelle schließen und mit Jesus mitgehen. Vielleicht kommt ja auch seine Frau mit!

Zum Mittag packen einige Brot aus und Käse, das wird herumgegeben und alle essen davon. Er gibt seinen Schlauch mit Traubensaft herum, und keiner sagt, daß er nicht aus einem Schlauch mit einem Zöllner trinkt. So gut hat er sich lange nicht gefühlt.

Jetzt ist er auf dem Weg nach Hause. Die anderen sind immer noch mit Jesus am See, aber er muß jetzt schnell zu seiner Frau. „Kommt heute abend alle zu mir, ich lade euch zum Essen ein", hat er gesagt. Dann hat er Angst bekommen, daß sie zu einem Zöllner doch nicht kommen würden, und er hat Jesus vorsichtiger gefragt: „Kommst du zu mir, obwohl ich doch ein Zöllner bin?" „Ja, gerne!" antwortete Jesus, und viele andere haben auch zugesagt. „Schaffst du das denn, so schnell für uns alle etwas vorzubereiten?" fragte

Jesus. „Natürlich!" rief er, und ging dann doch sehr schnell nach Hause.

Zu Hause angekommen erzählt er seiner Frau sofort von der Einladung und macht sich schon auf Vorwürfe gefaßt. Doch Rahel hat Tränen in den Augen. „Will der Jesus mit seinen Freunden wirklich zu uns kommen?" fragt sie. Als Levi nickt, gibt sie ihm einen Kuß. Dann fängt sie sofort an, alles für das Essen vorzubereiten. Es soll ein richtiges Festessen werden!

(Die Erzählerin tauscht das graue gegen ein helles Tuch aus.)

Levi geht jetzt zu seinen neuen Freunden, den anderen Zöllnern. Wenn man miteinander zu Tisch sitzt, kann man gut reden. Und sie sollen auch mit Jesus reden, sollen ihn reden hören. Sie sollen hören, was er über Gott erzählt. Vielleicht erfahren auch sie, daß man bei Gott immer eine Chance hat. Wenn sie erleben, wie Jesus sie annimmt, bekommen vielleicht auch sie wieder Mut zu einem Neubeginn.

Es ist Abend geworden. In Levis Haus ist es hell, und freundliches Stimmengewirr dringt nach draußen. Jesus sitzt mit Levi und den anderen Zöllnern am Tisch, der festlich gedeckt ist. Sie essen miteinander, und sie reden. Die Zöllner können es immer noch kaum glauben, daß Jesus wirklich mit ihnen am Tisch sitzt. Er erzählt wieder von Gott, und jetzt bestürmen die Zöllner ihn mit Fragen.

Da kommen Leute auf das Haus zu. Es sind Schriftgelehrte, kluge und fromme Männer. Sie hatten gehofft, daß Jesus heute zu *ihnen* kommen würde. Der scheint so seine eigenen Gedanken über Gott zu haben, das wäre bestimmt interessant, mit ihm zu sprechen. Da käme doch mal frischer Wind in ihre Runde! Jetzt suchen sie Jesus, damit er mit zu ihnen kommt.

Wie entsetzt sind sie, als sie mitbekommen, daß Jesus tatsächlich bei Levi, diesem Zöllner, ist! Jesus ist doch ein Rabbi, ein frommer Mann, da kann er sich doch nicht mit diesen Betrügern an einen Tisch setzen! Und jetzt lachen sie sogar da drinnen, der scheint sich ja gut mit denen zu verstehen! Vor Ärger vergessen die Männer sogar anzuklopfen, sie stürzen einfach in das Zimmer hinein. „Warum ißt du hier mit diesen Zöllnern und Sündern?" rufen sie. „Du hättest doch zu uns kommen können!" Schlagartig ist es still im Raum. Mit großen Augen sehen die Zöllner die Eindringlinge an. Einige sind schon wieder ganz traurig, es ist doch alles wie immer! Aber Jesus antwortet ruhig: „Die Gesunden brauchen keinen Arzt. Zum Arzt gehen die, die krank sind, die sich selbst nicht mehr zu helfen wissen. Ihr seid doch stark. Ihr habt einen festen Glauben und lebt in Frieden mit Gott und euren Mitmenschen. Ihr kommt doch auch ohne mich aus! Ich bin gekommen, um denen zu helfen, denen es nicht so gut geht wie euch. Diese Menschen hier haben durch ihre Arbeit ihr gutes Verhältnis zu den anderen und auch zu Gott verloren. Aber Gott liebt auch sie. Vielleicht kehren sie zu ihm um. Deshalb bin ich gekommen."

Gemeinsames Essen

Wenn man die Zeit und die Möglichkeit hat, kann man jetzt mit den Kindern einen Tisch decken und mit ihnen etwas essen. Wenn alle am Tisch sitzen, singen wir noch einmal das Lied „Komm, sagt es allen weiter", dann geben sich alle die Hand und wünschen sich guten Appetit.

Lied „Herr, dein guter Segen ist wie ein großer Hut" oder ein anderes Segenslied

Hanna de Boor, Halle
Bettina Plötner-Walter, Halle

25.1.1998 – 3. Sonntag nach Epiphanias – Lukas 15,11–32

Wieder an einem Tisch

Lieder: Komm, sag es allen weiter, EG 225, LJ 142, LfK 1 C 20, MKL 56
Blues vom verlorenen Sohn, s. u.

Liturgischer Text: Freundlich und hilfreich ist Gott, Kinderpsalm, s. S. 17

Zum Text

In den Figuren der beiden Söhne werden Leser bzw. Hörer des Gleichnisses Jesu zur Identifikation eingeladen, indem sie ihr Verhältnis zu sich selber in ihnen wiedererkennen.
Der eine verliert in der Bewegung, die ihn zunächst aus der Gemeinschaft mit dem Vater (und dem Bruder) herausführt, sich selbst. Er verliert fast alle Lebensmöglichkeiten. Und mit dem Recht, Sohn seines Vaters und Bruder seines Bruders zu heißen, setzt er seine Identität aufs Spiel. Das ist der „verlorene" Sohn.
Der andere, dem im Text nur scheinbar weniger Gewicht zugestanden wird, lebt das andere Extrem. Er hält sein Leben, so wie es ist, fest. Dennoch vollzieht auch er eine freilich nicht gleich offensichtliche – Bewegung, indem er sich ein Recht zugute hält, welches ihm aus dem Verhältnis zum Vater nicht zusteht. So setzt auch dieser seine Identität aufs Spiel. Auch er ist ein „verlorener" Sohn.
In ihrer Gegensätzlichkeit verspielen beide Söhne die reale Gemeinschaft mit dem Vater, die ihre Identität ausmacht und so die Voraussetzung gelingenden Lebens ist. Im Gleichnis bieten sie die Rollen für die Extrempositionen, die Menschen in ihrem Verhältnis zu sich selbst einnehmen können. Wenn Jesus das Gleichnis erzählt, werden Leser bzw. Hörer eingeladen, sich

in diesen Rollen oder wahrscheinlicher irgendwo auf dem Terrain zwischen beiden Rändern wiederzuerkennen. Dabei wird kein Mensch, der das Gleichnis hört oder liest, nur einer von beiden Söhnen sein. Die Lebensbewegung jedes Menschen führt nach der einen und der anderen Seite aus der Gemeinschaft mit dem Vater heraus. Darüber, wie weit der Weg zurück zum Ursprung ist, macht Jesus keine Angaben. Deshalb verbietet sich jedes Moralisieren.

In der Figur des Vaters, in seinem unwahrscheinlich anmutenden Handeln, begegnet dem Hörer und Leser die Liebe Gottes, die ihm im Gleichnis von Jesus zugespielt wird. Vorbehaltlos, ohne Bedingungen, lädt der Vater beide Söhne ein, in die Gemeinschaft mit ihm zurückzukehren und die Lebensmöglichkeiten zu ergreifen, die sich darin bieten. Identität als Leben in der Gemeinschaft mit dem Vater erscheint als offenes Angebot für alle, die sich in die erzählte Begebenheit hineinnehmen lassen wollen.

Der Text und die Kinder

Tischgemeinschaft als elementarer Ausdruck von erlebter Zusammengehörigkeit ist Kindern nicht fremd. Wer zusammen ißt, den verbindet eine besondere Nähe. Beim gemeinsamen Essen lernt man sich kennen. Beim gemeinsamen Essen werden Konflikte zweitrangig oder können reflektiert werden. Es erscheint sinnvoll, an den Erfahrungen anzuknüpfen, die Kinder beim gemeinsamen Essen als Gastgeber oder Gäste gemacht haben. Freilich ist zu berücksichtigen, daß nicht jede gemeinsame Mahlzeit als positiv erfahren wird. Darum gilt es, die guten Erfahrungen der Kinder wachzurufen.

Zerbrochene Gemeinschaft als verfehlte oder verflüchtigte Identität ist kein Zustand, in dem sich Kinder und Erwachsene zu Hause fühlen. Sie wird vielmehr erfahren als Zustand in der Fremde, die zu verlassen Kinder und Erwachsene sich gedrängt sehen. Nur Zyniker verharren,

freilich selber leidend, darin. Leiden an zerbrochener Gemeinschaft, an fehlender Nähe, an mangelnder Freiheit gehört zum Erfahrungsschatz jedes Menschen, sei es als Kind oder sei es als Erwachsener.

Weil gute und schlechte Erfahrungen im Blick auf erlebte Tischgemeinschaft allen zugehörig sind, können sie im Gespräch der Generationen benannt werden. Kinder und Erwachsene werden je ihre eigenen Erfahrungen als Erfahrungen der je anderen kennenlernen und sie verstehen, nachvollziehen können.

Die Liebe Gottes, die vorbehaltlos seine Nähe anbietet und zum Vollzug der Gemeinschaft einlädt, gilt Kindern und Erwachsenen gleichermaßen. Gemeinsam können sie der bittenden Einladung des Vaters folgen und ihren Platz am Tisch finden. Darüber hinaus können sie sich gegenseitig ermutigen, nicht dort zu bleiben, wo sie sich selbst verlieren wie der jüngere Sohn oder wo sie bei sich selbst gefangen bleiben wie der ältere Sohn. Kindern und Erwachsenen – und in besonderer Weise Heranwachsenden (Konfirmanden und Jugendlichen) zwischen Kindheit und Erwachsensein – bietet sich im Miterleben der Erzählung vom Vater und den beiden Söhnen die Möglichkeit, einander ihre Bewegung aus der Gemeinschaft heraus und die Chance zur neuen Gemeinschaft nahezubringen – und sie so zu vollziehen. Dabei drängt der offene Schluß des Gleichnisses, wie Jesus es erzählt, geradezu nach Weiterführung. Sie könnte aufgenommen werden in Gestaltung einer neuen Tischgemeinschaft der Generationen, in der alle ihren je eigenen Platz als Geschwister aufgrund der offenen Einladung des Vaters finden.

Gestaltungsvorschlag für Kinder und Erwachsene

Psalmgebet

Ps 145, EG 756 im Wechsel von Kindern (Heranwachsenden) und Erwachsenen oder Kinderpsalm

Erzählung (Teil I)

Wo Jesus war, da kamen die Zöllner, da liefen die Sünder zusammen. Sehen wollten sie ihn und hören. Sie wollten bei ihm sein. Sie wußten: Jesus nimmt uns an. – Und Jesus blieb bei ihnen. Er saß mit Zöllern und Sündern an einem Tisch und aß mit ihnen das Mahl.

Andere aber, die Pharisäer und Schriftgelehrten, die konnten das nicht sehen. Sie murrten. Sie wurden ganz aufgebracht: Was sitzt er bei den Zöllern? Das sind doch Verbrecher. Die sind doch verloren. Was will er denn bei denen?

Als Jesus das hörte, sah er sie an und erzählte ihnen diese Geschichte:

Es war ein Mensch, der hatte ein Haus und Felder und Vieh und Sklaven. Er hatte zwei Söhne. Die waren ihm lieb.

Und einer kam zum Vater. Es war der jüngere von beiden. Er sprach: Gib mir mein Erbe. Ich will fort von hier. Ich bitte dich: „Gib mir mein Erbteil. Es steht mir zu."

Der Vater tat es. Er teilte alles, all sein Hab und Gut. Zwei Teile gab er dem älteren Sohn, das dritte dem andern. So stand es ihnen zu.

Und kaum waren einige Tage vergangen, da nahm der jüngere Sohn sein Erbe. Er machte sich auf und nahm alles mit und ging aus dem Haus seines Vaters.

Er zog davon in ein fernes Land. Dort blieb er. Dort wollte er leben. Und er lebte dort herrlich und in Freuden und aß und trank und trieb es mit den Dirnen. Er fing an zu prassen, ganz liederlich, und aß und trank, bis nichts mehr da war.

Da kam eine Hungersnot über das Land. Er hatte kein Geld mehr und kein Brot. Da mußte er hungern. Er wurde ganz elend vor Hunger.

Da ging er zu einem Bürger jenes fremden Landes und hängte sich an den. Er bat ihn: Hilf mir. Ich bin hungrig. Ich will auch alles tun.

Da wurde er auf die Felder geschickt und mußte Schweine hüten. Er tat es. Er hütete unreine Tiere. Er wurde unrein dabei.

Und er wollte Schweinefutter essen, Scho-ten, so hungerte ihn. Er wollte sich seinen Bauch damit füllen. Er durfte es aber nicht. So lag er da und wollte vergehen.

Da dachte er an den Vater: „Mein Vater, du hast so viele Sklaven. Und alle haben zu essen. Sie haben Brot. Und alle sind satt. Und ich sitze hier im Elend. Vor Hunger komme ich hier um bei den Schweinen.

Da ging er in sich und sprach: Ich will zu meinem Vater zurück. Ich will meinem Vater sagen: ‚Vater, ich habe gesündigt vor dir und vor dem Himmel. Ich bin nichts wert. Ich bin nicht mehr wert, dein Sohn zu sein. Aber laß mich dein Sklave sein.'"

So sprach der Sohn und kehrte um und ging zu seinem Vater.

Aber wie wird er ihn empfangen? Wird er verärgert sein, daß der Sohn jetzt, nachdem er alles verloren hat, wieder zu ihm kommt? Wird er ihn hinauswerfen? Er kam näher. Und er hatte Angst. Was sah er da?

Fortsetzung der Erzählung mit Bild

Wir betrachten das Bild „Seid fröhlich und guten Mutes" von Evelyn Imbusch, Vignette zum Kreiskirchentag in Naumburg 1995 (Vergrößerung, Dia, Folie)

Konnte das sein? Konnte er seinen Augen trauen? Das Tor war offen, sperrangelweit. Und der Vater war da. Doch – er hatte die Arme ausgebreitet. Offene Arme? Für ihn? Ja, als er noch fern war von dem Haus, da sah ihn der Vater schon. Er sah ihn kommen, so hungrig und elend. Da fühlte er großes Erbarmen. Er fühlte die Liebe in seinem Herzen: Mein Sohn, er ist wieder da.

Da breitete er die Arme aus und lief hinaus, so schnell er konnte. Er lief ihm entgegen, dem Sohn. Er nahm ihn und fiel ihm um den Hals und küßte ihn zärtlich.

Da sprach der Sohn: „Vater, ich habe gesündigt vor dir und vor dem Himmel. Ich bin nichts wert. Ich bin nicht mehr wert, dein Sohn zu sein."

Da rief der Vater die Sklaven: „Lauft doch, lauft, bringt das Festkleid her, zieht es ihm an. Weg mit den Lumpen. Und gebt ihm ei-

Evelyn Imbusch, „Seid fröhlich und guten Mutes"

nen Ring an die Hand und zieht ihm Sandalen an. – Mein lieber Sohn ist wieder da. Und bringt das gemästete Kalb. Schlachtet es. Wir wollen uns zu Tisch setzen. Wir wollen essen. Wir wollen fröhlich sein. Dieser, mein Sohn, ist wieder lebendig. Er war verloren. Nun ist er gefunden."

Da liefen sie und holten das Kleid, den Ring und die Sandalen. Sie schlachteten das gemästete Kalb und bereiteten das Mahl. Und alle setzten sich zu Tisch. Der Sohn saß bei dem Vater. Sie aßen und tranken und hielten das Festmahl und fingen an fröhlich zu sein.

Gespräch zum Bild

(mit den Nachbarn, in Gruppen, im Plenum)

– Dem Sohn ging es schlecht. Er hatte vieles verkehrt gemacht, er war mit seinem Leben gescheitert. Niemand wollte mehr sein Freund sein. Kennen wir solche Erfahrungen auch? Will jemand etwas dazu sagen?

– War da auch das Gefühl: Ich bin verloren?

– Verstehen wir, wonach sich jemand sehnt, der sich so verloren fühlt?

– Ja, er sehnt sich nach einer offenen Tür, nach einem Willkommen, einem Zuhause, nach einem Menschen, wie es uns das Bild zeigt.

– Als er ganz am Boden war, erinnerte sich der Sohn an das, was er verspielt hatte. Kam es nun auch auf ihn selber an? Er mußte selber etwas tun, um nicht zugrunde zu gehen... Er mußte sich entschließen und zurückkehren, umkehren...

– Und nun war er angekommen. Der Vater hatte ihn empfangen wie einen hohen Gast, als seinen geliebten Sohn, der verloren war. So verloren, daß er als tot galt. Wir haben gehört, was das für den Sohn bedeutet ...

Blues vom verlorenen Sohn (s. S. 28)

Erzählung (Teil II)

Der ältere Sohn aber war auf dem Feld. Dort tat er die Arbeit des Tages. Und dann ging er heim. Und wie er kam, da hörte er Tanzen, Musik, fröhlichen Gesang. Da rief er einen Sklaven herbei: Sag, was bedeutet das? Der sagte: Dein Bruder ist wieder da. Dein Vater feiert ein Fest. Dein Vater hat das Mastkalb geschlachtet, weil er ihn wieder hat.

Da wurde der ältere Bruder zornig und wollte nicht ins Haus. Er wollte nicht zu seinem Bruder. Da kam sein Vater heraus und redete mit ihm und sprach zu ihm: Komm doch, ich bitte dich. Komm doch zu deinem Bruder herein. Komm doch und freue dich mit.

Er wollte nicht. Er sprach zum Vater: Vater, sieh dir das an: So lange bin ich dir gehorsam, so lange diene ich dir: du aber hast mir nichts gegeben, nicht einmal ein Böcklein für ein Fest. Nie war ich fröhlich mit meinen Freunden. Nun aber kommt dieser daher, dieser, dein Sohn, der alles vertan hat und alles mit Dirnen verpraßt. Und was tust du? Du schlachtest das Kalb und nimmst ihn mit Freuden auf an deinen Tisch.

Da sprach der Vater: Kind, mein Kind, du bist doch immer bei mir. Ich bin bei dir. Wir sind doch zusammen, und alles gehört doch dir. Alles, was mein ist, das ist auch dein. Wir müssen doch fröhlich sein. Wir müssen wieder zusammen an einem Tisch essen. Du solltest es auch. Du solltest dich freuen, denn dieser, dein Bruder, war tot. Er ist lebendig. Er war verloren. Nun ist er wiedergefunden. Du solltest dich freuen. Komm doch herein. Setz dich mit an unseren Tisch. Komm doch zu deinem Bruder.

Gespräch zum Bild

– Wir sehen noch einmal auf das Bild. Es ist der Vater beider Söhne. Das haben sie gemeinsam. Aber sie unterscheiden sich auch ...

– Der Schluß der Geschichte ist offen. Wie sollte sie ausgehen?

Der von zu Hause fortziehende Sohn ist nicht der Typ des Ariensängers, er stimmt keinen Choral an, er singt Blues, Rock..., das könnte so klingen:

Blues vom verlorenen Sohn

T. u. M.: *Siegfried Macht*

2. Wohlgerüstet zieht er los,
   lebt mit Freunden ganz famos:
   Saus und Braus, Geld geht aus –
   nun hilft niemand raus!

3. Schweine hüten geht der Sohn
   reicher Eltern nun für Lohn.
   Er ist matt, wird kaum satt –
   lebt mit Spott und Hohn.

4. Da beschließt er heimzugehn,
   will als Knecht beim Vater flehn:
   „Hilf mit Brot in der Not
   mir vorm Hungertod!"

5. Doch der Vater wartet schon,
   nimmt ihn wieder auf als Sohn,
   gibt ein Fest, trotz Protest
   und des Bruders Droh'n.

Nach der fünften Strophe wird die Melodie mehrfach wiederholt: summend, auf Tonsilbe singend, Saxophone imitierend, auf Kazoos trötend lassen wir die große Festmusik erklingen, beginnen zu tanzen (einfache Jive bzw. Rock'n'Roll-Grundschritte), lassen uns in das Fest hineinnehmen... (S. Macht)

Blues vom verlorenen Sohn, Str. 6–10
(Text: M. Imbusch)

6. Da kommt er vom Feld nach Haus.
   Höret lauter Saus und Braus.
   Speis und Trank, viel Gesang,
   das macht ihn ganz krank.

7. Hörte nun das, was geschah.
   Jener war nun wieder da.
   Voller Haß, ohne Maß,
   fertig der Eklat.

8. Bittrer Vorwurf kommt hinzu.
   Hab geschuftet immerzu,
   ohne Lohn, doch dein Sohn
   hat ein Fest im Nu.

9. Doch der Vater bittet ihn
   nun nicht vor dem Fest zu fliehn,
   denn zu drei'n, kann nur sein,
   Tischgemeinschaft fein.

10. Sei nun froh und guten Muts,
    tu dir auch einmal was Guts,
    komm herbei, sei dabei,
    wenn wir feiern frei.

Schlußwort

Wir sind die beiden Söhne. Kinder und Eltern, Alte und Junge. Wir sind immer in Gefahr, uns in der Fremde selbst zu verlieren – wie der jüngere Sohn. Wir sind zugleich immer in Gefahr, nur uns selbst zu haben – wie der ältere Sohn. Ob wir anderswo unser Glück suchen und uns dabei selber hingeben, oder ob wir alles festhalten möchten, indem wir bleiben wollen, wie wir sind – immer gerät nicht nur der Vater aus dem Blick, sondern wir verlieren auch unsere Geschwister aus den Augen. Und wer sind wir dann noch?
Doch Jesus erzählt: Gott hat uns lieb, ohne Bedingungen, ohne Vorbehalte. Verloren in der Fremde oder verloren bei uns selber – Gott hat uns lieb. Wie ein Vater freut er sich über uns, wenn wir an seinem Fest teilnehmen – und uns mit den Geschwistern zusammen daran freuen. Amen.

Agapefeier / Mahl des Herrn (mit Kindern) / gemeinsame Mahlzeit

Wenn das nicht möglich ist, sollte im Gottesdienst ein Symbol nicht fehlen, das geeignet ist, zur sinnlich wahrnehmbaren Gemeinschaft der Geschwister in der Gemeinde einzuladen, z. B. Händefassen im Kreis o.ä.

Mathias Imbusch, Bad Kösen

1.2.1998 – 2. Sonntag nach Epiphanias – Lukas 19,1–10

Mit dem an einem Tisch?

Lied: Komm, sag es allen weiter, EG 225, LJ 142, LfK 1 C 20, MKL56

Liturgischer Text: Freundlich und hilfreich ist Gott, s. S. 17

Zu Text und Thema

Das Thema läßt den Text auf das Ereignis der Tischgemeinschaft hin betrachten.

Menschen, die sich nicht mögen, zwischen denen Trennendes steht, werden sich nicht oder nur sehr ungern an einen Tisch setzen, es eher zu vermeiden suchen.

Wer sich dagegen an einem Tisch mit anderen trifft, drückt damit den Willen zur Begegnung, zur Kommunikation, zu einem Stück Gemeinsamkeit aus.

Einladungen an einen Tisch, die von uns heute ausgesprochen werden, gelten meistens erst in zweiter Linie der Mahlzeit, in erster dem Gespräch (das war kurz nach dem Krieg noch anders).

Zachäus ist Beamter der römischen Besatzungsmacht. Da er, wie die meisten Zöllner, einen Teil der Einnahmen in die eigene Tasche erwirtschaftet, indem er die Zollgebühren heraufsetzt, wird er auf Kosten der anderen reich. Weil er die römische Fremdherrschaft unterstützt, gilt er als Verräter und wird gehaßt.

Jesus nimmt Zachäus ohne Vorbedingungen an und setzt sich mit ihm an einen Tisch. Durch diese vorbehaltlose Annahme verändert sich Zachäus.

Ich habe erlebt, daß Menschen nach der Wende in unseren Gemeinden nicht so ohne weiteres angenommen wurden. Die Gemeindeglieder wollten zuerst eine Veränderung sehen. Doch Gottes Wege sind nicht in ein Schema zu pressen. Ich bin Zeuge einer Veränderung geworden, die erst nach einer über mehrere Jahre währenden Zuwendung innerhalb der Kirchgemeinde zustande kam bzw. geschenkt wurde.

Der Text und die Kinder

Der Text ist so ereignisreich, daß er in allen Phasen von den Kindern mit Interesse aufgenommen werden kann. Die Kinder sind, denke ich, in der Lage, die Empfindungen des Zachäus nachzuvollziehen.

Unter „Haus" wird im Neuen Testament Hausgemeinschaft verstanden. Da nirgends von einer näheren Familie des Zachäus die Rede ist, wage ich es, drei Hausangestellte auftreten zu lassen, für die das Heil, das Jesus dem Hause schenkte, auch von Bedeutung ist. Außerdem erhält die sehr bekannte Geschichte dadurch einige neue Elemente. Die Namen und Fakten dieser biblischen Umweltgeschichte fand ich in „Bibellexikon", hrsg. von Herbert Haag, und in „Die Welt der Bibel", Brockhaus-Verlag Wuppertal.

Obwohl Kinder so gut wie nie selbst Gastgeber sind – auch zum Geburtstag übernehmen diese Rolle die Eltern – haben sie doch Besuch sehr gern. Sie wissen sicher auch, daß Gästehaben zu den besonderen Situationen, zum „Glanz" gehört. Dabei ist das gemeinsame Essen für Kinder nur bedingt interessant. Ihre Gemeinsamkeiten spielen sich eher bei Erlebnissen, beim Spiel ab. Im Kindergottesdienst ist bei uns das Essen sehr beliebt. Wir könnten am Tisch erzählen und mit einer kleinen Festmahlzeit (z. B. mit Apfelsinensalat) enden. Zum Einstieg erkläre ich den jüngeren Kindern in einem Puppenspiel, was ein Zöllner tut, den älteren erzähle ich eine Geschichte aus dem Schulalltag.

Gestaltungsvorschlag

● Einstieg für jüngere Kinder: Puppenspiel

Personen: Mann, Zöllner
Ort: im jüdischen Land zur Zeit Jesu
Mann:
Das Leben macht keinen Spaß mehr im jüdischen Land. Überall wird Geld verlangt. Komme ich an eine Brücke, an ein Tor oder an eine Grenze, ist da ein Zollamt. Für das, was ich in meinem Bündel habe, muß ich Zoll bezahlen. Dabei hat die gekaufte Ware schon beim Händler Geld gekostet, Denare – so heißt unser Geld. Aber der Zöllner kassiert auch noch einmal. Immerzu heißt es. Zoll. Zoll. Zoll! Da sehe ich schon wieder so eine Zollstation.
Zöllner:
Na, was hast du eingekauft? Was hast du in deinem Korb oder Krug? Ich sehe, du hast ein Bündel. Zeig es! Aha, Stoff hast du. Was hat der Stoff gekostet?
Mann:
Dreißig Denare.
Zöllner:
(Wendet sich zur Seite, sieht sich eine Liste an:) Auf der Zolliste steht: für Stoff fünf Denare. Ach was, zehn soll er mir zahlen. Da fällt für mich auch noch etwas ab, für meinen Geldbeutel.
Mann:
So viel? Viel zuviel verlangst du wieder, nimmst mich aus, wie jeden, der an diesem Zoll vorbei muß. Die Zöllner sind alle Betrüger.
Zöllner:
Sei still, laß diese Reden!
Mann:
Jeder weiß das doch, daß die Zöllner immer mehr kassieren, diese Gauner! (Er geht schnell weg.)

● Einstiegsgeschichte für ältere Kinder

Während der Winterferien wird Katrins Klasse vier Tage im Schullandheim sein. Vorher will Frau Seifert, die Lehrerin, selbst in den kleinen Erzgebirgsort fahren, um sich das Heim und die Wintersportmöglichkeiten anzusehen. Katrin erzählt zu Hause begeistert: „Weißt du, Mutti, wir wollen Ski fahren. Die meisten Kinder in meiner Klasse haben das noch nie ausprobiert. Nur Kai und Jochen fahren jedes Jahr mit ihren Eltern zum Skiurlaub."
Plötzlich bekommt Katrins Erzählen einen fast bösen Ton. Die Mutter stellt die Teetasse wieder auf den Tisch und blickt erstaunt auf ihre Tochter. Sie berichtet: „Stell dir vor, Mutti, Frau Seifert fährt mit Angela zur Besichtigung. Angela ist das frechste Kind aus der ganzen Schule. Die kennt jeder. Die ärgert alle. Die stellt den Kindern in der ersten Klasse ein Bein. Die kleine Stefanie ist dadurch die Treppe hinuntergestürzt. Sie mußte am Kinn genäht werden. Gar nicht lange danach hat sie die Kleinen wieder genauso geärgert. Und im Unterricht schlägt sie Andrea, die vor ihr sitzt, mit dem Lineal. Ausgerechnet mit der fährt Frau Seifert. Das finde ich gemein!"
Die Mutter trinkt nun doch erst einmal einen Schluck. Dann sagt sie: „Frau Seifert hat es sich bestimmt überlegt."
Katrin ruft erregt: „Komische Überlegung! Die Freche wird auch noch belohnt!"
(Bei älteren Kindern könnte hier ein Gespräch folgen: Was könnte die Lehrerin bewogen haben, die freche Angela als Begleiterin ausgewählt zu haben?)
Die Mutter sagt nach einer kleinen Pause: „Ich denke, sie will Angela helfen. Wenn sie mit ihr einmal ganz allein unterwegs ist, kann sie gut mit ihr sprechen. Du weißt doch selbst, wie das war, als Vater mit dir allein nach Berlin gefahren ist!"
Katrin fällt der Mutter ins Wort: „Eben. Ich wäre so gern mit Frau Seifert gefahren."
Die Mutter sagt: „Angela braucht so ein Erlebnis. Vielleicht wird sie dadurch ein bißchen anders."

● Erzählung für jüngere und ältere Kinder

Der Mann rennt. Er ist klein von Gestalt, und seine großen Schritte sind noch immer kleine Schritte. In seinem Haus angekommen, ruft er seinen Hausangestellten (bei jüngeren Kindern: Diener) zu: „Wir bekommen Gäste. Viele. Jesus (bei älteren:

Rabbi Jesus) will mit seinen Schülern, den Jüngern, zu mir kommen. Sie wollen bei mir einkehren. Deckt den Tisch! Holt das Beste, was im Haus ist! Beeilt euch! Und gebt jedem ein Gedeck!

Die zwei Männer, Judi und Nabal und die Sklavin Delila beginnen sofort alles herzurichten. Dabei sehen sie sich ab und zu an, denn sprechen dürfen sie nicht über das, was in Jericho, dieser Stadt, jeder weiß: Bei Zachäus, dem Oberzöllner, kehrt sonst keiner ein.

Wenn der Oberzöllner aber nicht zu Hause ist, erzählen sich die Drei, was sie auf dem Markt und auf den Straßen von Jericho hören müssen.

Erst vor kurzem hatte einen Frau Judi zugerufen: „Dein Brotgeber arbeitet für die Römer. Pfui, für die Fremden, die in unserem Land leben, als gehöre es ihnen. Wer für die arbeitet, der sollte in den Schmelzofen geworfen werden. Auch dein Zachäus, der Verräter, diese Schlacke!" Judi war schnell weitergegangen. Er wußte, daß Zachäus verhaßt war. „Er ist ein Schmarotzer", schimpfte er im Geheimen. Und als Nabal die Früchte in den Korb packte, hatte der Händler auf dem Markt im Torweg verächtlich zu ihm gesagt: „Wer den Leuten zuviel Zoll abverlangt wie dein Zachäus, kann sich ein schöneres Leben machen, der Betrüger!" dabei spuckte er verächtlich aus. Nabal steckte zwei Feigen in den Gürtel und aß eine ganze Weintraube. Der Händler sollte sehen, daß er, Nabal, den Zachäus schädigen konnte und wollte. Der Korb war außerdem voll, sein Brotgeber würde nichts vermissen.

Wenn Delila Zachäus' Füße wusch, den niedrigsten Dienst tun mußte, dachte sie bei sich: „Eines Tages wird mein Vater mich wieder freigekauft haben. Dann werde ich keine Sklavin mehr sein. Aber dann werde auch ich Zachäus zum Spott der Leute werden lassen." Ja, das hatte sich das Mädchen fest vorgenommen.

Während Nabal, Judi und Delila hin und her eilen und den Tisch decken, läuft Zachäus voller Freude hin und her. Er ist sogar ein bißchen aufgeregt. Und er überlegt: „Wie konnte Jesus mich überhaupt sehen? Ich saß doch auf dem Maulbeerbaum und wollte mir den Mann und seine Jünger von oben ansehen? Komisch." Zachäus schüttelt mit dem Kopf. „Dieser Jesus kam an den Baum, hob den Kopf und rief mir zu, daß er heute mein Gast sein will. Ich dachte, ich höre nicht richtig. Doch jetzt vernehme ich Stimmen. Die Gäste kommen. Jesus und seine Begleiter sind da!"

Zachäus holt die Angekommenen herein und läßt sie auf den Sitzkissen um den gedeckten Tisch Platz nehmen. Der Tisch sieht wunderbar aus. Wein, Weintrauben, Datteln, Granatäpfel, alles sehr einladend. Zachäus ist glücklich. „Eigentlich passe ich gar nicht zu Jesus", geht es ihm durch den Sinn. An den Fensteröffnungen sieht er Gesichter. Ach ja, die Leute aus der Stadt. Die wundern sich auch über seinen Besuch. Sie kommen nie zu ihm. Jetzt sind sie nicht nur verwundert, sie sind ärgerlich und empört. Zachäus hört sogar, wie einer entrüstet sagt: „Mit dem schlechten Menschen setzt Jesus sich an einen Tisch!" Und Zachäus ahnt, was der andere daneben geantwortet hat: „Weshalb kommt Jesus nicht lieber zu uns? Wir sind keine Betrüger, keine Verräter. Wir sind anständige Leute!"

Plötzlich spürt Zachäus stark den Wunsch in sich aufsteigen: „Mit einem Betrüger soll es Jesus nicht länger zu tun haben." Er steht auf, wendet sich direkt Jesus zu und sagt: „Herr, ich verspreche dir: Ich werde die Hälfte meines Besitzes den Armen geben. Ich habe genug. Und wenn ich jemand zuviel Geld an der Zollstation abverlangt habe, will ich ihm das Vierfache zurückgeben."

Jetzt war es heraus. Und Jesus? Ganz laut, daß es auch die Leute draußen vor den Fensteröffnungen hören können, sagt er: „Heute ist Heil in dein Haus gekommen, Zachäus. Heute ist alles gut geworden. (Nur für ältere Kinder: Du bist ein Nachkomme Abrahams. Jetzt gehörst du wieder zu dem Volk, mit dem Gott einen Freundschaftsbund geschlossen hat.) Ich habe dich gefunden. Du bist für Gott kein Verlorengegangener mehr."

Nabal denkt in diesem Augenblick an die gestohlenen Feigen und Weintrauben. Er schämt sich. Judi möchte das Schimpfwort „Schmarotzer" ungültig machen,. Delila wird mit einem Schlag klar, daß sie Zachäus niemals verspotten wird, daß sie es gar nicht kann und auch nicht will.

Spiele für jüngere und ältere Kinder

Zachäus suchen
Den kleinen Zachäus hat mir ein Kind gemalt. Ich habe ihn ausgeschnitten. Alle bis auf ein Kind verlassen mit mir den Raum. Das Kind versteckt den kleinen Zachäus offen. Das heißt, um ihn zu finden, muß nichts im Raum verändert werden. Nun kommen alle wieder herein und suchen mit den Augen. Wer den Zachäus gesehen hat, läßt sich nichts anmerken und setzt sich auf seinen Platz.

Quiz für ältere Kinder
Es wird schriftlich durchgeführt. Jedes Kind bekommt die Fragen auf einem Zettel.
1. Die Zöllner mußten einen großen Teil der kassierten Zollgelder abliefern. Wer bekam diese Gelder: a) der Kaiser von Rom, b) der Bürgermeister von Jerusalem, c) die Frauen der Zöllner
2. In welcher Stadt war Zachäus Oberzöllner? a) Betlehem, b) Jericho, c) Nazaret

3. Auf was für einen Baum kletterte Zachäus, um Jesus sehen zu können? a) Tannenbaum, b) Pinie, c) Maulbeerbaum
4. Was will Zachäus den Armen geben? a) ein Viertel, b) die Hälfte, c) alles
5. Wie will Zachäus die geschädigten Zollzahler entschädigen? a) gar nicht, b) doppelt, c) vierfach
6. Welcher Vorfahre aus dem Volk Israel wurde im Hause des Zachäus mit Namen genannt? a) Abraham, b) David, c) Mose

Memory für jüngere Kinder
Die Karten sollten ein nicht zu kleines Format haben (Motive entweder aus Kalendern entnehmen oder selbst zeichnen oder vorher von größeren Kindern zeichnen lassen): Weintraube, Glas Wein, Apfel, Feigen, Maulbeerbaum, Geldbeutel, Zollschranke, Tisch und evtl. noch andere. Die doppelte Karte ist durch Ablichtung herzustellen, sie muß nicht bunt sein.

Mein rechter rechter Platz ist leer
Mit den nicht ganz großen, aber auch nicht zu kleinen Kindern könnte man „Mein rechter, rechter Platz ist leer, ich wünsche mir den Zachäus her" spielen. Die Kinder könnten Umhängeschilder mit den Namen von Zachäus, der Jünger und evtl. denen der Hausangestellten bekommen.

Ursula Meyer, Bärenwalde

8.2.1998 – Septuagesimä – Lukas 14,15–24

Kommt alle zum Tisch des Lebens!

Lieder: Komm, sag es allen weiter, EG 225, LJ 142, LfK 1 C 20, MKL 56
Wir sind eingeladen zum Leben, s. u.

Liturgischer Text: Freundlich und hilfreich ist Gott, Kinderpsalm, s. S. 17

Zum Text

Das Gleichnis vom großen Abendmahl erzählt Jesus einer Tischgesellschaft, die am Sabbat bei einem Pharisäer zusammengekommen ist. In V. 7–14 wird ein Tischgespräch über die Rangordnung bei Festlichkeiten beschrieben und die Frage gestellt: Wen soll man einladen? Jesus rät, die einzuladen, die sich nicht revanchieren können, weil sie am Rand der Gesellschaft stehen. So will es Gott. Er wird es vergelten in seinem Reich.

Über Gottes Reich spricht Jesus in einem Gleichnis. Er vergleicht es mit einem Festessen, zu dem ein Hausherr einlädt. Es ist Sitte zur Zeit Jesu, die Gäste längere Zeit vorher zu einem geplanten Fest einzuladen. Am Tag des Festes werden sie dann noch einmal an die Einladung erinnert.

Im Gleichnis lassen sich die Gäste bei solch einer Erinnerung entschuldigen. Obwohl die Gründe einleuchtend klingen, fragt man sich doch: Hätte der Termin nicht in der Planung berücksichtigt werden können? Haben die Gäste die Einladung des Hausherrn vielleicht nicht ernst genommen? Klar ist, daß ihnen die eigenen Dinge wichtiger sind als das Festessen. Das macht den Hausherrn zornig. Aber das Fest soll nicht ausfallen. Ein Knecht wird zweimal beauftragt, Ersatzgäste einzuladen aus den Randgruppen der Gesellschaft. Sie haben nichts zu besorgen und nichts zu versäumen. Der Festsaal füllt sich. Das Fest kann beginnen. Die zuerst Geladenen verpassen das Fest. Sie haben sich selbst ausgeschlossen durch ihre Absage.

Jesus meint mit diesem Gleichnis: Gott lädt ein zu seinem Reich, zum Leben mit ihm, zu einem Leben wie ein Fest. Die Türen stehen für alle Menschen offen. Aber nicht alle nehmen die Einladung an.

Der Text und die Kinder

Das Thema „Einladung zu einem Fest" ist Kindern geläufig. Sie feiern Familienfeste mit, laden zu Kindergeburtstagen ein und werden eingeladen. Auch wenn sie als Gastgeber die Situation des Hausherrn im Gleichnis noch nicht erlebt haben, können sie sich seine Enttäuschung gut vorstellen. Auch die Vorstellung, daß Gott uns einlädt wie zu einem Fest, ist ihnen nicht fremd, wenn sie im Kindergottesdienst eine festliche Atmosphäre erleben. Um das zu verstärken, sollte es in diesem Kindergottesdienst ein festliches Essen geben, bei dem jeder auf seinen Nachbarn achtet und ihm etwas anbietet. Damit sich keiner seinen Nachbarn aussuchen kann, wird die Sitzordnung durch Tischkarten bestimmt, die mit Pflanzen, Tieren oder Gegenständen bemalt sind und zu denen jeder ein Doppel zu Beginn des Festes zieht.

Solch ein Fest sollten die Großen und Kleinen im Kindergottesdienst gemeinsam feiern und deshalb auch die Erzählung gemeinsam hören.

Das Rollenspiel als Alternative zum Festessen ist eher für ältere Kinder geeignet. Mit den jüngeren kann an dieser Stelle ein Bild von dem großen Fest gemalt werden. Das Lied „Wir sind eingeladen zum Leben" sollte mehrmals gesungen werden, weil es den Wunsch der Kinder nach Bewegung durch Schnipsen, Stampfen, Klatschen aufnimmt und so die Freude an Gottes Einladung kindgemäß ausdrückt.

Gestaltungsvorschlag für jüngere und ältere Kinder

● Gespräch

Wir lassen die Kinder erzählen, wie sie ihren Geburtstag gefeiert haben. Wer wurde eingeladen und wie? Wie wurde die Geburtstagsfeier vorbereitet? Was hat die Mutter vorbereitet? Welche Ideen hatten die Kinder selbst? Wir stellen fest: Gerade wenn man sich viel Mühe bei der Vorbereitung gegeben hat, freut man sich besonders auf die Feier.

„Stellt euch vor, ihr deckt gerade den Kaffeetisch. Da klingelt das Telefon und eine Freundin sagt ab, weil die Eltern eine Fahrt zu den Großeltern machen wollen. Und dann rufen nacheinander alle übrigen Gäste an und entschuldigen sich, weil sie nicht kommen können."

Die Kinder sprechen über die Enttäuschung des Geburtstagskindes, über mögliche Entschuldigungsgründe. Aber eigentlich ist es unvorstellbar, daß von den Eingeladenen niemand zur Geburtstagsfeier kommt.

● Erzählung

Jesus erzählt eine Geschichte, in der so etwas Unglaubliches passiert. Ein wohlhabender Mann wollte ein Festessen geben. Vielen Gästen schickte er dazu eine Einladung. Dann bereitete er das Fest mit seinen Dienern vor: das Festessen, die Getränke, den Festsaal mit der geschmückten Tafel. Als alles fertig war, schickte er einen Diener los, um die Gäste abzuholen.

Der Diener geht von Gast zu Gast mit der Nachricht: „Kommt zu meinem Herrn. Es ist alles vorbereitet. Das Fest kann beginnen." Aber einer nach dem anderen entschuldigt sich: „Es tut mir leid. Ich kann nicht kommen. Ich habe gerade einen Akker gekauft und will jetzt hingehen und sehen, ob das Land gut ist."

Beim nächsten Gast hört er: „Es tut mir leid. Ich kann nicht kommen. Ich habe fünf Gespanne Ochsen gekauft. Die muß ich mir jetzt ansehen. Bitte, entschuldige

mich." Der dritte erzählt ihm: „Ich habe geheiratet. Ich kann doch meine Frau jetzt nicht allein lassen. Bitte, entschuldige mich." Und so ging es dem Diener auch bei den übrigen eingeladenen Gästen. Alle waren mit etwas beschäftigt, das ihnen wichtiger war als das Festessen. Alle ließen sich entschuldigen.

– Was wird der Hausherr sagen, wenn er hört, daß keiner von den eingeladenen Gästen zu seinem Fest kommt? Was wird er jetzt tun? (Die Kinder sprechen darüber, wie ihrer Meinung nach die Geschichte weitergeht.) –

Hört, was der Hausherr in der Geschichte wirklich tut: Als der Diener zurückkam und von all den Entschuldigungen und Absagen berichtete, wurde der Hausherr zornig. Das hatte er nicht erwartet. Was sollte aus dem guten Essen werden? Nein, sein Fest sollte nicht ausfallen. Er schickte seinen Diener wieder los: „Geh in die Stadt und sprich alle an, die du auf den Straßen und Plätzen findest. Die Armen, die Verkrüppelten, Blinden und Lahmen. Lade sie alle zu meinem Fest ein." Der Knecht macht sich auf den Weg und lädt ein. Diese Gäste können es kaum fassen. In ihren zerlumpten Kleidern eilen sie zum Fest. Einige müssen geführt oder getragen werden. Sie sind überwältigt. Noch nie haben sie an solch einer Festtafel gesessen. Aber es sind immer noch Plätz frei. „Geh noch mal hinaus, auch vor die Stadt und lade die Obdachlosen ein. Mein Festsaal soll voll werden." Und wieder kommt der Diener mit neuen Gästen zurück. Alle finden einen Platz. Dann wird die Tür geschlossen und ein unvorstellbares, einmaliges Fest beginnt.

Eine unglaubliche Geschichte! Wo gibt es denn so einen Gastgeber?

● Die Antwort finden wir in einem **Lied:**

(s. S. 35)

Gespräch

Ja, Gott ist solch ein Gastgeber. Die Geschichte vom großen Festmahl ist eine Beispielgeschichte, in der Jesus uns et-

Eingeladen zum Leben

Capo II

Text und Melodie:
Knut Trautwein-Hörl

Wir sind ein - ge - la - den zum Le - ben, un - ser

Gast - ge - ber ist Gott, ja Gott! Seine Lie - be will er uns ge - ben, ist

das nicht ein An - ge - bot?

1. Wir dan - ken Gott und wir klat - schen und freu - en uns,

wir dan - ken Gott und wir klat - schen und freu - en uns, denn

Gott lädt uns ein!

2. Wir danken Gott und wir schnipsen …

3. Wir danken Gott und wir stampfen …

4. Wir danken Gott und wir schreien …

5. Wir danken Gott und wir flüstern …

6. Wir danken Gott und wir klatschen … schnipsen … stampfen … schreien … flüstern …

Auf die zwei Silben der Wörter „klatschen", „schnipsen", „stampfen", „schreien" und „flüstern" kann die entsprechende Tätigkeit ausgeführt werden.

Aus: Knut Trautwein-Hörl, Eingeladen zum Leben, 15 alte und neue Lieder für kleine und große Leute   Rechte beim Urheber, Ludwigshafen 1995

35

was über Gott mitteilen möchte. Die Kinder finden heraus: Gott lädt alle Menschen zu sich ein. Keiner ist ihm zu arm, zu krank oder zu schlecht. Das Leben mit ihm ist wie ein Fest. Er beschenkt uns mit allem, was wir zum Leben brauchen. Er schenkt uns seine Liebe. Und weil er uns alle liebt, gelten bei ihm andere Regeln als auf der Straße oder dem Schulhof. Haß und Neid müssen draußen bleiben. Für Schlägereien ist kein Platz.

Auch im Kindergottesdienst lädt Gott uns zu sich ein. In jedem Gottesdienst könnt ihr etwas von dem Fest entdecken. (Kerzen, Blumen, Lieder, Tänze)

Damit das heute ganz deutlich wird, wollen wir jetzt ein Festessen vorbereiten und feiern.

Festessen

Der Tisch wird festlich gedeckt: Kerzen, Blumen, Tischkarten, Obst, Kekse, Saft. Zu Beginn des Essens singen wir noch einmal: Wir sind eingeladen zum Leben. Beim Essen achten wir darauf, ob unsere Nachbarn etwas brauchen und bieten ihnen etwas an.

Rollenspiel

Alternative: Anstelle des Festessens kann ein Rollenspiel über die Ablehnungen im Gleichnis stattfinden. Ein Kind lädt als Diener ein zum Fest. Die Kinder wiederholen die Entschuldigungen. In einer zweiten Runde wird gespielt, wie Menschen heute ein Leben mit Gott ablehnen. (Gott interessiert mich nicht, das ist doch eine Sache von gestern…)

Gebet

Gott, wir haben gehört, daß du uns alle zu dir einlädst. Wir haben beim Feiern gemerkt, wie schön das ist. Wir wollen deine Einladung weitersagen. Laß uns daran denken, daß du auch die Menschen liebst, die wir nicht leiden können. Amen.

Schluß

Wir stehen im Kreis und singen vor oder nach dem Segen noch einmal: Wir sind eingeladen zum Leben.

Ilse-Lore Franke, Zerbst

III In dir sollen gesegnet werden alle Völker
Geschichten von Abraham

Lied: Gott, (Herr,) dein guter Segen, LJ 382, LfK 2 138, LZU I 31,

Liturgischer Text: Psalm 67

Sonntag	Text/Thema	Art der Zusammenkunft Methoden und Mittel
15.2.1998 Sexagesimä	1. Mose 12,1–9; 15,1–6 * Gott beruftAbraham zum Träger seines Segens	Gottesdienst mit Kindern (und Erwachsenen) Gespräch, Erzählung, Interview mit Abraham
22.2.1998 Estomihi	1. Mose 14 Abraham hilft Lot und begegnet dem Priester Melchisedek	Gottesdienst mit Kindern Erzählung, Malen
1.3.1998 Invokavit	1. Mose 18,1–15; 21,1–7 Isaak, der Sohn der Verheißung	Gottesdienst mit Kindern (und Erwachsenen) Bild von Chagall, Einstiegsgschichte, Erzählung, Gepräch, Gebet
8.3.1998 Reminiszere	1. Mose 16; 21 i.A. Auch Ismael ist von Gott gesegnet	Gottesdienst mit Kindern Gespräch, Erzählung, Bildbetrachtung, Rollenspiel

15.2.1998 – Sexagesimä – 1. Mose 12,1–9; 15,1–6

Gott beruft Abraham zum Träger seines Segens

Lied: Gott, dein guter Segen, LZU 31, LfK 1 B 47, MKL 16

Liturgischer Text: Psalm 67

Zum Text

Abraham ist der Erzvater Israels. Mit ihm beginnt Israels Geschichte.
Über den historischen Abraham gibt es kaum außerbiblische Quellen. Was wir über ihn wissen, ist im 1. Buch Mose festgehalten. Damit ist auch schon seine Bedeutung aufgezeigt. Er steht am Beginn von Israels Glaubensgeschichte und Volksgeschichte. Der lebendige Gott wählt ihn aus, um mit ihm Geschichte zu schreiben. Seine Nachkommen werden Gottes auserwähltes Volk. Ein gemeinsamer Bund verbindet Gott – Abraham – seine Nachkommen.
Abraham ist ein reicher Nomade, kann viele Schafe und Rinder sein eigen nennen. Zu seiner großen Familie gehören Hirten, die das Vieh umsorgen. Er ist lange Zeit kinderlos – und soll doch Israels Stammvater werden. 1 Mose 12 erzählt, daß Abraham es wagt, sich dem Ruf des lebendigen Gottes zu stellen und ihn zu befolgen. Er ist bereit, seine Heimat, seine Freunde und seine große Verwandtschaft zu verlassen. Das bedeutet in der Antike sehr viel, denn der Mensch lebt nicht als Individualist. Er ist in die genannten Beziehungen fest eingebunden. Im Vertrauen auf Gottes Begleitung beginnt Abraham einen Neuanfang im Lande Kanaan. Dabei erfährt Abraham: Wo Gott ein Ziel setzt, bahnt er auch einen Weg. Gott fordert nicht, ohne auch selbst zu geben. Er gibt sich. Er läßt „Land sehen" und macht den zu einem großen Volk, der im Vertrauen auf ihn seine Heimat verläßt und in Kanaan neu beginnt. Allerdings, so „glatt" geht es nicht. Abrahams Vertrauen zu Gott wird auf harte Proben gestellt.

1 Mose 15 erzählt von einer solchen Probe. Abraham ist immer noch ohne Kinder. Jetzt klagt er Gottes Zusage ein: „Ich will dich zu einem großen Volk machen." (1 Mose 12,2) Es geht um seine Zukunft! „Werde ich nun meinen Erben bekommen?" Gott sagt ihm zu: Kannst du die Sterne am Himmel zählen? So zahlreich sollen deine Nachkommen sein. Abraham glaubt dieser Zusage. Er sieht die Sterne am Himmel mit einer neuen Perspektive. Er „sieht tiefer": Ja, so groß wird meine Nachkommenschaft sein. Er „sieht", was Gott ihm zusagt und was noch nicht abzusehen ist. Dieses Vertrauen wird ihm von Gott angerechnet. Abraham wird zum „Vater aller Glaubenden". Auch wir Christen stehen in der Geschichte, die Gott einst mit Abraham begonnen hat.

Der Text und die Kinder

Diese beiden Erzählungen von Abraham werden vielen Kindern aus der Christenlehre und dem Religionsunterricht bekannt sein. Wir erzählen ihnen also nichts Neues, auch nicht den Eltern, wenn wir einen Familiengottesdienst gestalten. So ist das Thema dieses Abschnitts zu entfalten: „Gott beruft Abraham zum Träger seines Segens." Wo Gott ein Ziel setzt, bahnt er auch einen Weg – und er selbst geht mit auf diesem Weg.
Folgende Verbindungen vom Text zur Welt der Kinder lassen sich herstellen:
– Abraham zieht weg: Kinder erleben Umzüge von Schulkameraden und Nachbarskindern oder eigene. Solche Umzüge können schmerzhaft sein, für die Wegziehenden und die Zurückbleibenden.
– Abraham kommt in Kanaan an: Kinder

erleben, wie Menschen von auswärts zuziehen und zu Nachbarn werden. Manche erleben, wie Aussiedler oder Asylsuchende zuziehen. Sie sind Fremde und bringen andere Lebensgewohnheiten mit.
– Gottes Verheißungen an Abraham: Kinder hören die Versprechungen Erwachsener. Werden sie eingehalten oder bleiben sie „leere Worte"?
– Abraham baut Gott mehrere Altäre: Kinder kennen Kirchen und Gemeindehäuser in der Umgebung. Überall wird der gleiche Gott angebetet. Wir gehören als Gemeinde zusammen – durch den einen Gott.
– Abraham klagt Gott seine Kinderlosigkeit: Kinder erleben, wie junge Menschen, Eltern, ältere Geschwister sich Kinder wünschen. Sie erleben, wie die Erwachsenen, rückläufige Kinderzahlen und deren Folgen: Schließung von Kindergärten und Schulen, weniger Spielgefährten …
– Eliëser von Damaskus als der Erbe Abahams: Kinder und Erwachsene kennen altgewordene Ehepaare ohne direkte Nachkommen. Sie erleben, wie mühsam Erarbeitetes und Erspartes von „lachenden Dritten" vereinnahmt wird.
Diese Gesichtspunkte können bei der Auslegung unseres Abschnittes im Vorfeld hilfreich sein. Sie sollten aber nicht alle verwendet werden!

Gestaltungsvorschlag für jüngere Kinder

Hier kann **Baustein 1** verwendet werden: Wir ziehen um.
Wir lassen zurück. Wir erleben neu. Was ist schmerzhaft für uns? Worauf freuen wir uns (eigenes Haus, eigenes Zimmer, Großeltern, neue Freunde…)?
Danach kann **Baustein 2** erzählt werden: Erzählung von Abraham
Abraham vertraut Gott, der ihn aus seiner bisherigen Umgebung herausruft. Er hat viel mit ihm vor. Abraham soll der Stammvater des Volkes Israel werden in dem Land, das Gott ihm und den Seinen schenken will. Allerdings wird Abrahams Vertrauen zunächst auf eine harte Probe gestellt.

Er muß auf den von Gott verheißenen Sohn warten! – Wann endlich wird Gott sein Versprechen einlösen? Gottes erneute Zusage (Sternen-Geschichte) läßt Abraham erkennen, daß Gott seine Verheißung erfüllen wird. Mit dieser Verheißung kann Abraham leben.

Gestaltungsvorschlag für ältere Kinder

Wenn die Abraham-Geschichte den Kindern gut bekannt ist, dann sollte Baustein 3 verwendet werden: Interview mit Abraham.
Was ist anders im Vergleich zu der bekannten Abraham-Geschichte? Abraham vertraut Gott und wartet auf den verheißenen Sohn. Heute: Junge Menschen wünschen sich ein Kind. Kinder wünschen sich Spielgefährten. Eltern hoffen, daß Kindergärten und Schulen wegen mangelnder Kinderzahlen nicht geschlossen werden.
Es bietet sich auch das Thema „vom Fremden von nebenan" an: Wo kommt er her? Warum ist er hier? Können wir ihm zu Freunden werden? – Er wohnt jetzt hier und wir gehören – doch zusammen, oder …? – Abraham kommt mit seiner Frau, seinen Knechten, seinem Vieh in ein anderes Land. Da wohnen auch Menschen. Dieses Land ist nicht so dicht besiedelt wie heute bei uns. Abraham durchzieht dieses Land, nimmt es „in Besitz" und baut seinem Gott Anbetungsstätten – Altäre: Damit wird deutlich: Dieses Land gehört Gott – und meinen Nachkommen, dem Volk Israel. Abraham lebt im Vertrauen auf Gottes Verheißung. Er muß allerdings auch erleben, daß sein Gottvertrauen „auf die Probe" gestellt wird. Die Zahl der Sterne läßt ihn wieder zuversichtlich in die Zukunft sehen.

Gestaltungsvorschlag für Kinder und Erwachsene

In einem Familiengottesdienst kann **Baustein 1** als Einstieg verwendet werden, **Baustein 2** als Lesung und **Baustein 3** zu

Beginn der Predigt als Wiederholung des erzählten Predigtabschnittes (Lesung). Die Predigt nimmt in drei Abschnitten das Interview auf: Abraham wird von Gott berufen: Gott beginnt seine Geschichte mit den Menschen. Den Anfang bildet der reiche Nomade Abraham. Gott setzt ein Ziel. Abraham vertraut Gott: Abraham läßt sich auf den Anruf Gottes ein. Er vertraut Gottes Verheißung und verläßt seine Heimat. Gott bahnt den Weg und begleitet Abraham. Abraham baut Altäre. Abraham wird zum Träger von Gottes Segen: Abrahams Vertrauen wird auf eine harte Probe gestellt. Er erinnert Gott an seine Zusage. Der Sternenhimmel als Bild für Gottes erneute Zusage läßt deutlich werden: Abraham steht unter Gottes Segen und wird selbst zum Träger von Gottes Segen.

Auf eine gute Verbindung der Gestaltungselemente ist zu achten. Welche Gesichtspunkte (aus: Text und Kinder) werden zur Aktualisierung herangezogen? Welche Antwort gibt uns Abraham für die Beantwortung dieser Fragen?

Baustein 1: Wir ziehen um

Rechtzeitig bereiten wir mit den jüngeren Kindern für den Familiengottesdienst ein kurzes Gespräch vor, eventuell mit Bildern, die die Kinder selbst malen. In diesem Gespräch stellen wir heraus: Bevor wir umziehen können, brauchen wir eine neue Wohnung. Vater und Mutter benötigen Arbeit. Wir müssen in den Kindergarten oder in die Schule gehen. – Wenn das alles geregelt ist, können wir an die Umzugsvorbereitungen denken: Kisten und Kartons packen. Den Möbelwagen bestellen. Was wir nicht mehr brauchen, gehört in den Grobmüll. Nach dem Beladen des Möbelwagens muß die alte Wohnung ausgefegt werden. Wir verabschieden uns von unseren Freunden und Nachbarn. Wir fahren ab.

In der neuen Wohnung werden die Möbel aufgestellt, die Kisten und Kartons ausgepackt. Es wird einige Zeit dauern, bis alles untergebracht ist. Wir werden uns mit dem Kindergarten, der Schule, der Christenlehre, dem Kindergottesdienst vertraut machen und für uns Freunde und Spielkameraden in der Nachbarschaft suchen.

Baustein 2: Erzählung von Abraham

Ein Knecht Abrahams erzählt später:
Wir wohnten in der Nähe von Haran, einer sehr alten Stadt. Das Land war gut. Wir hatten gute Weiden für das Vieh. Es gab genug Wasser. Auch sonst ging es uns gut. Wir waren geachtet unter den Menschen und hatten Freunde. Dann passierte eines Tages etwas Unvorstellbares:
Abraham, unser Herr, rief uns zusammen und sagte uns: Ich muß euch etwas ganz Wichtiges sagen. Gott hat zu mir gesprochen. „Abraham", hat er gesagt, „verlaß deine Heimat! Verlaß deine Verwandten! Geh in das Land, das ich dir zeige! Ich schenke dir viele Nachkommen! Ich will dich segnen. Dein Name soll berühmt werden. Alle Menschen auf der Erde sollen durch dich meinen Segen empfangen."
Ja, so erzählte uns Abraham, unser Herr! Wir waren sprachlos! Alle waren sprachlos, als sie es erfuhren. Alles sollten wir zurücklassen: das gute Land, die Freunde und Verwandten? Und das für eine ungewisse Zukunft in einem fremden Land? – Wir hatten viele Fragen: Wird es Wasser und Weiden für unsere Tiere geben? Werden wir selbst genug zu essen haben? Werden uns die Bewohner des Landes aufnehmen oder werden sie uns bekämpfen? Und das alles nur, weil Gott gesagt hatte: Geh aus deiner Heimat! Verlaß deine Freunde und Verwandten! Zieh in ein Land, das ich dir zeigen werde! Ich schenke dir viele Nachkommen! Ich will dich segnen. Dein Name soll berühmt werden! Alle Menschen sollen durch dich meinen Segen empfangen!
Unser Herr, Abraham, hatte auf alles, was wir ihm sagten, immer die eine Antwort: Gott wird uns helfen! Gott wird uns segnen!
Ja, so sicher war unser Herr, Abraham. Es

sei Gottes Wille, und da gäbe es nichts zu überlegen. Ganz ernst war es ihm. Wir packten alles zusammen und machten uns auf den Weg. Wir nahmen alles mit: das Vieh, die Zelte und was wir sonst besaßen. Sara, seine Frau, alle Knechte und Mägde zogen mit, auch Lot, der Neffe Abrahams. Wir hatten Angst vor dem, was wir vor uns hatten. Wo würde uns Abraham hinführen? Lange Zeit wanderten wir. Es war mühselig, so durch die Gegend zu ziehen, über Berge, durch Wüsten. Nur Abraham schien sich seiner Sache sicher zu sein. Er zögerte nicht. „Vertraut mir so, wie ich dem vertraue, der mich führt!", sagte er. Und tatsächlich, wir konnten es kaum glauben, eines Tages sahen wir von einem Berg aus das weite Land, in dem wir jetzt leben. Abraham sagte uns: „Gott wird uns dieses Land schenken. Meine Nachkommen werden in großer Zahl dort leben und ihre Herden weiden."

Und Abraham stieg hinab ins Tal, begann Steine zusammenzutragen und errichtete einen Altar. Ganz selbstverständlich war das für ihn, Gott zu danken. Wir wunderten uns, wie fest Abraham an Gottes Versprechen glaubte, wie er Gott gehorchte. Wir zogen dann weiter, in das Gebirge östlich von Bethel. Auch hier trug unser Herr wieder Steine zusammen und baute Gott einen Altar. Wieder dankte er Gott.

So verging die Zeit. Abraham vertraute Gott. Doch eines Tages war er sehr ungehalten. „Lange hoffe ich schon auf einen Nachkommen", sagte er zu uns, „doch Gott erfüllt seine Zusage, sein Versprechen nicht! Wie soll es nur weitergehen? Ich bin alt. Meine Frau ist alt, und wir haben immer noch keinen Erben."

Da sprach Gott wieder zu Abraham: „Fürchte dich nicht, Abraham. Ich werde dich beschützen und reich belohnen." Da konnte unser Herr, Abraham, nicht mehr an sich halten. Es brach aus ihm heraus, was ihm die ganze Zeit Sorgen bereitet hatte: „Herr, mein Gott, womit willst du mich belohnen? Du hast mir Nachkommen versprochen, aber bis heute gehe ich dahin ohne Kinder! Es wird so kommen, daß

mein Hausverwalter Eliëser aus Damaskus mich beerben wird."

Richtig ärgerlich war unser Herr! Das hätten wir nicht gedacht, daß er so mit Gott redet! Gott hörte sich Abrahams Beschwerde an und sagte ihm: „Abraham, geh hinaus aus dem Zelt, in dem du bist. Schau auf zum Himmel und zähle die Sterne! Kannst du sie zählen?" Das konnte unser Herr nicht. Wer kann denn die vielen Sterne zählen? Da sprach Gott noch einmal zu ihm: „Siehst du, so zahlreich sollen deine Nachkommen sein! Ich verspreche es dir. Glaube es nur!" Und unser Herr glaubte Gott. Er vertraute wieder fest darauf, daß sich Gottes Verheißung erfüllen wird. Jetzt war er wieder der alte, so wir ihn kennen und mögen.

Baustein 3: Interview mit Abraham

Sprecher:
Schon immer haben Menschen gefragt, wann Gott die Geschichte mit seinem Volk begonnen hat. Nach biblischen Aussagen muß das vor etwa 3 000 Jahren gewesen sein. Da lebte in Kanaan ein Mann mit Namen Abraham. – Ich will ihn besuchen und mit ihm sprechen.

Sag, Abraham, du bist nicht von hier. Wo kommst du her?

Abraham:
Ich komme von weit her, aus Haran, einer sehr alten Stadt.

Sprecher: Wie ist das möglich? Warum hast du diesen weiten Weg gemacht?

Abraham:
Ich weiß nicht, ob du das verstehst. Vor längerer Zeit sprach unser Gott zu mir: „Geh weg von hier, mit deiner Frau, deinen Knechten, deinen Schafen und Rindern. Du sollst eine neue Heimat finden – für dich und deine Nachkommen."

Sprecher:
Und das hast du geglaubt? War das nicht leichtfertig von dir? Du wußtest doch nicht, wo du hinkommen wirst?!

Abraham:
Du hast recht. Das wußte ich nicht, aber ich habe es gewagt, Gott zu vertrauen.

Und was soll ich dir sagen? Er ist mit uns unterwegs gewesen – bis hierher. Ich habe gespürt, daß ich Gott vertrauen kann!

Sprecher:
Und wie soll es nun weitergehen? Du hast keine Nachkommen und bist alt. Deine Frau Sara ist es auch.

Abraham:
Das stimmt! Ich habe auch schon gezweifelt, ob ich Nachkommen haben werde! Und wie ich so „ganz unten war", da hat Gott wieder zu mir gesprochen und mir meine Zweifel genommen. Er hat mich gefragt, ob ich all die Sterne am Himmel zählen kann. Ich konnte es natürlich nicht! Da hat er gesagt: „So viele Nachkommen wirst du haben! Vertrau darauf! Ich will dich und deine Nachkommen segnen. Aus dir und deinen Nachkommen soll ein großes Volk werden!"

Sprecher:
Das ist doch großartig, Abraham! – Kannst du dir das vorstellen?

Abraham:
Eigentlich nicht, aber es wird so sein!' Darauf vertraue ich ganz fest!

Sprecher:
Deine Nachkommen – ja, das große Volk – wird immer an dich denken. Du bist der Erste. Du machst den Anfang! – Ist dir das bewußt, Abraham?

Sprecher:
Ist es uns bewußt, daß Gottes Geschichte mit den Menschen – also auch mit uns! – mit Abraham beginnt?

Anmerkung:
vgl. auch Material zur Abraham – Bibelwoche 1993/94

Karl-Helmut Hassenstein, Allendorf

22.2.1998 – Estomihi – 1. Mose 14

Abraham hilft Lot und begegnet dem Priester Melchisedek

Lieder: *Gott, dein guter Segen, LJ 382, LfK 2 138, LZU I 31*
Abraham, Abraham, verlaß dein Land, EG 311, LJ 171
Komm, Herr, segne uns, EG 170, LJ 116

Liturgischer Text: Psalm 67

Zum Text

In der Praxis unserer Kirche führt dieser Textabschnitt aus dem ersten Buch Mose ein Schattendasein. Er ist nicht in den sechs Predigttextreihen zu finden. Auch Erzählbücher wie „Das Wort läuft" oder „Schild des Glaubens" lassen ihn aus.

Das hängt sicher mit der Stellung des Textes im 1. Mosebuch zusammen. 1 Mose 14 spielt eine Sonderrolle in mehrerlei Hinsicht. Im Erzählzusammenhang der Abrahamgeschichte wirkt der Text wie ein Fremdkörper. Man kann die Abrahamge-schichte auch gut im Zusammenhang erzählen, wenn man diesen Text ausläßt. Ganz offensichtlich ist er später eingefügt worden.

Die am Anfang der Geschichte genannten Könige kommen nur an dieser Stelle in der Bibel vor. Der König Melchisedek von Salem wird nur noch in Ps 110,4 und in Hebr 5,6; 6,20 erwähnt. Es tauchen hier Gestalten auf, die dann gleich wieder im Dunkel verschwinden und wenigstens im biblischen Zusammenhang nicht wieder in Erscheinung treten.

Die Geschichte selbst ist aus mehreren

Teilen zusammengefügt. Zunächst (V. 1–12) wird davon berichtet, daß Könige aus Mesopotamien gegen Könige aus Kanaan Krieg führen, weil die letztgenannten sich gegen die ersteren auflehnen oder vielleicht auch ihrer Tributpflicht nicht mehr nachkommen. Auf einem Feldzug mit Umwegen kommen die mesopotamischen Könige in den kanaanäischen Raum und schlagen am Toten Meer die Abtrünnigen, plündern Sodom und Gomorra und ziehen wieder davon. Mit V. 12 endet der erste Teil der Geschichte.

Erst im zweiten Teil (V. 13–16) kommt Abraham vor. Bei der Plünderung von Sodom gerät Lot in die Gefangenschaft der Sieger. Abraham wird von den Vorgängen in Sodom informiert. Er sammelt seine Knechte und jagt den fremden Heeren nach. Bei Dan im Norden Kannans holt er sie ein und schlägt sie, eine Verfolgung bis nördlich Damaskus schließt sich an. Schließlich führt Abraham die Deportierten mit ihrer Habe wieder zurück. Daß eine Streifschar von 318 Mann das Koalitionsheer von Großkönigen besiegen könnte, zeigt deutlich an, daß die Geschichte keinen historischen Hintergrund hat.

Als Abraham siegreich zurückkehrt (V. 17–24), wird er von zwei Königen empfangen. Die Begegnung Abrahams mit Melchisedek stellt den Höhepunkt der Erzählung dar. Melchisedek spricht den Segen „vom höchsten Gott, der Himmel und Erde geschaffen hat" aus. Wir denken bei dem Segen natürlich an den Segen des Gottes Abrahams. Es scheint aber erwiesen, daß sich die Gottesvorstellungen Melchisedeks und Abrams zwar ähneln (vgl. V. 22), aber eben doch nicht identisch sind. Die erzählerische Absicht der ganzen Szene (und wohl damit auch des aufwendigen Vorspiels) ist, auf die Verehrung eines höchsten Gottes, der Himmel und Erde gemacht hat, zu einer Zeit in Jerusalem hinzuweisen, als es die zwölf Stämme, geschweige denn den König David, noch gar nicht gab.

Abraham wird von Melchisedek gesegnet, und er unterstellt sich diesem durch die Gabe des Zehnten. Das Ansinnen des Königs von Sodom, Material aus dem Feldzug zu behalten, weist er zurück, damit dieser nicht sagen könne, er habe Abraham reich gemacht.

(Literatur: Gerhard v. Rad, Das erste Buch Mose, Göttingen 1952)

Der Text und die Kinder

Wir gehen davon aus, daß dieser Text im Gottesdienst mit Kindern wohl nur zur Sprache kommt, wenn vorher die Geschichten von Gottes Segen und Verheißung für Ahraham behandelt wurden (siehe Entwurf zum Sonntag Sexagesimä).

Wird dieser Text ohne den Hintergrund von Kap. 12 und 15 zur Sprache gebracht, dann ist es dringend angeraten, zunächst auf die Verheißungen und den Segen Gottes an Abraham hinzuweisen. Nur vor diesem Hintergrund wird die Mitte des Kap. 14 deutlich. Die internationalen kriegerischen Auseinandersetzungen, die Verschleppung Lots und seiner Familie, das erfolgreiche Eingreifen Abrahams, die Begegnung Abrahams mit dem König von Sodom sind nur der Rahmen der Erzählung. Die Mitte ist eindeutig die Melchisedekszene. Nachdem Abraham unter dem Segen und der Verheißung Gottes steht, wird dieser Segen nun von einem König, der gleichzeitig Priester ist, und der eigentlich vom Gott Abrahams gar nichts wissen kann, wiederholt.

Dieser Kontrast sollte für die Kinder deutlich werden: Was unsere Aufmerksamkeit zuerst erregt, ist darum nicht immer das Wesentliche. Oft ist das, worauf wir aufmerksam werden, für andere Menschen ein Unglück. In unserer Erzählung sind es Kriege, die wir heute im Fernsehen verfolgen können. Aber das gleiche gilt auch für Naturkatastrophen oder Unfälle.

Im Mittelpunkt der Erzählung stehen zwei Menschen, Abraham und Melchisedek. Aber sie sind nicht allein, nach allem, was geschehen ist. Sie können sich vergewissern, daß Gott bei ihnen ist, indem Melchisedek Abraham segnet. Abraham erfährt so, daß auch andere Menschen von Gott wissen, Menschen, von denen er es vielleicht gar nicht vermutet hätte.

Gestaltungsvorschlag für jüngere und ältere Kinder

● **Lied:** Abraham, Abraham verlaß dein Land

Psalmgebet: Psalm 67

● **(Anknüpfung) oder Einführung**

Von Abraham, der von Gott aufgefordert wurde, seine Heimat zu verlassen, wollen wir heute (weiter) hören.
Gott hatte Abraham seinen Segen versprochen. Das bedeutete, daß Abraham in besonderer Weise unter Gottes Schutz stand. Abraham sollte eine neue Heimat finden, und er sollte im hohen Alter noch mit seiner Frau Sara Kinder bekommen. Obwohl das alles ganz unwahrscheinlich klang, glaubte Abraham den Worten Gottes und machte sich in das Land Kanaan auf. Sein Neffe Lot begleitete ihn. In Kanaan ließ sich Abraham im Süden des Landes im Wald von Mamre nieder, Lot wohnte in der Stadt Sodom.

● **Erzählung**

In den Zeiten, als Abraham im Wald von Mamre und Lot in Sodom lebten, gab es in den Städten der Umgebung Könige, die über diese Städte herrschten. Sie hatten für uns seltsam klingende Namen: Bera von Sodom, Birscha von Gomorra, Schinhab von Adma, Schemeber von Zebojim. Diese Könige waren mächtig, aber sie waren nicht die Mächtigsten. Im Osten, in Mesopotamien, gab es noch mächtigere Könige, die hießen Amrafel, Arjoch, Kedor-Laomer und Tidal. Denen waren die anderen untertan, sie mußten tun und abgeben, was ihnen befohlen wurde.
Nach zwölf Jahren hatten sie das satt. Sie schickten einfach keine Karawanen mit Waren mehr nach dem Osten. „Wir bestimmen jetzt über uns selbst", sagten sie. Die Könige aus dem Osten ließen sich das natürlich nicht gefallen. Mit einer großen Streitmacht zogen sie nach Kanaan, um die Könige dort erneut zu unterwerfen. In der Nähe des Toten Meeres kam es zu einem Kampf. Die Könige aus dem Osten waren nicht nur mächtiger, sie hatten auch mehr Krieger aufzubieten, deshalb gewannen sie. Sie nahmen die Städte der ungehorsamen Könige ein und raubten sie aus. Ein Teil der Einwohner wurde als Sklaven mitgenommen.
Dieses Schicksal traf auch Lot und seine Familie, die in Sodom wohnten.
Ein Mann aus Sodom konnte der Gefangenschaft entkommen. Er lief zu Abraham in den Wald von Mamre und erzählte ihm, was geschehen war. Abraham überlegte, was zu tun sei. Für ihn war klar: Lot und die anderen müssen befreit werden. Abraham sammelte seine Knechte und bewaffnete sie. Dann jagten sie dem fremden Heer nach. Weil sie in der Minderzahl waren, überrumpelten sie nachts in zwei Gruppen das Lager der Feinde, und es gelang ihnen tatsächlich, Lot mit seiner Familie und die anderen verschleppten Einwohner von Sodom zu befreien.
In einem großen Zug machten sie sich auf den Heimweg. Als sie in die Nähe von Jerusalem kamen, das damals noch Salem hieß, kamen ihnen zwei Könige entgegen. Der eine war der König von Sodom, der andere war Melchisedek, der König von Salem, der in seiner Stadt gleichzeitig Priester war. Melchisedek hatte Brot und Wein mitgebracht. Damit konnten sich die Befreiten stärken. „Euer Sieg ist bestimmt ein Werk Gottes, er war mit euch gegen unsere Feinde. Gott hat euch zum Sieg verholfen."
Abraham staunte: Dieser König weiß etwas von Gott! Hier, mitten in der Fremde erzählt einer von Gott und seinen großen Taten. „Ich kenne Gott auch", sagte Abraham. „Er hat zu mir gesagt, daß ich einen Sohn haben werde und er hat mir Land versprochen." Und Abraham fragte Melchisedek: „Was weißt du von Gott?" Melchisedek antwortete: „Gott ist der Höchste. Er hat alles geschaffen: den Himmel und die Erde, die Berge und die Täler, Wü-

sten und Flüsse, Pflanzen und Tiere und auch dich und mich. Alles, wovon wir leben, ist eine Gabe Gottes, auch das Brot und der Wein, mit dem ihr euch stärkt. Wir alle stehen unter seinem Schutz." „Das stimmt", sagte Abraham, „wir haben es erfahren".

Dann legte Melchisedek seine Hände auf den Kopf von Abraham und sagte zu ihm: „Gesegnet seist du, Abraham, vom höchsten Gott, der Himmel und Erde geschaffen hat; und gelobt sei Gott, der Höchste, der deine Feinde in deine Hände gegeben hat."

Jetzt wurde es Abraham ganz deutlich, daß in all diesen schlimmen Zeiten Gott sein Versprechen gehalten hatte, ihn zu schützen. Jetzt hatte er das Gefühl, daß Gott ganz nah ist.

Von allem, was er hatte, gab Abraham zum Dank für den Segen Melchisedek den zehnten Teil.

Der König von Sodom sagte daraufhin: „Wer weiß wie das mit Gott ist. Jedenfalls hast du gute Krieger. Gib mir doch deine Leute, die erbeuteten Sachen kannst du behalten!" „Nein", erwiderte Abraham, „von dem, was dir gehört, will ich nicht einen Faden oder einen Schuhriemen haben. Du sollst nicht sagen können: Ich habe Abraham reich gemacht. Was meinen Knechten zukommt, das sollen sie nehmen, aber ich will nichts haben." Nach diesen Worten machte sich Abraham weiter auf den Weg nach Hause. Lot zog mit seiner Familie und den anderen Einwohnern zurück nach Sodom.

Gebetslied: Komm, Herr, segne uns

Vaterunser

Segen (In kleineren Gruppen ist es denkbar, den Segen den Kindern einzeln zuzusprechen.)

Lied: Gott, dein guter Segen

Im Kindergottesdienst parallel zur Predigt können Gebetslied, Vaterunser, Segen und Lied als Teile in den Hauptgottesdienst einfließen.

Die Geschichte von Abraham und Melchisedek kann den Kindern auch als Bildgeschichte in die Hand gegeben werden, die sie während des Erzählens (oder danach) ausmalen können. Man kann die Einzelbilder aus Kinderbibeln auch ausschneiden und als Heftchen gestalten. Für größere Kinder bietet sich beim Erzählen die Verwendung einer Landkarte an, um den geografischen Raum des Geschehens deutlich zu machen.

Karsten und Elisabeth Müller, Jerichow

1.3.1998 – Invokavit – 1. Mose 18,1–15; 21,1–7

Isaak, der Sohn der Verheißung

Lieder: Gott, (Herr,) dein guter Segen, LZU I 31, LJ 391, LfK 1 B 47, MKL 16
Liturgischer Text: Psalm 67

Zum Text

Verschiedene Überlieferungen dieser für Gottes Heilsplan so bedeutsamen Geschichte haben in der Erzählung ihre Spuren hinterlassen, so daß wir einigen „Brüchen" im Verlauf der Handlung begegnen. Am augenfälligsten sind die unterschiedlichen Anredeformen in der Einzahl und Mehrzahl, mit denen der Herr angeredet wird bzw. selbst spricht. Sind es drei Männer, in denen Gott erscheint? Ist es einer, der Gott ist und zwei Begleiter? Wer sind die Begleiter, sind es Engel?

(Einige Ausleger vermuten eine uns nicht mehr erkennbare Verbindung mit jener in aller Welt verbreiteten Sage, die von der Einkehr göttlicher Wesen bei Menschen berichtet. So erscheinen z. B. in der griechischen Mythologie drei Götter in einem kinderlosen Haus, dem sie – nachdem sie freimütig bewirtet worden waren – zu dem lang ersehnten Sohn verhelfen.)

Abraham spricht jedenfalls mit einem, auch wenn er alle drei einlädt. Die Variante, nach der Gott mit zwei Begleitern kommt, erscheint mir für die Umsetzung bei den Kindern am übersichtlichsten.

Die Hörerinnen und Hörer der Geschichte werden gleich zu Beginn der Geschichte informiert, wer die Gäste sind, die zu Abraham kommen. Er selbst weiß es nicht. Seine Begrüßung der Gäste, seine Einladung, die Gesten, mit denen er sich verbeugt, was er spricht, gehören zur orientalischen Gastsitte und sind nicht als besonders unterwürfig anzusehen.

Der Gast ist im Orient wirklich König. Einen Gast zu beherbergen, zu bewirten, heißt Segen zu stiften. 18,1–8 erzählt von den angenehmen und praktischen Gastriten. Es erscheint so, als würde sich Abraham durch seine überaus fürstliche Bewirtung als besonders würdig der folgenden Ankündigung erweisen.

In der heißesten Mittagsglut wird nun von den Gästen wiederholt, was Abraham wie im nächtlichen Traum unterm Sternenhimmel zugesprochen worden war. Zwar wird damit die Zusage Gottes in die Wirklichkeit des Tages gestellt, aber zugleich ist die Mittagsstunde, in der alles Leben ruht, Ausdruck für die Ungewöhnlichkeit der Situation.

Denn das Warten auf den verheißenen Sohn hat sich so lange hingezögert, daß die menschlichen Möglichkeiten erschöpft sind. Nun wirkt Gott. Wie verständlich die ach so menschliche Reaktion: das Lachen der Unsicherheit, des Unverständnisses, der Ungläubigkeit – nun bei Sara. Abraham lacht schon in 1 Mose 17,17.

Ist das Lachen das heimliche Thema der Geschichte von Isaaks Geburt, nicht unsere menschliche Sorge? Immerhin bedeutet Isaaks Name: „er lacht", Abraham lacht, Sara lacht, bis hin zur Geburt, wo sie sagt: „Ein Lachen hat mir Gott bereitet; jeder, der davon hört, wird über mich lachen" oder: „wird mit mir lachen", wie es in einigen Übersetzungen heißt. Offenbar drücken beide Möglichkeiten wiederum unterschiedliche Überlieferungsstränge aus.

Nachdem die Zusage Gottes nach Saras furchtsamer Notlüge bekräftigt wird, wirkt 21,1–7 eher wie der Bericht, daß alles so eingetroffen ist wie angekündigt.

Der Text und die Kinder

Die Erzählung ist so vollendet in ihrer detaillierten Darstellung der orientalischen Sitten und Bräuche, im Ablauf der Geschehnisse, in den Reaktionen Saras und Abrahams, daß es sich geradezu anbietet, die Geschichte zu erzählen.

Während die orientalischen Gastsitten für Kinder interessant sind, und die Reaktion Saras mit dem Lachen und der verschämten Notlüge leicht nachvollziehbar ist, gehen die Intentionen des Textes eher in die Richtung, daß es für Gott Möglichkeiten gibt, wo unsere menschlichen Möglichkeiten zu Ende sind. Kinder verstehen, daß „eine Oma kein Baby mehr bekommen kann". Daß es für Gott dennoch Wege gibt, gilt es aufzuschließen als Möglichkeit in unserem Leben. Dazu gehört, daß Gott seine Zusage hält und erfüllt.

Um die Verständlichkeit der Gespräche im Text zu erleichtern, wird es sinnvoll sein, die Anredeformen der Personen zu „vereinheitlichen".

Gestaltungsvorschlag für Kinder und Erwachsene

Für einen Familiengottesdienst läßt sich zur Veranschaulichung und Bereicherung das Bild von Marc Chagall verwenden. Es ist z. B. enthalten im Bildband: Rainer Sommer, Marc Chagall als Maler der Bibel, Brockhaus Verlag Wuppertal und Zürich, 1990. Medienstellen haben die biblischen Bilder von Chagall z. T. auch als Dia-Serie. Das Bild zeigt die drei Gäste, die Chagall zum Zeichen ihrer göttlichen Herkunft mit Flügeln gemalt hat, wie sie am Tisch sitzen. Sie füllen die Mitte des leuchtend roten Gemäldes aus. Die rechte Gestalt ist farblich abgehoben mit ihrem blauen Gewand, den gelb leuchtenden Flügeln und dem Goldschein um den Kopf – eine Hilfe, die Gestalten zu differenzieren. An dem reich gedeckten Tisch steht Abraham, wartend, beiseite blickend, fast ein wenig träumend. Aus seiner Blickrichtung kommt Sara mit einer Schüssel. Sie ist nicht ganz im Bild – ist sie doch eigentlich im Zelt. An ihren Füßen wächst ein kleiner blühender Baum – Zeichen des Lebensbaumes, des verheißenen Sohnes.

Der obere Bildrand umfaßt Abrahams Vergangenheit und Zukunft. Links oben, blätterumrankt sein Vaterhaus, aus dem ihn Gott rief. Der Weg führt nach rechts weiter, geführt durch Gottes Hand, in das verheißene Land. Auch hier wächst ein Baum – Zeichen des Lebens.

In dem Kreis an der rechten oberen Ecke wird Abraham im Gebet von Engeln umfangen. Da es sich hier um die Fürbitte für Sodom handelt, ist dieser Bildteil nicht so gewichtig für unseren Bibelabschnitt. Rechts am Bildrand blüht es und singt in vielen Vogelgestalten. Ein Engel „will dort auch noch dabei sein".

Nach der gemeinsamen Betrachtung des Bildes läßt sich die Erzählung von 1 Mose 18, 1–15 und 21, 1–7 anfügen.

Ich halte die Bilder von Chagall sowohl für Kinder als auch für Erwachsene geeignet. So könnten alle Seiten etwas „davon haben".

Vielleicht ist es ja möglich, Postkarten von diesem Bild zu beschaffen oder anfertigen zu lassen (von Dias lassen sich gute Abzüge machen). So könnten alle das Bild mit nach Hause nehmen.

Gestaltungsvorschlag für jüngere Kinder

Einstieg

Der Zug ist abgefahren.

Ich stehe in meiner Heimatstadt auf dem Bahnhof und warte auf den Zug, mit dem ich verreisen will. Der Zug läßt auf sich warten. 40 Minuten Verspätung. Soll ich noch einsteigen? Ich weiß, daß ich umsteigen muß. Dort habe ich nur fünf Minuten Aufenthalt. Eigentlich hat es keinen Sinn. Aber ich gebe die Hoffnung nicht auf. Vielleicht wartet der andere Zug, bis wir da sind. Unterwegs ist eine Weiche eingefroren: Es kommt noch eine halbe Stunde Verspätung dazu. Der Schaffner sagt schon an: Der Anschlußzug ist weg.

Keine Hoffnung. Ich bin enttäuscht. Was soll ich jetzt tun? Wieder nach Hause zurück? Schluß. Aus. Keine Reise. Ich hatte mich so gefreut.

Ich stehe in der Bahmhofshalle und warte auf die Gelegenheit, wieder nach Hause zu kommen. Plötzlich kommt über den Lautsprecher eine Durchsage: „Reisende, Achtung! Der nächste Zug wird außerplanmäßig hier gestoppt. Er nimmt Sie mit an ihren Zielort."

Alle gehen schnell auf den Bahnsteig. Der Zug kommt. Die Leute im Zug sagen: „Warum halten wir denn hier?" Ich bin froh, daß mein Weg weitergeht. Ich wußte keinen Ausweg mehr, aber dann wurde mir doch geholfen.

Manchmal denken wir, es geht nicht weiter. Und dann tun sich plötzlich neue Möglichkeiten auf. So erging es Abraham. Von ihm will ich jetzt erzählen.

Erzählung

Abraham sitzt vor seinem Zelt. Mittagsglut liegt über dem Land. „Wie ruhig es ist", denkt Abraham. „Ja, alle ruhen in der Mittagshitze: die Herden und die Knechte und Mägde." Seine Gedanken gehen in die Vergangenheit. Er erinnert sich, wie er von zu Hause aufgebrochen ist. Eine Stimme hatte ihn gerufen: Abraham. Er war losgegangen, ungewiß, wohin er kommen würde. Die Stimme hat ihn geleitet, die vertraute Stimme seines Gottes. Nun waren sie hier, angekommen in dem Land, das Gott ihnen geben wollte. Was hatte er nicht alles erlebt mit Lot. Noch immer mußte er sich um ihn sorgen. Und wo war Ismael? Wenigsten ihn hatte er. Wenn er schon keine Kinder mit Sara hatte. Alle Zusagen hatte Gott erfüllt, nur einen Sohn hatte er ihm nicht geschenkt. Nun ist es zu spät. Ich bin alt, Sara ist alt.

Schau, da kommen Leute! Ob sie zu Besuch kommen?

Schnell springt Abraham auf. Er geht ihnen entgegen. Tief verbeugt er sich und sagt: „Geht nicht an meinem Zelt vorüber! Seid meine Gäste! Ich werde rasch eine Schale Wasser holen lassen. Dann könnt ihr eure Füße waschen. Ruht euch im Schatten aus. Ihr sollt etwas zu essen bekommen."

Die Gäste nicken und nehmen die Einladung freundlich an. Abraham eilt in das Zelt zu Sara und sagt: „Schnell! Drei Maß Mehl, Feinmehl! Knete und mache Kuchen!" Dann läuft Abraham zu den Rindern. Er sucht ein zartes und schönes Kalb aus und gibt es einem der Knechte, daß er es zubereite. Der Knecht beeilt sich. Dann holt er Butter und Milch und das zubereitete Kalb und bereitet den Männern das Mahl und bedient sie, während sie essen.

Danach fragen die Männer: „Wo ist Sara, deine Frau?" „Im Zelt", antwortet Abraham. Da spricht einer der Gäste zu Abraham: „Was ich sage, ist wahr: In einem Jahr will ich wiederkommen, und dann wird Sara einen Sohn haben."

Was macht Sara? Sie horcht hinter dem Eingang des Zeltes. „Das ist doch nicht möglich!" denkt sie. „Ich in meinem Alter!" Sara weiß, sie ist alt genug, um Großmutter zu sein. Und sie sollte noch ein Kind bekommen? Sara findet diese Vorstellung so komisch, daß sie laut anfängt zu lachen. „Warum lacht Sara?" fragt einer der Fremden. Sara hält inne. Auch Abraham erschrickt. Noch entsetzter ist er, als er hört, wie Sara ausruft: „Ich habe nicht gelacht." Nun sagt sie auch noch die Unwahrheit. Was werden die Fremden dazu sagen. „Du hast doch gelacht, Sara", sagt der Älteste von ihnen.

Dann stehen die Männer auf und verabschieden sich. Abraham begleitet sie noch ein Stück. Er erkennt, wer seine Gäste waren.

Er kommt zurück und erzählt Sara, daß Gott sie besucht hat. Da fängt Sara wieder an zu lachen – und diesmal lacht sie vor Freude.

Ein Jahr vergeht. Sara und Abraham haben einen Sohn. Er heißt Isaak. Der Name bedeutet: Er lacht. Sara sagt: Er heißt so, weil alle mit uns lachen vor Freude über das Kind – und ein bißchen lachen sie auch über uns alte Eltern. Wer hätte das gedacht, daß wir in unserem Alter noch ein Kind bekommen würden!

Gespräch

– Ihr erinnert euch an die Geschichte mit der Eisenbahn… Auch Abraham tat sich eine neue Möglichkeit auf …
– Abraham hat gesagt, Gott habe ihn besucht. Woran hat er das gemerkt?

Gebet

Gott, wenn Menschen uns froh machen, erkennen wir, daß du zu uns kommst.
Gott, wenn wir nicht weiterwissen, kannst Du uns weiterhelfen.
Wir danken dir. Amen.

Uta Loheit, Schwerin

8.3.1998 – Reminiszere – 1. Mose 16; 21 i. A.

Auch Ismael ist von Gott gesegnet

Lieder: Gott, dein guter Segen, LZU I 31
Herr, dein guter Segen, LJ 391, LfK 1 B 47, MKL 16,
Lobet den Herren, den mächtigen König der Ehren, EG 317, 1.5

Liturgischer Text: Psalm 67

Zum Text

„In dir sollen gesegnet werden alle Völker!" Diese Verheißung gilt Abraham. So heißt es 1Mose 12,3. Dieser Segen schließt alle Völker ein. So haben wir es gelernt. Deshalb singen wir: „Alles, was Odem hat, lobe mit Abrahams Samen." (EG 31,5)
Eine Binsenweisheit? Noch sind die Wunden des Holocaust nicht vernarbt. Noch streiten Kirchgemeinden darum, ob denn auch im christlichen Deutschland Moscheen gebaut werden dürfen.
Der vorgeschlagene Text 1Mose 16 mit seiner Ergänzung 1Mose 21 greift eine alte biblische Erzähltradition auf, die zu den Schlüsseltexten eines nachbarschaftlichen Zusammenlebens zwischen Juden, Christen und Muslimen gehören könnte. Ismael ist der erstgeborene Sohn Abrahams, an dem als erster die Beschneidung als Zeichen des Bundes Gottes mit Abrahams Nachkommen vollzogen wurde (1Mose 17,23), Isaak aber ist der jüngere Bruder, der der Vater Jakobs, Israels ist. Hagars

Sohn Ismael gilt als Stammvater der Araber (vgl. auch 1Mose 25,12ff), für alle Muslime ist er Prophet und Vorbild des Glaubens: „Und gedenke im Buch des Ismael. Er war treu zu seinem Versprechen, und er war ein Gesandter und Prophet. Und er befahl seinen Angehörigen das Gebet und die Abgabe, und er war seinem Herrn (Allah) wohlgefällig." (Sure 19, 53–58) Abraham – der Vater also der Juden und Muslime! Im Juden Jesus von Nazareth sind wir Christen mit Abrahams Segen gesegnet worden. So gilt der Segen Abrahams den Juden, Christen und Muslimen, ja er gilt allen Völkern dieser Erde.
Abraham ist mit den Seinen aus dem Zweistromland ausgewandert, in einem großen Bogen (der Halbmond auf den Moscheen erinnert an diese Wanderung durch den „fruchtbaren Halbmond") an den Flußläufen des Euphrat und Tigris am Mittelmeer (Kanaan) vorbei bis nach Ägypten gezogen. Dort ist als Saras Sklavin, die Ägypterin Hagar, Familienmitglied geworden. Die Verbindung Abrahams mit Sara

blieb lange kinderlos. Die Verheißung Gottes (1Mose 12,3) war in Gefahr. So gibt Sara mit ihrer ausdrücklichen Billigung Hagar ihren Mann Abraham zur Frau (eine moderne „Leihmutter"?). Und Nachwuchs stellt sich ein, zur Freude der Hagar, zum Leidwesen der Sara.

Heutige Moralvorstellungen sind auf diese alte Geschichte nicht anwendbar, so handelte man zur damaligen Zeit überall, nicht nur in Kanaan. Wenn Kinderlosigkeit nach damaliger Überzeugung Schande, Mutterschaft aber Ehre und Herrschaftsstellung im Haus bewirkte, so sind die Reaktionen der beiden Frauen, wie auch die Hilflosigkeit des Abraham verständlich. Obwohl Sara als „Besitzerin" der Hager Verfügungsgewalt hat, wendet sie sich an Abraham, der soll das „Unrecht" schlichten. Hagar widerfährt Demütigung durch Sara. Und Hagar flieht. Zuspruch erfährt sie durch den „Engel Gottes" am Brunnen. Die Botschaft Gottes erquickt in äußerer und innerer Wüste. Die Anrede holt Hagar zunächst auf den Boden der Tatsachen zurück, sie muß Saras Sklavin bleiben: „Demütige dich unter ihre Hand." Aber eine neue Perspektive wird aufgezeichnet, ihr Leben kommt unter den Blickwinkel einer Zukunft für ihren Sohn. So heißt der Sohn „Isma-El", „Gott hörte"; denn Gott hat gesehen, wie Hagar durch die Konkurrentin mißhandelt wurde. Und in einem alten Lied wird nun der Charakter dieses Jungen beschrieben:

der wird ein Mensch
wie ein Wildesel sein,
seine Hand wider alle,
aller Hand wider ihn,
und all seinen Brüdern
sitzt er auf der Nase.

Ein prächtiges Bild des Ismael für einen Beduinen, einem Wildesel voller Freiheitsdrang vergleichbar, zwar im Streit mit jedermann, doch nicht aus Mutwillen, sondern aus Not, denn „Wüste" ernährt ihre Kinder nicht genügend, sie zwingt zu ständigem Kampf.

In 1Mose 21,8ff wird der Erzählfaden mit einer anderen Tradition wieder aufgenommen. Nun ist Isaak geboren, bruderschaftlicher Zwist bahnt sich an. Saras Mutterinstinkt treibt sie zur Weißglut. Der hilflose Vater wird eingeschaltet, doch ohne Erfolg. Die Zusage gegenüber Saras Sohn Isaak wird durch Abraham nun auf Hagars Sohn Ismael ausgeweitet: auch er soll zu einem großen Volk gemacht werden. Wieder das Bild der Wüste, wieder geschieht dieses „der Herr erhörte", „Isma-El". Ismael bleibt unter Abrahams Segen. „Alles, was Odem hat, lobe mit Abrahams Samen."

Der Text und die Kinder

Wir haben in der Regel im Kindergottesdienst vor allem 6–9-jährige Kinder vor uns. Sind diese nicht total überfordert, die Zusammenhänge der Hagar-Ismael-Tradition zu verstehen? Die Antwort kann hier in der Regel nur „ja" lauten. Warum dann aber die ganzen Vorüberlegungen?

Es geht in erster Linie um die Kinder, nicht um uns Mitarbeiterinnen und Mitarbeiter. So wichtig die persönliche Auseinandersetzung als Erwachsene mit dem Dreiecksverhältnis Abraham – Hagar – Sara vorher ist, so wenig sollen wir unsere eigenen Probleme im Kindergottesdienst ausbreiten. Das gilt besonders im Blick auf jüngere Kinder. Auf welchen Verstehenshorizont trifft diese Geschichte? Auch Ismael als der offensichtlich in der Großfamilie Benachteiligte steht unter dem Segen Gottes! Kennen wir unsere Kinder? Wer von ihnen lebt mit der Mutter allein? Welches Verhältnis haben diese zu den Halbgeschwistern, oder gehen wir fraglos von der Familienidylle „Vater, Mutter, zwei Kinder" aus? So kann diese Ismael-Erzählung eine Hilfe auch für jüngere Kinder sein, mit Ismael bangend Gottes Zuspruch auch für das eigene Leben zu hören.

Für ältere Kinder, besonders aber für Mädchen, könnte natürlich die Auseinandersetzung zwischen den beiden Frauen Hagar und Sara wichtig werden. Und auch

Jungen sind hier mit ihren Gefühlen nicht unbeteiligt.

Unsere Kinder leben in einer multikulturellen Umwelt. Auch wenn wir die Thematik der Gemeinsamkeiten zwischen den abrahamitischen Religionen im Kindergottesdienst nicht in den Mittelpunkt stellen wollen, müssen wir uns sensibel darauf einstellen, daß vielleicht ein Mitschüler Ismael heißt. Er sitzt vielleicht unsichtbar mitten unter uns.

Es geht um den Segen Gottes, Segen als Zuspruch im alltäglichen Leben, der mir zum Überleben hilft. Segensgeschichten können zur Überlebenshilfe in wüsten Zeiten werden.

Gestaltungsvorschläge

Für Vorschulkinder

Wenn es Streit zwischen Vater und Mutter gibt, habe ich Angst. Dann ist dicke Luft, alles ist grau. Ich verstehe nicht, warum Vati und Mutti sich gegenseitig anknurren und böse Worte sagen, wo ich doch beide lieb habe. Am liebsten verziehe ich mich dann in die äußerste Ecke unserer Wohnung und warte, warte bis alles wieder gut wird. Und dann rollen die Tränen. Ob mir dann Mutti oder Vati – oder vielleicht beide zusammen – die Tränen mit frischem Wasser abwaschen? Das tut mir gut.

Handpuppen oder Bilder (s. Bilderbibeln, z. B. Kees de Kort, Neukirchener Bilderbibel v. Inge Weth, S. 34) unterstützen die Erzählung. Wir lassen uns viel Zeit, dann können die Kinder ihre Erfahrungen mit einbringen.

Wir können auch eine Hunde- oder Katzengeschichte daraus machen. Da geht es dann zwischen den Alten schon „handgreiflicher" zu. Es fällt den Kindern leichter, sich mit der Situation zu identifizieren, ohne daß sie ihre eigene häusliche Situation „offenbaren" müßten.

Wer will, kann die Geschichte auch spielen lassen. Dann erlebt das Kind: Ich bin mit meinen Ängsten nicht allein, das hilft mir. Am Ende steht der Trost, der Segen.

Für Schulkinder

Wir erzählen die Geschichte (s. u.) aus dem Blickwinkel des Ismael und seiner Mutter. Wir bangen mit ihm und seiner Mutter, lernen den Vater kennen, die „neue" Frau und den Bruder. Es ist eine harte Geschichte. Sie kann den Kindern helfen, sich und andere mit ihren Sorgen zu verstehen. Sie gibt die Zusage, auch in schwierigsten Situationen – wo scheinbar alles Wüste ist – fallen wir nicht aus Gottes Schutz.

Für ältere Kinder

Im Mittelpunkt der Auseinandersetzung stehen hier nicht Ismael, sondern Hagar und Sara. Von der „Verstoßenen" des großen Abraham erfahren wir, „Heilige" sind auch nur Menschen!

Wir erzählen die Geschichte in groben Zügen. Nach der Ankündigung der Geburt des Isaak könnte sie durch eine Bildbetrachtung unterbrochen werden. Gut zu verwenden wäre: „Hagar" von Marc Chagall, Verve-Bibel II, Nr. 12; bzw. in: Hoffnung Lernen. Religion 5/6, hrsg. von Ingo Baldermann u.a., Klett. Schulbuchverlag 1951, S. 59) mit Impuls: Gespräch zwischen Hagar und Sara.

Oder wir erzählen die ganze Geschichte bis zur Vertreibung. Als Gesprächseinstieg könnte ebenfalls ein Bild aus Ihren Kinderbibeln dienen, z. B. von Julius Schnorr von Carolsfeld: Abraham schickt Hagar mit ihrem gemeinsamen Kind Ismael fort. Sara beobachtet die Szene aus dem Hintergrund. Wir tragen Gedanken der vier Personen zusammen.

Möglich ist auch ein Rollenspiel.

Erzählung

„Mein Vater ist ganz gemein", schimpfte Ismael. „Wir sind hier in der Wüste, müssen ständig auf der Lauer sein, ständig Ausschau nach irgend etwas Eßbarem halten. Und mein Bruder Isaak macht sich ein schönes Leben." Ismael ballte die Faust: – „Wenn nur der Durst nicht wäre!"

„Ach Ismael, schimpf doch nicht dauernd. Ich hatte mir das alles doch auch einmal ganz anders vorgestellt." Ismaels Mutter Hagar wischte sich einige Tränen aus den Augen. Ja, und dann war es wieder so weit. Mutter erzählte von früher, von der Zeit, als Ismael noch gar nicht geboren war. Stundenlang konnte er diese Geschichten hören. Manchmal liefen dann auch ihm, der oft so wild und laut war, einige Tränen über die Wangen. Vor seiner Mutter mußte er sich nicht schämen. Nur dann, wenn er mit anderen Nomadenkindern zusammen sein konnte, dann zeigte er sich stark. Er wollte ein Mann sein. Ein Mann wie sein Vater Abraham. Aber war der ein Mann? Hatte er nicht gegenüber seiner Lieblingsfrau Sara kleinbeigegeben? Hatte er nicht seine Mutter mit ihm aus dem Haus gejagt?

Hagar erzählte: „Ich weiß noch, wie Abraham das erste Mal in das Haus meiner Eltern kam. Groß, mit breiten Schultern, tiefschwarzem Haar und braungebrannt. Er sah einfach gut aus." Und Hagars Augen glänzten. Und dann sah sie ihren Ismael an, drückte ihn fest an sich: „Du wirst ihm immer ähnlicher. Ich bin stolz auf dich!" Sie seufzte.

Ismaels Augen glänzten. „So stark und so reich wie Abraham will ich auch mal werden. Und ich will auch nicht nur eine Frau haben, sondern mindestens zwei. So, wie das bei uns so üblich ist. Und viele Kinder. Aber die verjage ich nicht. Die versorge ich. Das verspreche ich dir." Und dabei sprang Ismael auf, umarmte seine Mutter mit einem stürmischen Kuß.

Hagar erzählte weiter: „Zu Beginn haben wir uns ja wirklich gut verstanden. Ich war zwar nur die Sklavin der Sara, aber wir waren wie zwei Schwestern zueinander. Weißt du, Sara war immer traurig. Sie wollte unbedingt Abraham ein Kind schenken. Abraham sollte doch viele Kinder und Enkel haben. So hatte es Gott verheißen. Und Sara bekam kein Kind. Was mußte ich sie trösten! Doch dann hatte sie einen Plan. Ich sollte das Kind bekommen. Und dann sollte es so sein, als ob Sara die Mutter wäre."

„Was, du solltest so tun, daß nicht du, sondern Sara meine Mutter wäre", empörte sich Ismael.

„Es war so versprochen, aber dann gerieten Sara und ich immer mehr in Streit. Der Streit wurde immer heftiger. Und dein Vater schaute zu. So hilflos war er, dabei habe ich manchmal auf ein kräftiges Wort von ihm gewartet. Vergebens. Immer wieder ging ich zu Abraham, beschwerte mich. Doch er: ‚Du bist Saras Sklavin. Tu, was sie dir sagt.' Und Sara wurde eifersüchtig. Es half nur noch eins: Flucht. Ich mußte mit dir in meinem Bauch fliehen – das erste Mal."

Schon oft hatte Ismael diese Geschichte gehört. Er sagte: „Zum Glück hatte ich ja genug zu trinken, damals, denn meine ‚Quelle' trug mich überall umher. Jetzt mit 14 aber weiß auch ich, was Durst in der Wüste bedeutet. Aber Gott hat uns damals in der Wüste nicht verdursten lassen. Erzähl doch mal, wie das mit dem Brunnen war?"

„Wie blind war ich damals, erst ein Bote hat mich auf diesen Brunnen aufmerksam gemacht. Dann hat er uns zurückgeschickt, er hat mir Hoffnung gemacht: ‚Du wirst einen Sohn bekommen, Ismael sollst du ihn nennen. Ismael, das heißt: Gott hat das Elend erhört. Und er soll stark werden', hat er gesagt. Groß und stark wie Abraham solltest du werden. Ja, das wollte ich auch."

Ismael war stolz auf seinen Namen. Er wußte, auch in der Wüste hilft Gott. Er konnte sich auch an kleine Begebenheiten in den nachfolgenden Jahren erinnern, an die gemeinsamen Wanderungen zu den Herden mit seinem Vater, an die Gespräche der Erwachsenen am Lagerfeuer bis spät in die Nacht, den ersten erbeuteten Vogel, den er mit seinem Pfeil getroffen hatte. Wie hatte sein Vater gestrahlt!

Aber dann gab es auch andere Wochen. Besonders damals, als Isaak geboren wurde. Isaak hier, Isaak da. Immer war er Mittelpunkt. Und Isaaks Mutter war stolz auf Isaak. Nun galt Ismael nichts mehr. Und Hagar erst recht nichts.

Ismael entsann sich an den einen Nachmittag. Er war mit seinem Halbbruder bei den Kamelen. „Erst spielten wir zusammen", erinnerte er sich, „dann gab ein Wort das andere, auf einmal heulte Isaak los, er wollte mal wieder alles petzen, da holte ich ihn ein und verprügelte ihn. Natürlich war das gemein, ich war ja viel älter. Aber konnte sich Isaak alles erlauben, nur weil er Saras Sohn war?

Und dann ging alles ganz schnell. Wie heute noch sehe ich Sara auf unseren Vater zustürzen. Sara schimpfte schon von weitem: ‚Jage mir die Hagar mit ihrem Ismael weg'… Und was macht mein Vater? Mit einem Kloß im Hals – schwieg er. Das war gemein."

Nun drückte Hagar ihren Sohn ganz fest. Sie schwiegen eine Weile. Sie waren Abraham nicht mehr böse. Hagar dachte an die erste Nacht nach der Vertreibung. Das Wasser im Schlauch war ausgegangen. Sollten sie nun verdursten? „Nein, ich hätte nicht mit ansehen können, wie du umgekommen wärst", sagte sie. „Da wollte ich dich verlassen. Wir waren in der Wüste. Du lagst unter einem Strauch und schliefst, und ich lief weg. Genauso feige wie dein Vater, mit einem Kloß im Hals, ich wußte keinen Rat mehr."

„Und wieder hattest du den Brunnen nicht gesehen?" fragte Ismael.

„So ist es", bestätigte Hagar nachdenklich. „Du warst aufgewacht und fingst an zu weinen. Ich hörte eine Stimme – wie vom Himmel – da sah ich den Brunnen. Da wußte ich, wir beide gehen nicht zugrunde. Du wirst groß werden, ein Mann wie Abraham! Ach, bin ich so froh. Allein hätte ich das nie geschafft. Gott hat uns geholfen."

Ismael fielen noch so manche Erlebnisse ein, wie Gott sie in der Not gerettet hatte. Jetzt war er schon 14 Jahre alt geworden. Flink und stark war er. Stolz blickte die Mutter auf ihren Sohn: „Wie Abraham sieht er aus. Gott hat ihn gesegnet – wie Abraham."

Später heiratete Ismael eine Ägypterin, eine Frau aus Hagars Volk. Sie hatten gemeinsam Kinder, und diese wieder. Ein großes Volk wuchs heran. Man sagt, daß das Volk der Araber die Nachkommen Abrahams und Ismaels sind, von Gott gesegnet bis auf den heutigen Tag.

Literaturhinweis: Kuschel, Karl-Josef, Streit um Abraham. Was Juden, Christen und Muslime trennt und was sie eint, Piper München / Hamburg 1996

Christoph Schlemmer, Petershagen

IV In der Angst sind wir nicht allein
Passion nach Lukas

Lied: Ich möcht, daß einer mit mir geht, EG 209, LJ 137, LfK I A 27, MKL82

Liturgischer Text: Psalm 31,2–9

Sonntag	Text/Thema	Art der Zusammenkunft Methoden und Mittel
15.3.1998 Okuli	Lukas 22,7–23 Gestärkt in der Gemeinschaft	Gottesdienst mit Kindern Kreuzwegstation: Tischdecke mit Christussymbol; Mahl, Erzählung, kleine Kelche und Brote aus Ton, großer Kelch, Brot
22.3.1998 Lätare	Lukas 22,39–46 * Mit Gott reden tröstet	Gottesdienst mit Kindern Erzählung, Kreuzwegstation: Tonkrug mit Spruchband; Zettel und Stifte für Gebete, runde Pappe und Band für Mutsprüche
29.3.1998 Judika	Lukas 22,47–52 Die Stunde der Dunkelheit	Gottesdienst mit Kindern Erzählung, Kreuzwegstation: schwarzes Tuch mit gemalten ausgeschnittenen Händen bekleben, Kordel; Bildbetrachtung, Beispielgeschichte
5.4.1998 Palmarum	Lukas 23,6–25 Unschuldig schuldig gesprochen	Gottesdienst mit Kindern Erzählung, Kreuzwegstation: großes weißes Tuch und Stoffreste für Königsmantel; Spielszenen
10.4.998 Karfreitag	Lukas 23,32–46(.49) * Aufgehoben in Gottes Hand	Gottesdienst mit Kindern Erzählung, Kreuzwegstation: Erde, Moos, Steine, drei Holzkreuze, Äste und Blumendraht; Kreuz aus Stroh oder Bast und Grün für alle, großes Bild mit offenen Händen

Zur Passionsgeschichte

Immer wieder begegne ich der Scheu davor, im Kindergottesdienst vom Leiden und Sterben Jesu zu erzählen. Wie macht man das, ohne die Kinder zu verängstigen? Kann man solch traurige Geschichten, die im Tod Jesu enden, den Kindern wirklich zumuten? Hinter dieser Scheu und den Fragen stecken auch unsere eigenen Fragen nach Not, Leiden, Sterben und Tod. Wie begegnen wir diesen bedrängenden Problemen in unserem eigenen Leben? Dabei ist zu berücksichtigen, daß auch Kinder diese Fragen haben. Die Welt ist eben nicht so, wie wir sie gerne haben wollen. Deshalb können wir nicht von Jesus erzählen, ohne von seinem Leiden zu berichten.

Bei der Suche nach trostvollen Antworten in der Auseinandersetzung und Begegnung mit diesen dunklen Lebenserfahrungen bringt uns die Passionsgeschichte des Lukasevangeliums einen mitleidenden Gott nahe, dem das persönliche Geschick des einzelnen Menschen nicht unbekannt ist. Immer wieder schimmern in einzelnen Geschichten Hoffnung und Geborgenheit hindurch. Lukas sieht das Leiden Jesu von der Auferstehung her in einem neuen Licht. Beim Abschiedsmahl findet Jesus Trost in der Gemeinschaft seiner Jünger. Durch die Stiftung des Abendmahls führt er gleichzeitig die Jünger in eine neue Gemeinschaft (Lk 22,7–23). Auf dem Ölberg wird Jesus, der vor Angst betet, von Gott durch einen Engel gestärkt (LK 22,39–46). Bei der Gefangennahme tut Jesus selbst seinen Häschern noch Gutes (Lk 22,47–52). Am Kreuz verzeiht er sogar seinen Feinden und begibt sich vertrauensvoll in Gottes Hände (Lk 23,34;46). Von Ostern her fällt Licht auf die Leidensgeschichte. Wir brauchen Leid und Angst nicht zu verdrängen. Wir können Leid und Angst benennen und im Vertrauen auf Gottes Hilfe durchleben.

Ein durchgängiges Gestaltungsmotiv

Ich möchte mit den Kindern während der Passionsreihe die alte christliche Tradition aufnehmen, den Kreuzweg Jesu zu gehen. In jedem Gottesdienst entsteht jeweils eine Station, die von den Kindern mitgestaltet wird. Die einzelnen Stationen können immer wieder betrachtet werden. Dadurch sind die Geschichten der vorhergehenden Sonntage immer sichtbar. Durch das Mitarbeiten der Kinder an den einzelnen Stationen werden einzelne Gedanken der Leidensgeschichte vertieft und begreifbar gemacht. Mit jeder Gestaltung bringen die Kinder auch ein Stück von sich selbst ein. Wir können auch im Karfreitagsgottesdienst mit den Erwachsenen den Kreuzweg gehen.

Andrea Moritz, Roxheim

15.3.1998 – Okuli – Lukas 22,7–23

Gestärkt in der Gemeinschaft

Lieder: *Wenn das Brot, das wir teilen, als Rose blüht, ML 2 B230*
Manchmal, wenn ich einsam bin, LfK 1 A26
Ich möcht, daß einer mit mir geht, LfK 1 A27, MKL 82, EG 209, LJ 137
Das sollt ihr, Jesu Jünger, nie vergessen, EG 221, LJ 140

Liturgischer Text: Psalm 31,2–9

Zum Text

Im Lukasevangelium ist das letzte Mahl Jesu mit seinen Jüngern ein Passamahl. Passa ist das Fest der Befreiung des Volkes Israel aus Ägypten. Dem Gott Israels wird dafür gedankt. Zum Fest gehört frisches, ohne Sauerteig gebackenes Brot. Es weist auf den eiligen Aufbruch aus Ägypten hin. Bittere Kräuter und ein Topf mit Salzwasser erinnern an das bittere Leben in der Gefangenschaft und an die vergossenen Tränen im fremden Land. Ein braunes Mus aus Äpfeln, Nüssen und Zimt ist Symbol für die Lehmziegel, die die Gefangenen in Israel herstellen mußten. Mit dem Blut des geopferten Passalammes wurden Schwelle und Pfosten der Haustür bestrichen als Zeichen der Erlösung. Das gebratene Lammfleisch wird mit dem ungesäuerten Brot verspeist.

Jesus sendet Petrus und Johannes aus, um die Vorbereitungen zum Passamahl zu treffen (V 7–13). Es wird für ihn das Abschiedsmahl von seinen Jüngern sein. Dem Beginn des Mahles (V. 14) entspricht das Weggehen (V 39). Dies leitet dann Jesu Verhaftung ein. Jesus selbst sagt sein Schicksal voraus, indem er zu Beginn ankündigt, daß die Mahlgemeinschaft mit seinen Jüngern jetzt aufhören wird. Sie wird im sichtbaren Anbrechen des Reiches Gottes erneuert werden (V 16). Die neue Art menschlichen Beisammenseins wird hierfür als Vorbild hervorgehoben.

Die Tischgemeinschaft mit Menschen als Element der Verbundenheit untereinander spielt im gesamten Lukasevangelium eine große Rolle. Deshalb möchte Jesus noch einmal vor seinem Leiden mit seinen Jüngern beim Passamahl Tischgemeinschaft haben. Jesus spricht seine eigene Sehnsucht nach dieser Gemeinschaft aus. Das Zusammensein mit den Menschen, mit denen er eng verbunden ist, stärkt ihn für das bevorstehende Leiden (V 15). Zugleich stiftet Jesus aber auch durch die Einsetzung des Abendmahls eine neue Gemeinschaft, die Gott durch ihn mit den Menschen neu gründet (neuer Bund). So wie Jesus an seinen Tisch einlädt, so lädt Gott die Gemeinde zu einem Leben mit ihm selbst ein. Die Feier selbst soll für die glaubende Gemeinde das Gedächtnis an Jesus wachhalten, der beim Feiern dieses Mahles seiner Gemeinde immer real gegenwärtig ist.

Der Text und die Kinder

Der Text wird die Kinder durch seine trostvollen Erfahrungen ansprechen. Sie kennen die Angst, allein gelassen zu sein, von Erwachsenen oder Gleichaltrigen mit ihren Sorgen und Nöten nicht verstanden zu werden. Auf dem Schulhof oder der Straße ist genau bekannt, wer die Starken und die Schwachen sind. Jeder weiß, wie rücksichtslos oft beide miteinander umgehen.

Gemeinsam ist man stärker als allein. Auch das wissen Kinder. Eine gute Gemeinschaft in Familie, Schule und Kindergarten läßt Kinder Probleme und Schwierigkeiten, die ihnen in ihrem Leben begegnen, leichter bewältigen. Von dieser guten Gemeinschaft erzählt uns der vorgeschlagene Text. Jesus und seine Jünger erleben Stärkung durch die gemeinsame Feier des Passamahles. Diese gute Gemeinschaft versuchen wir auch in unserer Kindergottesdienstgruppe zu leben. Sie kommt ebenso zum Tragen in der Feier einer Tischgemeinschaft. Beim Feiern des Mahles, beim Essen und Trinken, beim Hören einer Geschichte, beim Singen und Beten erleben auch wir, daß wir nicht allein sind.

Gestaltungsvorschlag für jüngere und ältere Kinder

In Anlehnung an die Geschichte möchte ich mit den Kindern ein kleines **Festmahl** vorbereiten. Auf einem Tisch liegt eine Tischdecke, wenn möglich mit einem Christussymbol. Der Tisch ist festlich gedeckt. Neben anderen Dingen sollten auch ein Brot und ein Kelch als Elemente für das Abendmahl zu finden sein. Wir feiern das Mahl umrahmt mit Gebeten und Liedern, evtl. mit einem getanzten Psalm.

Dann folgt die Erinnerung an das letzte Abendmahl, das Jesus mit seinen Jüngern gehalten hat. Erlaubt es die Zeit, ist es möglich, im Anschluß an die *Geschichte* mit den Kindern **aus Ton kleine Brote und Kelche** zu *formen,* die sie später als Erinnerung mit nach Hause nehmen können.

Zum Schluß errichten wir die erste **Kreuzwegstation** auf einem kleinen Tisch oder Hocker mit der Tischdecke, einem großen Kelch und einem Brot.

Wer kein Festmahl feiern möchte, hat auch die Möglichkeit im Anschluß an die Erzählung die Tischdecke mit den Symbolen Brot und Wein sowie mit Motiven, die eine gute Gemeinschaft darstellen, auszugestalten. (Die Tischdecke kann auch in der Osterreihe bei der Mahlgemeinschaft Jesu mit den Emmausjüngern wieder ihren Platz finden.)

Erzählung

„Er hat uns heute so merkwürdig angesehen", sagte Johannes zu Petrus. Beide waren unterwegs in die Stadt, das Passamahl für Jesus und die anderen Jünger vorzubereiten. „Wir müssen vorsichtig sein", antwortete Petrus. „Nach dem Streit mit den Pharisäern im Tempel ahne ich nichts Gutes."

In den Straßen drängten sich die Leute. Wie jedes Jahr waren wieder viele Pilger zum Passafest nach Jerusalem gekommen. Petrus und Johannes hielten Ausschau nach einer geeigneten Gaststätte. Plötzlich sahen sie ihn, den Mann mit dem Wasserkrug in der Hand. Von ihm hatte Jesus ihnen erzählt. Beide folgten ihm durch das Hoftor in den Innenhof des Gebäudes. Wie überall war auch hier geschäftiges Treiben. Petrus und Johannes schauten sich um. Aus der Tür trat ein vornehm gekleideter Herr heraus und ging auf die beiden zu. „Schalom, seid gegrüßt, Fremde! Kann ich euch weiterhelfen?" fragte er. „Unser Lehrer Jesus läßt dich fragen, ob du einen Raum hast, in dem er mit uns das Passamahl feiern kann", antwortete Petrus. „Kommt mit ins Obergeschoß. Dort habe ich ein großes Zimmer frei. Es reicht für etwa fünfzehn Personen aus", antwortete der Fremde und führte Petrus und Johannes in die erste Etage des Hauses.

Petrus und Johannes waren zufrieden. Es war alles so, wie Jesus es ihnen gesagt hatte. Sie traten in ein großes, helles Zimmer, das mit Polstern freundlich ausgestattet war. Schnell waren sie sich mit ihrem Gastgeber im Preis einig.

Sie begannen, alles für das Fest vorzubereiten. Sie kauften Wein, Brot, braunes Mus und bittere Kräuter. Matthäus hatte ihnen seine Tischdecke mitgegeben, als Erinnerung an das Freudenmahl, das Jesus mit ihm und anderen verachteten Leuten in seinem Hause gehalten hatte. Mit all diesen Dingen deckten sie festlich den Tisch. Immer war es etwas Besonderes, das Passafest vorzubereiten: Das Erinnern an den eiligen Aufbruch aus Ägypten, an die Knechtschaft und das Brennen der braunen Lehmziegel, an die bitteren Zeiten, in denen viele Tränen vergossen worden waren. Alles auf dem Tisch erinnerte daran: Das Brot, das Mus, die bitteren Kräuter, die Schale mit Salzwasser.

Doch heute war es anders als sonst. Jesus war unruhiger, verschlossener gewesen. Johannes hatte es ihm angemerkt, wie schwer sein Herz war, als er ihn und Petrus losschickte. Die beiden gaben sich besondere Mühe, alles so festlich wie möglich zu machen.

„Ich fürchte, wir feiern heute das Abschiedsfest von Jesus", sagte Johannes bedrückt. „Ja", antwortete Petrus. „Es gibt jedenfalls genügend Leute, die uns auseinanderbringen wollen. Jesus wird von allen Seiten angegriffen. ,Der muß weg!' Das haben sie uns gestern noch nachgeschrien."

Johannes hatte einen Kloß im Hals. Da betrat auch schon Jesus mit den anderen den Raum. Er blieb stehen und schaute lange in die Runde. Die übrigen hatten sich schon gesetzt. Sie unterhielten sich über die vielen Eindrücke, die die Stadt, der Tempel und die vielen Pilger auf sie gemacht hatten. Jesus atmete tief durch und umarmte Petrus und Johannes, bedankte sich bei ihnen und bat sie, neben sich Platz zu nehmen.

Alle schauten plötzlich still auf Jesus, als er in die Runde blickte. „Wie sehr habe ich mich danach gesehnt, dieses Passafest mit euch zu feiern bevor ich leiden muß", sagte er ernst zu ihnen. „Jetzt ist es raus!" dachte Johannes erschrocken. Ehe er sich versah, platzte es aus ihm heraus: „Herr, Jesus! So darfst du nicht reden! Du mußt bei uns bleiben. Was sollen wir denn ohne dich tun?" „Johannes, meine Aufgabe ist es, den Menschen Gottes Botschaft zu sagen. Für manche, wie für die gestern im Tempel, ist das sehr unangenehm. Aber ich kann keinen anderen Weg als diesen gehen. Nachdem, was in den letzten Tagen geschehen ist, befürchte ich das Schlimmste. Deshalb tröstet es mich, noch einmal mit euch zusammen das Passafest zu feiern. Das macht mich stark für die kommenden Tage. Ich danke Gott,

meinem Vater, für diese Gemeinschaft mit euch. Nehmt diesen Becher mit Wein. Jeder soll daraus trinken, teilt ihn unter euch. Immer, wenn ihr das tut, dann denkt an mich", sagte Jesus. Johannes und Petrus schauten sich an. Sie hatten Jesus verstanden. Sie sollten zusammenbleiben und zusammenhalten.

Nachdem jeder aus dem Becher getrunken hatte, nahm Jesus das Brot, brach es in der Mitte durch und sprach das Tischgebet. „Nehmt dieses Brot und eßt es. Es ist mein Leib, der für euch gegeben wird. Immer wenn ihr es eßt, denkt an mich."

Johannes hielt das Brot lange in der Hand. „Wenn wir zusammenbleiben, dann bleibt Jesus auch bei uns", dachte er. „Wir werden immer an ihn denken, wenn wir miteinander essen. Es wird so sein, als wäre er da."

Wieder nahm Jesus den Becher mit Wein und ließ ihn herumgehen. Diesmal sagte er: „Durch diesen Kelch schließt Gott einen neuen Bund mit allen, die an ihn glauben. Es geschieht durch mein Blut, das für euch vergossen wird." Johannes blieb fast das Herz stehen. „Die schreckliche Ahnung ist wahr. Er muß sterben", dachte er.

Als sie schließlich alle aus dem Becher getrunken hatten, sprach Jesus den Lobpreis und sagte: „Dieses Mahl mit euch hat mich in meiner Furcht getröstet, auch wenn mich einer von euch verraten wird." Alle schauten sich aufgeregt an, denn sie konnten nicht glauben, daß ein Verräter unter ihnen war.

Liturgische Elemente

Jesus sagt:
Kommt alle zu mir, die ihr traurig und bedrückt seid,
ich will euch trösten.
Kommt an meinen Tisch mit Brot und Wein.
Ich teile mit euch mein Leben.
Wenn ihr in meinem Namen eßt und trinkt,
seid ihr nicht allein.
Ich bin mit meiner Kraft mitten unter euch.

Gebet zum Abendmahl
Jesus, du hast mit deinen Freunden dein Leben geteilt.
Du bist mit ihnen gegangen und sie mit dir.
Ihr habt zusammen gelacht, wenn ihr fröhlich wart.
Ihr habt zusammen geweint, wenn ihr traurig wart.
Ihr habt zusammen gegessen und getrunken.
Ihr habt zusammen das Abendmahl gefeiert.
Jesus, du hast zu deinen Freunden gesagt:
Immer wenn ihr das tut, bin ich ganz nahe bei euch.

Wir bitten dich, Jesus:
Komm in unsere Mitte, wenn wir jetzt Brot und Saft miteinander teilen
und dabei an dich denken. Amen.

Dankgebet
Guter Gott, wir danken dir dafür, daß du uns durch Jesus gezeigt hast,
wie wichtig es ist, füreinander dazusein.
Wenn wir Kindergottesdienst feiern,
wenn wir singen und beten,
wenn wir gemeinsam essen und trinken,
spüren wir, daß wir zusammengehören.
Wir merken, du willst immer bei uns sein.
Das ist schön. Amen

Andrea Moritz, Roxheim

22.3.1998 – Lätare – Lukas 22,39–46

Mit Gott reden tröstet

Lieder: *Bleibet hier und wachet mit mir, EG 789,2, LJ 467*
Von guten Mächten wunderbar geborgen, EG 65, LJ 61, LfK 1 C 23, MKL 35
Manchmal, wenn ich einsam bin, LfK 1 A26

Liturgischer Text: Psalm 31,2–9

Zum Text

Nach dem Mahl begibt sich Jesus auf den Ölberg (nicht Gethsemane). Dort fällt im Gebet seine endgültige Entscheidung für das kommende Martyrium. Jesus weicht der Passion nicht aus. Man soll ihn dort finden, wo er sich abends gewöhnlich aufhält. Auf dem Weg dorthin wird nicht gesprochen. Lukas berichtet vom dringenden seelsorgerlichen Rat Jesu an alle Jünger, nicht in Anfechtung zu fallen und zu beten (V 40). Danach zieht er sich selbst zum Beten zurück. Ein dreimaliger Gebetsgang ist bei Lukas nicht erwähnt. Er hebt dadurch das Schlafen der Jünger nicht so negativ hervor und unterstreicht

damit, daß Jesus bewußt auf sein Leiden zugeht. In seinem eindringlichen Gebet willigt Jesus in das unausweichlich auf ihn zukommende Leiden ein. Dabei ordnet er seinen Wunsch nach Rettung dem Willen Gottes unter („…doch nicht mein, sondern dein Wille geschehe“ V 42). Das Bild vom Kelch, der symbolisch für bitteres Leiden steht, findet sich im Alten Testament z. B. in Ps 75,9; Jes 51,17–22 wieder. Die Unterordnung unter den Willen Gottes fällt Jesus nicht leicht. Seine Angst vor dem bevorstehenden Leiden und Sterben wird daran deutlich, daß ihm der Schweiß ausbricht. Er tropft herab wie Blutstropfen (V 44). In dieser großen Not läßt Gott Jesus nicht allein. Er sendet als Antwort auf Jesu

Bitte einen Engel, der ihm in seiner Angst und Todesnot Stärkung sein soll. Das eindringliche Gespräch mit Gott und die Erfahrung, nicht alleingelassen zu sein, hilft ihm, diese äußerste Not durchzustehen. Bei seiner Rückkehr findet Jesus die Jünger schlafend vor. Lukas nennt als Grund die Trauer über den bevorstehenden Abschied. Deshalb tadelt sie Jesus auch nicht, sondern ruft sie erneut zum Gebet auf (V 45f). Im Reden mit Gott ist Jesus für die Jünger Vorbild, nicht in Anfechtung zu fallen. Lukas zeigt hier der gesamten Gemeinde einen neuen Weg, mit Leidenssituationen zurechtzukommen.

Der Text und die Kinder

Jesus begegnet uns auf dem Ölberg als einer, der uns mit seinen Gefühlen ganz nahe kommt.
Die Kinder werden dies spüren, denn auch sie kennen Ängste in unterschiedlicher Form: Angst vor Alleingelassensein, Nichtverstandenwerden, Angst vor zu großen Anforderungen in der Schule und durch die Eltern, Angst vor der Dunkelheit. Das Leid von Menschen ist eine Erfahrung, die Kindern ebenfalls nicht fremd ist. Sie erleben es in ihrer Familie oder bei Freunden. Sie sind ihm sogar häufig genug selbst ausgesetzt, sei es körperlich oder seelisch. Der Text läßt die Kinder mit diesen Ängsten und Fragen an das Leben nicht allein. Er macht den Kindern erfahrbar, daß wir unsere Ängste nicht zu verschweigen brauchen. Wir dürfen sie wie Jesus Gott klagen. Die Klage wird gehört. Gott ist es, der in Ängsten nicht allein läßt.

Gestaltungsvorschlag für jüngere und ältere Kinder

Erzählung

Es war Nacht geworden. Schweigend gingen die Jünger zusammen mit Jesus zum Ölberg. Sie kannten den Weg, denn sie wollten dort schlafen.
Sie waren von dem, was Jesus ihnen gerade beim Passamahl gesagt hatte, aufge-

wühlt. „Wie soll das nur weitergehen?" dachte Johannes.
„Ich kann mich nicht damit abfinden, daß er sich, wenn es darauf ankommt, sogar töten lassen will", flüsterte Petrus Johannes ins Ohr. Dieser schreckte aus seinen Gedanken hoch. Beide gingen dicht hinter Jesus und merkten, wie schwer sein Schritt war, wie gebeugt er ging. „Will Jesus wirklich, daß er verhaftet wird?" raunte Jakobus den beiden zu. „Ich kann das alles nicht verstehen. Wer wird es sein, der ihn verrät? Wir doch nicht", flüsterte er weiter. Dann war wieder bedrücktes Schweigen. Nur das Geräusch ihrer Schritte war zu hören und die Schreie der Nachtvögel. Alle hatten Angst davor, was jetzt werden sollte.
Als sie am Ölberg angekommen waren, wollten sie gleich zu ihren gewohnten Schlafplätzen gehen. Die Nacht sollte schnell vergehen, damit es bald wieder hell würde. Das Tageslicht würde schon ihre ängstlichen Gedanken vertreiben. Da wandte sich Jesus ihnen noch einmal zu. Seine Stimme klang besonders ernst. Auch Trauer lag darin. „Die Stunde meines Leidens ist bald da. Denkt immer daran: Betet, wenn ihr Angst habt. Betet, wenn ihr nicht möchtet, was Gott von euch will. Wenn ihr Angst vor dem Sterben habt, betet!" Alle standen schweigend da. Dann drehte sich Jesus um und ging ein Stück von ihnen weg, um selbst zu beten. Im Mondlicht sahen die Jünger, wie er stehen blieb, niederkniete und die Hände zum Gebet erhob.
Schweigend starrten die Jünger in den Nachthimmel. Dann gingen sie auseinander zu ihren Schlafplätzen. „Warum sollen wir jetzt beten?" dachte Johannes. „Was würde es ändern? Warum kommt Jesus nicht wieder zurück?" Er schaute sich um. Alle anderen waren mittlerweile eingeschlafen. Auch er hüllte sich schließlich in seinen Mantel ein und legte sich hin. Durch all das, was Jesus gesagt hatte, war er wie gelähmt.
Während sich die Jünger zum Schlafen legten, kniete Jesus auf dem Boden. Er

spürte, wie ihm die Angst fast den Hals zuschnürte. Er zitterte. Der Schweiß brach ihm aus und tropfte von seiner Stirn auf den Boden. „Ob ich wohl an meinem Auftrag festhalten kann?" fragte er sich. „Vater, wenn du willst, wende mein Leid", kam es über seine Lippen. „Aber nicht wie ich es will, sondern wie du es willst." Während er so betete, wurde er ein wenig ruhiger. Irgendwie spürte er, daß er plötzlich nicht mehr allein war. Es war, als ob Gott ihn mit einer unsichtbaren Hand festhielt und stärkte. Gott war ganz nah bei Jesus in seiner Not.

Schließlich stand Jesus auf und ging zurück zu den Jüngern. Er betrachtete seine schlafenden Freunde und wußte: „Sie verkriechen sich in Schlaf. Sie sind traurig über den bevorstehenden Abschied und glauben, ihm so entkommen zu können." Ganz vorsichtig machte Jesus einen nach dem anderen wach. Die Jünger setzten sich auf und starrten ihn an. „Glaubt ihr wirklich, wenn ihr schlaft, hat sich morgen früh alles geändert? Ihr wißt doch genau, daß es nicht so ist. Betet, denn auch euch stehen keine leichten Zeiten bevor! Betet zu Gott! Er macht euch stark für den kommenden Tag."

Vertiefung

Die zweite Kreuzwegstation wird errichtet. Ein großer Tonkrug wird auf einen kleinen Tisch oder Hocker gestellt. Darauf kleben wir ein Spruchband auf dem steht: „Gott läßt uns in Ängsten nicht allein."
Wir singen: „Bleibet hier und wachet mit mir! Wachet und betet!" Dabei gehen wir im Pilgerschritt in einem großen Kreis um die Kreuzwegstation herum. Die Gruppe steht dabei hintereinander in einer Reihe. Jeder legt die rechte Hand auf die linke Schulter des Vordermannes. Dann bewegen wir uns drei Schritte nach vorne (rechts beginnend) und einen Schritt zurück. Das ganze wird fortlaufend wiederholt.
Auch wir bringen wie Jesus unsere Angst vor Gott. Die Kinder dürfen auf kleine Zettel all das schreiben oder malen, was ihnen Angst bereitet. Während „Bleibet hier und wachet mit mir" gesungen wird, bringt jeder einzelne seinen Gebetszettel zum Krug und legt ihn (für niemanden sichtbar) hinein.
Danach stärken wir uns durch Mutsprüche, die wir auf runde Pappe kleben und, mit einem Band versehen, mit nach Hause nehmen können.

Eingangsgebet

Gott ist mein Schutz (nach Psalm 27)
Gott ist mein Schutz am hellen Tag.
Gott ist mein Licht in dunkler Nacht.
Ich brauch mich nicht zu fürchten, denn er ist ja bei mir.
   Im Unglück ist mir Gott ganz nah.
   Und wenn mir Menschen Böses tun,
   ist er an meiner Seite und gibt mir Kraft
   und Mut.
Gott ist mein Schutz am hellen Tag.
Gott ist mein Licht in dunkler Nacht.
Ich brauch mich nicht zu fürchten, denn er ist ja bei mir.
   Wenn ich nicht weiß, was werden soll,
   und keiner mehr mir helfen kann,
   zeigt Gott mir, was ich tun soll.
   Er steht mir immer bei.
Gott ist mein Schutz am hellen Tag.
Gott ist mein Licht in dunkler Nacht.
Ich brauch mich nicht zu fürchten, denn er ist ja bei mir.
   Im Leid und in der Traurigkeit
   hört Gott mein Weinen und Gebet.
   Er hilft mir durchzuhalten.
   Er läßt mich nicht allein.
(Aus dem Liederbuch „Singen und Spielen" von Gertrud Lorenz, Konrad Wittwer Verlag, Stuttgart, s. auch: Sagt Gott, wie wunderbar er ist, hrsg. G. Mohr u. a., Stuttgart 1990, S. 29)

Gebet

Guter Gott,
du weißt, auch wir Kinder haben manchmal Angst,
kleine und große:

wenn es dunkel ist und wir allein sind,
wenn unsere Eltern nicht da sind oder sich streiten,
vor schlechten Noten in der Schule,
wenn wir krank im Bett liegen
oder wenn jemand sterben muß, den wir liebhaben.

Wie gut ist es, daß wir dir alles sagen dürfen,
wovor wir Angst haben.
Du hörst uns zu und läßt uns nicht allein.
Dafür sagen wir dir Dank. Amen.

Andrea Moritz, Roxheim

29.3.1998 – Judika – Lukas 22,47–52

Die Stunde der Dunkelheit

*Lieder: Seht hin, er ist allein im Garten V1–2, EG 95, LJ 72
          Licht im Dunkeln, LfK 1 A13, ML B73*

Liturgischer Text: Psalm 31,2–9

Zum Text

In der Geschichte von der Gefangennahme bestimmt Jesus selbst im besonderen Maß die Handlungen. Er begibt sich hinein in den Raum der Gegenmacht, in die „Dunkelheit". Die Gegner Jesu verkörpern die „Macht der Finsternis". Ihre Arglist wird dadurch unterstrichen, daß sie tatsächlich die Nacht als ihre Stunde wählen, um Jesus zu verhaften (V53).
Jesus spricht Judas an, ehe es diesem gelingt, ihn durch einen freundschaftlichen Kuß zu verraten. Jesus selbst sagt den Verrat in einer erstaunten Frage an Judas voraus und spricht dabei vom „Menschensohn". Dadurch wird das Ungeheuerliche des Vorgangs deutlich unterstrichen (V 48).
Die Jünger wollen in den Verlauf der Handlung eingreifen und mit dem Schwert zuschlagen. Dies geschieht vielleicht in Erinnerung an die Gespräche beim Abendessen (V35–38). Als sogar einer eigenmächtig mit der Gegenwehr beginnt, unterbindet Jesus sofort die Auseinandersetzung. Er bleibt auch hier Herr der Lage und heilt sogar das abgeschlagene Ohr des Sklaven (V49–51).
Im Unterschied zu den beiden anderen Synoptikern gibt es bei Lukas keine Jüngerflucht. So stehen die Jünger für die im Glauben angefochtene Gemeinde, die wie ihr Herr in Bedrängnis den Weg ins Reich Gottes gehen muß.

Der Text und die Kinder

Wie es ist, einem anderen „einen Strick zu drehen," haben die Kinder vielleicht selbst oder bei anderen erfahren. Im Spiel haben wahrscheinlich alle Kinder schon einmal erlebt, wie es ist, wenn einem die Hände gefesselt sind. In der Geschichte wird es für Jesus Wirklichkeit. Die Fesseln werden ihm nicht wieder abgenommen. Hier geschieht Unrecht, das werden die Kinder sofort spüren. Vielleicht empfinden sie wie die Jünger und denken instinktiv daran, daß in einer so bedrängenden Situation nur Gegengewalt noch helfen könnte. Die Geschichte zeigt jedoch deutlich, wie sehr Jesus auf friedliche Mittel setzt und gewaltsames Vorgehen ablehnt.

Gestaltungsvorschlag für jüngere und ältere Kinder

Erzählung

Die Stille der Nacht wurde durch laute Schritte zerrissen. Fackeln knisterten lodernd durch die Dunkelheit.

„Wo ist er denn nun?" fragte ein Soldat. Er beugte sich zu einem Mann herüber, der den Trupp anführte. Sie waren oben auf dem Ölberg angekommen.

Plötzlich traten sie mit ihren Fackeln aus der Dunkelheit heraus. Der Mann, der die Gruppe anführte, ging auf Jesus zu. Es war Judas, einer der Jünger. Niemand hatte bemerkt, wie er sich nach dem Passamahl weggeschlichen hatte. Er wollte Jesus mit einem Kuß begrüßen, so wie es ein Freund tut. Aber Jesus ließ es nicht zu. Die übrigen Jünger standen wie angewurzelt da, als Jesus Judas fragte: „Warum willst du mich, den Menschensohn, mit dem Kuß der Freundschaft verraten?" Judas schaute beschämt zu Boden. Er spürte, daß er einen Fehler gemacht hatte.

Johannes bemerkte als erster deutlich die Gefahr. Er sah Petrus und die anderen erschrocken an. Denn er hatte hinter Judas die Soldaten und die Menschen mit den Fackeln gesehen. „Was sollen wir nur tun?" flüsterte er. „Wir können es doch nicht zulassen, daß sie Jesus verhaften! Einfach hinnehmen, das geht doch nicht!" hörte er Petrus sagen.

Da rief einer von ihnen: „Herr, sollen wir zu den Schwertern greifen?" Doch ehe Jesus antworten konnte, rannte einer nach vorne, zog sein Schwert und schlug dem Sklaven des obersten Priesters das rechte Ohr ab. Jetzt machten sich auch die anderen bereit. Doch Jesus trat vor sie und rief: „Halt! Hört auf! Ich will nicht, daß Blut vergossen wird. Ich bin gekommen, um Frieden zu bringen. Gewalt hilft uns nicht weiter!"

Dann ging er auf den verletzten Sklaven zu. Alle Blicke waren in diesem Augenblick auf ihn gerichtet. Er berührte die verwundete Stelle am Ohr, und der Mann wurde heil. Alle hielten den Atem an.

Johannes wußte, was Jesus jetzt tun würde und versuchte, ihn am Arm zurückzuhalten. „Nein, Herr!" flüsterte er. „Du kannst dich nicht freiwillig in ihre Hände begeben!" „Ich muß es tun, Johannes", sprach Jesus zu ihm. „Bleibt in meinem Namen zusammen."

Dann ging er auf die Offiziere der Tempelwache zu und sprach die Ältesten des Hohen Rates an: „Was habe ich getan, daß ihr mich verhaften wollt? Mitten in der Nacht kommt ihr mit Schwertern zu mir, obwohl ich doch jeden Tag im Tempel gelehrt habe! In der Dunkelheit seid ihr mutig. Aber am Tag habt ihr euch nicht getraut, mich zu verhaften. Jetzt ist eure Zeit. Nehmt mich fest! Ich werde mich nicht wehren." Während er dies sagte, streckte er den Soldaten seine Hände hin, und sie legten ihm die Fesseln an.

Alle, die um Jesus herumstanden, die Jünger, auch Judas, die Soldaten, die Priester und Ältesten des Hohen Rates spürten: Jesus ist der, der hier handelt. Gott selbst hatte ihn dazu stark gemacht.

Vertiefung

Die dritte Kreuzwegstation wird aufgebaut, an der ich die Dunkelheit mit den Kindern gestalten möchte.

Für die jüngeren Kinder:

Auf ein schwarzes Tuch werden Hände geklebt, die die Kinder vorher aufgemalt und ausgeschnitten haben. Wir beschriften die Hände mit den Worten: „Ein Mensch in Dunkelheit. Jedes Kind erhält ein Stück Kordel als Symbol für die Fessel. Damit legen wir ein Kreuzgitter, das mit ein paar Stichen auf das Tuch aufgenäht wird. Gemeinsam überlegen wir, wo es Menschen auf der Welt gibt, die in Not und Gefangenschaft leben.

Für die älteren Kinder

Betrachtung einer Grafik von Walter Habdank. Wir denken darüber nach, warum Menschen auf der ganzen Welt so wie Jesus einfach verhaftet werden.

Walter Habdank, Paulus im Gefängnis

Ein Beispiel für Verhaftung ist die folgende
Geschichte:

Für sechzehn Jahre hinter Gitter
Chen Lantao lebt mit seiner Frau Sun
Lijuan in China. Er arbeitet in einer großen
Stadt in der Provinz Shandong als Meeres-
biologe. Wie viele andere Menschen in
China versteht Chen Lantao nicht, warum
in diesem großen Land niemand laut sagen darf, was er wirklich denkt. Er begreift
nicht, warum so viel Unrecht verschwie-
gen wird.
Überall im ganzen Land, besonders in der
Hauptstadt Peking, gehen viele Menschen
mit Schildern auf die Straße. Sie wollen
nicht mehr länger schweigen. Als sich wieder einmal in Peking auf dem großen Platz
des himmlischen Friedens tausende von
Menschen versammelt haben, befiehlt die
Regierung des Landes ihren Soldaten, diese Versammlung gewaltsam zu beenden.
Die Soldaten kommen mit ihren Gewehren
und schießen auf die Menschen. Viele von
ihnen sterben. Andere sind schwer verletzt.
Als Chen Lantao davon erfährt, ist er, wie
viele andere auch, über diese Gewalt empört. Bei einer Versammlung in seiner Heimatstadt spricht er vor vielen Menschen.
Er fordert die Bestrafung der Soldaten, die
auf unschuldige, friedliche Menschen ge-
schossen haben. Auch diejenigen, die den
Soldaten den Befehl zum Schießen gegeben haben, sollen bestraft werden.
Drei Tage danach wird Chen Lantao zusammen mit seiner Frau Sun Lijuan von
der Polizei verhaftet. Als Grund gibt die
Polizei an, Chen Lantao habe die Menschen aufgehetzt, den Verkehr zu stören
und Unruhe zu stiften. Während seine Frau
nach zwei Monaten Gefängnis wieder frei-
gelassen wird, wird Chen Lantao zu sechzehn Jahren Gefängnisstrafe verurteilt. Als
sein kleiner Sohn zur Welt kommt, sitzt er
im Gefängnis. Wenn Chen Lantao frei
kommt, wird sein Sohn schon groß sein.
(Authentisches Fallbeispiel, entnommen
aus: Unterrichtspraxis Menschenrechte,
Nr. 2 1996, hrsg. von Amnesty Internatio-
nal)

Fürbitten

Wir schreiben auf kleine Zettel Fürbitten
für Chen Lantao, seine Frau und seinen
Sohn, z. B.: Lieber Gott, schenke bitte den
Politikern die Einsicht, daß Chen Lantao
nichts Böses getan hat und sie ihn freilas-
sen.
Lieber Gott, gib Sun Lijuan und ihrem Kind
Menschen, die ihnen in schwerer Zeit hel-
fen.
Lieber Gott, schicke Chen Lantao und sei-
ner Familie Menschen, die sie trösten.
Lieber Gott, hilf allen Menschen auf der
Welt, die zu Unrecht gefangen sind.
Die Fürbitten werden in der Schlußliturgie
vorgelesen und an die Kreuzwegstation
geheftet.

Eingangsgebet

Guter Gott,
viele Menschen auf unserer Erde leiden
Not,
auch Kinder.
Sie werden zu Unrecht verfolgt und ge-
quält.
Wir beten zu dir für diese Menschen.
Laß sie nicht allein.
Sei ihnen in ihrem Leid ganz nahe.
Schenke du ihnen neue Hoffnungen zum
Leben. Amen.

Gebet

Jesus, du bist in dunkler Nacht verhaftet
und gefangen genommen worden.
Kein Lichtschimmer war zu sehen,
nur die drohenden Fackeln deiner Verfolger.
Du bist nicht weggelaufen
und hast dich in ihre Hände gegeben.
Staunend hören wir, was du alles auf dich
genommen hast.
Es macht uns traurig, solches Leiden, wie
bei dir, sehen zu müssen.
Wir bitten dich:
Sei du bei uns, wenn solche Not über uns
kommt.
Sei du bei allen Menschen, die Schmerzen
haben

und so verlassen sind, wie du es warst.
Laß alle Menschen in Not und Dunkelheit
spüren,
daß du auch ihre Leiden kennst.

Sei ihnen nahe und ein Licht in der dunklen
Nacht. Amen.

Andrea Moritz, Roxheim

5.4. 1998 – Palmarum – Lukas 23,6–25

Unschuldig schuldig gesprochen

Lieder: *Seht hin, er ist allein im Garten, Str. 3–4, EG 95, LJ 72*
Herzliebster Jesu, Str. 1–2.6, EG 81, LJ 69

Liturgischer Text: Psalm 31,2–9

Zum Text

In der lukanischen Darstellung des Textes fällt auf, wie eindrücklich die Unschuld Jesu vor Pilatus und Herodes unterstrichen wird. Die beiden Machthaber werden dafür als Zeugen herangezogen. Pontius Pilatus (26–36 n. Chr., Statthalter von Judäa und Samaria), der in zeitgenössischen Berichten als grausamer, skrupelloser und judenfeindlicher Mensch beschrieben wird, erscheint im Text als einer, der um das Leben des Juden Jesus bemüht ist. Ganz intensiv tritt er für dessen Freilassung ein. Er gibt dann schließlich ganz entgegen seiner sonstigen Praxis dem Druck der jüdischen Obrigkeit nach und verurteilt Jesus. Durch diese Darstellung wird erkennbar, daß Lukas keinen genauen geschichtlichen Bericht des Geschehens geben will. Ihm liegt daran, Gottes Heilsplan in den Vordergrund zu stellen. Jesus muß zur Rettung aller Menschen den Kreuzestod sterben. Dieses von Gott gesetzte „Muß" nimmt unaufhaltsam seinen Lauf, trotz des Eingreifens von Menschen, in diesem Fall von Pilatus. Jesus geht in Anlehnung an das Alte Testament den Weg des leidenden Gerechten. Lukas sieht darin die Erfüllung der Schrift.

Allein aus diesem Grund kann auch nicht den Juden die Schuld der Verurteilung und Hinrichtung Jesu gegeben werden. Lukas hält daran fest, daß die Juden, ohne es wirklich zu wissen, ihren Teil zum Heilshandeln Gottes beigetragen haben (Apg 3,17f). Gott ist der eigentlich Handelnde. Weiterhin macht der Text das Bemühen deutlich, die christlichen Gemeinden nicht als Gegner des römischen Staates darzustellen. Nach dem jüdischen Krieg (66–73 n. Chr.) wurden auch die Christen verdächtigt, gegenüber dem römischen Staat feindlich gesinnt zu sein. Lukas tritt diesen Verdächtigungen mit seiner Darstellung von Pilatus entgegen. Trotz aller Bemühungen findet der Statthalter bei Jesus kein Vergehen gegen den römischen Staat. Wenn Jesus als Stifter der christlichen Gemeinden kein Gegner des römischen Staates war, so konnte dies auch für die christlichen Gemeinden selbst gelten.

Der Text und die Kinder

Durch den Text erfahren die Kinder, daß Jesus unschuldig schuldig gesprochen wird. Das wird ihren stark ausgeprägten Sinn nach Gerechtigkeit wachrütteln. Sie erkennen, daß Jesus Stärkeren ausgeliefert ist. Diese Erfahrung wird manch einer in der Schule oder beim Spielen selbst schon einmal gemacht haben. In seinem Verhalten anders sein als die breite Masse, hat unweigerlich Angriffe auf die eigene Person zur Folge. Es wird für die Kinder wahrscheinlich nicht leicht sein, das völlig gewaltlose Verhalten Jesu gegenüber seinen Anklägern zu verstehen.

Gestaltungsvorschlag für jüngere und ältere Kinder

Erzählung

Elias, einer der Mitglieder des Hohen Rates, wollte endlich nach Hause. Er war müde. Die ganze Nacht hatte er kein Auge zugetan. Noch immer standen ihm die Bilder vom Ölberg und dem Verhör Jesu vor Augen. „War das Urteil, das sie gesprochen hatten, richtig gewesen?" ging es ihm durch den Kopf. „Schließlich war dieser Jesus wirklich kein Verbrecher. Hätte er doch nur nicht so selbstbewußt davon gesprochen, daß er Gottes Sohn sei", dachte er. „Damit hat er Gott gelästert." Irgendwie tat ihm Jesus leid. Elias sehnte sich nach Hause. Er wollte von allem nichts mehr hören und sehen.

Aber Elias hatte keine Chance. Er hörte, wie einige sagten: „Wir müssen ihn zu Pilatus bringen. Der muß als Statthalter das Urteil bestätigen. Sonst können wir nichts machen." Elias mußte also mit. So trieben sie Jesus mit viel Lärm durch die Straßen zum Haus des Statthalters und führten Pilatus ihren Gefangenen vor. „Was wollt ihr denn alle von mir?" fragte Pilatus sichtlich gereizt den Hohen Priester. „Könnt ihr mich nicht mit euren religiösen Streitigkeiten in Ruhe lassen?"

„Das ist ein Fall für dich, Pilatus", rief der Hohe Priester. „Dieser Jesus hetzt das Volk auf. Er sagt, wir sollen keine Steuern mehr an den Kaiser zahlen", rief ein anderer. Wieder andere riefen wütend: „Er behauptet doch tatsächlich, er sei der neue König der Juden."

Doch Pilatus war nicht so leicht zu überzeugen. Während die Anschuldigungen hin und her gingen, plagte Elias der Zweifel. Er schämte sich ein wenig, daß er sich vom Zorn der Oberen hatte überwältigen lassen. „Was hatte Jesus in dieser Nacht schon alles über sich ergehen lassen müssen: pausenloses Verhör, Anschuldigungen auf Anschuldigen, Gelächter, Hohn und Spott. Und jetzt geht das Ganze schon wieder los", dachte er.

Elias wurde aus seinen Gedanken gerissen. „Ist dieser Mann denn aus Galiläa?" hörte er Pilatus fragen. „Ja", kam die Antwort der Ältesten. „Dann bringt ihn doch erst einmal zu Herodes!" befahl Pilatus. „Er wird seine Freude an diesem Träumer haben. Ich sehe keinen Grund, diesen Mann zu verurteilen."

Nachdem Pilatus das gesagt hatte, drehte er sich um und verließ den Raum.

Da nahmen sie Jesus und führten ihn ab. Elias sah ihm ins Gesicht. „Trotz all der Anschuldigungen und Erniedrigungen wirkt er seltsam ruhig", dachte er. „Ob Gott doch mit ihm ist? Könnte ich doch nur fort von allem. Wer weiß, was Herodes noch alles mit ihm macht?"

Doch es half nichts. Er mußte mit. Elias wurde es immer schlechter, als er sah, wie Herodes und seine Soldaten Jesus verspotteten. Sie traten und bespuckten ihn. Schließlich zogen sie ihm einen Königsmantel über und schickten alle unter tosendem Gelächter wieder zurück zu Pilatus.

In der Zwischenzeit hatte sich eine große Menschenmenge zu ihnen gesellt, die Jesus ebenfalls verspottete. Einer steckte dabei den anderen an. „Wie schnell man Menschen aufwiegeln kann", dachte Elias.

Pilatus war sichtlich gereizt, als er die große Menschenmenge vor seinem Haus sah. „Ich werde ihn auspeitschen lassen", sagte er zum Hohen Priester. „Keine einzige eurer Anklagen finde ich bestätigt. Herodes wohl auch nicht, sonst hätte er ihn nicht wieder zu mir geschickt."

„Vielleicht wendet sich doch noch alles", durchzuckte es Elias. Aber die Masse

schrie unentwegt: „Weg mit ihm! Laß Barabbas frei!" „Das darf doch nicht sein! Der ist wirklich ein Verbrecher. Er war dabei, als neulich bei dem Aufruhr einer ermordet wurde", rief da Elias laut. Doch seine Stimme erstickte im Getöse der tobenden Menge. „Ans Kreuz mit ihm! Ans Kreuz mit ihm!" dröhnte es ununterbrochen in Elias Ohren. Schließlich siegte das Geschrei. Pilatus schien sich nicht länger für Jesus einsetzen zu wollen. „Laßt mir doch meine Ruhe!" schrie er laut, und seinen Soldaten befahl er: „Werft diesen Galiläer ins Gefängnis! Laßt Barabbas frei!
Da nahmen sie Jesus und führten ihn ab. Die Menge war zufrieden. Elias aber ging bedrückt nach Hause.

Vertiefung

Die vierte Kreuzwegstation wird errichtet. Ein mit einem roten Tuch geschmückter Stuhl erinnert an den Statthaltersessel des Pilatus.

Für die jüngeren Kinder

Wir überlegen, was Jesus zum Verhängnis wurde (z. B. Jesu Umgang mit Zöllnern und Sündern, Jesu Heilungen am Sabbat, seine Hinwendung zu den Ausgestoßenen,…). Mit Filz- und Stoffresten gestalten die Kinder auf einem großen weißen Tuch den Königsmantel mit Szenen der vorher erarbeiteten Beispiele.
Oder wir schmücken den Mantel mit Zeichen der Verehrung (Zweige, Herzen …).

Für die älteren Kinder

Wir überlegen, wie es ist, wenn wir einem Stärkeren ausgeliefert sind. Die Kinder können die Szenen nachspielen (eine Schülergruppe lacht einen Mitschüler aus, ein Lehrer macht einen Schüler fertig, ein Starker schlägt einen Schwächeren, Menschen gehen achtlos an einem Obdachlosen vorbei.).

Der weiße Königsmantel und die Bilder werden in der Schlußliturgie zum Statthaltersessel des Pilatus gebracht.

Gebet

Guter Gott,
manchmal fühle ich mich allein und verlassen,
wie Jesus es war,
den Stärkeren ausgeliefert.
In der Schule lachen sie mich aus
oder lassen mich stehen.
Meistens wollen sie ohne mich spielen
und schicken mich fort.
Zu Hause haben Vater und Mutter keine
Zeit für mich.
Sie hören mir nicht zu.
Darüber bin ich traurig.
Ich bitte dich, laß mich Menschen finden,
die mir zuhören, die mich mögen und mir
helfen.
Laß mich darauf vertrauen, daß du immer
bei mir bist. Amen.

Jesus, du hast mit deinem Leben gezeigt,
wie lieb Gott die Menschen hat.
Du hast gezeigt, wie wichtig es ist,
miteinander zu teilen:
Essen und Trinken, Freundschaft und
Zeit …
Du bist zu denen gegangen, die Hilfe
brauchten,
du warst bei denen, die abseits standen
und mit denen niemand etwas zu tun haben wollte.
Wir danken dir und bitten dich:
Hilf uns das auch zu tun.
Amen.

Andrea Moritz, Roxheim

10.4.1998 – Karfreitag – Lukas 23,32–46(49)

Aufgehoben in Gottes Hand

Lieder: *Geborgen ist mein Leben in Gott, Sagt Gott 105*
Gottes Hand hält uns fest, MKL 12
Als Jesus gestorben war, LfK 2 72, MKL 113

Liturgischer Text: Psalm 31,2–9

Zum Text

Der von Jesus freiwillig beschrittene Weg des Leidens endet für ihn am Kreuz (V 32f.). Selbst in der Stunde der Kreuzigung stellt Lukas nochmals das Thema vom „Suchen und Retten des Verlorenen" in den Mittelpunkt. Als Unschuldiger wird Jesus inmitten zweier Verbrecher gekreuzigt. Selbst hier wendet sich er noch den Gottlosen zu, bittet sogar für seine Henker (V 34) und schenkt einem der mitgekreuzigten Verbrecher die Umkehr (V 40–42). Im Einstehen Jesu für seine Peiniger wird die göttliche Vergebung sichtbar, sogar für die, die schwerste Schuld auf sich geladen haben.

Während bei Jesu Geburt die Nacht erleuchtet wurde, verfinstert sich in seiner Todesstunde der Tag, und der Tempelvorhang zerreißt. Beides verdeutlicht, wer hier stirbt.

Seine letzten Worte: „In deine Hände befehle ich meinen Geist" (V 46), unterstreichen noch einmal deutlich sein großes Vertrauen gegenüber seinem Vater im Himmel. Die Worte erinnern in Anlehnung an Ps 31 an das Gebet eines ungerecht Verfolgten, der seine Sache Gott anheimstellt. Schon allein aus diesem Grund kann der Tod keine letztgültige Macht über Jesus behalten. Jesus steht in dieser vertrauensvollen Hinwendung zu Gott für seine Jünger und die ihm nachfolgende Christengemeinde als Vorbild im Glauben.

Der Text und die Kinder

Jesu Tod wird die Kinder gefühlsmäßig in besonderer Weise berühren. Sie werden, wie alle, die Jesus gern haben, traurig und ratlos darüber sein, daß der Freund der Menschen sterben muß. Die Frage nach dem „Warum" wird unweigerlich gestellt. Gerade weil die Antworten nicht leicht sind, dürfen wir nicht vor ihnen ausweichen. Es ist falsch, aus Angst vor zu starker gefühlsmäßiger Belastung für die Kinder dem Thema von schwerem Leiden und Tod auszuweichen. Wir sind ihnen als Erwachsene Antworten schuldig. Dabei wird ihnen die theologische Deutung des Lukas, das von Gott verfügte „Muß" des Sterbens Jesu nicht verständlich sein. Sie werden aber verstehen, daß Jesus seinen Weg der Gewaltlosigkeit konsequent bis zum Schluß durchhält. Es wird darauf ankommen, das Vertrauen Jesu herauszuarbeiten, selbst in schwerstem Leid von Gott nicht alleingelassen zu sein. Wenn Gott Jesus selbst in schwerster Not beigestanden hat, dann wird er es auch bei uns tun. Diese Sichtweise der Kreuzigungsgeschichte können die Kinder verstehen lernen.

Aus diesen Gründen sollte es darum gehen, die Geschichte so behutsam wie möglich zu schildern. Einzelheiten des Kreuzigungsgeschehens, die das Leiden Jesu hervorheben, haben in der Geschichte keinen Platz.

Ich lade die Kinder ein, den Weg des Vertrauens – ich bin bei Gott aufgehoben – mitzugehen. Dabei möchte ich ihnen davon erzählen, daß selbst im allertiefsten

Leid, sogar im Tod, Gott den Menschen nicht fern ist.

Bei der Erzählung möchte ich berücksichtigen, daß Lukas seine Passionsgeschichte ganz stark aus der Sichtweise der Auferstehungsbotschaft schildert. Aus diesem Grund erzähle ich die Kreuzigungsgeschichte auf dem Hintergrund der Ostererfahrung eines Freundes Jesu, der die Kreuzigung miterlebt hat und mit seinen Freunden Jesus nicht alleingelassen hatte.

Da in vielen Kindergottesdiensten mit dem Ende der Passionsreihe eine Osterpause stattfindet, bleiben die Kinder nicht in der Erfahrung von Trauer stehen. Vielmehr erleben sie, daß es durch die Trauer hindurch einen Weg zum Leben gibt.

Gestaltungsvorschlag für jüngere und ältere Kinder

Erzählung

Joel aus Galiläa ist unterwegs nach Jerusalem. Etliche Tage ist er schon unterwegs. Heute sieht er endlich am Horizont die Stadtmauern von Jerusalem.

Seine Schritte werden schneller, denn noch heute will er bei Johannes und seinen Freunden sein. Lange hatten sie sich nicht mehr gesehen, doch dieses Jahr wollen sie gemeinsam das Osterfest in Jerusalem verbringen. Joel freut sich sehr darauf. Besonders stolz ist er, seine Frau Rebekka und die kleine Rut mitbringen zu können.

„Sieh mal, Rebekka! Gleich haben wir es geschafft. Dort unten sehe ich schon das Stadttor von Jerusalem", ruft Joel freudig.

Rebekka atmet auf. „Die Reise mit dem Kind ist doch beschwerlicher gewesen als ich dachte. Jetzt haben wir unser Ziel ja bald erreicht. Joel, warum gehst du nicht weiter?" fragt sie erstaunt ihren Mann. Er ist plötzlich stehen geblieben. „Hier war es, Rebekka. Hier auf diesem Hügel haben sie ihn gekreuzigt. Man nennt ihn Golgota", antwortet Joel. „Ich sehe es alles noch genau vor mir, Rebekka. Du kannst

mir glauben, wenn ich nicht selbst miterlebt hätte, daß Jesus nach drei Tagen wieder auferstanden ist, dann müßte ich verzweifeln. Eine große Menschenmenge war damals dort unten hinter Jesus aus dem Stadttor dort hinauf gezogen. Ich verstand die Welt nicht mehr. Jesus, unser Herr, sollte gekreuzigt werden. Er hatte doch niemandem etwas getan! Und doch kreuzigten sie ihn zwischen zwei Verbrechern. Wir alle, die ihn liebhatten, waren verzweifelt. Selbst die Jünger wußten nicht, wie es weitergehen sollte."

Rebekka sieht hinüber. „Wie Menschen nur so gemein sein können", sagt sie. „Da hast du Recht, Rebekka", antwortet Joel. „Die Soldaten spielten um seine Kleider und andere spotteten: ‚Wenn du der König der Juden bist, dann hilf dir selbst und steige vom Kreuz herab.' Aber Jesus betete sogar noch für seine Verfolger: ‚Vater vergib ihnen, denn sie wissen nicht, was sie tun.' Er trat für die ein, die nur Böses im Sinn hatten."

„Er muß ein sehr gütiger und liebevoller Mensch gewesen sein, wenn er das getan hat", meint Rebekka. „Ja, ich habe niemanden gekannt, der so warmherzig war wie er", entgegnete Joel. „Er wollte, daß kein Mensch vor Gott verlorengeht, auch nicht die beiden Verbrecher, die neben ihm am Kreuz hingen. Einer der beiden Männer hat Jesus ausgelacht. Daran erinnere ich mich genau. Er wollte nicht glauben, daß Jesus von Gott geschickt war. Der andere aber wies ihn zurecht und sagte: ‚Dieser hat im Gegensatz zu uns nichts Böses getan. Laß ihn in Ruhe und verspotte ihn nicht.' Danach sprach er Jesus an und bat ihn: ‚Wenn du in dein Reich zu Gott kommst, dann denke an mich.' Jesus antwortete ihm: ‚Du wirst mit mir bei Gott daheim sein.' Rebekka, Jesus wies niemals jemanden zurück, selbst diesen Verbrecher nicht. Jesus glaubte immer daran, daß Gott bei ihm sei und ihn nie verlassen würde, auch in dieser schweren Stunde. In seiner Todesstunde betete er dann ein letztes mal: ‚Vater, in deine Hände befehle ich meinen Geist.'

Als er starb, war alles ganz dunkel in mir. Auch draußen wurde es ganz dunkel, und eine unheimliche Stille breitete sich aus. Alle, auch die Schaulustigen waren betroffen und wußten nun, wer Jesus war. Selbst der römische Hauptmann, der die Aufsicht hatte, neigte sich vor Gott und sagte: ‚Dieser Mann war bestimmt unschuldig.' All das konnte uns in diesem Augenblick nicht trösten. Jesus, unser Herr, war tot."

Joel holt tief Luft. „Wie gut ist es, Rebekka, daß es damals in uns nicht dunkel bleiben mußte, als wir uns in unsere Häuser verkrochen hatten. Drei Tage später wurde es wieder hell in unseren Herzen. Jesus, unser Herr, war stärker als der Tod, weil Gott ihn auferweckte. Komm, laß uns nicht länger an diesem traurigen Ort stehenbleiben. Johannes und die anderen werden uns schon erwarten."

„Ja," sagt Rebekka leise. „Laß uns Ostern feiern."

Vertiefung

Die Kinder gestalten die letzte Kreuzwegstation. Aus Erde, Moos und Steinen wird der Hügel Golgota und der Weg dorthin errichtet. In den Hügel stellen wir drei Holzkreuze, die wir aus Ästen und Blumendraht zusammenbinden können.

Zum Zeichen dafür, daß mit dem Tod nicht alles vorbei ist, bindet jedes Kind aus Stroh oder Bast ein Kreuz, in das eine grüne Efeuranke eingearbeitet wird. Nachdem alle Kreuze fertig sind, wird ein großes Bild mit offenen Händen (vom Mitarbeiterkreis vorbereitet) in die Mitte vor die Kreuzwegstation gelegt. Die offenen Hände symbolisieren das Gehaltensein durch Gott. Jedes Kind darf sein Kreuz in diese Hände hineinlegen.

In der Schlußliturgie schreiten wir noch einmal alle Kreuzwegstationen ab.

Gebet

Herr, Jesus!
Sie haben dich hingerichtet und ans Kreuz geschlagen.
Obwohl du niemandem etwas Böses getan hast,
mußtest du so sterben.
Du hattest Angst vor dem Sterben wie wir,
wenn wir es uns manchmal versuchen vorzustellen.
Herr, Jesus!
Du hast zu Gott gebetet in deiner Not.
Er hat dich nicht allein gelassen.
Wir bitten dich:
Laß auch uns in unserer Angst nicht allein.
Sei du bei uns in allem, was auch geschieht.
Halte du uns fest in deinen Händen. Amen

Andrea Moritz, Roxheim

V Ein neuer Weg beginnt
Ostern nach Lukas

Lied: Herr, bleibe bei uns, EG 483

Liturgischer Text: Ostern, s. u.

Sonntag	Text/Thema	Art der Zusammenkunft Methoden und Mittel
12.4.1998 Ostern	Lukas 24,1–12 Die Frauen: „Und sie gingen wieder weg vom Grab und verkün- digten das alles"	Gottesdienst mit Kindern Erzählung, Gebet
19.4.1998 Quasimodogeniti	Lukas 24,13–35 * Die Emmausjünger: „Und sie erzählten ihnen, was auf dem Weg geschehen war"	Gottesdienst mit Kindern Weg aus Band oder Strick legen, Erzählung, Geschichte nachspielen
26.4.1998 Miserikordias Domini	Lukas 24,36–50 „Fangt an in Jerusalem, und seid dafür Zeugen."	Gottesdienst mit Kindern (und Erwachsenen) Begrüßung mit Frühlingsblumen, Besin- nung (Jugendliche, Kind, Erwachsener), Erzählung, Spiel, Puzzle, Segenshandlung

Ostern

Alle: *Freut euch, freut euch,*
       Ostern ist da!
       Christus ist auferstanden,
       freut euch in allen Landen!
       Freut euch, freut euch,
       Ostern ist da!
Eine/r: Jesus war tot.
       Jesus lebt.
       Wir danken dir, Gott.
Alle: *Freut euch, freut euch,*
       Ostern ist da!
       Christus ist auferstanden,
       freut euch in allen Landen!
       Freut euch, freut euch,
       Ostern ist da!
Eine/r: Jesus, du lebst.

Wir hören dein Wort.
Wir reden mit dir.
Wir tun, was dich freut.
Alle: *Freut euch, freut euch,*
       Ostern ist da!
       Christus ist auferstanden,
       freut euch in allen Landen!
       Freut euch, freut euch,
       Ostern ist da!
Eine/r: Alle Menschen sollen
       erfahren, daß du, Jesus, lebst.
       Alle sollen dich loben und
       preisen.
Aus: Gottesdienst mit Kindern, Arbeitshilfe für Mitarbeiterinnen und Mitarbeiter im Kindergottesdienst, hrsg. vom Landeskirchenamt der Ev. Kirche von Kurhessen-Waldeck

12.4.1998 – Ostern – Lukas 24,1–12

Die Frauen: „Und sie gingen wieder weg vom Grab und verkündigten das alles"

Lied: Herr, bleibe bei uns, EG 483

Liturgischer Text: Ostern, s. o.

Zum Text

Von Anfang an bekennt die christliche Gemeinde: „Dass Christus gestorben ist für unsere Sünden nach der Schrift; und dass er begraben worden ist, und dass er auferstanden ist am dritten Tage nach der Schrift; und dass er gesehen worden ist von Kephas, danach von den Zwölfen" (1 Kor 15,3ff). Das ist die alles entscheidende Botschaft der Gemeinde. So beginnt der Lauf des Evangeliums durch die Weltgeschichte.

Lukas erzählt uns von Frauen, die Jesus nachgefolgt und mit ihm aus Galiläa gekommen waren. Sie hatten gesehen, wie sein Leib in das Grab gelegt wurde. Als sie nochmals kamen, um den Toten zu salben, mußten sie völlig unerwartet erleben: der Stein der Höhle war weggerollt, das Grab geöffnet, ihr Herr nicht mehr dort. Natürlich waren sie zuerst bekümmert, dann aber entsetzt. Zwei „Männer" in glänzenden Kleidern traten ihnen mit einer alten jüdischen Aussage entgegen: „Pflegt man wohl die Toten unter den Lebenden zu suchen, etwa auch den Lebenden unter den Toten?" Jesus lebt, deshalb ist er nicht unter den Toten zu suchen. „Er ist nicht hier. Er wurde auferweckt." So wird die Botschaft von der Auferstehung gedeutet: Der eben noch Verstorbene ist nicht ins bisherige Leben zurückgekehrt, welches irgendwie weitergeht. Er ist in ein neues, anderes, unvergängliches Leben eingetreten – mit Gottes Hilfe.

Die Frauen sagten es den Jüngern weiter, aber sie hielten es für Geschwätz. Nur Petrus eilte zum Grab, fand es leer und konnte sich nur „wundern".

Dort am leeren Grab und mit den Worten der Auferstehungsbotschaft beginnt „der neue Weg".

Lukas erzählt uns nichts vom Vorgang der Auferstehung. Denn diese hat niemand gesehen. Sie ereignet sich! Der Weg vom Tod zum Leben bleibt ein unerklärbares Geheimnis Gottes! Wichtiger ist: Gott selbst hat jene Worte des Jesus in Galiläa wahr und zu einer wirklichen Erfahrung gemacht. Christus, der Menschensohn mußte den Händen der Sünder ausgeliefert werden, wurde gekreuzigt, ist aber auferstanden. Er lebt! Das gilt es nun gemeinsam zu bezeugen, wenn auch die eigene Verwunderung und die Zweifel, die Erfahrungen des täglichen Lebens und vor allem die Einwände der Mitmenschen dagegensprechen. Man meinte zum Beispiel: Der Leichnam des Jesus sei entwendet worden (Mt 28,13) oder Jesus sei bei seiner Kreuzigung nicht gestorben, seine Freunde hätten ihn aus dem Grab geholt. Also erzählte auch Lukas vom „leeren Grab", um all' jene Vermutungen, Angriffe und auch die Versuche, die Auferstehungswirklichkeit nur zu vergeistigen, abzuwehren.

Der Text und die Kinder

Die Gemeinde – und mittendrin die Kinder – feiert das Fest der Auferstehung als einen Tag der Freude und Hoffnung: Der Herr ist wahrhaftig auferstanden! Er lebt! Was Jesus verkündet hat, ist wahrgeworden, allerdings mitten in einer Welt, die nach wie vor vom Tod umfangen ist. Nach alter kirchlicher Tradition und theologischer Deutung ist Ostern *das* Fest des

Kirchenjahres. Seit langer Zeit aber ist es von zahlreichen bunten Bräuchen umgeben bzw. überlagert: Ostereier, Osterhasen, Geschenke... Es sind Ferien oder schulfreie Tage. Man verreist. Die Ostergottesdienste werden „seltener" besucht. Auch für Kinder verliert Ostern immer mehr an seiner ursprünglichen Bedeutung. Ist es die so wenig „fassbare" Botschaft, für die uns „noch" keine eindeutigen Lebenserfahrungen vorliegen? Gerade das nimmt die Erzählung vom leeren Grab und der Erscheinung des Auferstandenen auf: Die Begegnung mit ihm und die Möglichkeit, ihn zu sehen und anzufassen, führt noch nicht zum „Osterglauben". Erst die Erinnerung an seine Worte, die Deutung durch Jesus selbst und das gemeinsame Mahl (Lk 24,13–35) ermöglichen den Osterglauben. Dann finden die Jünger ihren Weg. Sie verkünden „unterwegs" den auferstandenen Herrn.

Aber es bleiben – besonders für ältere Kinder – Fragen und Zweifel. Offenbar sind die „Karfreitags"geschichten vom verratenen, gefangenen, leidenden, sterbenden Jesus eindrücklicher und wirksamer. Denn so werden Tatsachen erzählt oder erinnert, die die vielfältigen Nachrichten und Erfahrungen aus dem Alltag der großen und kleinen Welt aufnehmen. Immer wieder wird berichtet, dass und wie Kinder und ihre Mütter leiden müssen. Lukas erzählt ja mehrfach von den Frauen in der Nähe von Jesus. In den Gemeinden sind es ebenfalls vorwiegend Frauen, die Kindern erstmals Jesus-Geschichten nahebringen. Vielleicht können sie sich nun besonders auf ihre Worte einlassen und „ihnen glauben", dass Christus für, unter, mit uns und allen Christen der Welt lebt, dass Leiden und Kreuz durch die Auferstehung gedeutet werden. Ohne jene Ostererfahrung könnte man nur vom Scheitern und Lebensende des Jesus reden. Seit Ostern wird das Kreuz zum Symbol für Hoffnung und Leben. Das wird ja immer wieder in alten und neuen Kirchenliedern besungen und in der christlichen Kunst dargestellt. In einigen Kirchen entdecken wir das Kreuz als

„Lebensbaum" (zum Beispiel in der Klosterkirche von Bad Doberan). Aus den Balken des Holzes wachsen Blätter oder Früchte. Dieses Motiv begegnet uns heute auf etlichen Fotografien. Aus einem trockenen, rissigen Erdboden wächst eine grüne Pflanze (vgl. D. Steinwede, Ostern – Ein Sachbilderbuch, EVA Bln. 1981, S. 15, und die Texte dazu).

Wir glauben: der Tod hat seine lebensbedrohende Macht verloren. Dadurch werden wir verändert, dass wir uns selbst und das Leben in seinen derzeitigen Einschränkungen verändern können. Der auferstandene Christus ermutigt uns, all die Unzulänglichkeiten des täglichen Lebens, Enttäuschungen, Mutlosigkeit, Abschiednehmen, Vergessen eines anderen Menschen, Angst, Krankheiten, Unglücke, Ungerechtigkeit und Armut, Hass und Unfrieden auszuhalten und gegen diese vielfältigen Mächte des Todes aufzustehen! Auferstehung bedeutet: an das neue Leben „vor" dem Tod glauben (Ps 16,9–11) und es gemeinsam mit anderen für andere gestalten! So werden „viele" die Verkündigung der Osterbotschaft erfahren können.

● Gestaltungsvorschlag fur jüngere und ältere Kinder

Die Kinder sitzen um einen mit Kerzen, Blumen, einem Kreuz und einer Bibel geschmückten Tisch. Die Leiterin beginnt: Ich möchte euch eine Ostergeschichte erzählen. Sie hat sich vor langer Zeit so zugetragen:

Am Rande der Ostseestadt Doberan stand ein schmales, schon etwas windschiefes Haus. Dort lebten: Mutter Anna, Vater Bernhard und sieben Kinder, vier Mädchen und drei Jungen. In der Stadt nannte man sie: die Familie vom Bernhard, dem Tischler. Seine Werkstatt befand sich hinter dem Haus. Dort stand eine Werkbank, lagen Hammer, Nägel und Holzstifte, Hobel, Schnitzmesser und andere Werkzeuge. Bernhard arbeitete auch als Holzschnitzer. Es roch nach Holz und Leim. Der Fußboden war mit Holzspänen übersät. Wenn man sie zusammenfegte und auf die Feuerstelle warf, dann wurde es warm und gemütlich. Die Kinder fühlten sich wohl. Sie spielten in den Ecken mit Holzstücken und ihren Katzen. Einer der Bernhardsöhne hieß Petrus, zufällig wie jener aus der Bibel. Er war der Jüngste der Familie, gerade zehn Jahre alt. Am liebsten hielt sich Petrus in der Werkstatt auf. Er suchte sich Holz, nahm eines der alten, etwas stumpfen Messer und schnitze vor sich hin: ein Haus, eine Katze, einen Drachen, eine Figur, eine Blume… Er war sehr geschickt. Immer wieder fiel ihm etwas ein. Der Vater freute sich über seinen Sohn. Vielleicht wird er auch ein Holzschnitzer, ein Baumeister oder sogar ein großer Künstler?

Bernhard hatte zur Zeit weder Auftrag noch Arbeit. Wie gerne hätte er das grosse Kreuz für die Klosterkirche der Stadt hergestellt. Der Rat der Stadt wollte dort nämlich ein Kreuz aufstellen lassen. Etwas ganz Besonderes und Einmaliges sollte es werden. Gross musste es sein, verziert, mit Farben und Gold. Man wollte Christus ehren und seinen Sieg über das Böse und den Tod verkünden.

Eines Tages hörte Petrus von seiner Schlafstelle aus, was seine Eltern abends miteinander sprachen. Seine Mutter sagte: „Bernhard, mein lieber Mann. Es ist bald kein Geld mehr da. Ich weiß nicht, wo ich sparen soll. Unsere Kinder haben nach dem Essen noch Hunger. Wir können sie doch nicht betteln schicken. Unsere Tochter Ursula ist krank. Es geht ihr jeden Tag schlechter. Wir brauchen Medizin. Aber wie sollen wir den Doktor bezahlen? Ach, Bernhard, ich mache mir solche Sorgen. Ich kann nachts nicht mehr schlafen!" „Ich weiss, Frau", sprach Bernhard, „wenn ich doch bloss Arbeit hätte… Das große, verzierte Kreuz für die Kirche…"

„Ach, hör' doch auf zu träumen! Von Deinem Kreuz werden wir nicht satt! Ursula wird auch nicht wieder gesund. Ich habe solche Angst, dass sie uns genommen wird. Es sterben so viele Kinder in der Stadt!" „Frau, versündige Dich nicht! Das Kreuz ist ein Heiligtum! Jesus Christus ist am Kreuz gestorben und dann von dort auferstanden! Das weisst Du doch! Hast Du denn kein Vertrauen zu Gott? Glaubst Du denn nicht mehr, dass er hilft?" „Gegen den Tod kann Jesus auch nichts machen! Gott hat noch niemanden ein Leben lang sattgemacht!"

„Anna, Anna! Unsere Not lässt Dich so reden. Hast Du denn schon vergessen, wie oft uns Gott geholfen hat, damals als Petrus sich in die Hand geschnitten und so viel Blut verloren hatte? Lass uns beten! ,Herr, Du hörst uns doch! Wir haben grosse Sorgen! Meine Tochter ist sehr krank! Ich habe keine Arbeit und kaum noch Geld! Hilf uns durch Jesus Christus. Er lebt und wir sollen auch leben! Amen!'"

Petrus lag noch lange wach. So verzweifelt hatte er seine Eltern noch nie erlebt. Was sollte werden? Würde der Tod nun auch in ihr Haus kommen? Er sah ihn schon vor sich, den Knochenmann. Auf einigen Kreuzigungsbildern war er so dargestellt. Die Angst lag ihm wie ein schwerer Stein auf dem Herzen. Er weinte leise in sein Kopfkissen. Seine Schwester neben ihm atmete schwer…

Tage und Wochen vergingen. Die Eltern mussten sich Geld borgen. Der Vater wurde immer mürrischer und unfreundlicher. Einmal entdeckte Petrus eine Träne in seinem Gesicht. Mutter sagte kaum ein Wort. Mit ihrer ganzen Liebe sorgte sie für Ursula. Ihr aber ging es von Tag zu Tag schlechter. Niemand konnte ihr helfen. Zehn Wochen vor Ostern starb Petrus Schwester. Sie wurde am nächsten Tag auf dem Friedhof vor der Stadt begraben, ganz hinten in der Ecke für die Armen. Der Pater aus dem Kloster betete, Ursula sollte ins ewige Leben auferstehen. Sie wäre nun bei Gott aufgehoben für alle Zeit. Die Mutter und die Geschwister weinten. Der Vater schwieg. Petrus aber redete mit sich selbst: „Wie soll Ursula denn aufstehen, wenn sie tot ist? Wie soll sie denn aus dem Grabe herauskommen, ans Licht gelangen? Wie soll sie denn durch die nasse Erde kommen? Die liegt doch da wie ein großer, schwerer Stein!

Im Hause herrschte grosse Trauer. Freude und Glück, Mut und Hoffnung wohnten nicht mehr unter ihrem Dach! Die Mutter hatte eine kleine Öllampe angezündet und ins Fenster gestellt. Dort leuchtete sie Tag und Nacht, damit es nicht ganz dunkel wurde wie in einem Grab. Ostern? Das würde ein wirklich trauriges Fest werden! Nur nicht daran denken!

An einem Abend klopfte es plötzlich an der Haustür. Alle hörten das. Aber niemand stand auf. Vater Bernhard brummte: „Die Tür bleibt zu! Wir haben und wir geben nichts!" „Gutes kommt sowieso nicht zu uns!", flüsterte die Mutter. Es wurde wieder geklopft und jemand rief „Meister Bernhard! Ihr seid doch da? Es ist Licht im Fenster! Macht auf!" Der Vater ging zur Tür: „Wer ist da?" „Meister Jakob, Ratsherr Nikolaus, Pater Ambrosius! Wir haben einen Auftrag für Euch!" Meister Bernhard sprang auf und riss die Tür fast aus dem Schloss! „Kommt herein! Hier ist Platz. Setzt Euch!"

„Lieber Meister! Wir kommen zu Euch, denn wir haben von Eurem grossen Unglück und Eurer Trauer gehört. Eure Tochter ist gestorben. Das tut uns leid! Es müssen jetzt so viele Kinder sterben, gerade vor Ostern. Seit Monaten habt Ihr keine Arbeit. Wie könnt Ihr da leben? Ihr seid ein fleissiger und geschickter Meister! Wir wollen Euch bitten: Fertigt uns das Kreuz für unsere Klosterkirche an! Das ist ein grosser Auftrag und eine ehrenwerte Arbeit. Nun, was sagt Ihr dazu?"

Bernhard war sprachlos. Eine Träne lief über sein Gesicht. Dann stotterte er vor sich hin: „Oh, ich fühle mich sehr geehrt… aber ich kann das nicht… ich habe meine Gedanken nicht beieinander… ich bin nur ein einfacher Handwerker… Wie soll das Kreuz denn aussehen? Nachher gefällt es Euch nicht!" Petrus wurde ganz unruhig. Warum freute sich der Vater nicht? Warum fing er nicht gleich an zu zeichnen? Ein Kreuz! Das ist doch nicht so schwer! Und mit einem Male kam er aus der Zimmerecke hervor. Er stellte sich vor die Erwachsenen hin und sprach: „Ihr Herren! Vater!

Gib nicht gleich auf! Wie soll das Kreuz denn aussehen?" „Nun guckt Euch den Jungen an! Du wirst bestimmt mal wie der Vater. Hilfst schon tüchtig mit, was?" sprach Meister Jakob.

„Das Kreuz", sagte der vornehme Ratsherr Nikolaus, „soll unseren gekreuzigten Herrn zeigen. Aber er soll nicht nur tot sein. Irgendwie wollen wir auch sehen, dass Christus auferstanden ist!" „Ja", sagte Pater Ambrosius, „der Herr ist auferstanden! Er ist wahrhaftig auferstanden! Das soll verkündet werden! Bald ist wieder Ostern!" „Das ist ein guter Auftrag, Ihr Herren", sprach Mutter Anna. „Solch' eine Arbeit braucht viel Zeit. Das weiss man doch! Davon werden wir leider heute nicht satt!" „Liebe Frau! Das verstehen wir! Wir haben im Rat beschlossen: Wir zahlen Euch gutes Geld für das Kreuz. Einen Teil davon bekommt Ihr schon heute!" „Da danken wir Euch sehr, verehrte Herren!", sprach der Vater. Eine Weile redeten sie noch, wie denn das Kreuz des Auferstandenen aussehen könnte, welche Farben man verwenden sollte und wieviel Gold…

Am nächsten Tag ging der Vater schon in aller Frühe in die Werkstatt. Petrus lief mit. Bernhard zeichnete stundenlang vor sich hin. Sein Sohn hatte ein Stück Holz gefunden. Mit einem Nagel ritzte er ein, wie denn das Kreuz aussehen sollte. Plötzlich schreckte er hoch. Sein Vater hatte mit einer Hand alles von der Werkbank gefegt. Laut rief er vor sich hin: „Ach, ich wusste es doch! Mir fällt nichts ein! Ich muss immer an Ursula denken. Sie ist tot und liegt auf dem alten Friedhof. Sie kommt nicht wieder! Wie soll ich denn da die Kreuzigung und die Auferstehung darstellen? Tod und Leben? Das geht doch nicht!" Petrus spürte wieder seine Angst, sein Vater könnte den guten Auftrag wieder abgeben. Aber irgendwie müsste man das doch zeigen können? Wie hatte der Pater gesagt? „Ich verkündige Euch: Jesus Christus – gestorben und begraben, am dritten Tage auferstanden von den Toten… auch für Euch und Euer Kind Ursula!" Ich werde ins Kloster gehen, dachte der Junge bei sich. Ich werde Pater Ambrosius fragen. Der versteht mich! Dann wird mir schon etwas einfallen!

Der Pater kam gerade aus dem Klostergarten, als Petrus an der Pforte klingelte. Ambrosius hatte einige Pflanzen geholt. Aus denen wollte er Salben und Medizin herstellen. Es klopften sehr oft Leute an das Klostertor. Sie brauchten Hilfe und Pflege, Medizin, eine Unterkunft, ein gutes Wort, Brot und Wasser. „Petrus! Ich wusste, dass Du kommst. Das mit dem Kreuz und der Auferstehung lässt Dir keine Ruhe. Komm mit in den Schreibsaal. Bruder Gottfried schreibt gerade an einer neuen Bibel. Stell Dir vor, es ist doch tatsächlich die Ostergeschichte von Lukas! Der war ein Christ, ein Evangelienschreiber. Evangelium bedeutet „Die Gute Nachricht", „Die Frohe Botschaft". Lukas erzählt uns viele Geschichten von Jesus Christus, wie sie geschehen sind. Lukas hat aufgeschrieben, was er von anderen Menschen gehört oder gelesen hat und was er glaubte und hoffte. Er hatte Jesus selbst ja nicht gesehen und gesprochen. Komm, ich lese es Dir vor!"

Im Schreibsaal lagen Bücher, Papiere, Pinsel, Farben, Schreibfedern und auf einem hohen Gestell die Bibel. Sie war aufgeschlagen. Eine der großen, gelbweissen Seiten hatte Bruder Gottfried zur Hälfte beschrieben. Petrus entdeckte zwischen den Zeilen kleine, farbige Bilder. Ambrosius begann zu lesen: ...

(Wir lesen und hören: Lukas 24, 1–12.)

Sie schwiegen eine Weile. Dann sagte Petrus: „Jesus ist auferstanden. Alle waren erst erschrocken. Sie konnten das nicht glauben. Ein Toter ist wieder lebendig geworden... So ein Geschwätz..." „Ja", sprach da Pater Ambrosius, „so hat man es sich erzählt. Immer wieder. Und je mehr man diese Geschichte weitererzählte, um so mehr merkte man: Ja, es ist wahr. Das stimmt. Christus lebt. Anders kann das gar nicht sein. Wenn er nur tot geblieben wäre, dann würden wir ihn ja nur an dem alten Grab, auf dem Friedhof suchen und immer

etwas mehr vergessen! So spürten und glaubten sie: Jesus lebt. Er ist mitten im Leben. Er ist heute mit uns unterwegs. Gott hat das getan. Und je mehr sie alle Jesus suchten, seine Worte und Taten beachteten, um so mehr veränderte sich ihr Leben. Sie lebten das: der Herr ist auferstanden. Ihr Leben veränderte sich lange vor ihrem Tode, wenn sie glaubten und hofften: Christus lebt! Und dann veränderte sich sogar die Welt. Nicht viel, aber sie hatten angefangen. Es war nicht leicht, aber alle waren begeistert dabei. Sie taten viel Gutes mutig und froh, begeistert und eifrig. Das Leben nahm zu und der Tod mußte zurück". –

„Aber", erwiderte Petrus, „aber es gibt doch noch soviel Hunger und Not. Sieh' Dich doch um! Meine Schwester ist gestorben... und auf dem weiten Meer ertrinken immer wieder Fischer und Seefahrer, Väter und Söhne!" „Ja, das ist leider so. Aber Christus ist für uns alle gestorben und auferstanden. Die einen sind fröhlich, glücklich, zufrieden, die anderen traurig, unruhig, voller Angst. Wir leben gemeinsam und können uns helfen. Petrus, wir sehen oft nur das, was traurig, trostlos, jetzt nicht zu ändern ist. Aber Dein Vater hat Arbeit!" „Das ist doch Zufall!" „Mag sein", erwiderte Ambrosius, „aber es könnte ja auch ein Wunder sein. Das kommt von Gott!" So redeten die beiden eine Weile hin und her. Auferstehung? Das Leben wächst über die Macht des Todes hinaus? Mit einem Male aber schrie Petrus auf: „Halt, jetzt hab' ich es! Das muss ich sofort Vater zeigen. Dann wird er wieder glücklich und zufrieden."

Schon rannte er los, aus dem Kloster, durch die Gassen in die Werkstatt des Vaters. Ganz atemlos kam er an: „Vater, lieber Vater! Ich glaube, ich hab' es gefunden; Christus am Kreuz – auferstanden – das Leben ist vor dem Tod!" Und schon nahm er Papier und Stift. Er zeichnete ein Kreuz, groß, schwer, unübersehbar, darauf dann Christus. Aber was passierte denn nun? Aus den Kreuzbalken wuchsen plötz-

Petrus' Zeichnung

lich Blätter, Blumen, Blüten! Immer mehr, nach allen Seiten, ringsherum! Das Kreuz lebte! Christus lebt! Das war deutlich zu sehen. Meister Bernhard schwieg. Eine Träne tropfte in seinen Bart. Er umarmte seinen Sohn, endlich wieder nach langer Zeit! Dann sprang er auf, klatschte in die Hände und lachte, dass die Werkstatt dröhnte. Petrus tanzte durch den Raum, lachte und klatschte. Es war ein richtiges Osterlachen! Osterjubel! Immer lauter, ohne Ende! Das tönte über den Hof in das schmale, schon etwas windschiefe Haus, in die hinterste Ecke. Alle liefen zusammen, die Mutter, die Geschwister, Katz' und Maus! Sie sahen das blühende, grünende, wachsende, sich ausstreckende Kreuz. Das betrachteten sie lange, und dann sagte Meister Bernhard leise: „Kommt, laßt uns beten!" Er sprach, wie es ihm gerade in den Sinn kam:

„Lieber Herr! Du bist auferstanden von den Toten! Ich glaube, Du lebst, auch wenn wir Dich nicht sehen! Du bist bei uns und allen Menschen, den Lebenden und den Toten, bei allen Tieren und Pflanzen. Du hast uns geholfen. Du bist unsere Hoffnung und unser Mut! Bleibe bei uns! Und sei bei allen, die traurig und in großer Not sind. Hilf ihnen, auch wenn sie es jetzt nicht glauben können. Und, lieber Herr, ich möchte Dein Werkzeug sein. Ich und meine Lieben wollen doch gerne mithelfen, damit bald überall wirklich Ostern ist. Amen!"

Dann fassten sich alle an den Händen und es war, als hätte Gott einen großen Stein von ihren Herzen gerollt. „Lasst uns nun alle ins Haus gehen, essen und trinken. Dann können wir beraten, wie wir dieses Jahr Ostern feiern können…"

Das Kreuz wurde im Jahre 1360 aufgestellt und ist noch heute zu sehen.

Das ist meine Ostergeschichte vom Leben vor dem Tode.

Wir beten das Gebet von Meister Bernhard und können es mit eigenen Bitten weitersprechen.

Alle singen das Lied: „Herr, bleibe bei uns!"

Andreas Riemann, Neubrandenburg

19.4.1998 – Quasimodogeniti – Lukas 24,13–35

Die Emmausjünger: „Und sie erzählten ihnen, was auf dem Weg geschehen war."

Lied: Herr, bleibe bei uns, EG 483

Liturgischer Text: Ostern, s. S. 72

Zum Text

Die Geschichte von den Emmausjüngern zielt „auf „Wiedererkennen und Wiedervereinigung" ab. Sie hat ihre Gestaltung durch das Bild des unerkannt wandernden und als Gast einkehrenden Gottes bekommen, unter das Lukas seine Darstellung von Anfang an rückt, und sagt deshalb im Ganzen des Evangeliums aus: Der Auferweckte begleitet als der unerkannte Wanderer und Gast die Seinen." (Grundmann Das Evangelium nach Lukas) Die Absicht des Lukas ist es, darzustellen: „das Wiedererkennen des lebendigen Herrn und die Wiedervereinigung mit ihm geschieht unter dem Wort und an seinem Tisch." Theologische Aussage und dichterische Gestaltung sind ineinander verwoben.
Die Geschichte gehört zu den Schlüsseltexten von der ersten Gemeinde an bis heute.
Lukas erzählt viel, was „auf dem Weg" passiert. Jesu Weg nach Jerusalem, seinen Leidensweg, begleiten die Jünger. Es ist folgerichtig, wenn dieser Weg nicht mit dem Kreuzestod Jesu zu Ende ist. Für die Jünger, für die ersten Christen und für uns heute gilt: „Wir sind unterwegs mit Jesus".

Der Text und die Kinder

Dieser Text ist schon mehrfach in den Handreichungen bearbeitet worden, z. B. 1987-1, 1989-1, 1991-1, 1996. Bei der vorliegenden Bearbeitung kann es nicht darum gehen, noch bessere Methoden vorzuschlagen, sondern darum, das Thema aus einem anderen Blickwinkel erlebbar zu

machen. Aus „Zum Text" wird deutlich, daß das „Symbol Weg" die Geschichte bestimmt, und es soll auch im Gottesdienst eine Rolle spielen. Ein neues Verstehen dürfte sich auftun, wenn Kinder diesen Text unter dem Aspekt „Erzählen" hören. Der Vorgang des Erzählens, wie es das Thema oben anklingen läßt, war den ersten Christen mehr als eine Unterhaltung. Im Erzählen wird das Erlebte vergegenwärtigt.
Der Erzählvorschlag hält sich an die biblische Vorlage, versucht aber manches deutlicher hervorzuheben, damit die Kinder sich vielleicht noch besser in die Situation hineinversetzen können und das Erzählte mit eigenem Gehörten oder Erlebten verbinden können. Wir versuchen mit Hilfe eines Bandes oder Strickes etwas vom Charakter einer Erzählung zu verdeutlichen. Das Band führt hin zum Symbol „Weg". Das Erzählen kann auch durch Zeichnungen oder Bilder unterstützt werden.
Wichtig ist, eine möglichst gute Erzählatmosphäre zu schaffen (z. B. auch mit der Gestaltung des Raumes und der Sitzordnung im Kreis) und den Kindern den Erzählvorgang bewußt zu machen.

Gestaltungsvorschlag

Begrüßung und Gespräch

Wir sitzen im Kreis. Was kann man im Kreis alles besonders gut machen? (Singen, Spielen, Erzählen …) Das alles wollen wir heute auch tun.

Lied einüben: Herr, bleibe bei uns

Kleines Spiel (evtl. Mein rechter Platz ist leer)

Wegstrecke legen

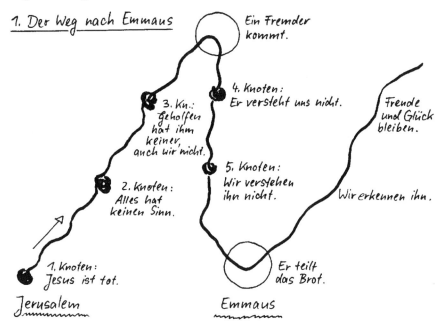

1. Der Weg nach Emmaus

Ein Fremder kommt.

3. Kn.: Geholfen hat ihm keiner, auch wir nicht.

4. Knoten: Er versteht uns nicht.

Freude und Glück bleiben.

2. Knoten: Alles hat keinen Sinn.

5. Knoten: Wir verstehen ihn nicht.

Wir erkennen ihn.

1. Knoten: Jesus ist tot.

Er teilt das Brot.

Jerusalem

Emmaus

2. Der Weg zurück

5. Jetzt verstehen wir.
4. Er hat uns gleich verstanden.
3. Gott hat ihm geholfen.
2. Wir sind froh.
1. Jesus lebt.

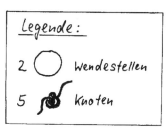

Legende:

2 ◯ Wendestellen

5 🌀 Knoten

Im Kreis kann man auch gut erzählen. Dazu können wir noch etwas mehr zusammenrücken (oder auf Decken unten hinsetzen). Hier habe ich ein Band mitgebracht. Daran kann man zeigen, was eine Geschichte ist: Eine Geschichte hat einen Anfang und ein Ende, das Band auch. Aber so einfach ist das ja nicht, in einer Geschichte geht nicht alles glatt. Deswegen legen wir das Band in Kurven hin.

In einer Geschichte gibt es Gefahren und Hindernisse. Deswegen machen wir noch ein paar Knoten in das Band. Jetzt lege ich das Band hier in die Mitte. Das soll ein Weg sein. Eine Geschichte ist wie ein Weg. Wie man einen schönen Weg öfter gehen kann, so kann man manche Geschichten öfter hören und kann doch immer Neues entdecken.

So eine Geschichte, die immer wieder er-

zählt wurde, werden wir heute hören. Manche von euch haben sie auch schon gehört. Diese Geschichte haben sich die Jünger und Freunde und Freundinnen von Jesus immer wieder erzählt, als Jesus nicht mehr sichtbar bei ihnen war, nach seiner Auferstehung. Später haben sie auch andere Christen, die nicht dabei waren, als Jesus gekreuzigt wurde, erzählt. Dann ist sie aufgeschrieben worden, und so haben wir sie heute auch noch in der Bibel.
Ich erzähle sie Euch jetzt. Es geht da um einen Weg (Hinweis auf das Band).

Erzählung

Damals war es, damals, als die Jünger ganz durcheinander waren. Die Römer hatten Jesus gekreuzigt. Seine Freunde hatten ihn begraben. Lange waren sie mit ihm gegangen und hatten geglaubt: er wird sein Volk befreien. Nun aber war ihr Weg mit Jesus zu Ende.
Zwei seiner Freunde beschlossen nach drei Tagen, in ihre Heimat zurückzugehen. Sie sahen keinen Sinn mehr darin, noch länger in Jerusalem zu warten.
So gingen die beiden von Jerusalem fort. Sie wollten nach Emmaus. Wie gut, daß sie wenigstens zu zweit waren. So konnten sie sich gegenseitig erzählen, was sie traurig machte.
„Schrecklich", sagte Kleopas. „Schrecklich, wie sie Jesus zugerichtet haben. Eine Dornenkrone hatten sie ihm aufgedrückt und geschlagen, daß er blutete."
Der andere erwiderte: „Ja, und das Schlimmste, sie haben ihn wirklich wie einen Mörder ans Kreuz geschlagen. Ich konnte es gar nicht glauben, als ich es hörte."
Kleopas sagte ziemlich leise : „Aber geholfen hat ihm keiner – auch wir nicht." Da nickte der andere und sagte: „Was hätten wir aber auch tun können?"
Kleopas darauf: „Du hast ja recht, aber ich habe kein gutes Gefühl, wenn ich daran denke, wie wir uns verkrochen haben."
„Ja, was hätten wir tun können? Jesus mit

Gewalt befreien? Ja, wenn wir mehr gewesen wären!"
„Was nutzt das viele Reden. Es ist sowieso alles vorbei."
„Von wem redet ihr?" fragte plötzlich einer, der sich ihnen genähert hatte. Sie hatten ihn im Eifer ihres Gesprächs gar nicht bemerkt. „Was für eine Frage – von wem wir reden und von welchen Ereignissen?" wunderten sich die beiden. Sie blieben stehen und sagten : „Weißt du wirklich nicht, was in den letzten Tagen passiert ist?" „Was denn?" fragte der Fremde.
„Die Sache mit Jesus. Er war ein hervorragender Mann, von Gott gesandt, ein Prophet. Er hat von Gott erzählt, da merkte jeder, daß er was zu sagen hatte. Und Wunder hat er getan und vielen geholfen. Diesen Mann Jesus haben die Obersten gefangennehmen lassen und ihn den Römern übergeben. Diese haben ihn tatsächlich zum Tode verurteilt, obwohl er nichts Böses getan hat. Sie haben ihn gekreuzigt."
Das alles erzählten sie dem Fremden.
„Und wir", so fuhr der eine fort, „wir hatten doch gehofft, er wird unser Volk erlösen. Endlich sollte es so werden, wie Gott es will."
„Nun sind schon drei Tage vergangen, seitdem das geschehen ist", sagte der andere. „Aber es wird noch merkwürdiger: Heute kamen Frauen zu uns, Frauen die auch zu Jesus gehörten. Sie erzählten, das Grab von Jesus sei leer. Sie wären früh, ganz zeitig, zum Grab gegangen, um den toten Jesus zu sehen. Aber er wäre nicht dagewesen. Stattdessen seien Engelsgestalten zu sehen gewesen. Die hätten gesagt: Jesus lebt. Einige von uns wollten sich überzeugen, ob das Grab wirklich leer sei. Tatsächlich fanden sie keinen toten Jesus dort. Was soll man dazu sagen?"
„Ja, was soll man dazu sagen?" sprach plötzlich der Fremde. „Ihr seid aber auch manchmal wie zugeschlossen, und ihr begreift nur langsam. Das ist doch nicht neu, daß Gerechte leiden müssen und daß Gottesmänner leiden müssen. Auch daß der Heiland der Welt leiden und sterben

muß, das haben die Propheten gesagt. Ihr könnt es in den Schriften nachlesen."

Der Fremde fing an, ihnen aus der Bibel zu erzählen und erinnerte sie an vieles, was sie schon gelesen und gehört, aber nicht so recht verstanden hatten. Da wurden die beiden ganz Ohr, und sie brannten darauf, immer mehr zu hören und immer besser zu verstehen.

Inzwischen waren sie in Emmaus angekommen. Der Fremde wollte sich verabschieden. Da dachten die beiden: Wenn wir nur nicht wieder in so große Traurigkeit versinken, wenn wir allein sind und wenn es finster wird. Und sie baten ihn: „Herr, bleibe bei uns, denn es will Abend werden und der Tag hat sich geneigt."

Der Fremde ging wirklich mit ihnen. Sie gingen in ein Haus. Vielleicht war es das Haus eines der beiden oder war es ein Gasthaus? Sie setzten sich zu dritt an den Tisch und wollten zu essen anfangen. Da nahm der Fremde das Brot, dankte Gott dafür und zerbrach es und teilte es mit den Zweien. Das hatten sie doch schon mal so erlebt. Das war kurz vor den schlimmen Ereignissen gewesen. Da hatte Jesus das Brot genommen und Gott gedankt und es unter Jüngern verteilt.

‚Heute ist es genauso', denken die beiden. ‚Wir sitzen heute wieder zusammen und einer teilt uns das Brot aus. Das ist Jesus. Er lebt. Wir sind nicht alleingelassen.' Sie schlossen die Augen vor Freude und Glück. Und als sie sie wieder öffneten, war er nicht mehr da. Aber die Freude und das Glück waren geblieben. Sie schauten sich an und sagen: „Haben wir es nicht gespürt? – Als uns der Fremde aus der Bibel erzählte, haben wir es nicht gespürt, daß wir nicht allein sind und daß Gottes Macht nicht zu Ende ist?"

Das konnten sie nicht für sich behalten.

Noch am selben Abend gingen, nein, liefen sie den Weg zurück. Sie kamen bei den anderen Freunden von Jesus an. Diese waren alle noch versammelt. Kaum wurde ihnen aufgemacht, da riefen sie schon: „Der Herr ist auferstanden." „Ja", riefen die anderen, „der Herr ist auferstanden und dem Petrus erschienen."

Was machte es da schon aus, daß es spät in der Nacht war! An Schafen mochte keiner denken, sondern sie erzählten und erzählten, von dem Weg und den Freunden und von dem Brot und wie sie Jesus erkannt hatten.

Und auch die anderen erzählten von Jesus, und jedem fiel etwas ein. Und beim gegenseitigen Erzählen wurden sie richtig froh.

Als sie sich nach einer Woche wieder trafen, erzählten sie es wieder und später auch. Sie erzählten von dem Weg, den sie gegangen sind. Und auf dem Weg war einer mit ihnen, den sie nicht erkannt hatten. Aber das war Jesus.

Gespräch und Spiel für ältere Kinder

Wir haben hier das Band mit Kurven und Knoten, diesen Weg. Wir überlegen: Wo sind Knoten in der Geschichte, die wir eben gehört haben? Wie muß das Band am Ende der Geschichte richtig liegen?

Nachspielen der Geschichte für jüngere Kinder

Die Kinder spielen die Geschichte nach und erzählen dazu.

Oder Kinder aus der Gruppe erzählen und die Personen der Geschichte werden pantomimisch dargestellt.

Lied: Herr, bleibe bei uns.

Gerhard Dulig, Moritzburg

26.4.1998 – Miserikordias Domini – Lukas 24,36–50

„Fangt an in Jerusalem, und seid dafür Zeugen"

Lieder: Herr, bleibe bei uns, EG 483, LJ 27, MKL 15
Jubilate Deo, EG 181.7, LJ 127
Meinem Gott gehört die Welt, EG 408, KGB 207, LJ 226
Alles muß klein beginnen, MKL 155, LfK 2 123, LJ 474

Liturgischer Text: Ostern, s. S. 72

Zum Text

V. 36–43
Während die Emmaus-Jünger den Auferstandenen verkündigen, kommt er plötzlich selbst. Sein Friedensgruß löst Furcht aus: Ist er ein Trugbild? Nein, er zeigt Hände und Füße mit den Nägelmalen seines Todesleidens. Die Jünger sollen Jesus wiedererkennen und als Auferstandenen „begreifen". So wirklich ist er, daß er vor ihnen ißt. Damit vertritt Lukas eine andere Vorstellung als z. B. Paulus in 1Kor 15,35–53. Für die Gemeinde, für die Lukas das aufschreibt, war sie aber so am deutlichsten, auch gegenüber „Auferstehungsgegnern".
V. 44–49
Die Jünger müssen begreifen, daß die Schrift, das Alte Testament, auch von Jesus redet. Die Sehnsucht der Menschen und die Verheißungen Gottes sind in Jesus erfüllt. Was Jesus gesagt, getan und gelitten hat, ist mit Hilfe der Schrift zu begreifen als Gottes Heilsgeschichte mit der Welt. Damit wird jüdischen Lesern klar gemacht: Das Leiden und Sterben Jesu ist kein Scheitern eines religiösen Hochstaplers, sondern es gehört zum Glaubensgehorsam des Gottessohnes. Die Schrift ist Voraussetzung für das Begreifen der Auferstehung Jesu. Und sie ist Grundlage für die Verkündigung. Der Auferstandene setzt die schon im Alten Testament begonnene Geschichte Gottes mit den Menschen fort: Er bringt sie auf einen anderen, einen neuen Weg (Buße, Umkehr, V. 47) und nimmt sie in den Bund mit Gott hinein (Vergebung der Sünde).

Daß der Auferstandene selbst durch das Zeugnis seiner Gemeinde wirkt, wird sie an der Kraft des Heiligen Geistes spüren.
V. 50
Die Jünger begreifen, daß die Auferstehungsbotschaft nicht nur dazu dient, die schreckliche Vergangenheit und traurige Gegenwart zu bewältigen, sondern daß sie wegweisend für die Zukunft sein soll. Der Segen ist der Zuspruch der Gegenwart Gottes für die Zukunft, in der die Jünger Jesu Sieg über den Tod und den neuen Weg (Buße) des Glaubens verkündigen werden.

Der Text und die Kinder

Kindern wie Erwachsenen wird mit der „leiblichen" Auferstehung Jesu viel zugemutet. Letztendlich ist es aber mit allen Auferstehungsgeschichten so, also trauen wir uns nur heran! Kinder kennen Leid, Enttäuschung, Durchkreuzen eigener Pläne und Wünsche, Trauer, Zweifel, Verändertwerden, und gerade Ostergeschichten können helfen, im vertrauenden Glauben nach Antworten für eigene Fragen zu suchen.
Kindern dürften die Fragen um das Verstehen des Alten Testamentes weniger bedeutungsvoll sein. Wir legen die Schwerpunkte auf
– Begreifen: Jesus lebt, er ist uns nahe.
– Segen: Jesus lebt, er geht mit uns, wenn wir seine Zeugen sind.
Deshalb sollte im Gottesdienst der Schlußsegen betont werden.
Älteren Kindern sollten wir das Glaubens-

zeugnis bewußt machen! Die Geschichte lebt besonders dadurch, daß Christus selbst und im Verweis auf Gottes Wort den Zweifeln begegnet. Irdisches, ja Zerstörtes läßt das neue Leben in sich sichtbar werden.

Jüngeren Kindern sollte die Geschichte einfach erzählt werden.

Im Text lesen wir von starken Gefühlen, die auch ein Schlüssel zum Verstehen sein können: großes Erschrecken, Furcht und eine unglaubliche Freude, Zweifel, Wiedererkennen und Staunen überlagern die große Trauer, in der sich die Jünger versammelt hatten. Der Auferstandene reagiert zuerst mit ärgerlichem Unverständnis über sie. Er kommt ihnen nahe. Sie nehmen ihn an, bis ins Innerste verändert.

Gestaltungsvorschlag für Kinder und Erwachsene

Vor dem Gottesdienst verteilen wir Frühlingsblumen (Osterglocken).

Begrüßung

Wir wurden mit Frühlingsblumen begrüßt, Zeichen des Lebens und der Hoffnung. Wir leben in der Osterzeit. Christus ist auferstanden! Er hat den Tod besiegt und will uns nahekommen. Deshalb feiern wir heute zusammen diesen Gottesdienst.

Besinnung

Kind:
Manchmal gibt es Tage, da will mir nichts gelingen. Dann bin ich traurig und enttäuscht und wünsche mir einen, der zu mir steht. Wer gibt mir neuen Mut?

Erwachsener:
Mein Leben ist oft in Zwängen, und es scheint so, als wenn ich nichts ändern könnte. Das schmerzt mich. Wie gerne würde ich neue Wege gehen. Wer gibt mir neuen Mut?

Kind:
Es gibt viele Menschen, die sehr krank sind und auch sterben müssen. Wenn ich an sie denke, tun sie mir leid. Dann frage ich: Wer gibt ihnen und auch mir neuen Mut?

Erwachsener:
Jesus sagt: „Friede sei mit euch!" und: „Den Frieden lasse ich euch, meinen Frieden gebe ich euch. Nicht gebe ich euch, wie die Welt gibt." (Joh 14,27a)
Du gibst uns neues Leben, Christus. Du gibst uns neuen Mut. Wir wollen Dir vertrauen und mit Dir Wege suchen.

● Erzählung

Wir Jünger hatten Schreckliches erlebt. Jesus war gekreuzigt worden. Es ging uns schlecht. Wir hatten so viele Hoffnungen auf ihn gesetzt, und nun war er tot. Wir waren in einer vollkommen trostlosen Situation. Viele von uns trauerten sehr, und alle waren enttäuscht und mutlos.

In dem Haus in Jerusalem saßen wir, in dem wir schon öfter zusammengekommen waren. Da kamen zwei Männer, die wir schon längst abgeschrieben hatten, weil sie einfach von uns in Jerusalem fortgegangen waren: Kleopas und sein Freund. Sie waren aufgeregt und redeten durcheinander. Sie sagten, Jesus sei ihnen begegnet, auf ihrem Weg nach Emmaus.

(Emmaus-Geschichte vom vorigen Sonntag wiederholen ...)

Das konnte doch nicht sein! Sie sagten, er sei auferstanden und hätte mit ihnen lange geredet. Wie sollte wohl ein Toter reden können? Er sei mit ihnen den Weg gegangen und hätte ihnen aus dem Alten Testament erzählt, von Mose und den Propheten und all dem und hätte es gedeutet, auf sich selbst gedeutet. Und abends hätten sie erst gemerkt, daß er es selbst gewesen sei, Jesus selbst! So etwas! Es klang total unglaubwürdig.

Aber dann kam es: Sie redeten noch davon, als er plötzlich dastand. Auf einmal! Bei uns! Mitten unter uns! „Friede sei mit Euch!" Den alten Gruß sagte er. Aber wir erschraken so sehr, daß wir zurückwichen vor ihm. Wir hielten ihn für einen Geist. Und doch war es seine Stimme! Und er sah uns an, wie wir ihn kannten. Er sagte: „Was seid ihr so verwirrt? Warum denkt ihr, ich sei ein Geist? Seht mich doch an!" „Wir sahen ihn an. Keiner wagte sich zu rühren. Ja, es war sein Gesicht, seine Stimme und auch die Wunden von der Kreuzigung waren an seinen Händen und Füßen. „Faßt mich doch an – einen Geist kann man doch nicht anfassen", sagte er. Aber das wollte niemand von uns. Wir waren viel zu erschrocken.

Er redete weiter, und wir merkten plötzlich, daß er auf uns zukam. Wir konnten nicht an ihm vorbei. Er wollte, daß wir ihn annehmen, jeder einzelne von uns. Er suchte nach einer Möglichkeit, sich uns verständlich zu machen, aber wir waren verwirrt. Und doch brach eine große Freude in uns allen auf! Er war tot, doch nun sahen wir, daß er lebte!

Einige zweifelten noch, da sagte er: „Habt ihr etwas zu essen?" Etwas zu essen! Er wollte von uns etwas haben! Wir sollten ihm von unseren Lebens-Mitteln geben! Etwas zu essen! Auf so eine Idee konnte nur Jesus kommen! Er hatte oft mit uns gegessen, mit uns und anderen. Wir fühlten uns ihm dann besonders nahe. Er stellte wie kein anderer Gemeinschaft und Nähe beim Essen her.

Jetzt wollte er bei uns essen. Wir hatten gebratenen Fisch, und er aß ihn. Und dann redete er zu uns, um noch deutlicher zu werden. Viele erinnerten sich dabei an seine Worte von früher. Er sagte. „In den alten Schriften steht es: Der Christus wird leiden und am dritten Tag von den Toten auferstehen. Es wird hier in Jerusalem anfangen – jetzt geschieht dieser Anfang! Ihr seid dafür Zeugen! Die Umkehr zur Vergebung der Sünden soll unter allen Völkern anfangen. Und ihr seid meine Zeugen. Bleibt hier noch so lange, bis ihr den Heiligen Geist empfangen habt!"

Und dann ging er mit uns hinaus nach Betanien und segnete uns dort.

Und wir wurden zu seinen Zeugen. Wir zweifelten nicht mehr, daß er es war, denn er kam auf uns zu, sprach uns ganz tief innen an und redete mit uns. Er fand so einen Weg, daß wir ihn erkennen konnten. Logisch erklärbar wurde dieses Erlebnis nie, es war ein Wunder. Wenn wir es erzählen, glauben uns viele nicht. Und doch hat sich für uns seitdem alles verändert.

Stille

Lied: Jubilate Deo oder ein Osterlied (Hier trennen sich Kinder und Erwachsene)

Predigt

Gestaltungsvorschlag für jüngere und ältere Kinder

Erkennungs- oder Suchspiele

– *Goofie:* Wir schließen die Augen und gehen vorsichtig mit vorgestreckten Armen durch den Raum. Berühren wir mit unseren Händen andere, fragen wir: „Goofie?" Wenn als Antwort wiederum die Frage „Goofie?" kommt, war es nichts; wir drehen vorsichtig ab und suchen weiter. Wenn aber keine Antwort kommt, haben wir Goofie erreicht. Wir müssen jetzt nur noch eine freie Hand von Goofie packen. Aber … Wir sind ja nicht unbedingt als erster oder erste bei Goofie gelandet. Also heißt es nun, sich über alle Mitspielenden, die schon an Goofie angeschlossen sind, hinwegzutasten bis zu einer freien Hand. Erst dann dürfen wir unsere Augen öffnen. (Hajo Bücken, Das große Spielbuch, Freiburg)

Wir tauschen uns über die Empfindungen aus: Wen haben wir erkannt und woran? Wie ging es uns dabei?

– *Puzzle:* Man kann von einer Christus-Ikone (Erlöser) ein Puzzle herstellen lassen („Bild vom Bild", dann das Puzzle, das kostet je nach Größe 35,– bis 45,– DM). Wir setzen es mit den Kindern zusammen, ohne daß sie vorher wissen, was es wird. Die Erkenntnis der Jünger entstand auch erst nach und nach.

Segenshandlung

„Der Segen sagt Gottes Begleitung zu: Gott behütet dich. Er geht mit dir und bleibt bei dir. Gott wendet sich dir zu, und du bist bei ihm angesehen. Der Segen erinnert an Gottes Verläßlichkeit. Er verspricht Gottes Nähe auch in leidvollen Erfahrungen. … Segen wirkt sich im Leben aus; er ist mit Händen zu greifen: Die

Fruchtbarkeit der Erde, von Mensch und Tier, das Gelingen einer Beziehung, der Erfolg einer Arbeit, auch der Wohlstand gehört zum Segen Gottes: Kinder sind ein Segen Gottes, und Menschen können einander zum Segen werden. ... Gott ist unverfügbar. Sein Segen will empfangen, gehört, geglaubt werden." (EG 899)

„Wer segnet, legt dem Kind, der Partnerin, dem Partner oder einem anderen Menschen die Hand auf den Kopf, auf die Schulter oder drückt die Hand und spricht ein Segenswort. Es gibt viele zärtliche Gesten, die Zuwendung ausdrücken. Das Segenswort kann kurz sein: „Gott segne dich" oder mit einem Wunsch verbunden, flüchtig oder ausdrücklich, leise oder bestimmt, manchmal unhörbar." (EG 901)

Der Herr
voller Liebe wie eine Mutter und gut wie ein Vater, er
segne dich
er lasse dein Leben gedeihen,
er lasse deine Hoffnung erblühen,
er lasse deine Früchte reifen.
Der Herr behüte dich
er umarme dich in deiner Angst,
er stelle sich vor dich in deiner Not.

Der Herr lasse leuchten sein Angesicht über dir
wie ein zärtlicher Blick erwärmt,
so überwinde er bei dir,
was erstarrt ist.
Er sei dir gnädig
wenn Schuld dich drückt,
dann lasse er dich aufatmen
und mache dich frei.
Der Herr erhebe sein Angesicht über dich
er sehe dein Leid, er tröste und heile dich.
Er gebe dir Frieden
das Wohl des Leibes, das Heil der Seele,
die Zukunft deinen Kindern.
Georg Kugler, EG 902

Gespräch und Bilder malen

Welcher Teil des Spruches gefällt euch am besten? Warum?
Die Kinder können zu einzelnen Aussagen des Spruches Bilder malen und sie mit in den Gottesdienst nehmen. Die Bilder können aber auch schon vorher vorbereitet werden, z. B. in der Christenlehre.

Dorothea Pape, Staven

VI Die Schöpfung
Und siehe, es war sehr gut

Lied: Erd und Himmel sollen singen, EG 499, LJ 288, MKL 44
Liturgischer Text: Psalm 48, s. u.

Sonntag	Text/Thema	Art der Zusammenkunft Methoden und Mittel
3.5.1998 Jubilate	1. Mose 1,1–5 * Wie Gott seine Schöpfung ins Licht bringt	Gottesdienst mit Kindern Erzählung mit Bildern, Zettel in Blumen-, Schmetterlings- und Sonnenform, Stifte
10.5.1998 Kantate	1. Mose 1,6–26 * Wie Gottes Geschöpfe aussehen	Gottesdienst mit Kindern Lesung oder Erzählung, Spiel: Karaffe, Trinkgläser, Wasser, dunkelblaue Bänder, Kreppapier zum Verkleiden und Blumen basteln, Blumentöpfe, Erde, Pflanzen, frische Blumen, Körbchen mit Früchten
17.5.1998 Rogate	1. Mose 1,27–2,4a * Wie die Menschen Gottes Geschöpfe ansehen sollen	Gottesdienst mit Kindern Erzählung, Baum pflanzen, Tiere füttern, Früchte essen, Gebet, Segen

Für die drei Sonntage

Zum biblischen Text 1. Mose 1,1 – 2,4a

Der Text enthält ein Bekenntnis zu dem Gott Israels als dem Schöpfer des Himmels und der Erde (1 Mose 1,1). Wir haben es nicht mit einer Erklärung der Weltentstehung nach heutigem Verständnis zu tun, sondern hier bleiben Menschen staunend stehen vor dem Geheimnis der Schöpfung. Als angemessene Form ihres Bekenntnisses wählen sie das Loblied auf die Größe des Schöpfers. Der Kehrvers heißt: „Und Gott sah, daß es gut war". Dieses lobende Bekenntnis entfaltet sich zunächst in der Aussage „Und Gott sprach: Es werde Licht! Und es ward Licht" (V 3). Es fällt auf, daß die Erschaffung des Lichtes am ersten Schöpfungstag gegenüber den „Lichtern" des vierten Tages eine besondere, hervorragende Qualität besitzt. Bevor Himmel und Erde mit den dazugehörigen Geschöpfen geschaffen werden, muß das Licht dasein. Gott will seine Schöpfung gleichsam ins Licht setzen und sie so als „gutes", d. h. hier zweckmäßiges und seinem Willen entsprechendes Schöpfungswerk erkennbar machen.

Das Schöpfungsbekenntnis sagt: Im Lichte Gottes spielen die einzelnen Geschöpfe ihre von Gott bestimmte Rolle: Pflanzen und Bäume sollen Samen und Früchte bringen (V 11). Sonne, Mond und Sterne haben in Abgrenzung zum Verständnis anderer Religionen nur dienende Funktion. Sie sind einzig dazu da, um Tag und Nacht und die Jahreszeiten anzuzeigen (V 14–18). Fische und Vögel sollen sich kraft des Segens Gottes vermehren. Landtiere und Menschen werden am selben Schöpfungstag erschaffen, sie sind in besonderer Weise aufeinander angewiesen. Wie werden die Menschen mit den Tieren und deren Rolle umgehen? Gott sagt: „Herrschet" über sie (V 26.28). Aber diese Herrschaft ist nicht willkürlich; denn „Gott schuf den Menschen zu seinem Bilde" (V 27). Das heißt: Der Mensch soll dem guten Willen Gottes entsprechen und darin sein Abbild sein. Der Mensch bekommt eine Aufgabe, er hat für Gottes Schöpfung Verantwortung zu übernehmen. „Herrschen", sich die Erde „untertan machen" (V 28) sind Umschreibungen für das verantwortliche Tun des Menschen, das unter dem Segen Gottes steht (V 28).

Gott „vollendete" sein Schöpfungswerk mit dem „siebenten Tag" (V 2). „Vollenden" heißt: Was Gott geschaffen hat, das ist fertig, man kann und darf nichts mehr verändern, alles ist „sehr gut" (V 31). Am siebenten Tag „ruhte" Gott von seinen Werken (V 2.3). Es klingt der Sabbat als Ruhetag an (vgl. 2. Mose 20,8–11). Gott erklärt den Ruhetag für „heilig", er macht ihn zu einem besonderen Tag, zu einem Feiertag. Durch ihn sollen die Menschen erfahren, daß ihr Leben und ihre Geschichte sich nicht erschöpfen in dem „seid fruchtbar...", auch nicht im „herrschet" über die übrigen Geschöpfe. Deshalb „segnete" Gott diesen Tag (V 3). Die Menschen können aus ihm Kraft schöpfen, Segenskraft, die ihr Leben fördert und ihr Dasein bereichert und erfüllt.

Der Text und die Kinder

Auf den ersten Blick scheint die Schöpfungserzählung vom „Paradies" in 1Mose 2,4b ff. für Kinder geeigneter zu sein als dieses Schöpfungsbekenntnis mit seiner knappen Schilderung der Schöpfungstage.

Doch bei genauerem Hinsehen enthält gerade dieser Text eine wichtige Botschaft auch für Kinder:

Dieses „Loblied auf den Schöpfer" führt eine Welt vor Augen, die das Prädikat „sehr gut" trägt und deshalb Grund zur Freude und zum Staunen gibt. Kinder können sich an Himmel und Erde unbefangener und natürlicher freuen als Erwachsene. Sie können vielleicht auch tiefer staunen. Sie sind in vielerlei Hinsicht näher dran. Andererseits wird das zunächst makellose Bild einer harmonischen und intakten Natur und Welt schnell getrübt, ja verwischt durch entsprechende Informationen etwa im Fernsehen oder durch eigene Erfahrungen. Wo es gelingt, den Text erlebbar ins Spiel zu bringen, werden auch die Kinder diese Welt als Gottes gute Schöpfung entdecken und möglicherweise von diesem Standpunkt aus neu sehen.

Das „Loblied auf den Schöpfer" zeigt gerade mit der Aufzählung der einzelnen Geschöpfe deren Vielfalt und besonderen Platz innerhalb der Schöpfung. Kinder lieben die Natur, sie lieben Tiere. Doch wir beobachten auch, daß sie, wenn sie größer werden, ihre Aggressionen oft an den kleinen Geschöpfen auslassen: sie zertreten Gras und Blumen, sie quälen Würmer, Fliegen, junge Vögel u. a. Das Schöpfungslied kann den Kindern helfen, die einzelnen Geschöpfe besser wahrzunehmen und sie mehr achten zu lernen.

Das „Loblied auf den Schöpfer" zeigt auch, daß die Menschen eine besondere, hervorgehobene Rolle innerhalb der Schöpfung nach dem Willen Gottes spielen sollen. Sie haben die Aufgabe, die Schöpfung zu bewahren und die Geschöpfe zu beschützen. Negative Erfahrungen wie Umweltverschmutzung und deren Folgen oder wie der Mißbrauch von Tieren können Kinder in Angst und Ohnmacht versetzen. Dies kann zu einer gleichgültigen Haltung führen. Hier kann der gottesdienstliche Umgang mit der Schöpfungsgeschichte eine neue Sicht vermitteln und das Verantwortungsgefühl gegenüber der Schöpfung aufbauen helfen.

Zur Liturgie

Lied zum Anfang: Ich singe dir mit Herz und Mund

Psalm (nach Psalm 148)
mit gesungenem Kehrvers

Lobet den Herrn, klatscht in die Hände,
tanzt nun und jubelt, singt seine Lieder!

Lo-bet den Herren, klatscht in die Hände, tanzt nun und jubelt, singt seine Lie-der.

Text: Martin Schomaker – Melodie: Winfried Heurich
(c) bei den Autoren

Harmoniefolge: F C //

aus: Mein Kanonbuch Nr. 291
tvd-Verlag, Düsseldorf

Lobt ihn, ihr Engel!
Lobt ihn, Sonne und Mond!
Lobt ihn, ihr leuchtenden Sterne!
Denn Gott hat euch geschaffen.
Er läßt euch bestehen.

Lobt ihn, ihr Fische in den Tiefen der Meere!
Lobt ihn, Feuer, Hagel, Schnee und Regen!
Lobt ihn, ihr Berge und Hügel!
Denn Gott hat euch geschaffen.
Er gebietet über euch.

Lobt ihn, ihr Tiere und alles Vieh!
Lobt ihn, ihr Würmer und Vögel!
Lobt ihn, ihr Menschen alle, groß und klein!
Denn Gott hat euch geschaffen.
Er schenkt euch das Leben.

Lobet den Herrn, klatscht in die Hände,
tanzt nun und jubelt, singt seine Lieder!

(Aus: Gottesdienste mit Kindern, Arbeitshilfe, Hg. v. LKA der Ev. Kirche von Kurhessen-Waldeck, 1992, Ergänzung, Nr. 27)

Gebet zum Anfang

Gott.
Du hast uns Ohren gegeben.
Wir können deine Geschichten hören.

Du hast uns Augen gegeben.
Wir können deine Schöpfung anschauen.

Du hast uns Hände gegeben.
Wir können deinen Willen tun.

Hilf, daß unsere Ohren,
unsere Augen und Hände
jetzt ganz gespannt sind.
Amen.

Schlußlied: Segne uns mit der Weite des Himmels, LJ 416, LfK 1 B 48, LZU I 79, MGR 80

Werner Pohl, Idar-Oberstein

3.5.1998 – Jubilate – 1. Mose 1,1–5

Wie Gott seine Schöpfung ins Licht bringt

Lieder: *Erd und Himmel sollen singen, EG 499, LJ 288, Lf K 1 B 17, MKL 44*
Gäbe es kein Licht, LfK A 7, s. u.
Laudato si, EG 515, MKL 58, LfK 2,124, LJ 307

Liturgische Texte: S. o. „Für die drei Sonntage"

Zum Gottesdienst

In diesem Gottesdienst möchte ich mit den Kindern diese Welt im „Licht Gottes" erkennen. Dabei soll deutlich werden: Wir leben in einer guten und zueinander passenden Schöpfung. Aber auch das im Text weniger im Vordergrund stehende ästhetische Moment der schönen Welt soll hier betont werden. Ich wünsche mir, daß wir zusammen mit den Kindern das Staunen über Gottes Schöpfung lernen.

Im Blick auf die Überschrift „Wie Gott seine Schöpfung ins Licht bringt" wähle ich die Arbeit mit „Lichtbildern". Ich schlage die Dia-Projektion vor. Besonders geeignet und gut zu beschaffen ist die Dia-Serie mit 12 Bildern zum Bilderbuch „Gott erschafft die Welt" von Kees de Kort (Deutsche Bibelgesellschaft, Balinger Straße 31, 70567 Stuttgart). Selbst wenn die Kinder diese Serie schon kennen, bekommen die Bilder in unserem Zusammenhang eine neue, phantasieanregende Aussage. Übrigens, diese einfachen und sehr schönen Bilder werden auch von älteren Kindern noch gern angeschaut! Als Eingangsbild zum Element „Licht" empfehle ich, ein Dia mit gelb-orange getöntem Glas und mit der Aufschrift „Es werde Licht!" anzufertigen. (Der Kindergarten kann dabei behilflich sein.)

Vorgefertigt werden Zettel in Form von Blumen, Schmetterlingen und Sonne entsprechend Bild Nr. 12, s. o.)

Die Bild-Erzählung, die anschließende Aktion „Staunen über Gottes Schöpfung" und die vorgeschlagenen Lieder bilden eine Einheit. So läßt sich nach meiner Erfahrung das Anliegen des Sonntags wirksam in das Leben der Kinder einbringen.

Gestaltungsvorschlag

Lied: Erd und Himmel sollen singen, Str. 1–3

Einstieg

Wir haben ein schönes Lied gesungen. Wir haben mitgesungen und mitgelobt mit Erde und Himmel, mit Sonne, Mond und Sternen und mit allen Geschöpfen, die auf der Erde leben. Wir haben es getan, weil wir uns freuen, daß Gott sie alle erschaffen hat. In der Bibel ganz am Anfang steht auch so ein Loblied auf den Schöpfer. Davon hören wir heute und an den beiden folgenden Sonntagen.

Erzählung mit Bildern

(Die Nummerierung der Bilder ist nicht identisch mit den Nummern der Diaserie.)

1. Bild: Es werde Licht!

Wir wissen aus Büchern und aus dem Fernsehen, wie Himmel und Erde wahrscheinlich entstanden sind. So wissen wir auch, woher für unsere Welt das Licht kommt, natürlich von der Sonne. Die Sonne macht, daß Menschen, Tiere und Pflanzen auf der Erde leben können. Das wissen wir alles. Das Schöpfungslied aus der Bibel erzählt noch mehr. Da hören wir: Am Anfang schuf Gott Himmel und Erde. Gott hatte beschlossen: „Ich will eine gute Welt machen. Alles darin soll zueinander passen. Und alles soll schön aussehen. Die Menschen sollen sich über diese Welt freuen." Da ließ sich Gott etwas ganz Besonderes einfallen. Er sagte: „Zuerst will ich das Licht machen. Alles, was danach kommt, soll in diesem Licht erscheinen. Und Gott sprach: „Es werde Licht!". Und so geschah es. Über der Erde wurde es ganz hell. Es war Licht von Gott. Es war das Licht, das alles Dunkle verdrängt und vertreibt. Es strahlte heller als die Sonne. Später haben die Menschen erkannt: Dieses Licht von Gott ist immer da, auch in der Nacht. Es kann sogar die Dunkelheit vertreiben, die durch das Böse und durch Unglück und auch durch den Tod in die Welt kommt. In diesem Licht wollen wir die Geschöpfe sehen, die Gott gemacht hat.

2. Bild: Der blaue Himmel

Da ist der blaue Himmel! Man kann ihn nur am Tag sehen. Erst das Licht macht, daß es ein strahlendes, fröhliches Blau wird. Manchmal ist der Himmel verhangen mit grauen Wolken. Dann ist vom schönen Blau nichts mehr zu sehen. Dann wünsche ich mir wieder den blauen Himmel. Wenn eines Tages endlich die Wolkendecke aufreißt und es wieder hell wird, dann sieht plötzlich auch die Erde freundlich aus und die Menschen fühlen sich besser. Es gibt auch weiße lustige Wolken wie auf diesem Bild. Sie segeln über den blauen Himmel wie große Schiffe. Sie schützen die Menschen vor gefährlichen Sonnenstrahlen. Gott hat den blauen Himmel gemacht, damit wir aufatmen können und Freude haben.

3. Bild: Meer und Land

Da ist das große Meer. Da ist das Wasser. Es erinnert an das Wasser aus den Quellen, in den Flüssen und Seen. Es ist erfrischend, wenn wir im sauberen Wasser baden können oder wenn wir gutes Wasser zum Trinken haben. In der Wüste, wo ganz selten eine Wasserquelle vorkommt, sagen die Menschen: Wasser ist wie Leben. – Und da ist das Land. Wer „an Land geht", der hat festen Boden unter den Füßen, der fühlt sich sicher. Da können wir stehen, laufen und springen. Auf festem Land kann man Häuser bauen und Gärten anlegen. Auf den Feldern wachsen Früchte zum Ernten und zum Genießen. Gott hat das Wasser und das feste, fruchtbare Land gemacht, damit wir davon leben können.

4. Bild: Blumen und Bäume

Wir sehen Blumen, große und kleine, weiße, rote, gelbe. Sie wachsen zusammen
mit dem Gras und den vielen Kräutern. Ich
mag besonders die Blumen auf der Wiese,
und ich sehe gern den Schmetterlingen zu,
wenn sie zwischen den Blumen hin und
her flattern. – Und Bäume sind zu sehen,
mit dicken Stämmen und großen Kronen.
Sie spenden Schatten und laden Kinder
zum Klettern ein. Wir wissen, wenn zu viele
Bäume vernichtet werden, wird die Luft
krank, wird alles krank, was atmen muß.
Gott hat die Blumen und die Bäume gemacht, damit wir eine bunte und gesunde
Welt haben können.

5. Bild: Die Sonne

Die Sonne! Sie strahlt im hellen Glanz. Gott
hat ihr eine Aufgabe gegeben. Sie ist das
Licht, das am Tag leuchtet. Sie begleitet
Gottes Geschöpfe durch die Zeit, durch
Tage, Wochen, Monate und Jahre. Die
Sonne ist für mich ein schönes Bild, ein
Bild für das Licht, das Gott am Anfang er-
schuf. Die Sonne erinnert mich an dieses
Licht und macht mir Hoffnung. Gott hat die
Sonne gemacht, damit wir in dieser Welt
unseren Weg finden.

6. Bild: Mond und Sterne

Eine Aufgabe haben auch Mond und Sterne. Am Abend steht der Mond am Himmel
und leuchtet hell. Und viele Sterne funkeln
in der Nacht. Wie mich am Tag der blaue
Himmel froh macht, so kann mich der klare
Nachthimmel begeistern. Ich kann mich
manchmal gar nicht sattsehen an so viel
Schönheit. Ich hätte Lust, eine Sternwarte
zu besuchen und durchs große Fernrohr
zu schauen. Ich denke, Gott hat den Mond
und die Sterne gemacht, damit wir viel
zum Staunen haben.

7. Bild: Die Fische

Das Wasser wimmelt von Fischen. Große und kleine Fische. Unzählige. Man sieht es ihnen an, im guten, klaren Wasser fühlen sie sich richtig wohl. Sie schwimmen kreuz und quer. Sie springen in die Luft. Fische im Wasser – es macht Spaß, ihnen zuzuschauen.

8. Bild: Die Vögel

Ein ganzer Vogelschwarm! Ich höre richtig, wie sie krächzen und mit den langen Schnäbeln klappern. Sie vertreten hier wohl all die vielen Vögel, die Gott geschaffen hat. Vögel in allen Farben und mit vielen wunderschönen Stimmen. Ich sehe die Vögel in der Luft und wünsche mir manchmal, zu fliegen und zu singen wie sie.

9. Bild: Die Landtiere

Da ist das große Nashorn, da ist der kleine Hase und der noch kleinere Igel. Sie gehören zu einer großen Familie, zur Familie der Tiere, die auf dem Land leben, auf den Feldern und im Wald und in der Wüste. Riesige und winzige Tiere, schnelle und langsame. Mit den Vögeln und den Fischen hat Gott sie an unsere Seite gestellt. Wir sollen in ihnen unsere Schwestern und unsere Brüder erkennen und mit ihnen in Frieden leben.

10. Bild: Die Menschen

Zuletzt hat Gott die Menschen gemacht. Da sitzen sie mitten im Garten. Da leben sie im Licht von Gott. Sie freuen sich über die Welt, in der sie leben. Sie freuen sich, daß sie zueinander gehören. Einer ist für den anderen da. Sie gefallen sich gegenseitig. Sie schauen und staunen, was Gott alles geschaffen hat. Sie loben den Schöpfer.

Lied:  **Gäbe es kein Licht**

1. Gä - be es kein Licht, gäb's die Er - de nicht.
We-der Son-ne noch Ster-ne, noch den Mond in der Fer-ne. Al-le Ta-ge, al-le Jah-re gab es nicht. Gä-be es kein Licht?

2. Gä-be es kein Licht, gäb's die Er - de nicht.
kei-ne Blu-men und Bäu-me, we-der Lie-der noch Träu-me. Und die Men-schen und die Tie - re

gäb es nicht . Gä-be es kein Licht .

3. Dan-ke für das Licht ? Dan-ke für das Licht ?

Du hast Licht uns ge-ge-ben, mit dem Licht un-

- ser Le-ben. Hörst du, Gott, was zu dir dei-ne

Schöp-fung spricht: Danke für das Licht .

Text: Rolf Krenzer / Musik: Detlev Jöcker
Aus: MC und Liedheft „Licht auf meinem Weg"
Rechte: Menschenkinder Verlag, 48157 Münster

Staunen über Gottes Schöpfung

Wir staunen mit den ersten Menschen über das, was Gott geschaffen hat. Dazu schauen wir uns um in der Welt, die uns umgibt, mit der wir täglich zu tun haben. Vieles übersehen wir, weil es so klein und unscheinbar ist.

Ausgangspunkt ist das Bild Nr. 12 aus der Dia-Serie „Gott erschafft die Welt" (siehe oben!). Der dazugehörige Text im Bilderbuch heißt: „Gott sah alles an, was er erschaffen hatte. Und er sah: Es war alles sehr gut."

Auf die vorgefertigten Zettel (s. o.) schreiben oder malen die Kinder, was ihnen an der Natur besonders gefällt, auch was man entdeckt, wenn man ganz genau hinschaut (Vergrößerungsglas). Die Zettel werden im Plenum um das an die Wand projizierte Dia herum angeheftet. Wo eine Projektion nicht möglich ist, sollte das Bild vorher auf Plakatkarton vergrößert übertragen und ausgemalt werden. – Im Halbkreis vor dem Gesamtbild stehend schauen wir uns die gefertigten Bilder an und lesen die Aufschriften vor.

Lied: Laudato si, Str. 1–6

Werner Pohl, Idar Oberstein

10.5.1998 – Kantate –1. Mose 1,6–26

Wie Gottes Geschöpfe aussehen

Lieder: Erd und Himmel sollen singen, EG 499, LJ 288, MKL 44
Geh aus, mein Herz, und suche Freud, EG 503, LJ 294, KGB 174, MKL 46
Der Himmel geht über allen auf, LJ 364, MKL 7, LfK 1, B 19, MK 207
Alles, was Odem hat, 111 KL 106, LJ 476, LfK 2, 125
Du hast uns deine Welt geschenkt, LJ 502, LfK 1 C 8, MGR 28

Liturgische Texte: S. o. „Für die drei Sonntage"

Zum Gottesdienst

An diesem Sonntag möchte ich mit den Kindern die Geschöpfe in ihrer Vielfalt und in ihrer Besonderheit wahrnehmen und erleben. Dies kann natürlich nur exemplarisch geschehen. Dazu wähle ich die biblischen Beispiele, wie sie schon am ersten Sonntag vor Augen standen. Andere Geschöpfe erleben, das kann am besten gelingen, wenn wir versuchen, uns möglichst mit ihnen zu identifizieren.

Zunächst sollte noch einmal, auch im Blick auf neue Kinder, 1Mose 1,1–27 erzählt oder vorgelesen werden. Ich schlage den gut verständlichen Text aus „Die Gute Nachricht" vor. Für jüngere Kinder eignet sich besonders die „Neukirchener Kinder-Bibel" von Irmgard Weth.

Danach spielen wir das Schöpfungsspiel. Einzelne oder mehrere Kinder stellen ein bestimmtes „Geschöpf" (entsprechend den Bildern des Vorsonntags) dar. Es fällt Kindern leicht, sich kraft ihrer Phantasie in die Rolle einer Blume oder eines Vogels zu versetzen. Dazu verkleiden sie sich, was Kinder besonders gern tun. Charakteristische Merkmale für ein betreffendes Geschöpf, wie etwa die Früchte für den Obstbaum, gehören dazu. Um alle aktiv in das Spiel einzubeziehen, laden die Darsteller jeweils zu einer Aktion ein. Verkleidung und Aktionen sollten in getrennten Gruppen vorbereitet werden, damit das Spiel nachher im Plenum einen gewissen Spannungseffekt hat. Bei kleiner Teilnehmerzahl kann eine Auswahl der darzustellenden „Geschöpfe" getroffen werden.

Gestaltungsvorschlag

Lied: Erd und Himmel sollen singen, Str. 1–3

Einleitung

Am vorigen Sonntag haben wir die Schöpfungsgeschichte in Bildern kennengelernt. Heute lese ich sie vor/erzähle ich sie, wie sie in der Bibel steht. Als diese Geschichte aufgeschrieben wurde, konnten die Menschen noch nicht wissen, wie die Welt entstanden ist. Alles wissen wir auch heute noch nicht. Wir nehmen aber an, daß es wahrscheinlich Milliarden von Jahren gedauert hat, bis die Welt und unsere Erde so geworden sind, wie wir sie kennen. Die Geschichte in der Bibel ist mehr als ein Bericht über die Entstehung der Welt. Sie ist wie ein Lied, das den Schöpfer lobt. Sie sagt: Seht, ihr Menschen, so gut hat Gott die Welt gemacht. Dieses Loblied auf den Schöpfer hat mehrere Strophen. Jede Strophe erzählt von einem bestimmten Schöpfungstag. Hört dieses Lied:

Erzählung oder Lesung (s. o.)

Schöpfungsspiel (s. o.)

1. Der blaue Himmel

– Vorbereitung
Zur Verkleidung: Kleid aus hellblauem Kreppapier. Für die „Wolken" Besatz aus weißem Krepp.
Zur Aktion: „Himmels"-Polonäse. Mindestens zwei Kinder denken sich den Weg aus und führen an. Die Teilnehmenden bekommen ein blaues Band (Krepp) in die Hand. Zur Polonäse singen alle auswendig „Geh aus mein Herz und suche Freud".
– Durchführung
Wir spielen den blauen Himmel. Das könnt ihr an unseren Kleidern erkennen. Wir laden euch ein, unter dem blauen Himmel ein Fest zu feiern, ein Schöpfungsfest. Wir beginnen mit einer Polonäse. In zwei Reihen ziehen wir durch die Kirche. Wir Himmelsdarsteller ziehen voran und ihr zieht einfach hinterher. Während des Zuges singen wir „Geh aus mein Herz und suche Freud".

2. Das Wasser

– Vorbereitung
Zur Verkleidung: Schärpe aus dunkelblauem Kreppapier, eine Karaffe mit frischem Trinkwasser in der Hand.

Zur Aktion: Wasser ausschenken und miteinander genießen. Bereitgestellt sind Trinkgläser.
– Durchführung:
Wir stellen das Wasser dar. Unsere dunkelblauen Bänder erinnern an das blaue Meer, wo man baden oder mit dem Schiff fahren kann. In der Karaffe hier ist gutes, frisches Trinkwasser. Wir laden euch ein, mit uns dieses Wasser zu trinken und unseren Durst zu stillen.

3. Das Land

– Vorbereitung
Zur Verkleidung: Großer Kragen aus braunem Kreppapier.
Zur Aktion: Besorgt sind Blumentöpfe, Blumenerde und verschiedene Pflanzen. Darsteller topfen ein und stellen die fertigen Blumentöpfe auf den Altar. Lesung 1Mose 1,11–13 vorbereiten.
– Durchführung
Wir vertreten das „Land". Das zeigen unsere braunen Kragen. Wir haben hier Blumentöpfe mit Erde aufgestellt. In jedem Topf soll eine Pflanze wachsen. Wir wollen die Erde mit den Pflanzen anschauen. Dazu stellen wir uns um den Altar. Wer Lust hat, kann die Erde behutsam anfühlen. Dann hören wir noch einmal, was von der Erde in der Schöpfungsgeschichte steht.

4. Die Blumen

– Vorbereitung
Zur Verkleidung: Bunte Blumen aus Kreppapier basteln und anstecken. Als Kopfschmuck Kränze aus Gänseblümchen. Blumenstrauß für Altar.
Zur Aktion: Pantomime „Wachsen", unter Anleitung einer Mitarbeiterin. Mit allen Teilnehmenden Blumen basteln (dafür Material vorbereiten!).
– Durchführung
Wir sind die Blumen. Wir wachsen auf dem Feld und im Garten. Wir spielen euch vor, wie die Blumen wachsen (Pantomime)… Wir laden euch ein, mit uns zu „wachsen"

und die Erde bunt werden zu lassen. Dazu versucht jeder, eine Blume zu basteln und sie vielleicht einem anderen anzustecken.

5. Die Bäume

– Vorbereitung
Zur Verkleidung: Blätter, Äpfel, Birnen, Kirschen u. a. aus Buntpapier zuschneiden und an Kleider heften.
Zur Aktion: Körbchen mit Baumfrüchten besorgen. Früchte verschenken und miteinander essen.
– Durchführung
Wir sind die Bäume im Garten. Seht die grünen Blätter! Und wir tragen Früchte, ganz verschiedene, gute Früchte. Wir hoffen, euch läuft schon das Wasser im Mund zusammen. Wir schenken euch diese Früchte. Und wir laden euch ein, sie gemeinsam zu essen und sie euch gut schmecken zu lassen.

6. Die Gestirne

– Vorbereitung
Zur Verkleidung: Kleider aus gelbem Kreppapier. Sonne, Mond und Sterne im Großformat (zum Tragen) auf gelbem Plakatkarton entwerfen und ausschneiden.
Zur Aktion: Tanz der Gestirne: „Mond" und „Sterne" bilden einen Kreis um die „Sonne". Bewegungsform erfinden zu Lied: „Der Himmel geht über allen auf"
– Durchführung
Die Darsteller zeigen ihre Kartonbilder: Wir spielen die Sonne, den Mond und die Sterne. Wie lebendig sie sind und wie sie für die Menschen und die anderen Geschöpfe leuchten, das zeigen wir euch in einem

Tanz. Wir hoffen, daß der Funke auf euch überspringt und ihr mittanzt (Dazu löst sich der Kreis der Darstellenden auf, und die einzelnen „Gestirne" bilden mit den Zuschauern neue Kreise).

7. Die Tiere

– Vorbereitung
Fische und Vögel
Zur Verkleidung: Kleider aus grünem bzw. buntem Kreppapier. „Flossen" und „Flügel" aus Karton gefertigt an den Armen befestigen.
Landtiere (Nashorn, Hase, Igel)
Zur Verkleidung: Kleider aus grauem bzw. braunem Kreppapier. „Horn", „lange Ohren", „Stacheln" basteln und entsprechend befestigen.
Zur Aktion für alle Tiere gemeinsam: Singen und musizieren zum Sonntag Kantate, wobei die „Landtiere" das Musizieren (Flöte, Gitarre, Orff u. a.) übernehmen.
Liedvorschlag: Alles, was Odem hat, lobe den Herrn;
Du hast uns deine Welt geschenkt.
– Durchführung
Wir sind die Tiere. Ihr seht es, wir kommen im Wasser vor, wir lieben es, unter dem Himmel zu fliegen, und wir bewegen uns auf dem festen Land. Natürlich gibt es noch viel mehr und ganz andere Tiere, etwa Katzen und Hunde und Wellensittiche. Alle diese Tiere vertreten wir, an alle denken wir jetzt. Und weil heute der Sonntag Kantate ist, an dem wir zum Singen eingeladen werden, wollen wir mit euch singen und musizieren.

Werner Pohl, Idar Oberstein

17.5.1998 – Rogate – 1. Mose 1,27 – 2,4a

Wie die Menschen Gottes Geschöpfe ansehen sollen

Lieder: *Erd und Himmel sollen singen, EG 499, LJ 288, MKL 44*
Solang es Menschen gibt auf Erden, EG 427
Ich will dem Herrn singen, EG 340, MK 223

Liturgische Texte: S. o. „Für die drei Sonntage"

Zum Gottesdienst

Am letzten Sonntag der Schöpfungsreihe höre ich mit den Kindern von der Erschaffung des Menschen und von seiner besonderen Würde gegenüber den anderen Geschöpfen (Ebendbildlichkeit Gottes). Ich möchte mit den Kindern lernen, daß mit dieser Würde eine einzigartige Aufgabe verbunden ist: Die Menschen sollen die ihnen anvertraute Schöpfung bewahren. Um dies den Kindern zu vermitteln, versuche ich den Abschnitt 1Mose 1,26 – 2,4a erzählend in die heutige Situation hinein auszulegen.

Der „siebente Tag", an dem Gott von allen seinen Werken ruhte (Kap. 2,2), legt es nahe, im Anschluß an die Erzählung „Ruhetag" zu feiern. Im Zusammenhang mit dem Sonntag Rogate, der eine Einladung zum Bitten auch für die Schöpfung ist, schlage ich folgende Aktionen vor: Wir pflanzen einen Baum im Kirchgarten oder im Blumenkübel; wir füttern Tiere, die wir mitgebracht haben; wir lassen uns verschiedene Früchte schmecken. Passende Lieder, Rogate-Bitten und Segenswort geben den Aktionen den gottesdienstlichen Stellenwert. – Für die Aktionen sind Vorbereitungen erforderlich: Baumpflanze und evtl. Blumenkübel mit Blumenerde besorgen; Absprache, wer welche Tiere und das geeignete Futter mitbringt; Früchte besorgen und zubereiten.

Gestaltungsvorschlag

Lied: Erd und Himmel sollen singen, Str. 1–3

Erzählung

Ich habe euch erzählt: Die Schöpfungsgeschichte am Anfang der Bibel ist wie ein Loblied. Es will den Menschen Lust machen, alle die wunderbaren Geschöpfe anzuschauen und Gott zu loben, der Himmel und Erde gemacht hat. Es will uns sagen: Seht doch, Gott hat diese Welt so gut und so schön erschaffen! Alle Geschöpfe haben darin Platz. Und die Menschen dürfen sich an dieser Welt freuen. Ich habe euch auch erzählt, daß dieses Schöpfungslied mehrere Strophen hat. Jede Strophe singt von einem neuen Schöpfungstag. Wir erinnern uns: Am ersten Tag hatte Gott das Licht gemacht, ein besonders helles Licht, heller und schöner als alle Gestirne. Am zweiten Tag schuf Gott den Himmel und die Erde. Das Meer und das feste Land mit den Pflanzen und Bäumen entstanden am dritten Tag. Am vierten Tag kamen die Lichter dran, die Sonne, der Mond und die Sterne. Sie sind wie Lampen, die am Tage und in der Nacht leuchten sollen. Die Fische und die Vögel wurden am fünften Tag erschaffen.

Das Lied hat noch zwei Strophen. Davon hören wir heute:

Der sechste Schöpfungstag brach an. Er sollte der Höhepunkt aller Schöpfungstage werden. Zunächst schuf Gott die Landtiere, die kleinen und die großen. Aber Gott dachte sich: „Das kann noch nicht alles sein." Da entstand in seinem Kopf und in seinem Herzen ein Bild, das Bild vom Menschen. Gott erzählte von seiner Idee den himmlischen Dienern und Beratern. Die hatten ihre Zweifel. „Dieser

Mensch könnte sich am Ende selbst für einen Engel halten oder sogar für Gott selbst. Am Ende überschätzt er sich und seine Kräfte maßlos. Dann dauert es nicht lange, und er macht sich zum Herrn über die Geschöpfe, zum Herrn über die ganze Welt." Die Berater Gottes malten sich die Welt aus, die dann entstehen könnte, eine Horror-Welt: „Am blauen Himmel ziehen Giftwolken auf. Sie stammen von Fabriken und von Atomwerken und von den Autos, die die Menschen sich bauen werden. Die saubere Luft zum Atmen wird immer dünner. Krankheiten treten auf, die man vorher nicht gekannt hatte. In der vergifteten Luft können auch die Bäume nicht mehr wachsen. Man kann keine gesunden Äpfel und Kirschen mehr ernten. Und in den Wäldern verlieren die Bäume ihre grünen Blätter. Die Sonne lacht nicht mehr vom Himmel herunter. Bienen und Libellen können nicht mehr im warmen Sonnenlicht spielen. Das Ozonloch macht, daß die Sonnenstrahlen gefährlich sind. Das Wasser ist vergiftet von dem Abfall, den die Menschen in die Flüsse und ins Meer werfen. Die Fische können nicht mehr schwimmen und die Menschen werden krank."

Gott und seine Engel erschraken über dieses Bild. Nein, so sollten die Menschen nicht aussehen! So ein schreckliches Bild vom Menschen hatte Gott nicht im Sinn. Er wollte ein ganz anderes Bild. Die himmlischen Diener waren gespannt. Sie erlebten das Größte und Beste, was Gott geschaffen hatte. Denn Gott schuf die Menschen zu seinem Bild. Die Menschen sollten aussehen wie Gott selbst.

Natürlich ist Gott kein Bild zum Anschauen. Gott ist unsichtbar. Aber die Menschen sollten Gott abbilden. Sie sollten immer danach sehen, was Gott tut, wie Gott denkt, was Gott für gut und richtig hält, und dann sollten sie es ihm nachmachen. Gott konnte sich denken, daß den Menschen dies nicht leicht fallen würde. Er müßte schon immer dabei sein. Er müßte helfen. Deshalb war das nächste, was Gott tat: Er segnete die Menschen. Er schenkte

ihnen seine Kraft. Er sagte: „In meiner Kraft wird es euch gelingen, auf dieser Erde zu leben. In meiner Kraft werdet ihr das tun, was ich mir für diese Welt wünsche." Und dann zählte Gott seine Wünsche auf:

„Ihr Menschen sollt viele Kinder bekommen. Und eure Kinder sollen es gut haben auf der Erde. In jedem Land sollt ihr sie beschützen. Eure Kinder sollen genügend Zeit zum Spielen haben, und sie sollen das lernen, was sie zum Leben brauchen. Und die Erde gebe ich euch als Geschenk. Sie gehört jetzt euch. Ihr dürft von allem leben und alles gebrauchen, was die Erde hergibt. Das Wasser ist für euch da. Die Luft ist für euch da. Auch die Pflanzen und Bäume sind für euch da. Ihr könnt davon essen, soviel ihr braucht.

Alle Menschen auf der Erde sollen satt werden. Und sorgt dafür, daß nichts verdirbt. Alles soll erhalten bleiben. Ihr sollt die Erde und alle ihre Gaben aufbewahren für eure Kinder."

Dann sah Gott die Tiere an, die er gemacht hatte, die Fische im Meer und die Vögel unter dem Himmel und die Tiere auf den Feldern und im Wald. „Paßt bitte gut auf sie auf", beauftragte Gott die Menschen, „die Tiere sind euch am ähnlichsten und am nächsten von allen meinen Geschöpfen. Seht sie an als eure Geschwister. Fügt ihnen kein Leid zu. Habt sie lieb, sie werden dafür dankbar sein. Und vergeßt nicht den kleinsten Wurm und den winzigsten Käfer. Und denkt daran: Auch die Tiere müssen essen, auch sie brauchen gute Luft zum Atmen und sauberes Wasser zum Leben."

Dann kam der siebente Tag. Gott sprach: „Dies ist mein Tag, er gehört mir. Da will ich ausruhen von meiner Arbeit." Dabei dachte Gott auch an die Menschen und an die Arbeit, die auf sie wartete. Schließlich sollten sie die Schöpfung bewahren, Blumen und Bäume pflegen, Tiere beschützen und die Erde bebauen. Gott sagte sich: „Auch die Menschen brauchen den siebenten Tag, auch sie brauchen die Ruhe." Gott

stellte sich vor, wie dieser Ruhetag aussehen sollte: Er würde die Menschen einladen, sie sollten zusammenkommen. Sie
sollten Gott loben und ihm danken für alle
seine Gaben. Und Gott würde die Menschen segnen, an jedem siebenten Tag
würde er ein Segensfest machen. Da sollten sie aufs neue Gottes Kraft bekommen,
Kraft für alle Tage ihres Lebens.

Ruhetag feiern

Lied: Solang es Menschen gibt auf Erden,
Str. 1–3

Aktionen (s. „Zum Gottesdienst"!)

Baum pflanzen – Tiere füttern – Früchte
essen

Lob-Kanon: Ich will dem Herrn singen
mein Leben lang

Rogate-Bitten

Und Gott sah an alles,
was er gemacht hatte,
und siehe, es war sehr gut.

Laß uns mit deinen Augen sehen, Gott.
Dann werden wir deine Welt ehren
als ein kostbares Geschenk.
Dann werden wir Pflanzen und Bäume
beschützen wie gute Freunde.

Dann werden wir Fische, Vögel
und alle Tiere lieben als unsere Geschwister.

Laß uns mit deinen Augen sehen, Gott.
Dann werden wir Sorge tragen
für saubere Luft und einen klaren Himmel.
Dann werden wir kämpfen
für gesundes Wasser in Flüssen und Mee-
ren.
Dann werden wir uns einsetzen
für eine fruchtbare Erde.

Laß uns mit deinen Augen sehen, Gott.
Amen.

Sabbat-Segen

Gott segnet die Menschen,
zu seinem Bilde geschaffen.
Er gibt ihnen Kraft,
seinen Willen zu tun.
Er gibt ihnen Ruhe,
seine Schöpfung zu feiern.
Er gibt ihnen Frieden,
in dieser Welt zu leben.
So segnet Gott,
der Himmel und Erde gemacht hat,
auch euch.

Werner Pohl, Idar-Oberstein

VII Da hat der Himmel die Erde berührt
Himmelfahrt und Pfingsten nach Lukas

Lied: Weißt du, wo der Himmel ist, ML B 79, MKL 99, LfJ 623

Liturgischer Text: Psalm 118,24–28

Sonntag	Text/Thema	Art der Zusammenkunft Methoden und Mittel
21.5.1998 Christi Himmelfahrt	Lukas 24,49–53 Der Himmel ist offen – von Gott her	Gottesdienst mit Kindern Erzählung, Standbilder, Segensgesten
24.5.1998 Exaudi	1. Mose 11,1–9 Die Sehnsucht des Menschen, den Himmel zu erreichen – aus eigener Kraft	Gottesdienst mit Kindern Spiele, Lied, Erzählung
31.5.1998 Pfingsten	Apostelgeschichte 2,1–17 * Der Himmel auf Erden – wo Menschen sich verstehen in der Kraft des Geistes	Gottesdienst mit Kinder (und Erwachsenen) Windrad basteln, Gespräch, Lied, Erzählung
7.6.1998 Trinitatis	Apostelgeschichte 2,37–39.42–47 Da hat der Himmel die Erde berührt – das neue Leben gestalten	Gottesdienst mit Kindern Erzählung, Vorbereitung einer Aktion „Teilen", Gebet, gemeinsam teilen und essen, Tauferinnerung

Vorbemerkung

Die Geschichte von Pfingsten (Apg 2,1–17) schließt sich direkt an die von Himmelfahrt (Lk 24,49–53) an. Sollte an Himmelfahrt kein Gottesdienst sein, kann an Exaudi mit Lk 24 begonnen und 1 Mose 11 ausgelassen werden.

21.5.1998 – Christi Himmelfahrt – Lukas 24,49–53

Der Himmel ist offen – von Gott her

Lied: Weißt du, wo der Himmel ist, LJ 623, ML B 79, MKL 99, LfJ 623
Liturgischer Text: Psalm 118,24–28

Zum Text

Wer ist in diesem Geschehen wichtig?

– *Jesus:* Er hat gerade den Auftrag gegeben, seinen Tod und seine Auferstehung zu bezeugen (V. 47f). Er verabschiedet sich und verspricht den Heiligen Geist, die Kraft des Himmels.
– *Jünger und Jüngerinnen (V 9f):* Gerade sind zwei Jünger von Emmaus zurückgekommen und haben von ihrer Begegnung mit Jesus erzählt und wie sie ihn erkannten, als er das Brot brach. Nun erfahren sie alle, daß Jesus lebt: Sie hören das „Friede sei mit euch!" (V. 36)

Wo geschieht es?

– *In einem Haus in Jerusalem:* Vielleicht ist es das Haus, in dem die Jüngerinnen und Jünger das letzte Mal mit Jesus gegessen haben.
– *In Betanien auf den Ölberg:* Dorthin führt Jesus die Jüngerinnen und Jünger nach der Verheißung des Heiligen Geistes, dort entschwindet er ihnen. Er fährt in den Himmel.
– *Im Tempel in Jerusalem:* Die Jüngerinnen und Jünger kehren zurück nach Jerusalem in den Tempel. Der Tempel ist für sie der Ort der Hoffnung (Lk 1,5–24), der Schrift (Lk 2,41–50), der Versuchung (Lk 4,9–12), der Trauer (Lk 19,41–44), der Klärung (Lk 19,45–48), der Lehre (Lk 20,1–47) und (in unserem Text) der Freude und des Gebetes (Lk 24,52–53).

Was geschieht?

Jesus verspricht die Kraft aus der Höhe, er führt seine Jüngerinnen und Jünger hinaus auf den Berg. Er hebt die Hände auf. Er segnet. Dann verabschiedet er sich.

Die Jüngerinnen und Jünger beten Jesus an, sie kehren in den Tempel nach Jerusalem zurück mit großer Freude. Sie preisen Gott.
Der Evangelist Lukas hat sein Evangelium im Jahr 80 n. Chr. geschrieben, zur Zeit der Verfolgungen der Christen durch die Kaiser Titus und Domitian. Lukas sagt von Jesus: Nur er ist in den Himmel aufgestiegen, nur ihm gebührt die göttliche Verehrung, nicht den römischen Kaisern (die diese von ihren Untertanen verlangten).

Der Text und die Kinder

1. Älteren Kindern sind die Fragen nach dem Himmel wichtig: Wo ist der Himmel, das Reich Gottes? Was ist „Himmelfahrt"? Wir umschreiben sie mit „zu Gott gehen", dem irdischen Sehen entschwinden, uns unverfügbar sein und doch ewig Leben".
2. Jesus ist der erwartete Befreier, der größer als die römischen Kaiser ist, die das jüdische Volk unterdrücken und die Christen verfolgen. Jesus ist der Messias, auf den alle seit vielen hundert Jahren warten. Er verspricht die Kraft des Himmels zum Durchhalten. Das Zeichen sind seine erhobenen Segenshände.
3. Gesegnet werden macht Freude. Wir versuchen, die Zuwendung Jesu durch Zeichen zu sehen oder zu spüren, z. B. die erhobenen Hände, Umarmung, … .

Gestaltungsvorschlag

Erzählung

(Ich erzähle die Geschichte aus der Perspektive der Jüngerin Johanna, Lk 8,3; 24,10. Eine Mitarbeiterin kann mit einem

Tuch behängt und einem Salbengefäß in der Hand auftreten (23,56) und auch im Ichstil erzählen, sie beginnt dann: „Ich bin Johanna. …")

Ich erzähle euch von Johanna, einer Jüngerin Jesu. Jesus, ihr Herr, war auferstanden. Er lebte, auch wenn Johanna ihn nicht mit den Augen sehen konnte. Sie war dabeigewesen, als er sich auf dem Ölberg verabschiedet hatte. Das war ein tiefes Erlebnis für alle Jüngerinnen und Jünger. Johanna sah noch seine erhobenen Hände, hörte noch seine Worte „Ich will auf euch herabsenden die Kraft aus der Höhe, die Himmelskraft" – das ging allen durch und durch. Und als er plötzlich ihren Blicken entschwunden war, waren sie gar nicht verzweifelt oder ängstlich. Nein, sie gingen zurück nach Jerusalem und hatten eine tiefe Freude in sich. Sie wußten: Jesus ist bei Gott. Seine Kraft wird sie hier auf der Erde begleiten.

Und sollte je ein Mensch von Johanna verlangen, daß sie vor ihm niederfällt – das würde sie niemals tun: Nur Jesus Christus gehört das Recht, angebetet zu werden. Einem Menschen steht diese Ehrfurcht nicht zu – noch nicht einmal dem Kaiser. Johanna ließ sich nicht zwingen, den Kaiser wie einen Gott zu verehren.

Gottes Sohn, Jesus Christus gehörte allein ihr Leben, seit er sie aus ihrer Familie herausrief.

Ja, das war damals nicht so einfach. Ihr Mann war Finanzminister des Königs Herodes Antipas von Galiäa. Doch das Leben am Fürstenhof langweilte Johanna, sie hatte keine Arbeit, aber viele Dienerinnen. Ihre Seele wurde krank. Da hörte sie eines Tages von Jesus, einem Wanderprediger, der seelisch kranke Menschen heilte und ihnen eine wichtige Aufgabe gab. Als er in ihre Gegend kam, ging sie zu ihm. Noch nie hatte sie jemand so von Gott sprechen hören. Jesus sprach von einer Frau, die einen Groschen verloren hatte und das ganze Haus auf den Kopf stellte, um diesen Silbergroschen zu finden. Und als sie ihn gefunden hatte, rief sie alle ihre Nachba-

rinnen zusammen, und sie feierten vor Freude. „So ist Gott", sagte Jesus. „Er freut sich über einen Menschen, der sich finden läßt wie dieser Groschen, Gott sucht jede und jeden von euch". Da wußte Johanna: Ich bin gerettet. Wenn ich Gott so wichtig bin, daß er mich sucht, habe ich eigentlich das Wichtigste im Leben gefunden: Das Vertrauen, den Glauben.

Johanna ging mit Jesus mit. Es war eine gute Zeit für sie. Sie gab ihr Geld in die gemeinsame Kasse, sie lernte, mit dem Nötigsten auszukommen.

Herodes, der Chef ihres Mannes, hatte den Tod Jesu mit auf dem Gewissen. Weder ihr Mann noch er konnten sie und die anderen, die Jesus nachfolgten, verstehen. So war es ihnen nur recht, daß Jesus von Pilatus zum Tod verurteilt wurde. Johanna war dabei, als Jesus starb – am Kreuz – nahe bei Jerusalem. Es war schrecklich.

Als Johanna und ihre Freundinnen den toten Jesus salben wollten, fanden sie das Grab leer. Das war noch schrecklicher als alles vorher. Plötzlich hörten sie eine Stimme: „Jesus ist auferstanden. Er lebt, wie er gesagt hat." Sie sahen zwei Gottesboten, die zu ihnen sprachen.

Da fiel es ihnen wieder ein. Ja, das hatte er gesagt, daß er leiden müsse und getötet werde und am dritten Tag auferstehen würde (Lk 9,22). Die Frauen liefen zu den anderen und erzählten ihnen diese gute Nachricht. Aber niemand glaubte ihnen auch nur ein Wort.

Am Abend sahen sie Jesus selbst – er war mitten unter ihnen. Er sagte: „Friede sei mit euch!"

Große Gewißheit erfüllte Johanna: Jesus ist der Herr der Welt. Sein Friede ist das Geschenk des Himmels. Der Himmel ist offen.

Das feierten die Jüngerinnen und Jünger jeden Tag im Gottesdienst im Tempel in Jerusalem. Jesu Versprechen würde sich bald erfüllen: den Heiligen Geist, die Kraft Gottes wird er auf sie herabsenden.

(Fortsetzung am Pfingstsonntag)

Standbilder

Von älteren Kindern kann nach der Erzählung die Geschichte in 7 Standbildern dargestellt werden:
– Jesus, die Jüngerinnen und Jünger hören ihm zu
– Hinausführen nach Betanien
– Segen
– Verabschieden
– Anbeten
– Zurückkehren
– Lobpreis

Segensgesten

Jeder Christ, jede Christin kann im Namen Jesu segnen. Wir finden Segensgesten, z. B.:
– Hände erheben
– Je zwei reichen sich beide Hände und eine oder einer sagt: „Gottes Segen sei mit dir", Antwort: „Und auch mit dir."
– Im Kreis stehen und sich den Rücken stärken
– Hände auf die Schultern legen

Lydia Laucht, Schauenburg-Hoof

24.5.1998 – Exaudi – 1. Mose 11,1–9

Die Sehnsucht des Menschen, den Himmel zu erreichen – aus eigener Kraft

Lieder: Weißt du, wo der Himmel ist, LJ 623, ML B 79, MKL 99, LfJ 623
Hallelu, halleluja, preiset den Herrn, MKL 48

Liturgischer Text: Psalm 118,24–28

Zum Text

Diese Urgeschichte will auf die Fragen antworten: „Wie kommt es, daß es so viele Sprachen gibt? Wie geht der Mensch mit seinen technischen Möglichkeiten um?"
Eigentlich macht die Geschichte zunächst deutlich: Wenn Menschen sich einig sind, eine Sprache sprechen, zusammenarbeiten, gelingt etwas Großes. Ohne diese Arbeitsmoral gäbe es keinen technischen Fortschritt. Ohne die Sehnsucht der Menschen, gemeinsam etwas zu erschaffen, die Reichsten, die Größten zu sein, gäbe es kein Wirtschaftswachstum.
Allerdings: wohin das führt, sehen wir in unserem Land. Die Reichen werden immer reicher, die Armen immer ärmer. Die Großtechnologie wächst und profitiert auf Ko-

sten vieler Menschen bei uns und in der sogenannten „Dritten" Welt.
Die Menschen verstehen sich nicht mehr, sprechen eine andere Sprache. Die einen sagen: Geld – Profit – Wirtschaftsstandort, die anderen: Sozialhilfe – Hunger – Ungerechtigkeit. Gott gebietet ersteren Einhalt. So wie sie nach oben strebten (V. 3), fährt er hernieder (V. 7).
Erläuterungen zum Text:
V. 2: Von Osten, d. h. die Menschen kommen aus vorgeschichtlicher Ferne ins Land Schinear, d. h. in das reiche Land zwischen Euphrat und Tigris, den beiden Strömen im heutigen Irak.
V 9: Die Stadt heißt Babel, als „Tor Gottes", „Tor des Himmels" gedeutet. Im Hebräischen hat „Babel" einen Anklang an das hebräische Wort für „verwirren".

106

Babel, Babylon war das Herrschafts-
zentrum des vorderen Orients. Die Baby-
lonier haben Jerusalem zerstört, um ihre
Macht auszudehnen.

Der Text und die Kinder

Für Kinder ist es gut und wichtig, erwachsen zu werden. Sie sollen lernen, zusam-
menzuarbeiten, gemeinsam Ziele zu finden und für ihre Verwirklichung zu arbeiten
– aber zum Wohl der anderen, nicht auf
Kosten der anderen, nicht in der Mißach-
tung des Willens Gottes.
(Die Geschichte ist eine Geschichte für Erwachsene!)

Gestaltungsvorschlag

Spiele zur Auswahl

1. Wir bauen mit den Kindern eine Stadt,
am besten draußen vor der Kirche oder
dem Gemeindehaus, in einem Garten oder
einem Sandkasten mit Spaten, Steinen,
Zweigen usw.. Es geht natürlich auch mit
Bauklötzen drinnen. Wichtig sind folgende
Schritte:
– einen Plan machen
– evtl. einen Baumeister bestimmen
– bauen
– Gespräch: Welche Gebäude haben wir
gebaut? Was fehlt für eine soziale Gemeinschaft (Industrie, Friedhof, …)?
2. Wettspiel: in zwei Gruppen Türme bau-
en
3. Wortspiele
Eine oder einer geht hinaus. Die anderen
teilen sich die Silben eines Wortes zu: To -
ma - ten - sa - lat, die sie gleichzeitig rufen,
wenn das Kind hereinkommt und das Wort
erraten muß.

Lied: „Hallelu, hallelu, hallelu, halleluja,
preiset den Herrn

Wir singen das Lied in verschiedenen
Sprachen. „Halleluja" ist überall zu verstehen.

● **Erzählung**

„Kommt alle auf den großen Platz, wir bau-
en den großen Turm", so geht es wie ein
Lauffeuer durch die Stadt. Einige stehen
schon zusammen und machen einen Plan.
Als der Marktplatz voller Menschen ist,
stellt sich einer auf einen Erdhügel und
ruft: „Ruhe jetzt! Wir hier im Land Schinear
sind eine große Gemeinschaft. Wir verstehen uns gut. Unsere Stadt haben wir gut
gebaut, jede Familie hat eine Wohnung.
Euphrat und Tigris, die beiden Flüsse,
schenken uns genug Wasser. Und unser
Land ist fruchtbar. Wir haben genug zu essen. Wir sind ein reiches großes Volk, wir
sprechen dieselbe Sprache. Darum sollten
wir noch etwas tun, damit alle Welt unseren Reichtum sieht und wir für alle die
Größten sind: Wir bauen einen Turm, der
bis in den Himmel reicht! Sicher wird dann
auch Gott sehen, daß wir die Größten und
Reichsten auf der Welt sind und uns besonders segnen." Als der Mann seine Rede beendet hat, klatschen alle: „Ja, genau,
wir machen mit. Auch Gott soll sehen, daß
wir die Größten sind. Wir bauen den höchsten Turm der Welt, der bis in den Himmel
reicht!"
Der auf dem Erdhaufen steht, ruft: „Ruhe
jetzt! Wir machen einen Plan. Wer von
euch macht die Ziegelsteine? Es müssen
sehr, sehr viele sein. Ihr wißt, wie das geht:
Aus Lehm und Wasser und trockenen Grä-
sern formt ihr das rechteckige Steine. In dem
großen Ofen am Rand unserer Stadt brennt
ihr diese Steine, damit sie ewig halten!"
Kaum hat der Mann Atem geholt, rufen
schon hundert Leute: „Ich helfe, ja, der
Turm soll bald fertig sein."
„Wunderbar", sagt der Baumeister auf
dem Erdhügel, „aber was nützen uns die
vielen tausend Ziegelsteine, wenn sie nicht
befestigt werden?"
„Gar nichts", rufen einige, „wir brauchen
Erdholz, Pech, d. h. Asphalt".
„Ja, genau", sagt der Baumeister. „Wer ist
bereit, Asphalt zu erhitzen? Es ist eine
dreckige, stinkende Arbeit. Aber zum
Glück haben wir in unserem Land Asphalt

in der Erde. Wir brauchen Leute, die mit Hacken und Schippen das Pech-Zeug zusammenschaufeln und zum Ofen bringen."

„Ich, ja, ich mache das", rufen viele andere! Zufrieden nickt der Baumeister: „Ihr wißt, wo das ist, dahinten an den Bergen. Zieht dort hin, schlagt eure Zelte dort auf. Und wenn ihr einige Wagen vollgeschaufelt habt, bringt sie hierher, dann fahrt wieder hin und schaufelt weiter! Ja, wer ist schwindelfrei?"

Wieder melden sich viele. „Nein, das ist nichts für Kinder!" sagt der Baumeister, „ihr könnt die Steine nicht heben, die sind ganz schön schwer. Na ja, die jungen Leute, die sind schon stark. Ihr werdet die gebrannten Steine aufeinandersetzen und dazwischen Asphalt schmieren, wenn der getrocknet ist, ist die Mauer fest, so leicht kann sie dann nicht einstürzen."

Alle klatschen: Das wird der höchste Turm der Welt, sogar Gott wird ihn bewundern. Sie werden in der berühmtesten Stadt der Welt leben. Wie gut, daß sie so gut zusammenarbeiten, weil sie sich so gut verstehen.

Am nächsten Tag beginnt das Bauen. Viele hundert Menschen gehen an ihre Arbeit. Die Kinder tragen kleine Eimer mit Lehm zum Platz, wo die Ziegelsteine gebrannt werden. Die Frauen machen den ganzen Tag Essen für die Arbeiter. So geht es wochenlang. Man sieht schon, wie der Turm wächst. Unten ist er ganz breit, nach oben wird er immer spitzen. Innen sind Stufen.

Bald geht es langsamer, weil die Arbeiter lange brauchen, bis sie Steine nach oben geschleppt haben. Dann hat einer die Idee: Wir ziehen die Steine mit einem Seil nach oben, dann müssen wir nicht so viele Treppen steigen.

Auch das klappt gut. Immer höher wird der Turm. „Ob wir Gott bald sehen?" fragen die Leute. Und wenn die Väter abends nach Hause kommen, fragen die Kinder: „Hast du Gott im Himmel gesehen, oben auf dem Turm?"

„Nein, der Himmel hört nie auf", sagt dann der Vater, und er wird langsam unwillig:

„Ich weiß nicht, wohin das noch führen soll. Wohnt Gott wirklich da oben? Ich habe ihn noch immer nicht gesehen, obwohl wir wirklich ganz oben arbeiten."

Am nächsten Tag gibt es zum ersten Mal Streit: „Ich mache nicht weiter", sagen einige, „wofür ist das gut?"

„Wir haben es beschlossen", sagen andere, „wir bauen solange, bis alle, bis sogar Gott merkt, daß wir die Größten sind." Einige aber gehen nicht mehr an die Arbeit, zu Hause gibt es auch Streit, die Kinder dürfen nicht mehr Steine tragen, die Frauen nicht mehr für alle kochen. Es wird herumgeschrien. Die nicht mehr bauen wollen, gehen denen, die weiterbauen, aus dem Weg. Bald verstehen sie sich nicht mehr, alle laufen nur noch mit finsteren Gesichtern herum. Plötzlich verstehen sich alle nicht mehr. Sie Sprechen miteinander, aber keiner versteht, was der andere sagt. Der eine will den Turm weiterbauen, um Gott zu finden, der andere schreit ihn an: „Ein Turm bis in den Himmel, das geht doch gar nicht!" Es ist ein Chaos. Der Turm wird nie fertig werden – und die Stadt auch nicht. Viele ziehen weg. Was sollen sie noch in Babel, wo alles durcheinandergeht, wo sich die Menschen nicht mehr verstehen. Nur wenige bleiben zurück und gehen ganz verloren durch die Straßen. Nach einiger Zeit sagen sie: „Wir hätten den Turm nicht bauen dürfen. Daß wir uns nicht mehr verstehen, das hat Gott gemacht. Er will, daß wir auf der Erde gut miteinander leben und nicht in den Himmel bauen. Gott ist größer als wir denken, er läßt sich nicht mit einem Turm erreichen." Und andere sagen: „Gott ist doch auch hier bei uns. Er will doch, daß wir uns hier unten auf dem Erdboden verstehen. Warum haben wir das nicht beachtet?"

Seit dieser Zeit waren die Menschen zerstreut in alle Himmelsrichtungen. Und sie hofften auf ein Wunder, daß sie sich wieder verstehen und auf der Erde in Frieden leben könnten.

Lydia Laucht, Schauenburg-Hoof

31.5.1998 – Pfingsten – Apostelgeschichte 2,1–17.37

Der Himmel auf Erden – wo Menschen sich verstehen in der Kraft des Geistes

Lieder: *Weißt du, wo der Himmel ist, LfJ 623, ML B 79, MKL 99*
Wind, dich sehn wir nicht, LfK 2 97, 9x11 NKL 81

Liturgischer Text: Psalm 118,24–28

Zum Text

Wer ist beteiligt?

– *Alle Jüngerinnen und Jünger*
– *Petrus* ergreift das Wort, er erzählt von Jesus Christus.
– *Jüdische Menschen aus vielen Ländern:* Parther (iranischer Volksstamm), Meder (Volksstämme im Nordwestiran), Elamiter (Volk östlich von Babylon, heutiger Irak), Mesopotamier (Menschen zwischen den Flüssen Euphrat und Tigris), Kappadozier (östlich Kleinasiens, heutige Osttürkei), Pontier (nördlich der Türkei am Schwarzen Meer), Phrygier (westliches Hochland der Türkei), Pamphylier (Südküste der Türkei); ja sogar Ägypter und Libyer und Römer. Sie bildeten kleine Gemeinden, die Gottesdienste in ihrer jeweiligen Heimatsprache feierten.

Wo geschieht des Ereignis?

– *In dem Haus,* in dem die Jüngerinnen und Jünger sitzen (Apg 1,14).
– *Auf den Straßen Jerusalems,* in der Nähe des Hauses.

Wann geschieht es?

– *Zu Pfingsten,* dem jüdischen Fest zum Beginn der Weizenernte, am 50. Tag nach dem Passafest. Es ist das Fest der 10 Gebote. 2 Mose 19,16–19 wurde im Laufe der Zeit so ausgeschmückt: Gott habe wie aus dem Feuer dem Volk die Gebote mitgeteilt – und zwar in allen 70 Sprachen der Welt. So wäre hier erfüllt, was Gott am Sinai gesprochen hat.

Was geschieht?
Der Geist Gottes, der Heilige Geist ist wie ein gewaltiger Wind, wie ein Brausen vom Himmel, wie Feuerzungen, die sich auf jeden setzen.
Der Geist Gottes, die Ruach (hebräisch) ist „Hauch, Atem, Wind, Sturm, ist Feuer" (vgl. 2.Mose 3,2).

Was wird dadurch bewirkt?
1. Predigen in anderen Sprachen, eigentlich genauer: „in anderen Zungen", d.h. der Heilige Geist treibt zum überschwenglichen Lobpreis der Größe und Gegenwart Gottes.
„Zungenrede" ist der Fachausdruck für geisterfülltes Reden oder Beten in einer dem Sprechenden selbst unbekannten Sprache. Paulus spricht von ihr als besonderer Form des Gebets und der persönlichen Erbauung (1 Kor 14), die aber im Gottesdienst besonders ausgelegt, erklärt werden muß.
2. Hören und Verstehen dieses Lobpreises in der eigenen Sprache. Das Verstehen der Zungenrede schenkt der Geist selbst.

Welche Reaktionen gibt es darauf?
– *Irritation, Verwunderung, Entsetzen und Versuche, das zu erklären.*
– *Spott:* „sie sind betrunken."
– Aber auch: Es geht durchs Herz. Manche fragen: *„Was sollen wir tun?"* (Selbsterkenntnis, Sündenerkenntnis, V. 37!)

Der Text und die Kinder

Jüngere Kinder „verstehen" tiefer: wahr ist auch, was man nur spürt.
Ältere Kinder interessieren sich für Erklä-

rungen: Wie haben die Jüngerinnen und Jünger geredet? War der Sturm ein Wind, der auch Bäume umknickte, oder fühlten die Menschen das nur?

Beide Altersgruppen können angesprochen werden:

Gestaltungsvorschlag für ältere Kinder

Windrad basteln

Wir brauchen dazu:
1 Quadrat aus Papier
1 Stecknadel (Schere zum Einschneiden)
1 Holzstäbchen (Schaschlikstab)

Ein Quadrat von den Ecken her zur Mitte jeweils bis zur Hälfte einschneiden.

Jede zweite Ecke des Papiers zur Mitte über den Mittelpunkt übereinanderlegen (nicht knicken!)

Eine Stecknadel durch die 4 Ecken und den Mittelpunkt stecken.

Die Stecknadel mit den Papierflügeln in das Stöckchen pieksen.

Und nun in das Windrad blasen!

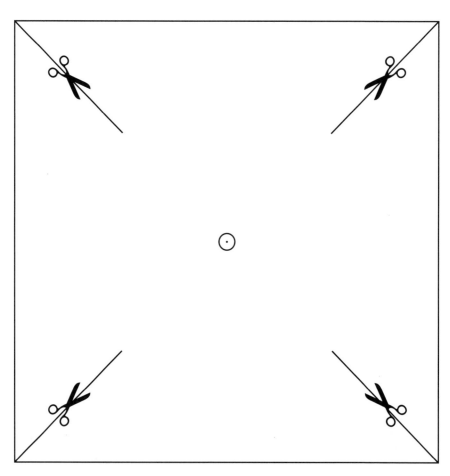

Gespräch

Wind und Geist wirken, aber sie sind selbst nicht zu sehen. …

Lied: Wind, dich sehn wir nicht

Erzählung

s. u. Erzählung für ältere Kinder und Erwachsene

Erzählung für jüngere Kinder

Den jüngeren Kindern wird durch die folgende Geschichte das Sprachenwunder deutlicher.

Halleluja
von Gudrun Pausewang

Hannas Mutter singt im Kirchenchor mit. Manchmal übt sie ihre Lieder auch zu Hause. Hanna hört andächtig zu. Sie kann die Worte nicht verstehen, aber es klingt so schön, wenn die Mutter singt.
Ein Wort singt die Mutter immer wieder. Es kommt in vielen Liedern vor. Es heißt HALLELUJA.
„Was heißt HALLELUJA?" fragt Hanna.
„Es heißt: Lieber Gott, ich liebe dich und lobe dich und ehre dich", sagt die Mutter. „Deshalb kommt es so oft vor."
„Wissen denn auch die Leute, die euch zuhören, was es heißt?" fragt Hanna.
„Natürlich", sagt die Mutter. „Das wissen nicht nur die Leute in unserem Land. Das wissen auch die Leute, die in Frankreich und England und Italien und Spanien und Rußland und Amerika und in vielen Ländern leben. Sie singen und sprechen es, wenn sie den lieben Gott loben und ehren wollen."
„Halleluja", sagt Hanna. „Halleluja", singt sie. „Ein schönes Wort", meint sie.
Ein paar Tage später kommt Besuch aus Amerika. Hanna und Vater und Mutter fahren auf den Flughafen, um Tante Milly und Onkel Jeff abzuholen. Sie müssen lange warten. Das Flugzeug hat sich verspätet. Hanna hat viel Zeit, um sich umzuschauen. Was für ein Trubel! So viele Leute gehen in der Halle hin und her, steigen Treppen hin-

auf und hinunter, warten an den Schaltern, sitzen und stehen herum.
Hanna schaut die Leute an. Manche sehen merkwürdig aus. Sie haben braune Gesichter oder schiefe Augen oder ganz krauses Haar. Manche Leute haben komische Kleider an und seltsame Mützen und Hüte auf. Hanna hört ihnen zu. Aber viele von ihnen sprechen so, daß Hanna sie nicht verstehen kann. Sie sprechen fremde Sprachen.
Aber HALLELUJA verstehen sie, denkt Hanna. Sie schaut eine junge Frau an, die langes schwarzes Haar und eine braune Haut hat.
„Halluja", sagt Hanna erwartunsvoll zu ihr. Die junge Frau lächelt ihr zu und antwortet: „Halleluja".
Da freut sich Hanna und geht weiter. Zwei Männer sitzen auf einer Bank und reden miteinander in einer fremden Sprache. Die Männer haben krauses Haar und Schnurrbärte und weiße Anzüge.
„Halleluja", sagt Hanna laut.
Die beiden Männer hören auf zu reden. Sie lachen. Sie nicken Hanna zu und sagen: „Halleluja":
Hanna strahlt. Sie denkt: Wenn ich HALLELUJA sage, verstehen sie mich. Es ist wie ein Zauberwort.
„Halleluja, Halleluja!" ruft sie allen zu. Sie läuft durch die Halle und jubelt: „Halleluja, Halleluja!"
„Pst, Hanna –" mahnt die Mutter.
Aber die Leute freuen sich. Viele drehen sich nach Hanna um, lächeln und nicken und winken ihr zu, und manche rufen „Halleluja!" zurück. Ein dicker Mann fängt sogar an zu singen. Er singt auch so wie die Mutter im Kirchenchor. Er singt dreimal: „Halluja", dann fängt er an zu lachen und schenkt Hanna ein Stück Schokolade. Hanna staunt. Wie freundlich die Leute von diesem Wort werden!
Später, als Tante Milly und Onkel Jeff schon angekommen sind und mit Vater und Mutter und Hanna durch die Halle zum Ausgang gehen, winkt eine Frau und ruft. „Halleluja!"

„Sie meint sicher dich", sagt der Vater zu Hanna.

„Halleluja!" ruft ihr Hanna zu und winkt zurück.

Tante Milly und Onkel Jeff wundern sich.

„Ist das ein Gruß?" fragen sie.

„Es ist Hannas Gruß", erklärt die Mutter.

„Wirklich ein schöner Gruß, viel schöner als GUTEN TAG oder AUF WIEDERSEHEN. Versuch doch mal, Hanna, ob du den Menschen deinen neuen Gruß angewöhnen kannst."

„Ja", sagt Hanna ernst, „ich will's versuchen."

(Aus: Fritz Krenzer, 100 einfache Texte zum Kirchenjahr, Verlag Ernst Kaufmann, Lahr und Kösel-Verlag, München)

Erzählung für Kinder und Erwachsene

Wieder (wie am Himmelfahrtstag) erzähle ich aus der Sicht der Jüngerin Johanna (mehr zu Johanna s. 21.5.).

Ich erzähle euch heute wieder von Johanna, einer Jüngerin Jesu. Sie ist total begeistert. Was sie zu Pfingsten erlebt hat, hat die ganze Welt bewegt. Tausende von Menschen sind in Jerusalem auf die Straße gekommen, um das Wunder zu erleben. So etwas ähnliches hat es bisher nur damals bei Mose gegeben. Das ist aber Johanna erst später eingefallen.

Mit allen 120 Jüngerinnen und Jüngern saß sie zusammen. Sie erzählten von Jesus. Sie erinnerten sich an sein letztes Abendessen mit ihnen, als er sagte: „Für euch gegeben". Immer wenn sie zusammen aßen, erinnerten sie sich an diesen Abend, diese Nacht, als einer von ihnen – Judas – ihn verriet. Immer wenn sie zusammen aßen, erinnerten sie sich an seinen grausamen Tod am Kreuz. Und sie erinnerten sich an sein „Friede sei mit euch" am Abend des dritten Tages, als er plötzlich unter ihnen war und ihnen versprach: „Ich sende euch den Heiligen Geist, die Kraft des Himmels." Jeden Tag beteten sie zusammen, beteten ihn, ihren Herrn, an und riefen:

„Komm, Heiliger Geist." So war es auch zu Pfingsten gewesen, als alle jüdischen Menschen das Fest der 10 Gebote, das auch das Weizen-Ernte-Dankfest ist, feierten. Sie saßen da und beteten, und es beteten alle 120 Jüngerinnen und Jünger zusammen. Sie rückten zusammen und hoben die Hände und riefen: „Komm, Heiliger Geist! Veni creator spiritus! Erchupneuma hagion!" Es wurde immer lauter – und plötzlich spürten sie: Die Kraft des Himmels, der Heilige Geist ist da. Gott spricht durch uns.

Sie rissen die Türen auf und die Fenster, und ihr Gebet, ihr Lobpreis, ihr Halleluja, hallte bis auf die Straßen von Jerusalem. Singend und lobend gingen sie hinaus auf die Straßen.

Es geschah ein Brausen. Viele Menschen aus vielen Ländern strömten zusammen. In vielen Sprachen riefen sie: „Was ist das?" In Grüppchen standen sie, steckten die Köpfe zusammen, gestikulierten wild mit ihren Armen. Viele ältere waren dabei, man sah ihnen an, wo sie herkamen, man hörte es an ihrer Sprache: Parther und Meder und Elamiter aus dem Iran, Leute aus Mesopotamien, aus Kappadozien, Pontus, Phrygien und Pamphylien, der heutigen Türkei, aus Nordafrika sogar – Sie alle waren hierher in ihre Heimat nach Jerusalem zurückgekehrt, sie wollten hier sterben und begraben werden – und nun, am Pfingstfest waren auch sie aus ihren Häusern gekommen, sie waren „aus dem Häuschen", wie wir sagen.

Hannas und der anderen Begeisterung kannte keine Grenzen, keine Sprachgrenzen und keine Landesgrenzen. Sie sangen und beteten immer weiter, nicht in Aramäisch, nicht in Griechisch, nicht in Lateinisch, sondern es wurde nur in der Weltsprache, der Sprache des Heiligen Geistes gebetet.

Und dabei geschah ein Wunder: Alle Leute in den Straßen verstanden es in ihren Sprachen. Sie verstanden, daß von Jesus Christus gesprochen und Gott gelobt wurde. Manche sagten sogar, die Begeisterung sei ansteckend, sie verbreite sich wie ein Feuer. Mancher wollte sogar Feuerzungen auf den Köpfen Hannas und der anderen Begeisterten gesehen haben – wie damals, als Gott dem Volk die 10 Gebote gegeben hat am Berg Sinai.

Natürlich kamen gleich die Neunmalklugen und sagten: „Ihr seid betrunken." Doch keinen Tropfen hatten sie getrunken, das stellte Petrus auch gleich richtig.

Andere waren einfach nur entsetzt. Das war ihnen zu viel Begeisterung. Sie zogen sich sorgenvoll zurück und wußten nicht, wie sie reagieren sollten.

Vielen anderen aber ging das Herz auf, als Petrus, der Gemeindeleiter, alles auf den Punkt brachte, er sagte: Die Verheißung Gottes hat sich heute erfüllt. Wie der Prophet Joel damals sagte: „Gott will ausgießen seinen Heiligen Geist, und die Kinder Gottes sollen prophetisch reden – von der Zukunft mit Gott sollen sie reden."

Spontan fragten einige: Wenn heute der Tag Gottes ist, und wir jetzt Gott begegnen, müssen wir unser Leben ändern. Unser Leben soll anders sein, was sollen wir tun?

Petrus antwortete ihnen sehr ausführlich. (Das erzähle ich nächsten Sonntag.)

Ja, Hanna und die anderen alle verwandelte der Heilige Geist am Erntedankfest, an Pfingsten in Jerusalem. Sie spürten ihn, er trieb sie auf die Straße, sie mußten von Jesus Christus erzählen und daß sie seinen Namen trugen: „Wir sind Christen", sagten sie, „das ändert unser Leben, jeden Tag.

(Fortsetzung folgt Trinitatis)

Lydia Laucht, Schauenburg, Hoof

7.6.1998 – Trinitatis – Apostelgeschichte 2,37–47

Da hat der Himmel die Erde berührt – das neue Leben gestalten

Lieder: Weißt du, wo der Himmel ist, ML B 79, MKL 99
Zu Ostern in Jerusalem, LfK 2 99, MKl 119, 9x11 NKL 78

Liturgischer Text: Psalm 118,24–28

Zum Text

Wer ist wichtig in der Geschichte?
– Jüdische Menschen aus allen Völkern (s. Pfingsten)
– Petrus und die anderen Apostel (die Apostelinnen auch?)

Wo geschieht es?
Im Tempel in Jerusalem und in den Häusern der Christen

Wann geschieht es?
Zu Pfingsten

WAS geschieht?

Die Predigt des Petrus von Tod und Auferstehung Jesu rührt die Menschen an. Sie fragen: „Was sollen wir tun?" Petrus sagt: „Kehrt um! Laßt euch taufen zur Vergebung der Sünden."
Menschen lassen sich taufen. 3000 sollen es sein.

WAS bewirkt das?

Die erste christliche Gemeinde entsteht. Ihre Zeichen sind:
– Lehre der Apostel: von Jesus erzählen

– Gemeinschaft: alles gemeinsam haben, alles teilen
– Brotbrechen: gemeinsam essen, Abendmahl feiern in den christlichen Familien (Hauskreise,)
– Gebet: Lobpreis Gottes
Die erste Gemeinde „fand Wohlwollen beim ganzen Volk" (V 47).

Der Text und die Kinder

Die Kennzeichen der ersten Gemeinde sind die Erkennungszeichen der Christen bis heute – auch im Gottesdienst: Wir erzählen von Jesus, wir haben Gemeinschaft, wir feiern zusammen das Abendmahl, wir beten.
Im Text wird nicht gesagt, daß Kinder vom Abendmahl ausgeschlossen sind! Alle Getauften essen zusammen, erinnern sich an Jesus, teilen sogar ihren Besitz miteinander. Der Name „Christ" hat Konsequenzen. Es ist wichtig, das den Kindern zu vermitteln.

Gestaltungsvorschlag

Erzählung

(Es wird aus der Sicht der Jüngerin Johanna erzählt, s. Himmelfahrt)
Zu Pfingsten in Jerusalem, da ist etwas geschehn! Das konnte Johanna nicht so schnell vergessen, das würde sie nie vergessen! (Erinnert ihr euch? …)
Jesus hatte sein Versprechen gehalten. Der Heilige Geist begeisterte die Jüngerinnen und Jünger, erfüllte sie mit der Kraft Gottes. Wie ein Sturm erfaßte er sie, und wie ein Feuer entzündete er ihre Herzen. Voller Begeisterung erzählten sie von Jesus Christus, der ihr Leben verändert hatte.
Auch Johanna erzählte oft davon. „Ich habe den Fürstenhof des Herodes verlassen und bin mit Jesus gegangen", sagte sie. „Mein ganzes Geld habe ich unserer kleinen Gemeinschaft zur Verfügung gestellt. Wir haben damals alles geteilt. Jesus hat mich gesund gemacht. Ihn lobe ich für immer.

Als sich Jesus von uns verabschiedete, versprach er uns die Kraft des Himmels, daß wir in seinem Namen weiterleben könnten. Und das ist an Pfingsten geschehen.
Viele Menschen waren angerührt von unserem Erzählen von Jesus Christus. Sie fragten Petrus, unseren Gemeindeleiter: ‚Wir wollen auch umkehren von falschen Wegen. Was sollen wir tun?' Petrus sagte nur: ‚Tut Buße, verändert euer Leben, laßt euch taufen auf den Namen Jesu Christi zur Vergebung eurer Sünden. Ihr werdet die Kraft des Himmels empfangen.'
Dreitausend Menschen haben sich taufen lassen. 3000 Menschen haben ihr Leben in den Machtbereich Jesu gestellt – und nicht unter den römischen Kaiser. 3000 Menschen in Jerusalem haben sich von Pfingsten an geweigert, den römischen Kaiser anzubeten. ‚Ich bete nur Jesus Christus an', sagte jeder und jede von uns Christen. Glauben und Vertrauen und sich zu Jesus Christus bekennen kann keiner für sich allein. Gut, daß es die Gemeinde gibt. Gut, daß es den Gottesdienst gibt:
„Jeden Tag", so erzählte Johanna, „treffen wir uns im Haus Gottes, im Tempel, zum Gottesdienst und danach in den Häusern der Familien. Wir erinnern uns an Jesus, wir essen zusammen und wir beten zusammen. Immer mehr Leute sind zu uns gekommen, besonders arme und traurige Leute. Sie suchen Hilfe bei uns. Und wir haben offene Häuser. Wir versuchen, nach dem Wort von Jesus zu leben: ‚Kommet her zu mir alle, die ihr mühselig und beladen seid; ich will euch erquicken.'" (Mt 11,25)
Johanna war glücklich in ihrer Gemeinde in Jerusalem. Und sie betete, daß noch viele Jesus Christus finden möchten, und daß sich noch viele von Jesus Christus finden lassen.

Vorbereitung einer Aktion „Teilen"

Zum Beispiel ein Projekt von BROT FÜR DIE WELT vorstellen oder: die Kollekte im Gottesdienst ausführlich kennenlernen oder: Spielzeug mit Flüchtlingskindern teilen oder in Spielstuben des Diakonischen Werkes: Die Kinder können überlegen, für wen sie ihr Spielzeug abgeben wollen.

Gebetsrunde

Die Kinder schreiben oder malen auf eine Postkarte, wofür sie danken, wofür sie Gott einmal loben wollen.

Die Karten werden in den Kreis gelegt oder zum Altar gebracht. Dann sagen die Kinder, wofür sie Gott loben. Alle singen jeweils „Gott, wir loben dich" nach der Melodie von „Herr, erbarme dich", EG178,11

Das kann auch das Schlußgebet im Gottesdienst mit den Erwachsenen sein.

Gemeinsam teilen und essen

Tauferinnerung feiern

Zum Beispiel so: Die Taufschale mit Wasser füllen. Die Kinder werden in einer Prozession nach vorn gebeten. Die Leiterin oder der Leiter taucht die Hand in das Wasser und zeichnet mit dem Finger ein Wasserkreuz in die geöffnete Hand eines jeden Kindes mit den Worten: „Jesus Christus segnet dich."

Lied: Zu Ostern in Jerusalem

Lydia Laucht, Schauenburg-Hoof

VIII Grenzen öffnen und überschreiten

Lieder: *Gott hilft Grenzen überwinden, s. u.*
Der Himmel geht über allen auf , LfK 1 B 19; MK 207; LJ 364
Herr, gib mir Mut zum Brücken bauen, MKL 75; LJ 697
Fäden knüpfen und verbinden, in „Aufstehn", Ein himmlisches Kind fliegt
gegen den Wind, Janssens Musikverlag, Telgte
Ich möcht, daß einer mit mir geht, EG 209

Liturgischer Text: Psalm 98, 1–4

Sonntag	Text/Thema	Art der Zusammenkunft Methoden und Mittel
14.6.1998 1. Sonntag nach Trinitatis	Apostelgesschichte 8,26–39 „Er zog aber seine Straße fröhlich."	Gottesdienst mit Kindern Seil, als Kämmerer verkleideter Mitarbeiter oder Mitarbeiterin, Erzählung, Fest mit Liedern und Tänzen
21.6.1998 2. Sonntag nach Trinitatis	Apostelgeschichte 9,1–20 „Und es fiel von seinen Augen wie Schuppen."	Gottesdienst mit Kindern (und Erwachsenen) Erzählung, Gespräch, Kartons beschriften,
28.6.1998 3. Sonntag nach Trinitatis	Apostelgeschichte 10,1–48 * „Nun erfahre ich in Wahrheit, daß Gott die Person nicht ansieht."	Gottesdienst mit Kindern und Erwachsenen Drei Erzählteile durch drei verschiedene Personen an verschiedenen Orten des Raumes
5.7.1998 4. Sonntag nach Trinitatis	Apostelgeschichte 16,9–15 „Komm herüber und hilf uns!"	Gottesdienst mit Kindern (und Erwachsenen) Atlas, Bilder von Philippi und Umgebung, Erzählung und szenische Darstellung, bunte Tücher

Gott hilft Grenzen überwinden

Text und Musik:
Siegfried Macht

Gott hilft Gren- zen ü- ber- wind- den. Gott macht, daß die
Mau- ern schwin- den. Got- tes Geist hilft uns ver- stehn
und zum fer- nen Näch- sten gehn.

Die Kinder stehen einander in zwei Reihen mit etwa 4 kleinen Schritten Abstand gegenüber. In jeder Reihe sind die Hände beider Nachbarn locker herabhängend gefaßt. Schrittmaß ist durchgängig die halbe Note (hier also 2 ruhige Schritte pro Takt). Alle Schritte werden eher klein ausgeführt.

Takt Bewegung

1 Beide Reihen gehen aufeinander zu.
2 Beide Reihen begegnen sich und gehen weiter, Reihe A hebt dabei die Hände zu Torbögen, Reihe B löst die Fassung und geht unter den erhobenen Händen von Reihe A hindurch.
3+4 Beide Reihen gehen weiter, Reihe A senkt dabei die Hände.
5+6 Jede(r) dreht sich mit 4 Schritten um. (Halbe Drehung, so daß die Reihen jetzt zueinander schauen)
7+8 Beide Reihen gehen aufeinander zu.

Die Reihen stehen jetzt wieder in etwa in der Entfernung der Ausgangsstellung, so daß alles nach Belieben wiederholt werden kann; zu jedem Neueinsatz wird wieder „zu Grenzen" durchgefaßt, die dann „überwunden" werden…

Ähnliche Bewegungsfolgen können und sollen natürlich auch mit den Kindern gemeinsam erfunden und erprobt werden, nach Möglichkeit sollte jedoch das „Bewegungsvokabular des jeweiligen Liedtextes den Ausgangspunkt der Umsetzung bilden, um die Chance der Korrespondenz von Text, Musik und Bewegung nicht der Beliebigkeit zu opfern.

Siegfried Macht, Hannover

Zum Thema dieser Einheit

„Gehet hin und machet alle Völker zu Jüngern!" Mit diesen Worten (Mt 28,20) hatte der auferstandene Christus seine Jünger beauftragt, sein Werk fortzusetzen, allen Menschen vom Reich Gottes zu erzählen und sie durch die Taufe in die Gemeinschaft der Glaubenden aufzunehmen. Die Apostelgeschichte des Lukas schildert, wie sich die Apostel dieser Aufgabe stellten und wie die Botschaft von Jesus Christus, von Jerusalem ausgehend, immer weitere Kreise zog: Palästina – Kleinasien – Griechenland – und schließlich Rom.

Dabei überwand die Botschaft nicht nur geographische Grenzen, sondern auch religiöse Grenzen, die von Menschen gezogen waren. In vielen Religionen jener Zeit war der Eintritt durch eine Reihe von komplizierten Bestimmungen geregelt; volle Religionszugehörigkeit wurde erst nach langer Zeit ermöglicht. So wurden viele Menschen von der vollwertigen Religionszugehörigkeit ausgegrenzt. Christ zu werden war demgegenüber nur an zwei Voraussetzungen geknüpft: an den Glauben an Jesus Christus als Gottes Sohn und an die Taufe.

Vor diesem Hintergrund sind die vier ausgewählten Geschichten aus der Apostelgeschichte Zeugnisse davon, daß die gute Botschaft von Anfang an *allen* Menschen galt – die Vorgeschichte eines Menschen, seine Geschlechtszugehörigkeit, Nationalität oder bisherige Religion spielten keine Rolle mehr. Im Gegenteil: der kulturfähige Kämmerer, der haßbesessene Saulus, der feindliche Soldat Kornelius und die Heidin und Frau Lydia – sie alle dürfen nun dazugehören, weil die Botschaft von Gottes Liebe alle Grenzen zwischen Menschen überflüssig gemacht hat.

Niemand der vier „neuen" Christen wurde dabei zwangsmissioniert; die Taufe und das eigene Ja zum Glauben an Jesus Christus geschahen freiwillig und führten zu Freude (Kämmerer, Kornelius, Lydia) bzw. dem Wunsch, selbst bei der Ausbreitung der guten Botschaft mitzuwirken (Paulus).

Eine Grenzöffnung erfahren und erleben auch die Missionierenden. Sie werden zu Werkzeugen Gottes in einem Geschehen, das Grenzen zwischen Menschen aufhebt und in dem deutlich wird, daß Gottes Liebe allen Menschen gilt, Juden und Nichtjuden, Frauen und Männern, Einheimischen und Ausländern; selbst der Haß zwischen Menschen (Saulus und die Christen; Kornelius und die Israeliten) wird durch die grenzüberschreitende Botschaft von Gottes Liebe überwunden.

Alle vier Geschichten stehen symbolisch als Zeichen der Liebe Gottes, die sich durch keine Hindernisse von Menschen abhalten läßt, sondern Hindernisse öffnet und sie überschreitet.

Das Thema dieser Einheit und die Kinder

Kinder sehnen sich nach Gemeinschaft, nach Freundschaft und nach dem Gefühl, irgendwo dazugehören zu dürfen. In der Familie sind solche Gemeinschaftserfahrungen nicht mehr selbstverständlich. Dafür kommen Kinder außerhalb des familiären Umfeldes – im Kindergarten und in der Schule, in Vereinen und im Freundeskreis – häufig mit anderen Kindern zusammen und machen, wie Erwachsene, die Erfahrungen von Geliebt- und Abgelehntwerden. Mit am härtesten treffen Kinder dabei Sätze wie „Du gehörst nicht zu uns" oder „Du hast bei uns nichts zu suchen" oder „Mit Dir wollen wir nichts zu tun haben." Nicht immer, aber sehr häufig bekommen das solche Kinder zu hören, die entweder neu in ein Wohngebiet / einen Ort gezogen sind oder arm oder äußerlich auffällig sind.

Die traurige Kehrseite dieser Ereignisse besteht darin, daß es offensichtlich mehr als genug Kinder gibt, die, vor allem als Mitglieder einer Gruppe, mit ungemeiner verbaler Brutalität andere Kinder ausgrenzen und ihnen den Zugang zu einer Gemeinschaft verhindern wollen.

Hinzu kommt, daß es manchmal ein und dieselben Kinder sind, die in einer bestimmten Gruppe zu den „Fremdenfeindlichen" gehören und gleichzeitig in einer anderen Gruppe selbst ausgegrenzt und abgelehnt werden.

Somit dürften fast alle Kinder, mit denen wir zusammen diese Gottesdienste feiern, beides schon erfahren und erlebt haben: wie sie jemanden ausgegrenzt haben – und wie sie selbst ausgegrenzt wurden. Das bedeutet, daß wir den Kindern Geschichten erzählen, deren Verlaufsmuster ihnen bekannt sind, weil sie sie selbst – in anderen Zusammenhängen – schon oft erlebt haben und auch wieder erleben werden.

Vor diesem Hintergrund können diese Missionsgeschichten aus grauer Vorzeit unter Umständen zu Geschichten werden, die die Kinder sehr existentiell betreffen: Zum einen erkennen sie, daß es nicht Gottes Willen entspricht, wenn Menschen einander ausgrenzen, und das kann sie zum Nachdenken über ihr eigenes Verhalten bringen; zum anderen erhalten sie die beruhigende Gewißheit, daß in der Gemeinschaft der Christen von Anfang an bis zum heutigen Tag alle Menschen dazugehören dürfen und daß niemand draußen bleiben muß.

Gerade im Blick auf den letzten Gedanken wird es wichtig sein, daß wir davon nicht nur *erzählen,* sondern auch viel Raum zum Erleben, Freuen und Feiern lassen.

Martin Grab, Niedereschach

14.6.1998 – 1. Sonntag nach Trinitatis – Apostelgeschichte 8, 26–39

„Er zog aber seine Straße fröhlich"

Lieder und liturgischer Text s. S. 116

Zum Text

Der Kämmerer aus Äthiopien war einer der vielen Menschen, die – meist zu einem jüdischen Wallfahrtsfest – von weit her nach Jerusalem reisten, um dort „anzubeten" (V 27). Die volle Zugehörigkeit zum Volk Gottes war ihm versagt geblieben, es ist anzunehmen, daß er Eunuch war und ihm nach 5 Mose 23,2 die Teilnahme am Tempelgottesdienst und den Opfern untersagt war.

Nach dem Aufenthalt in Jerusalem bricht er wieder zur beschwerlichen, wochenlangen Heimreise auf und liest in der Bibel bei Jesaja vom leidenden Gottesknecht. Er versteht nicht, was er liest. Erst Philippus, von Gott gesandt, erklärt ihm auf seinem Wagen, daß die Antwort auf seine Frage der leidende und auferstandene Jesus Christus ist. Der Kämmerer will nun auch dazugehören und bittet Philippus, ihn in einem Gewässer am Wegrand zu taufen. In seiner Frage „Was hindert's, daß ich mich taufen lasse?" schwingt unterschwellig die Angst vor erneuter Ablehnung, vor erneutem Draußenbleibenmüssen mit. Aber die Befürchtungen des Kämmerers sind grundlos. Er muß keine neue Grenz-Erfahrung machen. Er wird von Philippus getauft und darf nun dazugehören. Fröhlich macht er sich auf die Heimreise.

Nach V 26 wird Philippus vom „Engel des Herrn" dorthin geschickt, wo er dem Kämmerer begegnet. Dort angekommen, erhält er vom „Geist" die Anweisung, sich an den Wagen des Kämmerers zu halten (V 29). Und nach der Taufe wird Philippus vom „Geist des Herrn" entrückt (V 39). Diese Aufzählung himmlischer Wesen im Rahmen der Erzählung soll andeuten: ‚Was hier geschieht, geschieht im Auftrag Gottes.'

Der Text und die Kinder

Kindern (und auch Erwachsenen) geht es in unseren Gottesdiensten manchmal ähnlich wie dem Kämmerer: Sie hören etwas und verstehen es nicht. Insofern können sie mit dem Kämmerer mitfühlen.

Ein zweites dürfte für Kinder auch nachvollziehbar sein: Teil einer Gemeinschaft zu sein, dabeisein zu wollen, aber trotzdem nicht richtig dazuzugehören und nicht für voll genommen zu werden. Sie haben Fragen, und viele bleiben unbeantwortet, weil sie mit niemandem darüber reden können.

Da sich viele Kinder an diesem Punkt gut in den Kämmerer hineinversetzen können, soll der Übergang vom Nichtverstehen zum Verstehen, vom Draußenstehen zum ganz Dazugehören, ein wesentlicher Bestandteil des heutigen Kindergottesdienstes sein. Deshalb erzähle ich diese Geschichte aus der Sicht des Kämmerers. Die Erscheinung, die Philippus an die Straße bringt und sein plötzliches Verschwinden („entrückte der Geist des Herrn den Philippus") soll nicht weiter thematisiert werden, weil sie die Kinder eher verwirren könnte. Wichtig ist nicht, wie Philippus an die Straße und später nach Aschdod kommt; was zählt, ist, daß er im entscheidenden Moment da ist und dem Kämmerer hilft, eine Grenze zu überschreiten, die er aus eigener Kraft nicht überwunden hätte.

Gestaltungsvorschlag für jüngere und ältere Kinder

Lied: Ich möcht, daß einer mit mir geht

Vorbereitung der Erzählung

Wir haben den Gottesdienstraum mit einem Seil in zwei Teile geteilt. Auf der einen Seite stehen bzw. sitzen Mitarbeitende und Kinder, auf der anderen Seite steht ein als Kämmerer verkleideter Mitarbeiter oder eine Mitarbeiterin. Das Seil symbolisiert das Getrennt- und Ausgeschlossensein des Kämmerers.

Erzählung

Aus der Bibel (oder noch besser von einer selbstgestalteten Pergamentrolle) lesen wir den Kindern Jes 53,7 vor. „Versteht ihr das?" Kindern Zeit zum Antworten und Vermuten lassen, gegebenenfalls noch einmal vorlesen. Dann setzen wir mit der Erzählung ein:

So wie euch ist es vor vielen Jahren einem mächtigen Mann ergangen; er war Finanzminister bei der Königin von Äthiopien, seht ihn hier hinter der Absperrung stehen. Als Finanzminister mußte er viel Geld verwalten. Über jede Ausgabe und jede Einnahme mußte er Buch führen, denn es war ja nicht sein eigenes Geld, sondern das der Königin. Und der Finanzminister war ein gescheiter Mann. Er konnte gut rechnen und wußte über viele Dinge im Königreich Bescheid. Er wußte, wo Geld für den Straßenbau gebraucht wurde oder wo eine Wasserleitung repariert werden mußte. Und er wußte natürlich auch, wer wieviel Steuern an die Königin bezahlen mußte. Aber so gut er sich mit Geld auskannte, so wenig wußte er über Gott. Er wußte wohl, daß es Gott gab und auch, daß er zu ihm beten konnte. Aber viel mehr wußte er nicht. Deshalb fuhr er jedes Jahr einmal von Äthiopien nach Israel, in die Hauptstadt Jerusalem. Das war ein weiter Weg, zwei Wochen lang mußte er da mit seinem Pferdewagen durch die Wüste fahren, bis er in Jerusalem ankam. Aber er wollte unbedingt dort hin. Denn in Jerusalem gab es etwas, was es sonst nirgendwo auf der ganzen Erde gab: den Tempel. Hierher kamen Menschen von überall her, um Gott anzubeten, Dankopfer zu bringen und Gottes Nähe zu spüren. Und einer von diesen vielen Menschen war der Finanzminister aus Äthiopien. Aber jedes Mal erlebte er das gleiche: Er durfte nicht in den Tempel hineingehen. „Du bist ein Ausländer, siehst anders aus als wir und redest eine andere Sprache, deshalb darfst du nicht in den Tempel hinein", sagten ihm die Leute. „Aber im Vorraum des Tempels darfst Du zu Gott beten."

Auch in diesem Jahr war das so. Und nachdem der Finanzminister lange gebetet hatte, machte er sich wieder auf den Heimweg. In einem Laden in der Stadt hatte er sich noch eine Bibel gekauft, die es damals nicht als Buch, sondern als Schriftrolle gab. Er wollte unbedingt Gott kennenlernen. Wenn das im Tempel nicht möglich war, dann würde er mehr von Gott erfahren, wenn er die Bibel lesen würde, so hoffte der Finanzminister. Aber er hoffte vergebens. Er las und las und las – und er verstand es nicht. Immer wieder blieb er an derselben Stelle hängen. Es war zum Verzweifeln. Laut las er es sich selbst vor: (Jes 53,7) Es nützte nichts.

„Verstehst du das überhaupt, was du da liest?" hörte er plötzlich eine Stimme vom Straßenrand. Der Finanzminister zuckte zusammen und schaute sich um. Richtig, da stand ein Mann am Straßenrand. „Halt an", befahl der Finanzminister dem Kutscher. Der Wagen hielt an, und der Finanzminister wandte sich an den Fremden: „Du fragst, ob ich das verstehe, was ich lese. Nein, ich verstehe es nicht, überhaupt nicht. Dabei habe ich mir diese Schriftrolle eigens dafür gekauft, um Gott kennenzulernen. Aber wie soll ich das verstehen, was hier steht, wenn es mir niemand erklärt?" Bittend schaute er den Fremden an: „Kannst du mir das erklären? Steige zu mir in meinen Wagen und erkläre es mir." Der Fremde stieg ein.

„Wie heißt du eigentlich?" fragte ihn der Finanzminister. „Ich heiße Philippus", sagte der Fremde. Und begann zu erzählen – nicht von sich, sondern von dem Mann, mit dem er ein Jahr lang durch das ganze Land gezogen war – von Jesus. Der Finanzminister kam aus dem Staunen nicht

mehr heraus, als er hörte, was Philippus mit Jesus erlebt hatte: wie Kranke gesund wurden und wie verzweifelte Menschen bei Jesus neue Hoffnung fanden. Aber dann erzählte Philippus auch davon, wie die Römer, die Herrscher des Landes, Jesus zum Tode verurteilt und ihn ans Kreuz geführt hatten, eben so, wie man ein Schaf zum Schlachten führt. Und in diesem Moment begann der Finanzminister zu verstehen, wer mit diesem einen schweren Satz gemeint war: (Jes 53,7) Versteht ihr es auch? *(Kinder antworten lassen, eventuell zur Antwort hinführen.)*

Der Finanzminister wurde traurig, als er hörte, daß Jesus sterben mußte. Aber als Philippus ihm erzählte, daß Gott Jesus von den Toten wieder auferweckt hatte und daß Philippus und seine Freunde Jesus noch einige Male gesehen hatten, bevor er in die Welt Gottes wegging, da freute er sich. Nun hatte er also verstanden, wie das mit Gott war! Plötzlich schreckte er in seinen Gedanken auf: Was hatte Philippus da gerade erzählt? Daß Jesus ihnen aufgetragen hatte, alle Menschen aus allen Ländern zum Glauben zu führen und zu taufen. ‚Wenn das so ist', dachte sich der Finanzminister, ‚vielleicht darf ich da dann auch dazugehören, obwohl ich anders rede und anders aussehe als die Menschen hier. Ob ich Philippus danach frage?' Während er noch überlegte, ob er sich nun trauen sollte oder nicht, kamen sie an einem kleinen Fluß vorbei. Da nahm der Finanzminister all seinen Mut zusammen: „Philippus, ich glaube, daß dieser Jesus Gottes Sohn ist. Kannst du mich jetzt hier gleich taufen?" Diesmal war es Philippus, der dem Kutscher befahl anzuhalten. Philippus und der Finanzminister stiegen aus und gingen in den Fluß hinein. Da nahm Philippus Wasser, goß es über den Finanzminister und taufte ihn. Danach stiegen sie aus dem Wasser heraus.

Erst als er am Wagen angekommen war, merkte der Finanzminister, daß Philippus gar nicht mehr da war. Er suchte ihn, aber er fand ihn nicht. Zu gerne hätte er sich noch bei Philippus bedankt. Aber er war nicht mehr zu sehen.

Der Finanzminister stieg wieder in seinen Wagen. Diesmal hatte sich die weite Reise gelohnt. Denn jetzt, das wußte er, gehörte er dazu. Und das machte ihn froh.

Nach der Erzählung

Wir binden das Seil wieder los, weil jetzt auch der Kämmerer zu uns gehört und ihn nun keine Grenze mehr von uns trennt. Die Kinder dürfen dem Kämmerer Fragen stellen. Er erzählt uns von seiner Freude, und mit Liedern und Tänzen (etwa zu „Der Himmel geht über allen auf" oder „Gott hilft Grenzen überwinden") feiern wir ein Freudenfest. Nach dem Gottesdienst ziehen auch wir „unsere Straßen fröhlich".

Martin Grab, Niedereschach

21.6.1998 – 2. Sonntag nach Trinitatis – Apostelgeschichte 9, 1–20

„Und es fiel von seinen Augen wie Schuppen"

Lieder und liturgischer Text: s. S. 116

Zum Text

Saulus, ein Jude aus Tarsus, gehört zu denen, die nach der Steinigung des Stephanus die ersten Christen verfolgen. Er läßt sich vom Hohenpriester in Jerusalem Vollmachten ausstellen, die es ihm ermöglichen, Christen in Damaskus gefangenzunehmen und sie nach Jerusalem zu führen, wo sie vor dem Hohen Rat wegen Irrglaubens verurteilt werden sollen. Kurz vor Damaskus hat Saulus eine Vision und sieht ein helles Licht. Gleichzeitig hört er die Stimme des auferstandenen Jesus: „Saul, warum verfolgst du mich?" Das Licht hat ihn blind gemacht, daher wird er nach Damaskus geführt, wo er im Haus des Judas aufgenommen wird. Drei Tage und drei Nächte fastet Saulus und ist blind (Parallelen: Jona im Bauch des Fisches; Jesus im Totenreich). Danach soll sich ausgerechnet einer der Menschen um Saulus kümmern, die er verfolgt: Hananias. Er wird dazu vom Auferstandenen beauftragt, verweigert sich aber zunächst massiv. Erst als Jesus ihm verspricht, diesen gefürch- teten Christenverfolger zu seinem Werkzeug zu machen, geht Hananias zu Saulus. In dieser Begegnung wird Saulus, nach drei Tagen Blindheit, wieder sehend. Er beendet das Fasten und läßt sich taufen. Durch die Taufe gehört auch er dazu – selbst die Grenzen des Hasses und der Angst sind überwunden. Danach bekennt Saulus, der sich bald darauf Paulus nennt, sich öffentlich –in den jüdischen Synagogen – zu Jesus als dem Sohn Gottes.

Der Text und die Kinder

Die Verfolgung der ersten Christen durch Saulus hat mit der Lebenswelt der Kinder zunächst nichts zu tun. Aber die Beziehung von Saulus zu den Christen (Haß, Gewalt) und die Beziehung der Christen zu Saulus (Angst, Bedrohtheitsgefühle) können sie nachvollziehen. Denn Haß, Bedrohung, Gewalt und Angst sind Kindern – leider – nicht fremd; sie kennen all das auch nicht nur aus dem Fernsehen oder aus Computerspielen, sondern erleben und erfahren Gewalt und Haß oft am eigenen Leibe. Bereits im Kindergarten werden Kinder zu Tätern wie Opfern gewalttätiger Strukturen. In der Schulzeit verstärkt sich dies meist – sowohl in den Klassenzimmern als auch auf den Schulhöfen.

Da jedes Kind gerade die Situationen der Bedrohung und der Angst kennt, will ich die Berufung des Saulus einmal aus der Sicht des Hananias erzählen. So wird aus der Erzählung von der Berufung des Saulus eine Geschichte, die Mut macht, weil sie zeigt, daß die Botschaft von Jesus Christus auch Haß zwischen Menschen und Angst überwinden kann.

Bausteine für Kinder und Erwachsene

Predigttext im Gottesdienst der Erwachsenen ist an diesem Sonntag Eph 2, 17–22. Vielleicht wäre es dort, wo Kindergottesdienst und Gottesdienst der Erwachsenen parallel stattfinden, möglich, daß die Kinder schon nach dem Eingangslied in den Kindergottesdienstraum gehen und im Schlußteil des Gottesdienstes von Saulus und Hananias erzählen. Dies könnte den relativ trockenen Predigttext herzhaft konkretisieren. Als gemeinsames Schlußlied paßt sowohl zum Predigttext als auch zur Erzählung von Saulus und Hananias das Lied „Ich möcht so gerne Brücken bauen".

Gestaltungsvorschlag für jüngere und ältere Kinder

● **Erzählung**

Heute will ich euch von einem Mann erzählen, dessen Namen ihr vielleicht noch nie gehört habt: Hananias hieß dieser Mann, und er lebte in einer der größten Städte seiner Zeit, in Damaskus. Diese Stadt war einige Tagereisen von Jerusalem entfernt, und es war dort ganz schön etwas los in jenem Jahr, vor allem seit einige Menschen aus Jerusalem gekommen waren. Diese Menschen hatten miterlebt, wie Jesus nach seinem Tod wieder auferstanden war. Und allen Menschen auf der ganzen Welt

wollten sie das erzählen, eben auch den Menschen in Damaskus. Die reagierten unterschiedlich. Die meisten sagten: „Die spinnen, die Jerusalemer! Noch nie ist ein toter Mensch wieder lebendig geworden!"

Aber einige Einwohner von Damaskus wollten mehr von Jesus hören, und die Jerusalemer blieben lange Zeit bei ihnen in der Stadt. Immer wieder kamen sie alle zusammen – sie trafen sich, um miteinander Geschichten von Jesus zu hören, zu beten und auch, um miteinander zu essen. So war in Damaskus eine Gemeinde von Christen entstanden.

Einige Monate später kamen wieder Menschen aus Jerusalem. Aber diesmal waren es nicht die Freunde Jesu, im Gegenteil: Es waren Männer, die überall nach Christen suchten, sie gefangennahmen und gefesselt nach Jerusalem brachten, wo sie zu schweren Strafen verurteilt wurden, weil sie – so sagte man – einen falschen Glauben hatten. Auch Hananias hatte von diesen Männern gehört, und er hatte Angst, nicht nur um sich selbst, sondern vor allem um seine Familie. Aber was sollte er tun? Sich verstecken? Flüchten? Zu alledem war es aber schon zu spät. So beschloß Hananias, seine Familie bei Verwandten zu verstecken – er selbst würde schon irgendwie durchkommen, so hoffte er. Und dann wartete er, denn irgendwann an diesem Tag würde es an seine Tür klopfen, und die Männer würden ihn mitnehmen. Ihre Namen kannte er nicht, nur einen, dessen Namen hatte er schon oft gehört. Und jeder sprach den Namen dieses Mannes voller Angst aus: *Saulus.* Wann würde er bei Hananias anklopfen? Hananias wartete voller Angst, aber nichts tat sich, den ganzen Abend nicht. Und genauso war es auch am nächsten Tag.

Erst am Abend erfuhr Hananias dann durch Jonas, der auch zur Gemeinde gehörte, Genaueres, etwas, das ihn sehr beruhigte und freute: „Stell dir vor", sprudelte Jonas los, „Saulus ist gestern vor dem Eingangstor von Damaskus vom Pferd gefallen. Und als seine Begleiter ihn aufheben wollten, haben sie gemerkt, daß Saulus blind geworden war. Sie haben ihn dann gleich nach Damaskus in das Haus des Judas gebracht – dort liegt er jetzt und ist immer noch blind." Schnell war Jonas wieder verschwunden, er wollte es auch den anderen erzählen.

Hananias freute sich sehr. So war es recht! Jetzt war Saulus blind, und das war sicherlich die gerechte Strafe Gottes für diesen Mistkerl! In dieser Nacht schlief Hananias tief und fest und vor allem zum ersten Mal seit langem wieder ohne Angst. Nun würde das Leben wieder seinen normalen Gang nehmen, morgen würde er gleich seine Familie nach Hause holen können.

Am nächsten Morgen aber hörte Hananias eine Stimme: „Hananias!" Und noch einmal: „Hananias!" Hananias erschrak fast zu Tode. Er kannte diese Stimme. Es war die Stimme Jesu. Zitternd antwortete er: „Hier bin ich, Herr." Dann hörte er wieder Jesu Stimme: „Hananias, geh in das Haus des Judas zu einem Mann namens Saulus." ‚Zu Saulus gehen? Ich? Ausgerechnet zu ihm?' schoß es Hananias durch den Kopf. Aber da war schon wieder die Stimme Jesu: „Ich bin Saulus begegnet, seitdem ist er krank und betet. Ich brauche jetzt dich, damit du ihm die Hand auflegst und ihn wieder sehend machst." Hananias schüttelte den Kopf: „Herr, weißt du nicht, wer dieser Saulus ist? Deine Apostel in Jerusalem hat er gequält, und überall nimmt er Menschen gefangen, die zu dir beten. Auch uns wollte er nach Jerusalem abführen. Willst du mich wirklich zu so einem Menschen schicken?" Da hörte er noch einmal die Stimme Jesu: „Hananias, Saulus hat sich gewandelt. Er hat eingesehen, daß er Böses getan hat. Geh hin, du wirst staunen."

Hananias konnte nichts mehr antworten. Da war sie wieder, diese Angst vor Saulus. Und da sollte er jetzt hingehen. Zögernd machte er sich auf den Weg. Bald hatte er das Haus des Judas erreicht. Merkwürdig, die Freunde des Saulus standen da, als ob sie ihn erwarten würden. Hananias betrat das Haus und wurde in ein kleines Zimmer geführt. In der Ecke stand ein Bett, und darin lag, verkrümmt und stöhnend, ein Mann: Das also war der gefürchtete Saulus. Hananias trat näher und sah, daß Saulus viele Tränen über die Wangen liefen. Nein, das war nicht mehr der gefürchtete Saulus, dachte Hananias bei sich; das war ein Mensch, der Hilfe brauchte. Und plötzlich hatte Hananias Mitleid mit Saulus. Er legte ihm die Hände auf und sagte: „Lieber Bruder Saulus, du hast Menschen verfolgt, die zu Jesus beten. Dieser Jesus aber hat mich zu dir geschickt, damit du wieder sehen kannst und erkennst, daß Jesus wirklich Gottes Sohn ist."

Auf einmal erhob sich Saulus. Er konnte wieder sehen. Ganz nahe saßen sich die beiden Männer nun gegenüber und schauten einander an. ‚Nein', dachte Hananias, ‚vor diesem Mann muß niemand mehr Angst haben. Dieser Mann ist mir ganz nahe, wie ein Bruder.' Und während er Saulus betrachtete, sprach dieser mit leiser Stimme: „Lieber Hananias, ich habe nur einen Wunsch: Ich will getauft werden und zu euch dazugehören, damit ich allen Menschen von Jesus erzählen kann." Noch am gleichen Tag wurde Saulus getauft und in die Gemeinde aufgenommen.

Tage später ging Hananias durch die Stadt zum Einkaufen. Da bemerkte er einen großen Menschenauflauf auf dem Marktplatz. Merkwürdig, es war doch gar kein Markttag. Hananias ging näher hin und sah eine große Menschenmenge, die sich um einen Mann scharte, den er jetzt gut kannte: Es war Saulus. Mit Feuereifer erzählte er von Jesus und von Gott, er, der noch vor einigen Wochen soviel Angst verbreitete. Übrigens hatte Saulus es gar nicht mehr so gerne, wenn man ihn Saulus nannte. Er nannte sich jetzt Paulus, denn mit dem neuen Leben sollte der alte Saulus nichts zu tun haben.

Hananias ging schmunzelnd weiter. Er freute sich über den neuen Glaubensbruder und dankte Jesus dafür, daß er vor Saulus – nein: Paulus – keine Angst mehr zu haben brauchte.

Nach der Erzählung

Lied: Gott hilft Grenze überwinden
Wir stellen zwei Mitarbeiter oder Mitarbeiterinnen einander im Abstand von ein paar Metern gegenüber. Sie stellen Saulus und Hananias dar.
Wir kommen mit den Kindern ins Gespräch über die Frage: „Was hat Hananias und Saulus voneinander getrennt?" Wir sammeln die Antworten (mögliche Antworten sind z. B.: „Haß", „Angst" und Ähnliches), beschriften Kartons damit, legen sie auf den Boden zwischen Saulus und Hananias und markieren damit eine Grenze zwischen beiden.

Wir überlegen, was diese Grenze überwunden hat, u. a. Blindheit und Reue bei Saulus, Mut und Gottvertrauen des Hananias, das Eingreifen des Auferstandenen durch die beiden Erscheinungen. Auch diese Antworten schreiben wir auf (wenn möglich: bunte) Kartons und legen sie über die Kartons, auf die wir das Trennende geschrieben haben.
Wir gehen miteinander über diese „Brücke des Friedens" und singen danach das Lied „Herr, gib mir Mut zum Brücken bauen".

Martin Grab, Niedereschach

28.6.1998 – 3. Sonntag nach Trinitatis – Apostelgeschichte 10, 1–48 *

„Nun erfahre ich in Wahrheit, daß Gott die Person nicht ansieht."

Lieder und liturgischer Text: s. S. 116

Zum Text

Zwischen Kornelius und der jüdischen Bevölkerung besteht eine Grenze gleich in zweifacher Hinsicht: Er ist Nichtjude und gehört als Hauptmann der römischen Besatzungsmacht zu den „Feinden". Mit einem Menschen wie ihm Umgang zu haben, gilt für Juden als nicht statthaft. Da auch die ersten Christen seiner Zeit nur unter Angehörigen der jüdischen Religion missionierten, war er auch vom Christentum ausgeschlossen. Daran ändert auch die Tatsache nichts, daß er „fromm und gottesfürchtig" war, „Almosen gab und betete" (V 2). Neues geschieht erst dadurch, daß Gott eingreift und ein Engel Kornelius beauftragt, Petrus holen zu lassen. Kornelius schickt sogleich eine Gesandtschaft

nach dem etwa 50 km entfernt gelegenen Joppe, wo Petrus sich gerade aufhält. Etwa zur gleichen Zeit hat Petrus während des Mittaggebets auf dem (Flach-)Dach eine Erscheinung, in der er dreimal dazu aufgefordert wird, unreine (d. h. nach den jüdischen Speisegesetzen verbotene) Speisen zu sich zu nehmen. Ihm bleibt nicht viel Zeit, sich die Bedeutung dieser Erscheinung zu erklären, denn mittlerweile sind die Männer aus Cäsarea angekommen. Nachdem er sie beherbergt hat, brechen diese Männer, Petrus und einige seiner Gefährten, auf und treffen einen Tag später bei Kornelius ein, bei dem sich inzwischen viele Verwandte eingefunden haben.
Petrus hat inzwischen begriffen, was die Erscheinung ihm sage wollte: Obwohl das

jüdische Gesetz den Umgang mit Fremden und den Besuch bei ihm verbietet, hat Gott ihn angewiesen, „keinen Menschen zu meiden oder unrein zu nennen" (V 28). Deshalb hat er sich auf den langen Weg zu Kornelius gemacht. Als der ihm nun von seiner Erscheinung erzählt, ist das für Petrus die endgültige Bestätigung dessen, „daß Gott die Person nicht ansieht", sondern daß für jedes Volk gilt: „wer ihn fürchtet, der ist ihm angenehm" (V 34.35).

Nun erzählt Petrus den Anwesenden die Geschichte von Jesus, dabei fällt der Heilige Geist auf alle. Das entsetzt die mitgereisten Genossen des Petrus, die immer noch der Meinung sind, daß sich nur ehemalige Juden, aber keine Heiden dem christlichen Glauben anschließen dürfen. Aber durch das Wirken des Heiligen Geistes, der bewirkt, daß auch die ehemaligen Heiden in Zungen reden und Gott preisen, ist diese Grenze überflüssig geworden. Kornelius und alle, die mit ihm zum christlichen Glauben gefunden haben, werden getauft und gehören fortan dazu.

Der Text und die Kinder

Sich ausgeschlossen zu fühlen, nicht dazugehören zu dürfen, am Rand zu stehen – das gehört für Kinder mit zum schlimmsten, was sie im zwischenmenschlichen Bereich erleben. Im Kindergarten und vor allem im Umfeld der Schule sind solche Ausgrenzungen an der Tagesordnung, nicht zu vergessen die Erfahrung, zu einem (Geburtstags-)Fest nicht eingeladen zu werden. Während wir Erwachsenen unsere Antipathie meistens auf höchst höfliche Weise ausdrücken können, sind Kinder da viel direkter: „Ich mag dich nicht!" „Du hast hier nichts zu suchen." „Du gehörst nicht zu uns, hau ab!"

Wir sollten uns darüber im Klaren sein, daß wir an diesem Punkt vielleicht offene Wunden einiger Kinder berühren, die in der zurückliegenden Woche vielleicht genau diese Erfahrung gemacht haben. In diesem Fall sollten die Kinder ihre verletzten

Gefühle auf jeden Fall aussprechen dürfen; und wenn diese im Schlußgebet noch einmal aufgegriffen werden, kann der Kindergottesdienst eine zwar nicht heilende, aber immerhin lindernde Auswirkung haben.

Je häufiger Kinder Erfahrungen des Nichtdazugehörens machen (und nur wenige Kinder machen sie nie), desto größer wird die Sehnsucht, irgendwo dazugehören zu dürfen. Von daher lohnt es sich, diese Geschichte so zu erzählen, daß der Schwerpunkt auf dem Wunsch des Kornelius liegt, zu dieser Gemeinschaft zu gehören.

Bausteine für Kinder und Erwachsene

Der Wochenspruch des 3. Trinitatissonntages steht in Lukas 19,10: „Der Menschensohn ist gekommen, um zu suchen und selig zu machen alles, was verloren ist." Dieses Sonntagsmotiv, das auch Berührungen mit der Erzählung von Kornelius und Petrus aufweist, läßt sich im Eingangsteil des Gottesdienstes entsprechend gestalten:

Lied: Freut euch, wir sind Gottes Volk, EG Regionalteil oder Komm, sag es allen weiter, EG 225

Eingangspsalm: „Froh über Gott" (Ps 100), in: Sagt Gott, wie wunderbar er ist, S. 55

Gebet

Gott,
wir danken Dir, daß wir heute morgen diesen Gottesdienst miteinander feiern können.
Du hast alle Menschen zu Dir eingeladen, große und kleine, junge und alte Menschen.
Jeder einzelne Mensch ist für Dich wertvoll. Du freust Dich über jeden Menschen, der den Weg zu Dir findet. Dafür danken wir Dir heute morgen. Amen.

Lobvers: Ich lobe meinen Gott, EG 272

Evangelienlesung: Lk 15,1–7: Das Gleichnis vom verlorenen Schaf

(Danach können die Kinder zum gewohnten Zeitraum in den Kindergottesdienstraum gehen. Die Alternative wäre, im Rahmen eines Familiengottesdienstes zusammenzubleiben und die Geschichte von Kornelius und Petrus zu spielen oder zu erzählen.)

Erzählvorschlag für jüngere und ältere Kinder

(In der Darstellung der Apostelgeschichte wechselt die Perspektive zwischen Kornelius und Petrus. Daher schlage ich eine Erzählung vor, die sich auf drei Mitarbeiter oder Mitarbeiterinnen verteilt. Eine liest oder erzählt die Perspektive des Kornelius (A), einer die des Saulus (B), der oder die dritte die Begegnung zwischen beiden (C). In Kindergottesdienstsituationen, in denen das nicht möglich ist, kann die Geschichte auch von einer einzigen Person erzählt werden. (Kleine Anregung: den „Kornelius-Teil" und den „Petrus-Teil" an verschiedenen Orten des Kindergottesdienstraumes erzählen, den letzten Teil dann wieder am Ort des ersten Teils.)

A

Nach Cäsarea ging kein Mensch aus Israel gerne hin. Denn Cäsarea war zwar eine moderne Stadt, aber keine israelische Stadt. In Cäsarea hatte der römische Statthalter seinen Palast; ein Fremder, über die Geschicke aller Menschen, die in Israel lebten. Die Israeliten durften nicht viel selbst bestimmen. Denn die Römer hatten Israel zu einer römischen Provinz gemacht. Und das machte die Menschen aus Israel zornig. Aber sie konnten nichts gegen den römischen Statthalter unternehmen. Cäsarea war nämlich voll von römischen Soldaten. Und diese Soldaten waren verhaßt.
Einer dieser Soldaten hieß Kornelius. Er war sogar mehr als ein gewöhnlicher Soldat, er war ein Hauptmann. Obwohl niemand in Israel die Römer leiden konnte, mochten ihn viele Menschen. Kornelius war nämlich ein guter Mensch. Nicht nur,

daß er fromm war, betete und Gott liebte – nein, Kornelius half auch vielen Menschen. Mal lud er einen Bettler auf der Straße zum Essen ein, mal gab er einer armen Witwe Geld, mal schickte er einer Familie seinen eigenen Arzt, damit der sich um die kranken Kinder kümmerte. Deshalb mochten ihn viele Menschen in Israel und dachten: „Schade, daß er nicht einer von uns ist." In der Tat: Obwohl Kornelius soviel Gutes tat und nach den Geboten Gottes lebte, galt er als „Heide", als Ungläubiger. Römer und andere Ausländer durften die Gottesdienste der Israeliten nicht mitfeiern.
Eines Tages erlebte Kornelius etwas, was er sein Leben lang nicht mehr vergessen sollte: Ein Bote Gottes kam zu ihm und sagte: „Kornelius, Gott freut sich darüber, daß du zu ihm betest und so viel Gutes tust. Er wird auch dir Gutes tun. In Joppe ist ein Mann namens Simon Petrus. Laß ihn zu dir kommen." „Und was wird dieser Petrus dann bei mir tun?" wollte Kornelius fragen; aber der Bote Gottes war schon verschwunden. Kornelius ließ zwei Knechte und einen Soldaten kommen, denen er vertraute. Er erzählte ihnen, was er mit dem Boten Gottes erlebt hatte. Dann machten sie sich auf den langen Fußmarsch nach Joppe. Am nächsten Tag um die Mittagszeit kamen sie in Joppe an.

B

Dort war gerade Simon Petrus auf das flache Dach des Hauses gestiegen, um zu Gott zu beten. Petrus war einer von denen, die Jesus selbst kennengelernt hatten. Ein Jahr lang war er mit Jesus durch Israel gezogen – hatte ihm zugehört, wenn er von Gottes grenzenloser Liebe erzählte; hatte gesehen, wie Jesus kranke Menschen heilte; hatte miterleben müssen, wie die Römer Jesus gekreuzigt hatten. Aber Gott hatte Jesus das Leben neu geschenkt, und Jesus hatte Petrus und seinen Freunden den Auftrag gegeben, allen Menschen von Gottes Liebe zu erzählen und zum Glauben an Gott zu führen. Und nichts anderes hatte Petrus seither getan. Zur Zeit war er in Joppe, einer kleinen Stadt am

Meer, erzählte Menschen von Jesus und taufte die, die sich zu Jesus als dem Sohn Gottes bekannten. Natürlich waren alle Menschen, die er bisher getauft hatte, Israeliten gewesen – von Menschen aus anderen Ländern hatte man sich fern zu halten, das hatte Petrus schon als Kind gelernt. Denn die galten als unrein, und man durfte mit ihnen genausowenig in Berührung kommen wie mit bestimmten Speisen, die den Israeliten als unrein galten.

Während Petrus nun betete, da war ihm plötzlich, als ob etwas vom Himmel herab und direkt auf ihn zukommen würde. Und nun sah er es ganz deutlich: Es war eine Tischdecke mit einem ganz eigenartigen Essen darauf: Eulen und Kriechtiere, Schweinefleisch und ein Adler und noch viele weitere Tiere, die alle eines gemeinsam hatten: Sie waren unreine Tiere, also Tiere, die Israeliten nicht essen durften. Und da hörte Petrus eine Stimme: „Petrus, iß davon!" Petrus wußte, das war die Stimme Gottes, und sagte: „Gott, ich habe noch nie etwas Unreines gegessen." Und die Stimme antwortete: „Was Gott rein gemacht hat, das soll auch für dich rein sein. Nenne es nie mehr unrein oder verboten." So ging das noch zweimal. Dann war es wieder ruhig, von dem Tuch war nichts mehr zu sehen. Verwundert rieb sich Petrus die Augen. Nein, er hatte nicht geträumt; er war sich ganz sicher, daß er das Tuch gesehen und die Stimme Gottes gehört hatte. Aber was hatte das zu bedeuten?

Petrus hatte nicht lange Zeit zum Überlegen. Denn unten an der Türe riefen Menschen seinen Namen. Und wieder hörte Petrus eine Stimme: „Es werden Männer zu dir kommen und dich bitten, mit ihnen nach Cäsarea zu reisen. Tu das ohne Angst." Petrus ging hinunter. Zwei Männer und ein römischer Soldat standen draußen – jetzt bekam er Angst. Wollten die ihn verhaften?

Der Soldat erzählte, von dem, was Gott zu Kornelius gesagt hatte, und auf einmal begann Petrus zu verstehen, was diese rätselhafte Tischdecke mit den unreinen Speisen zu bedeuten hatte. „Ich komme mit", sagte Petrus. „Ihr übernachtet hier bei mir, morgen machen wir uns auf den Weg nach Cäsarea."

C

Früh am nächsten Morgen verließen die Männer Joppe. Auch einige Freunde des Petrus waren dabei. Am Tag darauf erreichten sie Cäsarea. Der Soldat führte sie direkt zum Haus des Kornelius. Der wartete schon sehnsüchtig auf sie, und alle seine Verwandten und viele Freunde von ihm standen vor dem Haus. Kornelius rannte auf Petrus zu und ging vor ihm auf die Knie. Die umstehenden Menschen wunderten sich, denn daß ein Hauptmann vor einem einfachen Menschen auf die Knie fiel, das hatten sie noch nie gesehen. Der einzige, vor dem man kniete, war der Kaiser, und der war in Rom, der größten Stadt der Welt, aber nicht hier.

Petrus hob Kornelius auf und sagte zu ihm: „Ich bin auch nur ein Mensch. Du brauchst vor mir nicht niederzuknien. Nur einen beten wir an, das ist Gott, der Vater Jesu Christi." Die Männer betraten das Haus. Viele Menschen waren da. Petrus begann zu reden: „Normalerweise darf ich als Israelit nicht zu Ausländern gehen. Aber Gott hat mir etwas gezeigt, dessen Sinn ich jetzt erst verstanden habe: Ich sah eine Tischdecke mit Speisen, die für uns Israeliten verboten sind. Und Gott sagte zu mir: ‚Iß davon!' Damit hat Gott mir gezeigt, daß es für ihn keine reinen oder unreine Tiere gibt, und schon gar nicht reine oder unreine Menschen. Egal ob jemand ein Israelit ist oder ein Römer oder aus einem anderen Land kommt – Gott mag alle Menschen. Deshalb bin ich mit deinen Männern mitgekommen, Kornelius, als sie mich darum baten. Aber nun sage mir bitte – warum hast du mich hierher holen lassen?"

Kornelius antwortete: „Es ist einige Tage her, Petrus, da hat ein Bote Gottes zu mir gesagt, ich solle dich nach Cäsarea kommen lassen. Mehr weiß ich nicht." Petrus unterbrach ihn: „Aber ich weiß es jetzt ganz genau, warum ich da bin und was ich euch sagen soll. Ihr seid fromme und gute Menschen, und ich soll euch von Jesus erzählen." Petrus begann zu erzählen. Und auf einmal begannen Kornelius, seine Verwandten und seine Freunde Gott mit wunderbaren Gesängen und Gebeten zu loben.

Einige neugierige Israeliten waren in der Zwischenzeit dazugekommen. Und als sie sahen, wie Petrus, seine Freunde und diese Ausländer miteinander sangen und beteten, da riefen sie Petrus zu sich: „Diese Heiden haben nicht das Recht, mit uns zu singen und zu beten. Und du darfst nicht mit ihnen reden, das weißt du ganz genau." Aber Petrus antwortete: „Begreift ihr das nicht? Sie glauben genauso an Gott und Jesus Christus wie ihr und ich. Merkt ihr nicht, daß Gottes Geist auch in ihnen wirkt?"

Petrus ging wieder zu Kornelius und seinen Leuten zurück. Am gleichen Tag noch ließen sie sich taufen. Petrus und seine Freunde blieben noch einige Tage im Haus des Kornelius. Als sie abreisten, umarmte Kornelius den Petrus und sagte ihm: „Daß ich zu euch dazugehören darf, daß ich Gott genauso dienen darf wie du und deine Freunde, und daß ich für euch nun kein Römer mehr bin, sondern wie ein Bruder, das ist das Schönste, was ich in meinem ganzen Leben erlebt habe."

Lied: Gott hilft Grenze überwinden

Martin Grab, Niedereschach

5.7.1998 – 4. Sonntag nach Trinitatis – Apostelgeschichte 16, 9–15

„Komm herüber – und hilf uns!"

Lieder und litugischer Text: s. S. 116

Zum Text

Paulus ist im Rahmen seiner zweiten Missionsreise zusammen mit Silas und Timotheus in Troas, einer Hafenstadt in Kleinasien, angekommen. Dort erscheint ihm im Traum ein Grieche und bittet ihn, nach Mazedonien zu kommen. In der Gewißheit, daß dieser Traum einen neuen Auftrag Gottes darstellt (V 10), setzen Paulus und seine Gefährten umgehend mit dem Schiff nach Mazedonien über und erreichen einige Tage darauf Philippi.

Um mit der Bevölkerung in Kontakt zu kommen, gehen sie am Sabbat an den Fluß, treffen dort Frauen und kommen mit ihnen ins Gespräch. Das ist in jener Zeit ungewöhnlich, da Frauen nur bedingt als kultfähig gelten und – z. B. im Judentum – von bestimmten rituellen Handlungen ausgeschlossen sind. Eine der Frauen, die Händlerin Lydia, tritt zum Christentum über, läßt sich mit ihrem ganzen Haus – Familienangehörigen, Mägden, Knechten – taufen und beherbergt Paulus und seine Gefährten.

Es ist angesichts der von Männern dominierten Geschichte des europäischen Christentums äußerst interessant und bemerkenswert, daß der erste namentlich erwähnte Christ in Europa eine Frau ist.

Der Text und die Kinder

Die Erzählung von Lydia ist sehr weit weg von den Kindern. Nur Erwachsene kommen in ihr vor. Und die Schwerpunkte dieser Erzählung – das Missionswerk des Paulus erreicht Europa; mit einer Frau beginnt das europäische Christentum – dürften für die Kinder nicht sehr interessant sein, weil sie ohne Bezug zu ihrer eigenen Lebenserfahrung stehen.

Immerhin kann die Geschichte, ausgehend von der Vision des Paulus, für ältere Kinder recht spannend erzählt werden. Und die wichtige Erkenntnis, daß die Kirche anfangs keine Männerkirche war, dürfen wir älteren Kindern zumuten (und das ist ganz besonders wichtig angesichts der Tatsache, daß an den ersten drei Sonntagen dieser Reihe ausschließlich Männer vorkommen!).

Jüngere Kinder hören diese Geschichte vielleicht leichter, wenn Kinder darin auftauchen. Und Kinder kommen vor in dieser Geschichte, wir müssen nur zwischen den Zeilen lesen: Denn wenn Lydia sich mit ihrem ganzen Haus taufen ließ (V 15), dann wurden da mit Sicherheit auch Kinder getauft.

Bausteine für Kinder und Erwachsene

Schön wäre es, wenn wir im Eingangsteil des Gottesdienstes eine Taufe feiern könnten. Was die Kinder gesehen und miterlebt haben, können wir dann im Kindergottesdienst durch die Erzählung von Lydia und Paulus vertiefen.

Da zu diesem Zeitpunkt in einigen Ländern bereits Sommerferien sind bzw. unmittelbar bevorstehen, bietet sich auch die Möglichkeit, um den Themenbereich „Auf Reisen – wie die Botschaft von Jesus Christus nach Europa kam", einen Familiengottesdienst zu gestalten. Mögliche Bausteine: Atlas – Bilder von Philippi und Umgebung aus Katalogen der Reisebüros – Szenische Darstellung der Geschichte (erste Szene in Troas, zweite in Philippi) – Lydia und ihre (große) Familie mit bunten Tüchern bekleiden (sie ist Tuchhändlerin) – allen Gottesdienstbesuchern und -besucherinnen ein kleines buntes Tuch als Andenken mitgeben – und dazu die entsprechenden fröhlichen Lieder!

Erzählvorschlag für jüngere und ältere Kinder

(Erzähler oder Erzäherin flüstert: „Komm herüber nach Mazedonien und hilf uns!" und fragt die Kinder, was sie gehört haben. Ohne die Frage aufzulösen, mit der Erzählung beginnen:)

Monatelang war der Apostel Paulus nun schon unterwegs in Kleinasien. Wenn er zusammen mit seinen Gefährten Silas und Timotheus in eine der vielen Städte Kleinasiens kam, dann erzählte er den Menschen von Jesus – wie er kranken Menschen geholfen hatte, was er von Gott erzählt hatte, wie er gekreuzigt wurde und wie Gott ihn vom Tod wieder auferweckt hatte. Wenn Paulus mit seinen Erzählungen fertig war, riefen einige seiner Zuhörer: „Das sind ja erfundene Geschichten, du lügst uns an!" Andere schüttelten nur wortlos den Kopf und gingen nach Hause. Und dann gab es noch die, die mehr von Jesus wissen wollten. Einige kamen nach ein paar Tagen zu Paulus und sagten: „Wir glauben daran, daß Jesus der Sohn Gottes ist. Wir wollen auch zu euch dazugehören und getauft werden." Das war für Paulus und seine Freunde immer der schönste Lohn für ihre Arbeit, wenn Menschen gläubig wurden und sich taufen ließen. Die Getauften trafen sich dann immer wieder untereinander, beteten, sangen und feierten Gottesdienst miteinander. Wenn Paulus und seine Freunde dann zur nächsten Stadt aufbrachen, ließen sie eine neue christliche Gemeinde zurück. So war das nun schon mehrmals gewesen: in Antiochia, in Lystra, in Derbe und vielen weiteren Orten in Kleinasien. Nun waren sie in Troas angekommen. Sie waren müde von der langen Reise. Die Füße taten ihnen vom Laufen weh. Aber nun konnten sie sich erst mal ein wenig ausruhen.

Todmüde erreichten Paulus, Silas und Timotheus ihre Unterkunft, eine billige Pension. Sie aßen noch eine Kleinigkeit, dann fielen sie auf ihre Strohmatratzen und schliefen sofort ein. Aber mitten in der Nacht wurde Paulus hellwach. Hatte er eben nicht ein fremdes Gesicht gesehen? Das Gesicht eines Menschen, wie sie in Troas manchmal zu sehen waren auf den Schiffen, die aus Mazedonien herüberkamen? Ja, ohne Zweifel, das Gesicht war das eines Mazedoniers, der auf der anderen Seite des Meeres lebte! Und was hatte der Mann ihm zugeflüstert? Ganz deutlich klangen Paulus noch die Worte im Ohr: „Komm herüber nach Mazedonien und hilf uns!" Paulus schaute sich um. Neben ihm lagen Silas und Timotheus und schliefen fest. Aber sonst war niemand im Raum. Was aber hatte er gesehen? War es ein Traum? War er verrückt geworden? Oder hatte da Gott auf irgendeine Weise seine Hand im Spiel? Paulus legte sich wieder hin, aber gut schlafen konnte er nicht mehr.

Früh am Morgen weckte er Silas und Timotheus und erzählte ihnen, was er in der vergangenen Nacht erlebt hatte. Silas sagte: „Ich glaube, daß Gott uns mit diesem Traum nach Mazedonien rufen will." Timotheus stand auf: „Worauf warten wir dann noch? Gott will, daß wir auch in Mazedonien Menschen von Jesus erzählen. Gehen wir zum Hafen und nehmen das nächste Schiff nach Mazedonien!" Sofort packten sie ihre Sachen zusammen und bestiegen noch am selben Morgen ein Schiff nach Mazedonien. Gedankenverloren blickte Paulus über das Meer. War es wirklich Gott, der ihn auf diese Reise geschickt hatte, in dieses fremde Land, das er nur aus Erzählungen kannte? Was würde ihn dort erwarten? Und würde er dem Mann begegnen, dessen Gesicht er in der Nacht so deutlich gesehen hatte?

Am nächsten Tag schon gingen sie in Mazedonien an Land und erreichten Philippi, die größte Stadt Mazedoniens. Menschen aus vielen Ländern lebten hier zusammen: Griechen, Römer, Israeliten und noch einige mehr. „Übermorgen ist Sabbat", sagte Paulus, „da gehen wir an den Platz, an dem die Israeliten beten. Es ist bestimmt schön, wenn wir unsere Landsleute treffen."

Zwei Tage später kamen Paulus, Silas und Timotheus zum Betplatz, und sie staunten nicht schlecht: Da waren nur Frauen, keine Männer. Hatte Paulus nicht deutlich das Gesicht eines Mannes gesehen? Was sollten sie jetzt bei den Frauen? „Ob die das mit Jesus überhaupt verstehen?" fragte Silas. Paulus sah ihn streng an: „Weißt du nicht, daß es die Frauen waren, die bis zum bitteren Ende bei Jesus am Kreuz dabeigeblieben sind? Und daß die Männer, die Jünger, sich voller Angst versteckt und Jesus im Stich gelassen haben? Frag mal Petrus danach – dem ist das nicht sehr angenehm…" Weiter kam Paulus nicht.

Die Frauen hatten die Fremden entdeckt: „Kommt her und setzt euch zu uns. Erzählt, woher kommt ihr, und was führt euch hierher nach Philippi?"

Paulus, Silas und Timotheus setzten sich. Dann erzählte Paulus – von sich, von seinen Freunden, und vor allem von Jesus. Nach einiger Zeit gingen die meisten Frauen nach Hause. Am Schluß war nur noch eine Frau da. „Wie heißt du?" fragte Paulus. „Ich heiße Lydia und bin Purpurhändlerin." „Was ist das für ein Beruf?" fragte Silas. „Ich verkaufe Tücher und Stoffe, aus denen Kleider gemacht werden", antwortete Lydia. Und sie erzählte von sich, ihrer Familie und ihren Angestellten. Zum Schluß sagte sie: „Was du über Jesus gesagt hast, Paulus, das hat mich sehr angerührt. Ich bin zwar keine Israelitin und hatte bisher noch nie etwas von eurem Gott gehört, aber jetzt glaube ich, daß Jesus der Sohn Gottes ist. Und ich möchte, daß ihr auch allen von Jesus erzählt, die in meinem Haus wohnen."

So gingen die drei Männer mit in Lydias Haus. Paulus erzählte unermüdlich, und alle – die Kinder und die Erwachsenen –

hörten gespannt zu. Dann sagte Lydia: „Paulus, nun möchte ich mit meinem ganzen Haus getauft werden." Timotheus sah sich um: Erwartete Lydia, daß Paulus diese Mauern taufen würde? Sie schien seine Gedanken erraten zu haben: „Nein, Timotheus, nicht, was du denkst. Wenn ich sage, Paulus soll mich und mein Haus taufen, dann meine ich mich und alle, die mit mir in diesem Haus leben: meinen Mann, unsere Kinder, und auch die Angestellten, die hier arbeiteten." „Wenn ihr an Jesus Christus glaubt, dann steht dem nichts im Wege", sagte Paulus. Und so wurden an diesem Tag Lydia, ihre Familie und ihre Angestellten getauft. Es waren nicht die ersten Menschen, die Paulus taufte, und doch waren diese Taufen etwas Besonderes: Das Christentum war in Europa angekommen – in dem Erdteil, in dem wir leben.

Lied: Gott hilft Grenzen überwinden

Martin Grab, Niedereschach

IX Ich will mitten unter euch wohnen
Thema der Gesamttagung für Kindergottesdienst in Nürnberg 1998

Lied: Gott will bei euch wohnen, s. u.

Liturgischer Text: s. Handreichungen

Sonntag	Text/Thema	Art der Zusammenkunft Methoden und Mittel
12.7.1998 5. Sonntag nach Trinitatis	3. Mose 26,9–13 * „Ich will meine Wohnung unter euch haben" – Gott wohnt bei seinem Volk	Gottesdienst mit Kindern Gespräch, Erzählung, Logo ausmalen oder als Fensterbild gestalten oder als Puzzle
19.7.1998 6. Sonntag nach Trinitatis	Lukas 4,38–41 „Und kam in Simons Haus" – Mit Jesus wohnt Gott bei den Menschen	Gottesdienst mit Kindern Gespräch und Spiel, Erzählung, Bild malen oder Mandala
26.7.1998 7. Sonntag nach Trinitatis	1. Petrus 2,4–10 „Miterbaut zu einer Wohnung Gottes im Geist" – Wir sind lebendige Steine zu seinem Haus	Gottesdienst mit Kindern (und Erwachsenen) Zelt, Tücher, Bild von Ortskirche, Steine, großer Stein, Logo und Motto der Gesamttagung, beschriftete Kartons in Form von Steinen, Erzählung, Tanz

Gott will bei euch wohnen

Text: Hans-Jürgen Netz, Musik: Fritz Baltruweit © *tvd-Verlag Düsseldorf*

Aus: Meine Liedertüte, 1993, alle Rechte im tvd-Verlag, Düsseldorf

Vorbemerkung

Zum ersten Mal gibt es eine Gottesdienstreihe zum Motto einer „Gesamttagung für Kindergottesdienst". Damit kann den Gemeinden und Kindern die Gesamttagung nahe gebracht werden. Allerdings hat das den Nachteil, daß konkrete Ergebnisse der Gesamttagung, z. B. Tagungslied, Lieder, kreative Anregungen, Gestaltungsmaterialien noch nicht vorliegen.

Wenn Sie selbst bei der Gesamttagung waren oder jemanden kennen, der dabei war, fragen Sie bitte beim Organisationsbüro zur Gesamttagung, Postfach 440465, 90209 Nürnberg, Telefon 0911/4316-130/132, Telefax 0911/4316-101 nach weiteren Materialien. Wir bemühen uns, Ihre Anfragen umgehend zu beantworten, *aber bitte erst nach der Gesamttagung.*

Zum Motto der Gesamttagung

Bei seiner Entfaltung soll es darum gehen, Kindern und Erwachsenen Mut und Vertauen zu geben, sich auf die Zusagen Gottes zu verlassen und sich selbst einzubringen beim Bauen einer Welt, in der Gottes Botschaft lebendig ist.

Das Logo der Gesamttagung verdeutlicht die Zusage Gottes „Ich will mitten unter euch wohnen", sein Dabeisein in unserer Welt und unserem Leben. Gott und seine Botschaft haben hier ihren Platz. Die Kraft der Farben unterstreicht das. Es ist möglich, sich mehr in den alttestamentlichen (Gebotstafeln) oder den neutestamentlichen Vorstellungen (Pfingsten) zu finden.

Ich will mitten unter euch wohnen

3. Mose 26,11

12.7.1998 – 5. Sonntag nach Trinitatis – 3. Mose 26,9–13

„Ich will meine Wohnung unter euch haben" – Gott wohnt bei seinem Volk

Lieder: Gott will bei euch wohnen, s. o.
Siehe, ich bin bei euch alle Tage, EG 420
Ich will bei euch wohnen, MGR 53, LJ 396

Liturgischer Text: 3.Mose 26,12 „Ich will unter euch wandeln und will euer Gott sein, und ihr sollt mein Volk sein. "

Zum Thema

Das Wohnen Gottes in seiner Schöpfung ist von Anfang an Bestandteil der biblischen Überlieferung. Zu diesem Wohnen gehört die Begleitung seines Volkes und der Menschen, die sich zu ihm bekennen, auch in einer Zeit, in der sich viele von ihm abgewendet haben. Das wird z. B. in Geschichten von Noah, Abraham, Mose, Rut, David oder dem gesamten Volk Israel deutlich.

Mit der Seßhaftwerdung Israels wurde auch Gott „seßhaft". Aus den ursprünglich ungebundenen Formen seines Wohnens im Wind, in der Wolken- und Feuersäule, den Traumerscheinungen wurden feste Formen wie Zelt und später der Tempel. Angefangen hat dieser Prozeß auf Gottes Auftrag hin mit den Tafeln der Gebote, die in der Bundeslade, Gottes erster fester „Wohnstätte", aufbewahrt wurden. Den Menschen hat das für die Gestaltung ihres Glaubenslebens sehr geholfen. Aber gleichzeitig war dies mit dem Beginn, sich Gott begreiflich bzw. greifbar zu machen, verbunden. In den Vorstellungen der Menschen wurde Gottes Unfaßbarkeit, seine Größe und Weite „in kleine Münze gebracht". In der Zeit des Exils, als Israel heimatlos war, hatte Gott auch keine Wohnung, sondern war lebendig in und durch die Gemeinschaft der Menschen. Im Neuen Testament hat Gott diese Gemeinschaft ganz konkret werden lassen in Jesus Christus: „...und wohnte unter uns" (Joh 1,14).

Bis in unsere Zeit hat die Vorstellung vom Wohnen Gottes unter uns durch den Bau und die zum Teil sehr prunkvolle Ausstattung von Kirchen ihren Ausdruck gefunden. Einhergegangen ist aber damit oftmals eine Fixierung Gottes auf die Kirchen („Da wohnt Gott") und die Entfernung vom alltäglichen Leben. Dagegen zeigt das Motto an: Gott will mitten unter uns und in unserem ganzen Leben dabeisein.

Wie dieses gemeinsame Wohnen Gestalt gewinnen kann, zeigen u.a. die zehn Gebote auf den beiden Gebotstafeln. Wie auch immer das Wohnen jedes Menschen aussieht, die Gebote sind der für alle geltende Rahmen für eine gute Ordnung in der Gemeinschaft untereinander und mit Gott.

3 Mose 26,11 steht im Zentrum einer Gottesrede. Gott verheißt seinem Volk: Wenn ihr an mich glaubt und meine Gebote halten werdet, wird es euch alle Zeit gut gehen und ihr werdet unter meinem Segen leben (V 1–10). Wenn ihr mich und meine Gebote mißachtet, wird es euch schlecht ergehen und ihr werdet unter meinem Fluch leben (V 14–39). Gegründet ist dies in V 13: „Denn ich bin der Herr, euer Gott, der euch aus Ägypten geführt hat."

Das Thema, der Text und die Kinder

Die Kinder werden das Motto eher lokal verstehen: Gott wohnt in der Kirche, in einem Haus, so wie sie auch in einem Haus wohnen. Haus oder Wohnung verbinden

Gesamttagung für Kindergottesdienst
21. bis 24. Mai 1998 in Nürnberg

Ich will
mitten unter euch wohnen

3. Mose 26,11

EINLADUNG

Herzliche Einladung zur Gesamttagung für
Kindergottesdienst 1998 in Nürnberg!

Gleichgesinnte treffen – miteinander feiern – fachsimpeln –
auftanken – mit neuen Ideen heimkehren unter dem Motto
»Ich will mitten unter Euch wohnen«.

Das Logo möchte einstimmen auf Gottes Einladung:
- Tiefes Blau weist auf Gottes bergende Gegenwart unter dem
  weiten Himmelszelt.
- Grün ist die Erde, auf der wir leben. Gottes Schöpfung, aus der
  wir empfangen, was wir zum Leben brauchen.
- Rotes Feuer flackert lebendig und ist Zeichen der Gegenwart
  Gottes. »Ich werde mit dir sein« – so hat Mose Gott im
  brennenden Dornbusch am Berg Sinai kennengelernt.
- Die gelben Steintafeln sind der ruhende Gegenpol inmitten
  der Welt. Fest und unverrückbar bieten Sie einen Ort der
  Besinnung und Orientierung auf Gottes Willen, wie ihn
  auch Jesus uns vorgelebt hat.

So möchte Gott mitten unter uns wohnen und
Raum zum Leben schenken.

Das Logo signalisiert Veränderung und Orientierung,
symbolisiert eine feste Grundlage und den notwendigen
Aufbruch zugleich.

Was Sie tun müssen, um sich anzumelden, entnehmen Sie bitte
dem Einladungsheft zur Gesamttagung.
Bitte fragen Sie in Ihrem Pfarramt/Ihrer Landeskirche nach,
wenn Sie bis Mitte Oktober noch keine Einladung erhalten
haben.

die meisten Kinder mit Vorstellungen von „meinem Zuhause", Geborgenheit, vertrautem Raum, Verläßlichkeit. Sie sind die Grundlage für das notwendige „Sich-hinaus-wagen" und „Das-Leben-erfahren". Besonders für jüngere Kinder wird Gott in seinem Haus, der Kirche, wohnen, weil sie nur zu dieser räumlich-lokalen Vorstellung fähig sind. Ältere Kinder haben dazu schon differenziertere Vorstellungen (sofern sie überhaupt Vorstellungen von Gott haben). Sie können verstehen, daß Gott nicht nur in einem Haus, sondern auch in den Menschen wohnt.

Manchen Kindern kann die Vorstellung von einem Gott, der ihnen ganz nahe ist, Angst machen, weil ihnen mit einem Gott, der alles sieht, hört und sich merkt, Angst gemacht wurde. Auch die Übertragung von Erfahrungen eines negativ autoritären Vaterbildes auf Gott läßt keine guten Zugänge zu einem positiven Gottesbild zu.

Eine weitere Schwierigkeit zum Bild eines guten Wohnens wird für manche Kinder in der gesellschaftsbedingten Mobilität liegen, z. B. berufsbedingte (z. T. häufige) Umzüge. Kinder haben es viel schwerer, sich jeweils wieder auf das neue Zuhause einzustellen und die guten Bedingungen aufzubauen. Der theologischen Vorstellung, daß Gott überall wohnt, mag das nahe kommen. Aber mit Leben füllt sich diese Vorstellung immer erst in der Gemeinschaft mit anderen.

Dennoch wird eine gute Anknüpfung für die Entwicklung eines Gottesbildes im Sinne der bisherigen Überlegungen die Anknüpfung an die örtliche Kirche, dem Gotteshaus, sein. Dieses bietet den äußeren Raum für das Voranbringen und die Erweiterung der Bilder, die die Kinder (und viele Erwachsene) in sich tragen: Hier wohnt Gott, hier begegne ich ihm. Denn Gott wohnt überall, nicht nur in einem Haus aus Steinen.

Gestaltungsvorschlag für jüngere und ältere Kinder

Lied: Ich will bei euch wohnen

Hinführung

Ein Gespräch zum Thema „Unsere Wohnung": Wie schaut sie aus? Wie groß ist sie? Wie viele Menschen und Tiere wohnen da? Ist es ruhig oder laut? Wie weit ist es zur Schule oder zum Kindergarten? Wer wohnt alles in der Nachbarschaft? Wohne ich gerne da? Was gefällt mir besonders?

Zum Wohlfühlen in der Wohnung gehört noch mehr dazu: liebe Menschen, ein Raum für mich, Geborgenheit. Fühle ich mich wirklich wohl in ihr? Gibt es etwas, was mir Angst macht darin? Was möchte ich anders haben, damit sie schön oder noch schöner wird?

Lied: Ich will bei euch wohnen, Str. 1–3

Gesprächsfortführung

Wo wohnt Gott? Wir hören die Vorstellungen der Kinder. Es werden wohl alle Möglichkeiten vom Haus, der Kirche bis hin zum Herzen der Menschen genannt werden.

Evtl. können die Kinder aufgefordert werden, mit einem Wort oder Symbol, das sie aufschreiben oder aufmalen, ihre Vorstellung zu zeigen. Wichtig ist, daß kein Gespräch dazu stattfindet. Kinder, die keine Vorstellung darüber haben, malen ein Fragezeichen auf ihr Blatt. Die Ergebnisse des Gesprächs oder die gemalten oder geschriebenen Antworten werden gesammelt und ohne Kommentar für alle auf Plakatkarton sichtbar gemacht.

Aufgreifen der Antworten: Gott wohnt in der Kirche. Sie ist sein Haus (Gotteshaus). Dazu die Geschichte „Wo wohnt Gott?" erzählen.

Wo wohnt Gott?

Es war Sonntagmorgen. Anna wurde geweckt von den warmen Sonnenstrahlen, die auf ihr Gesicht fielen. Das wird wieder ein wunderschöner Tag, dachte sie. Da können wir bald zum Strand gehen. Anna war mit ihren Eltern und ihrem Bruder Michael im Urlaub. Schon im letzten Jahr waren sie hier gewesen. Weil es ihnen so

gefallen hatte, waren sie wiedergekommen.
„Aufstehen, Mama, aufstehen! Die Sonne scheint, es ist warm. Wir können gleich an den Strand gehen, dann kriegen wir einen Platz ganz vorne am Meer." Die Mama war noch etwas verschlafen, aber dann lachte sie: „Du hast es wohl sehr eilig. Aber ein bißchen warten mußt du schon noch, bis wir zum Strand gehen. Erst wird gefrühstückt und dann …". „Und dann? Was und dann?", fragte Anna ungeduldig. „Heute ist Sonntag. Wir wollen in die Kirche gehen. Danach gehen wir zum Strand." Anna erinnerte sich: stimmt, sie wollten in die Kirche gehen, das hatten sie besprochen. Ihr gefiel die Kirche: Es war warm in ihr, gab viel zum Ansehen, und es waren immer Menschen da. Ganz anders als in ihrer Kirche zu Hause.

Nach dem Frühstück gingen sie zur Kirche. Groß und mächtig stand sie am Ende des Marktplatzes, hoch ragten die beiden Türme in den Himmel, der Schall der Glocken erfüllte den ganzen Platz. Klein erschienen die Menschen vor ihr. Alle beeilten sich, um vor dem Ende des Glockenläutens in der Kirche zu sein. Auch Anna zog an der Hand ihrer Mutter. Ob noch Plätze in der Nähe der großen Fenster frei waren? Sie schaute sich gerne die hohen Fenster aus buntem Glas an.

Sie hatten Glück. Gerade noch vier Plätze waren dort frei, wohin Anna wollte. Die Orgel spielte mal laut, mal leise und mit verschiedenen Stimmen, mal wie Trompeten, dann fast wie Flöten. Anna gefiel das. Sie schaute zu den Fenstern. Die Farben in den verschiedenen Formen leuchteten wunderbar.

Als die Leute in der Kirche zum Beten aufstanden, bemerkte Anna etwas, was sie so noch nicht gesehen hatte. Plötzlich sah sie in den Fenstern nicht bloß Farben und Formen, sondern Bilder. Oben links und rechts waren Wesen mit Flügeln. Das müssen Engel sein, sagte sich Anna. Dann sah sie Sterne, die Sonne, den Mond, den Himmel, die Erde, viele Menschen, Tiere. Und da, was war da? Wer sollte das sein?

Ein Mann, viel größer als alle anderen. Seine Augen strahlen richtig wie Edelsteine, dachte Anna. Das muß Gott sein. Aber was macht Gott hier? Er ist doch im Himmel. Oder wohnt Gott hier, hier in dieser Kirche?

Anna dachte nach. Ihre Mutter hatte ihr erzählt, daß Gott in ihrer Kirche zu Hause wohnt. Und auch im Kindergottesdienst hatte sie das gehört. Kann Gott überall sein? Wo wohnt er wirklich? Hier, in dieser Kirche, in ihrer Kirche zu Hause oder im Himmel? Anna schaute die Fenster weiter an. Ihre Blicke wurden auf einmal angezogen von zwei goldgelb glänzenden Flekken in der Mitte von anderen Farben, die sie unterhalb der Fenster an der Wand sah. Sie mußten von dem Fenster neben dem Altar kommen.

Sie hatte recht. Mitten in dem Fenster waren zwei goldgelb glänzende Scheiben. Eine komische Form hatten sie, wie ein Tor mit zwei Türen drin. Ein Tor konnte es aber nicht sein, denn es standen Zahlen und Buchstaben darauf. Was sollte es dann sein? Neben diesem Bild war ein hoher Berg zu sehen und darüber wieder – Gott. Diesmal viel kleiner als auf dem anderen Fenster, aber genauso schön. Anna schaute und schaute. Sie merkte gar nicht, daß der Gottesdienst zu Ende war und sich der Pfarrer neben sie gesetzt hatte.

„Gefallen dir die Fenster?" Anna erschrak. Stumm nickte sie, dann fragte sie: „Was bedeutet das? Dieses Bild mit dem goldenen Tor und Gott darüber? Das ist doch Gott, oder? Und kannst du mir sagen, wo Gott wohnt?" Der Pfarrer begann, Anna die Geschichte der farbigen Fenster zu erzählen. „Sie wurden gemacht, als viele Menschen weder lesen noch schreiben konnten. Die Bilder erzählen Geschichten aus der Bibel. Dort drüben von der Erschaffung der Welt. Auf der anderen Seite Geschichten von Jesus. Und hier die Geschichte, als Gott den Menschen die Tafeln mit den Geboten gab, damit sie gut miteinander leben. Diese Tafeln hat Mose, das ist der Mann rechts daneben, vom Berg Sinai zu den Menschen gebracht. Die

Menschen haben dann die beiden Tafeln immer mit sich genommen in einer Holztruhe. Um diese Truhe zu schützen, haben sie ein eigenes Zelt dafür gebaut. Und sie haben sich vorgestellt, daß Gott in diesem Zelt wohnt. Später haben sie dann in Jerusalem einen großen und prächtigen Tempel gebaut. Gott sollte im schönsten Haus wohnen, das es damals gab."

„Und wohnt Gott heute auch noch dort?" fragte Anna. „Den Tempel in Jerusalem gibt es nicht mehr. Aber seit dieser Zeit haben die Menschen überall in der Welt große und prächtige Kirchen gebaut. Sie stellten sich vor, daß das Gottes Haus ist und daß er darin wohnt. So ist es auch mit dieser Kirche hier." „Aber meine Mama hat gesagt, daß Gott in unserer Kirche daheim wohnt. Wieso kann er dann hier wohnen?" „Mit Gottes Wohnen ist es anders als mit unserem Wohnen. Gott ist nicht nur in einer Kirche zu Hause, sondern er ist überall zu Hause. Er ist überall dort, wo Menschen zusammen sind, die an ihn glauben. Den Menschen hilft die Vorstellung, daß Gott in der Kirche wohnt und ihnen dort ganz nahe ist. Viele lieben die Bilder, die davon erzählen, daß Gott uns ganz nahe ist."

„Das erzählen auch die Bilder in den Fenstern? Auch das mit den Tafeln mit den Geboten?" „Auch das Bild mit den Gebotstafeln. Es sagt uns: Gott hat vor vielen Jahren zu Mose gesprochen und ihn die Gebote aufschreiben lassen. In diesen Geboten steckt Gottes gute Botschaft: Ich will immer bei euch sein, zu jeder Zeit und an jedem Ort. Ich will, daß es euch gut geht auf der Erde und ihr in Frieden zusammenlebt. Ich will mitten unter euch wohnen."

Anna hatte aufmerksam zugehört. Sie sah das Fensterbild mit den Gebotstafeln, mit Gott darüber, mit der Erde und den Menschen. So ein Bild sollte es auch in ihrer Kirche geben. „Darf ich mir das Bild abmalen und mit nach Hause nehmen?" „Das darfst du gerne machen. Die Kirche ist immer offen. Am besten, du kommst am Vormittag, da leuchten die Farben in den Fenstern am schönsten. Wenn du Lust hast, zeige ich dir dann auch die anderen Bilder."

Das wollte Anna gerne. Sie bedankte sich und lief zu den Eltern, die schon auf sie warteten. „Wir müssen morgen gleich wieder in die Kirche gehen. Ich will mir die Bilder von den Fenstern abmalen und sie den anderen im Kindergottesdienst bei uns zeigen." Und dann mußte Anna einfach alles erzählen, was ihr der Pfarrer erzählt hatte. Sie wußte jetzt, daß Gott überall wohnen konnte, nicht nur in ihrer Kirche, nicht nur in allen Kirchen der Welt, sondern auch bei ihr zu Hause. Daran sollte sie ihr Fensterbild erinnern.

Kreatives Angebot

Für die jüngeren Kinder: ausmalen der Vorlage des Logos oder ausschneiden und als Fensterbild mit Transparentpapier gestalten.

Für die älteren Kinder: für die Kirche oder den Kindergottesdienstraum das Logo auf Großformat (80 x 80 cm, Fensterformat) hochziehen, Umrisse entsprechend übertragen und entweder ebenfalls als Fensterbild mit Transparentpapier gestalten (Klebestege wie bei Glasfenstern stehen lassen) oder mittels Farbspritztechnik mit Zahnbürsten (die anderen Teile und Ränder gut abdecken oder aber in Einzelteilen anfertigen und dann zusammensetzen) gestalten. Anstelle des Transparentpapiers können die Farbflächen auch mit Buntstiften ausgemalt und anschließend mit Speiseöl (dünn und auf der hinteren Seite) überstrichen werden. Es stellt sich ein Effekt wie bei Hinterglasmalerei ein.

Das Bild kann auch als Puzzle gestaltet werden: Jedes Kind erhält ein Teil und gestaltet dieses anhand einer Vorlage (z. B. Einladung oder Plakat). Gemeinsam wird dann das Puzzle zusammengesetzt.

Zum Abschluß das Lied „Ich will bei euch wohnen" singen oder jeweils eine Strophe zwischen den Fürbitten und die letzte als Segensstrophe.

Johannes Blohm, Nürnberg

19.07.1998 – 6. Sonntag nach Trinitatis – Lukas 4,38–41

„Und kam in Simons Haus" – Mit Jesus wohnt Gott bei den Menschen

Lieder: *Gott will bei euch wohnen, s. S. 134*
Herr, gib du uns Augen, GoKi 1994–1, S. 105, LFG 712

Liturgischer Text: Joh 14,10 „Wer mich liebt, der wird mein Wort halten; und mein Vater wird ihn lieben, und wir werden zu ihm kommen und Wohnung bei ihm nehmen."

Zu Thema und Text

Die Geschichte von der Heilung der Schwiegermutter des Simon, der später den Namen Petrus bekam, erzählt davon, wie das Wohnen Gottes unter den Menschen konkret wird. Jesus kommt in das Haus von Simon und macht die wegen ihrer Krankheit ans Bett gefesselte Schwiegermutter wieder gesund. Gott zeigt sich in Jesus als lebendiger, lebensschenkender Gott. Er bleibt nicht abstrakt oder läßt sich nur an heiligen Orten oder im Jenseits finden.

Etwas merkwürdig mag uns die Dramaturgie der Geschichte anmuten. Jesus kommt mit Simon aus der Synagoge. Wahrscheinlich hat Simon ihn zum Essen eingeladen. Vielleicht hatte er unter dem Eindruck der Predigt Jesu in der Synagoge vergessen, daß seine Schwiegermutter krank war. Vielleicht war da aber auch die Hoffnung, daß Jesus Heilung bringen könnte angesichts der Hartnäckigkeit des Fiebers (wahrscheinlich eine Art von Malaria). Im Haus geschieht auf Bitten der Hausgemeinschaft das Wunder der Heilung. Und das so plötzlich, daß die Geheilte auch gleich wieder voll mitmachen kann bei der Bewirtung der Gäste.

Für Lukas aber sind diese Auffälligkeiten Nebensache. Die Hauptsache ist: Jesus, der Sohn Gottes, bringt neues Leben, bringt das Heil, so wie es seit langem verheißen ist. Diese Heilungsgeschichte ist für Lukas die Vorbereitung für die anschließenden Jüngerberufungen. Durch sein heilbringendes Handeln mitten unter den Menschen erweist Jesus sich stärker als alle bösen Dämonen, beendet er deren Einfluß auf das Leben. Jesus ist der erwartete Heiland. Ihm nachzufolgen, ist eine gute Sache.

Die Linie, die im Alten Testament begonnen hat mit der Zusage Gottes „Ich will mitten unter euch wohnen" geht weiter im Neuen Testament in Jesus Christus, dem menschgewordenen Gott. Wo Jesus ist, wo er lehrt und heilt, da wohnt Gott bei den Menschen.

Der Text und die Kinder

Kinder erleben häufiger als Erwachsene, daß bei Krankheit, z. B. hohem Fieber, ein Arzt zu ihnen nach Hause kommt.

Aber diese Erfahrung, die ein Hineinwachsen in die Geschichte erleichtert, wird nicht über die Auffälligkeiten hinwegführen, die die Kinder merken (können): das geht ja blitzschnell mit der Heilung, hat Jesus da gezaubert? Wie kann jemand, der so schwer krank war, gleich so gesund sein und wieder voll mitarbeiten?

Gut ansprechbar werden die Kinder daraufhin sein, daß Gesundsein besser ist als Kranksein, und daß es gut war, daß Jesus zu Simon ins Haus gekommen ist und seine Schwiegermutter geheilt hat. Sie werden für sich etwas von dem Vertrauen und der Hoffnung des Simon auf Jesus und seine heilende Kraft übertragen können gegen die „Krankheiten" ihres Lebens, z. B. Einsamkeit, Verlust von bisheriger Heimat und Freunden, kein kindgerechter Wohnraum, von der Arbeit ermüdete oder schlechtgelaunte Eltern, schwierige (neue) Familienverhältnisse.

Für die Gestaltung der Geschichte ist die Heilung der Schwiegermutter in den Vordergrund zu stellen gegenüber der Heilung (und Dämonenaustreibung) der vielen anderen. Denn zu ihr kam Jesus in das Haus. Bei ihr und ihrer Familie „wohnte" er und erwies sich als der Heiland.

Gestaltungsvorschlag für jüngere und ältere Kinder

Lied: Gott will bei euch wohnen

Hinführung

Kurzer Impuls: Wie ist das, wenn man so krank ist (Fieber hat), daß man nicht aufstehen kann? Wie ist es, wenn der Arzt nach Hause kommt? Wir können die Kinder „Wenn der Arzt kommt", in Kleinszenen das Heil werden, im Krankenbett aufgerichtet werden (bei der Hand nehmen und aufrichten) spielen lassen. Danach tauschen wir uns über dieses Erleben aus.
Anhand des Erlebten ergibt sich eine kurze Überleitung zur Geschichte „Gott will bei uns wohnen". Wenn die Kinder die Geschichte „Wo wohnt Gott?" vom vorigen Sonntag nicht kennen, eine kurze Zusammenfassung davon an den Anfang stellen.

Gott will bei uns wohnen

Anna ging das Bild von den Gebotstafeln nicht mehr aus dem Sinn. Oft mußte sie daran denken, vor allem aber an die Darstellung von Gott. Sie mußte nur ihre Augen zumachen, dann sah sie seine Augen, seine strahlenden Augen. Zwei Tage später lief sie mit Papier und Buntstiften in der Hand in die Kirche. Es war gegen Mittag. Die Sonne schien heiß auf den Platz vor der Kirche. Ihre Eltern und ihr Bruder Michael wollten sich in der Zwischenzeit die Schaufenster ansehen und sie dann wieder abholen.
In der Kirche lief Anna gleich vor zum Altar und begann, das Fensterbild abzumalen. Die ersten Versuche waren nicht so gut, aber dann klappte es. Anna war zufrieden und sammelte ihre Blätter ein. Sie schaute sich nochmals die Fenster an neben dem

Platz, auf dem sie am Sonntag gesessen hatte. Und dann fiel ihr ein: Hatte der Pfarrer nicht gesagt, daß es noch mehr Fensterbilder geben sollte? Fensterbilder mit Geschichten von Jesus? Anna sah sich um. Sie konnte keine Fensterbilder mehr entdecken. Vielleicht auf der anderen Seite der Kirche. Sie lief hinüber und entdeckte die Seitenkapelle. Anna blieb vor Staunen der Mund offen stehen, denn so etwas hatte sie noch nicht gesehen. Die ganze Kapelle war ein einziges Fensterbild. Hell leuchteten die Farben Grün, Gelb, Rot, Blau, Braun, Violett und viele mehr. Zusammen ergaben sie ein wunderschönes buntes Farbenmeer.
Anna setzte sich auf eine Bank. Sie schaute alle Fenster an. Das dort war der Engel, der Maria die frohe Botschaft brachte, daß sie Jesus zur Welt bringen würde. Daneben die Geburt im Stall. Die Geschichte auf dem Bild daneben kannte Anna nicht. Maria saß mit Jesus auf einem Esel, Josef führte den Esel, und sie gingen unter Palmen. Gab es denn Palmen in dem Land, in dem Jesus lebte? Anna wuße es nicht. Sie wollte später ihre Mama fragen. Am Ende des Farbenmeers erkannte sie die Kreuzigungsszene, daneben mußte das Grab sein. Auf dem nächsten Bild war die Himmelfahrt zu sehen und anschließend Pfingsten, das Fest des Heiligen Geistes.
Anna war immer noch überwältigt von den Farben und Bildern. Sie wollte alle gleich abmalen, so schön fand sie sie. Aber das ging nicht, weil bald die Eltern und ihr Bruder kommen würden, um sie abzuholen. „Ein Bild will ich abmalen" dachte sie. Sie schaute sich um und entschied sich dann für eines, auf dem Jesus dieselben strahlenden Augen hatte wie Gott auf den anderen Bildern. Was für eine Geschichte dargestellt war, wußte Anna nicht. Aber ihr gefiel das Bild: Jesus stand vor einem Bett, hatte die Hand einer Frau im Bett angefaßt und schien sie nach oben zu ziehen. Um Jesus standen Frauen und Männer und schienen sich über das, was da passierte, sehr zu freuen. Und im nächsten Bild brachte die Frau, die gerade noch im

Bett gelegen hatte, Jesus etwas zu Essen. Ihre Augen strahlten fast so wie die von Jesus.

Anna malte die beiden Bilder ab. Aber irgendwie gelang es ihr nicht so, wie sie es sich vorstellte. Sie mußte dauernd daran denken, was das für eine Geschichte sein könnte. Irgend etwas mit Heilung, Gesundwerden mußte es sein. Ob so etwas auch heute passieren kann? Viele Gedanken waren in Anna.

„Hallo, Anna! Gefallen dir die Bilder mit den Jesusgeschichten?" Anna erschrak, sie hatte den Pfarrer nicht kommen hören. Anna nickte. „Ja, sie sind wunderschön. Dieses Bild finde ich am schönsten. Aber ich weiß nicht, welche Geschichte es ist." Anna zeigte auf das Bild, das sie abgemalt hatte. „Ich kann es nicht so malen, wie ich es will. Ich weiß nicht, was es bedeutet. Die meisten anderen Geschichten kenne ich."

Der Pfarrer setzte sich neben Anna. „Das ist auch eine Geschichte, die viele nicht kennen. Sie passierte im Haus des Fischers Simon. Simon hat von Jesus später noch den Namen Petrus bekommen." „Ja, Petrus kenne ich. Den hat Jesus zu seinem Jünger gemacht." „Simon hatte Jesus zum Essen in sein Haus eingeladen. Er war vorher in der Synagoge gewesen und hatte Jesus predigen hören. Das hatte ihm gefallen. Als sie im Haus von Simon waren, baten die Leute im Haus: „Jesus, hilf doch unserer Mutter. Sie hat ganz hohes Fieber. Niemand hat ihr bisher helfen können. Hilf du ihr, sonst muß sie sterben." Jesus ist dann zu der Kranken gegangen und hat sie wieder gesund gemacht. Er hat ihr seine Hand gereicht und sie im Bett aufgerichtet als Zeichen dafür, daß sie nun gesund ist. Und dann haben sie miteinander gegessen. Auf dem Bild kannst du sehen, wie Simons Schwiegermutter Jesus voller Dankbarkeit etwas zu Essen bringt." „Deswegen strahlen ihre Augen so. Sie freut sich. – Aber sag mir, warum ist diese Geschichte so wichtig, daß sie auf das Fenster gemalt wurde?"

„Schau dir nochmals die Augen von Jesus und der Frau an. Du siehst, daß sie fast gleich strahlen. Die Augen der Frau sollen sagen: Gott wohnt nun in mir. Gott kam zu mir, hat mich gesund gemacht. Er kam in mein Haus, kam mir ganz nahe. Er hat mich an der Hand gefaßt und mein Leben heil gemacht." „Wie, Gott kann in Menschen wohnen?" „Ja, Gott kann in uns wohnen. Wir brauchen ihn nur in uns hereinlassen, so, wie wir jemandem die Tür unseres Hauses aufmachen und ihn hereinbitten. Gott will uns ganz nahe sein. Er will mitten drin in unserem Leben sein, an jedem Tag und in der Nacht, wenn wir lachen oder weinen, fröhlich oder traurig sind, Angst haben oder alleine sind. Gott will bei uns wohnen."

„Schau, in den Menschen dort wohnt Gott auch. Ihre Augen strahlen so wie die der Frau." Anna zeigte auf andere Bilder. Der Pfarrer nickte. „Ja, in denen wohnt Gott auch. Und ich glaube auch in dir, weil deine Augen auch so strahlen wie die der Frau." Anna erschrak. „Auch in mir? Wie soll das passiert sein?" „Ganz einfach. Du kennst Geschichten von Gott und Jesus. Du freust dich, wenn du sie siehst oder hörst. Damit hast du Gott die Tür zu dir aufgemacht, und er wohnt in dir." „Gott wohnt in mir." Anna sprach den Satz ganz leise. So hatte sie das noch nie gehört. Aber es gefiel ihr: Gott wohnt in mir. „Weißt du, ich male das zweite Bild anders. Nicht mit dem Essen. Sondern so." Anna begann zu malen: in der Mitte mit Gelb einen großen hellen, strahlenden Punkt, wie ein Zentrum. Um diesen Punkt herum malte sie orange, rote, hellgrüne, hellblaue, dunkelgrüne, dunkelblaue und dann braune Kreise, Kugeln und Vierecke. Zuletzt malte sie mit rot ein kleines Herz in die Mitte des gelben Punktes. „Gott wohnt in mir. So nenne ich das Bild. Gefällt es dir?" Der Pfarrer nickte. „Es ist wunderschön, wie du es gemalt hast." „Ich hebe es mir auf und hänge es zu Hause über mein Bett. Dann erinnert es mich immer daran: Gott wohnt in mir."

Anna packte ihre Malsachen zusammen,

verabschiedete sich beim Pfarrer und ging nach draußen. Gerade kamen ihre Eltern. Bei einem großen Eis zeigte Anna ihnen die Bilder und erzählte ihnen alles.

Kreatives Angebot

Für die jüngeren Kinder: ein ähnliches Bild malen wie Anna. Oder mit Wasserfarben auf eine Hälfte eines vorgefalteten Blattes (Knicklinie) die gleiche Farbanordnung (Mitte hell, zum Rand hin immer dunkler) auftragen und dann das Blatt zusammenfalten. Das ergibt ein symetrisches Farbmuster.
Für die älteren Kinder: ein Mandala ausmalen. Eine anspruchsvollere Technik ist die Gestaltung von Farbbildern mittels Fliehkraft. Auf eine drehbare Platte oder festen Karton (mit Rand gegen Spritzer) wird ein Blatt Papier aufgespannt. In die Mitte wird etwas dickflüssigere, nach außen zu etwas dünnflüssigere Farbe aufgetragen. Dann wird die Platte so lange und so schnell gedreht, bis die Farben nach außen getragen werden und ein Bild mit einem hellen Zentrum entsteht, von dem nach außen anfangs helle, dann dunkler werdenden Strahlen ausgehen (bitte vorher üben, um den Dreh herauszubekommen).

Johannes Blohm, Nürnberg

26.07.1998 – 7. Sonntag nach Trinitatis – 1. Petrus 2,4–10

„Miterbaut zu einer Wohnung Gottes im Geist" – Wir sind lebendige Steine zu seinem Haus

Lieder: *Gott baut ein Haus, das lebt, GoKi 1996, S. 97, LZU I 30*
Ich will bei euch wohnen, MGR 53, LJ 396
Wo zwei oder drei in meinem Namen versammelt sind, EG Regionalteil, LJ 470, LZU I 100
Strahlen brechen viele aus einem Licht, EG 268, LJ 155
Der Gottesdienst soll fröhlich sein, EG 169, LJ 114, LfK 1 B 5
Hilf, Herr meines Lebens, daß ich nicht vergebens, EG 419, LJ 230, LfK 1 B 28
Gott will bei euch wohnen, s. S. 134
Wohnen will ich mitten unter euch, s. u.

Liturgischer Text: Epheser 2,19–20: „Ihr seid ... Gottes Hausgenossen, erbaut auf dem Grund der Apostel und Propheten, da Jesus Christus der Eckstein ist."

Zu Thema und Text

In den ersten Gemeinden wird das Bild des Tempels, des Hauses Gottes, in einer ganz neuen, den sichtbaren Raum überschreitenden Weise wieder aufgenommen. Es geht nicht mehr um das Haus aus Stein, sondern um die Gottesgemeinschaft. Gott ist inmitten seiner Gemeinde überall da, wo Menschen in seinem Namen zusammenkommen und ihr Leben gestalten.
Der Eckstein ist Jesus Christus. Auf ihm entsteht das neue Haus. Durch Jesu Tod und Auferstehung werden die Christen zu lebendigen Steinen an diesem Tempel. Es schließt sich der Bogen zum Alten Testament in 2 Kor 6,16: „Wir sind der Tempel des lebendigen Gottes, wie denn Gott

spricht (3 Mose 26,11ff): Ich will mitten unter ihnen wohnen und wandeln und will ihr Gott sein, und sie sollen mein Volk sein".

An die Stelle des alten Tempels tritt der neue Tempel, das „Haus der lebendigen Steine". Dort offenbart sich Gott. Im Haus der lebendigen Steine sorgen die Gemeindeglieder nicht nur füreinander, sondern begleiten, helfen und fördern sich gegenseitig im Glauben und im Leben.

Das Thema, der Text und die Kinder

Kindern wird die Vorstellung von einem Haus aus lebendigen Steinen fremd sein. Häuser werden massiv aus Beton und Ziegelsteinen gebaut. „Lebendige" Steine – keine Ahnung.

Wenn überhaupt, werden ihnen lebendige Steine in Filmen wie z. B. „Die unendliche Geschichte" oder in Märchenfilmen begegnet sein. Aber das ist nicht das echte Leben.

Deshalb wird es sehr wichtig sein, das Bild von den „lebendigen Steinen" auch möglichst lebensnah und vorstellbar zu entfalten damit auch sie zu der Überzeugung kommen: Ich bin ein lebendiger Stein im Haus Gottes.

Gestaltungsvorschlag für Kinder und Erwachsene

Vorbereitung

Über den Eingang zum Gottesdienstraum wird ein Tuch so gespannt, daß es wie ein Zelteingang aussieht. Wenn möglich, ein richtiges Zelt aufbauen. Durch dieses Zelt müssen alle gehen, die zum Gottesdienst kommen. Beim Hineingehen bekommt jeder einen Stein.

Im Altarraum ist mit Tüchern ein Bodenbild mit einem Zelt gelegt. Daneben steht ein Bild oder eine Zeichnung von der Ortskirche. Dahinein werden bei der Aktion nach der Verkündigung die Namen aller Gottesdienstbesucher (als Steine des Mauerwerks) geschrieben. Vor dem Bild liegen einige Steine und ein großer Stein (Eckstein des Fundaments).

Das Plakat, ein Fensterbild oder ein ande-

res Ergebnis der kreativen Arbeit der vorherigen Sonntage mit dem Logo und Motto der Gesamttagung ist deutlich sichtbar im Raum angebracht.

Zum Umhängen werden farbige Tücher und Kartons in der Form von Steinen und mit den Aufschriften Frieden, Gerechtigkeit, Liebe, Hilfsbereitschaft, Gastfreundschaft, Wahrheit, Freundlichkeit, Freundschaft u. a. vorbereitet.

Findet der Gottesdienst ohne die beiden Sonntage vorher statt, ist die Erzählung einzuleiten mit einer (kurzen!) Zusammenfassung von Annas Urlaubserlebnissen.

Das Haus der lebendigen Steine

Am vorletzten Tag des Urlaubs ging Anna nochmals in die Kirche. Ein letztes Mal wollte sie sich die Fenster, besonders die beiden mit ihren Geschichten ansehen. Sie machte sich gerade auf den Heimweg, als sie in der Ecke neben der Treppe, die zur Orgel hinaufführte, eine Entdeckung machte, die sie noch mehr beschäftigen sollte als die vorherigen. In der Mauer waren ganz kleine Fenster, so groß wie ihre Hände, alle milchigweiß oder gelblich. Anna schaute sich diese genauer an. Auf allen diesen kleinen Fenstern entdeckte sie Buchstaben. Nur manche konnte sie lesen und nur ein Wort brachte sie zusammen: Claudio. Was sollte das bedeuten, wer oder was war Claudio?

Nachdenklich verließ Anna die Kirche. In der Nähe des Eisladens sah sie den Pfarrer. Sie lief auf ihn zu. „Hallo, Pfarrer! In der Kirche habe ich noch andere Fenster entdeckt. Neben der Treppe. Aber die sind nicht bunt. Auf ihnen stehen Sachen, die ich nicht verstehe. Sag mir, was das ist."

Der Pfarrer verabschiedete sich von seinem Gesprächspartner und ging mit Anna zurück zur Kirche. „So, du hast also unsere lebendigen Steine entdeckt." „Lebendige Steine? Du hast in der Kirche lebendige Steine?" Anna blieb stehen und schaute den Pfarrer erstaunt an. Sie wußte nicht, ob er es ernst meinte oder sich einen Scherz mit ihr erlaubte.

„Lebendige Steine? Die gibt es doch gar nicht. Steine sind aus Stein, ganz fest und kalt. Steine leben doch nicht. Außerdem sind das doch keine richtigen Steine, sondern Fenster. Komische Fenster, ganz anders als die anderen." „Du hast recht. Richtige Steine meine ich auch nicht, sondern eben lebendige Steine. Unsere lebendigen Steine." „Das verstehe ich nicht. Sind es nun Steine oder Fenster oder was. Und warum sagst du „unsere lebendigen Steine?" Gibt es die nur hier?" „Komm mit, ich erzähle dir die Geschichte von unseren lebendigen Steinen."

Anna und der Pfarrer setzten sich auf die unterste Treppenstufe. Sie schauten auf die kleinen Fenster in der dicken Mauer. Jetzt sah Anna, daß es viel mehr Fenster waren, als sie vorher wahrgenommen hatte. „Schau, das sind sie, unsere lebendigen Steine. Steine sagen wir zu ihnen, weil sie wie Steine in der Mauer die ganze Kirche tragen und ihr festen Halt geben. Auch wenn es Fenster sind aus ganz dickem Glas. Deshalb sind sie auch so milchig. Man kann nicht hindurchsehen. Und auf fast jedem Fensterglasstein steht ein Name geschrieben." Anna sagte: „Einen habe ich lesen können: Claudio. Dort steht er." „Richtig. Claudio ist einer von unseren lebendigen Steinen, der unsere Kirche trägt. Claudio wurde vor einem halben Jahr hier in dieser Kirche getauft. Bei der Taufe schreiben wir den Namen von jedem Kind oder Erwachsenen auf einen Fensterstein. Bis zum Osterfest bleiben sie darauf stehen. Zu Ostern kommen alle Eltern mit den Kindern, wir feiern ein großes Tauferinnerungsfest, und dann machen wir wieder Platz für die nächsten Kinder. Wir schreiben die Namen aller Kinder in das Taufbuch auf dem Altar und wischen sie hier ab. Die Kinder und ihre Eltern sind die lebendigen Steine unserer Kirche und Gemeinde. Nur alle zusammen bilden wir eine fröhliche und lebendige Gemeinschaft. Jeder, für den diese Gemeinschaft wichtig ist, macht etwas für sie oder in ihr. Der eine spielt die Orgel oder singt im Chor, ein anderer kümmert sich um alte oder alleinstehende Menschen in unserem Ort. Jemand anderes sammelt für die Armen in der Welt Geld oder Dinge, die dort gebraucht

werden. Andere treffen sich, um die Gottesdienste mitzugestalten. Wieder andere setzen sich ein für die Bewahrung der Umwelt. Viele andere arbeiten noch in der Gemeinde mit. Deshalb sagen wir: Wir sind wie lebendige Steine. Durch uns wird das Haus Gottes mit Leben gefüllt."

Anna hatte aufmerksam zugehört. Solche Menschen, die sich für die Kirche und Gemeinde einsetzen, gab es auch bei ihr zu Hause. Verschiedene Leute fielen ihr ein. Auch ihre Mama. Die sammelte Geld für die Armen und sang im Chor. Anna fragte den Pfarrer: „Bin ich auch ein lebendiger Stein? Ich mache doch gar nichts in der Gemeinde." „Du bist auch ein lebendiger Stein. Du bist getauft, und du interessierst dich für die Geschichten von Gott und Jesus. Du willst sicher auch, daß …" „Daß unsere Umwelt nicht weiter kaputt gemacht wird. Daß die Armen genug zu essen haben und daß die Kriege aufhören. Daß alle Menschen lieb zueinander sind." Anna mußte Luft holen, so schnell hatte sie gesprochen. „Du bist ja ein ganz lebendiger Stein. Solche Menschen wie dich braucht Gott, daß sein Haus und seine Gemeinde lebendig sind. Nicht die Steine, nicht das schönste Orgelspiel, nicht die prächtigste Kirche, nicht die buntesten Fenster sind so wichtig wie die Menschen, die an Gott glauben und die seine Botschaft weitertragen. So wie Jesus es getan hat und nach ihm viele Menschen. Heute sind wir an der Reihe, Gottes Haus mit Leben zu füllen. Und seine Botschaft von Liebe, Frieden, Gerechtigkeit, Wahrheit, Freundschaft, Bewahrung der Schöpfung oder Gastfreundschaft weiterzusagen. So sind wir lebendige Steine."

Anna nickte. So ein lebendiger Stein wollte sie gerne sein. „Davon werde ich daheim allen erzählen. Ich möchte auch, daß in unserer Kirche lauter solche lebendigen Steine zu sehen sind. Aber jetzt muß ich gehen. Wir fahren morgen heim, und ich muß noch packen." „Komm gut heim. Und wenn du wieder zu uns in den Urlaub kommst, besuch mich und erzähle mir von den lebendigen Steinen in euerer Kirche."

Lied: Gott baut ein Haus, das lebt

Aktion

Alle gehen in den Altarraum und schreiben ihren Namen in das Bild von ihrer Kirche.

Kurze Auslegung

über „Wir sind die lebendigen Steine im Haus Gottes, dessen Eckstein Jesus Christus ist."

Tanz

Die Lebendigkeit und Buntheit durch die unterschiedlichen Gaben, die jede und jeder mitbringt, wird zum Ausdruck gebracht durch einen Tanz der Kinder mit den Tüchern zu dem Lied: Ich will bei euch wohnen.
Tanzbeschreibung: Die Kinder nehmen das Tuch in die rechte Hand und stellen sich im Kreis auf. Text und Schrittfolge:
Ich will bei euch wohnen, ihr (rechter Fuß Schritt nach rechts, linken Fuß beiholen, wiederholen)

sollt zu Hause sein. (Vier kleine Schritte nach vorne mit Schließen der Füße, rechts beginnend)
Das Leben wird sich lohnen, wenn wir zusammen wohnen. (Langsam um die eigene Achse drehen, dabei die Hand mit dem Tuch heben)
Es wird ein Segen sein. (Die Hände oben fassen, vier kleine Schritte zurück, und dabei die Hände absenken)
Der Tanz beginnt gleich wieder zu den weiteren Strophen.

Fürbitten

Die Fürbitten greifen die einzelnen Aufgabenfelder auf, wie sie am Ende der Geschichte benannt werden. Weitere, insbesondere konkrete Anliegen für und aus der Gemeinde, sollen aufgenommen werden. Bei der jeweiligen Konkretion bekommt ein Kind oder ein Erwachsener diesen „Stein" mit der Aufschrift umgehängt.
Die einzelnen Fürbitten werden von der Gemeinde mitgetragen durch den Kanon: „Wohnen will ich mitten unter euch".

Wohnen will ich mitten unter euch

Auch im Kanon für 2 Stimmen

Text: vgl. Ex 25,8; Offb 21,3 u.a.
Musik: Siegfried Macht

1.
F   C⁷   F

Woh- nen will ich mit- ten un- ter euch.

2.
F   C⁷   F

Woh- nen will ich mit- ten un- ter euch.

Schluß

Am Ende des Gottesdienstes bilden die „Steine" vom Ausgang aus nach außen den Umriß eines Zeltes, durch das die übrigen Gottesdienstbesucher hindurchgehen müssen, als Symbol dafür, daß sich Gottes wohnen durch uns in der Welt zeigt.

Johannes Blohm, Nürnberg

146

Lied: Du verwandelst meine Trauer in Freude, LJ 508, MKL 91

Liturgischer Text: 1. Samuel 2,1.7.8.a

Sonntag	Text/Thema	Art der Zusammenkunft Methoden und Mittel
2.8.1998 8. Sonntag nach Trinitatis	1. Samuel 1,1–20 * Hanna erbittet ein Kind	Gottesdienst mit Kindern (und Erwachsenen) Begrüßung, Gebet, Psalm, Erzählung, meditative Musik, Spiel
9.8.1998 9. Sonntag nach Trinitatis	1. Samuel 1,21 – 2,11 i.A. Hanna dankt für ihr Kind Samuel	Gottesdienst mit Kindern Erzählung, Gespräch, Gebet, Lied mit Bewegungen
16.8.1998 10. Sonntag nach Trinitatis	1. Samuel 3,1–21 Gott ruft Samuel	Gottesdienst mit Kindern Erzählung mit zwei Handpuppen, Lied mit Pantomime, Collage aus Illustriertenbildern

2.8.1998 – 8. Sonntag nach Trinitatis – 1. Samuel 1,1–20

Hanna erbittet ein Kind

Lieder: *Du hast uns, Herr, gerufen, EG 168, KGB 14, LJ 112, MKL 8*
Danke für diesen guten Morgen, EG 334, LJ 193,
Bewahre uns, Gott, EG 171, LJ 117
Du verwandelst meine Trauer, LJ 508. MKL 9
Mein Herz ist fröhlich, s. u.

Liturgischer Text: 1. Samuel 2,1.7.8a

Zum Text

Eine wunderschöne Geschichte, die man erzählen muß.
Sie kann für uns persönlich wichtig werden. Zu dem Gott, vor dem Hanna ihr Herz ausschüttete, können auch wir gehen. Doch damit sind wir auch gewarnt. Die Botschaft: „Bete! und Gott wird dich erhören", nimmt die vielen Frauen nicht wahr, die ähnlich wie Hanna jahrelang gelitten haben und gebetet – und kinderlos starben.

Es ist ja ohnehin fragwürdig, Kurzbotschaften aus biblischen Geschichten ziehen zu wollen. Die Bibel ist keine erzählerische Einkleidung dogmatischer Sätze oder ethischer Anweisungen.

Lassen wir also die Geschichte insgesamt auf uns wirken: Wie großartig ist der zarte Trost Elkanas angesichts der zeitgemäßen Nichtachtung einer kinderlosen Frau! Steckt doch in seiner Frage die Zusicherung: „Du bist mir mehr wert als zehn Söhne." Wie bedrückend ist der Spott der mit ihren vielen Kindern vor vollen Schüsseln sitzenden Peninna über Hanna, die ihr einsames Fleischstück nicht hinunterbringt. Und wie anschaulich ist der Verdacht Elis, Hanna sei betrunken: „Gib den Wein von dir!" sagt er recht drastisch.

Für den Kindergottesdienst wird es darauf ankommen, die Geschichte so lebendig wiederzuerzählen.

Die Geschichte und die Kinder

Welches Element der Geschichte ruft einen Widerhall in Kindern hervor? Der Kinderwunsch Hannas dürfte sie ziemlich kalt lassen. Ihre Eltern haben Kinder, und sie selbst proben die Elternrolle höchstens im Spiel. Aber wie ist es mit dem Spott Peninnas, mit dem Gefühl, gegenüber jemandem in der eigenen Familie oder anderswo, zurückgesetzt zu sein? Ein altes Gefühl, ein Gefühl das böse machen kann wie den Kain – oder eben verzweifelt wie Hanna. Und ein Gefühl, das bei den liebenden Angehörigen, also etwa den Eltern, Hilflosigkeit auslöst. „Aber wir haben dich doch genauso lieb!" Der Trost funktioniert nicht, nicht einmal, wenn es wie bei Elkana mehr als nur eine Vertröstung ist. Wohin können sich die Kinder wenden mit ihrem Gefühl, etwas Wichtiges im Leben nicht zu haben, jemandem nachzustehen? Es wäre wunderschön, wenn der Kindergottesdienst zu 1 Sam 1 ihnen vermitteln könnte: Hier kannst du deinen Kummer, auch den, den keiner versteht, bei Gott aussprechen. Und Gott hört dich.

Gestaltungsvorschlag für Kinder und Erwachsene

Der Gottesdienstentwurf nimmt Elemente üblicher Gottesdienstordnungen auf, wobei der innere Zusammenhang der Einzelstücke durch kurze Zwischenworte (keine unliturgischen „Erklärungen"!) erhellt wird. Gebete und andere Texte sind hier nur angedeutet und müssen je nach Gemeindesituation ausformuliert werden.

Lied: Du hast uns, Herr, gerufen

Begrüßung: Schön, daß wir hier sind! Warum sind wir hier? Weil es die Kirche gibt, weil wir dazugehören, weil Mutter das gern will oder der Partner, weil ein Sonntag damit etwas feiertäglicher wird... Weil wir eine schöne Woche hinter uns haben, für die wir danken, weil wir eine schwierige Woche hinter uns haben und für eine bessere beten wollen...

Gebet: Mit unseren verschiedenen Wünschen für heute kommen wir zu dir...

Lied: Danke für diesen guten Morgen

Psalm 123

Einer: In alten Zeiten gab es nicht in jedem Dorf eine Kirche, und es gab auch noch keine Autos. So war es für viele nicht möglich, jeden Sonntag in den Gottesdienst zu gehen. Einmal im Jahr aber zog man hin, ein langer Weg war das bis zu dem Heiligtum. Auf diesem Weg durch ungemütliche Gegenden sangen die Leute Lieder, Lieder, in denen sie ihre Wünsche und ihr Vertrauen Gott gegenüber zum Ausdruck brachten. So ein Lied ist Ps 123:

Eine: Ich hebe meine Augen auf zu dir...

Einer: Da geht also eine zum Tempel, der gar nicht sonntäglich zumute ist. „Allzusehr litten wir Verachtung, allzusehr litt unsere Seele Spott", sagte sie.

Kennen Sie das, kennt ihr das? Spott und Verachtung, das Gefühl, nicht dazuzugehören, weniger wert zu sein als andere? Manchmal verläßt uns dieses Gefühl nicht einmal auf dem Weg zum Gottesdienst. Sogar Gottes Liebe kommt uns dann nicht mehr sicher vor. Ein neueres Lied, das dieses Gefühl aufnimmt, steht im Gesangbuch.

Lied: Bewahre uns, Gott, V. 2.3

Erzählung

Wir hören die Geschichte von Hanna, der es so ging.
Erzählerin: erzählt möglichst textgetreu und doch frei 1 Sam 1.

Lied: Du verwandelst meine Trauer in Freude (evtl. üben)

Auslegung:

Eine: (Währenddessen bekommen alle eine blaue Papierträne in die Hand, die Auslegung sollte bis zu 7 Minuten dauern.)
Hanna litt darunter, keine Kinder zu bekommen. Ich weiß nicht, wie viele von uns das verstehen können. Aber jede und jeder von uns kennt das Gefühl: hier bin ich zu kurz gekommen. Vielleicht in der Familie, vielleicht beruflich, vielleicht in der Schulklasse. Einer kann weinen darüber, der andere ärgert sich, der nächste ärgert andere… Sehen wir uns unsere ganz persönliche Träne an. Was macht mich wütend, worauf bin ich neidisch bei anderen? Habe ich schon einmal daran gedacht, gerade diesen Neid mit in den Gottesdienst zu bringen? Vielleicht dachte ich immer: Gott mag das gar nicht, wenn ich ihm erzähle, daß ich finde, mir gehts schlechter als meiner Schwester oder als Herrn Müller. Vielleicht habe ich gedacht, er selbst hat mich ja so gemacht, so kinderlos wie die Hanna oder so unsportlich oder so langsam in der Schule. Also kann ich mich bei ihm nicht ausheulen darüber… Hanna aber macht es vor: Alles kann mit in die Kirche gebracht werden. Es kann dann natürlich passieren, daß sich der Pfarrer darüber wundert, wie Eli bei Hanna. Denn viele Leute bringen nur ihre ordentlichen Seiten mit in die Kirche. So wie sie sich am Sonntag schön anziehen, nehmen sie auch nur ihre guten Gedanken mit. Wenn sie einmal das rauslassen, was nicht in Ordnung ist in ihrem Leben, kann schnell jemand sagen: „Hej, kotz dich woanders aus!" Doch wenn wir das nicht wagen, kann es geschehen, daß wir den Gottesdienst gar nicht richtig feiern können… Erst wenn das Schwere ausgesprochen ist, die Träne geweint ist, wird der Gottesdienst für Hanna und für uns ein richtiges Fest. Amen

Eine: Wenn jetzt die Musik klingt, können wir uns alle noch mal die Träne in unsrer Hand anschauen und daran denken, wo wir uns manchmal schlecht fühlen, oder es auch unserer Nachbarin, unserm Nachbarn sagen.

Meditative Musik

Einer: Und nun bringen wir unsere Tränen nach vorn.
(Dort kann am Altar die Mauer des Tempels symbolisiert sein und Klebstoff bereitliegen, die Tränen anzuheften). Da wir die Geschichte von Hanna schon kennen, können wir auch schon das Lied singen, daß die Hoffnung ausdrückt: Es muß nicht so traurig bleiben:

Lied: Du verwandelst meine Trauer in Freude
Wir singen das Lied solange, bis alle Tränen vorn liegen.

Gebet: Wir bringen unseren Kummer zu dir, unser himmlischer Vater … (kann auch von mehreren gestaltet werden)
Eine: Als Hanna gebetet und mit Eli gesprochen hatte, ging sie wieder zurück nach Hause: „und ihr Gesicht war nicht mehr ganz so traurig", obwohl sie noch gar nicht wissen konnte, ob Gott ihr wirklich ein Kind schenken würde. Sie aß auch wieder richtig. Und dann als das Baby da war, sang sie dieses Lied:
Eine: 1 Samuel 2, 1.2.4.6.7.8. (oder andere Verse)

Segen

Eine: Und so wollen wir aufstehen und wie Hanna den Segen Gottes erbitten:
Geh hin mit Frieden.
Gott höre deine Bitte, wie er Hannas Bitte erhört hat.
Er erhöre deine Bitte, wie es gut für dich ist.
Geh hin in seinem Frieden.

Eine: Wir antworten wie Hanna mit einem Lied.

Lied: Ich singe dir mit Herz und Mund (oder ein Loblied, das die Kinder gut kennen).

● **Gestaltungsvorschlag für jüngere Kinder**

Gebet zur Sammlung

Lied: ein bekanntes Morgenlied

Spiel

Mit einer kleineren Gruppe spielen wir Quartett, mit einer größeren ein anderes Glücksspiel, das das Thema „Verlierer ohne eigene Schuld" einleitet. Wir lassen die Kinder erzählen, wie sie sich fühlen, wenn sie bei einem Spiel gewonnen oder verloren haben. Hanna war eine Verliererin.

Erzählung

(Wenn eine Frau den Kindergottesdienst hält, kann die Erzählung aus der Sicht der Hanna gestaltet werden. Dazu genügt es, sich ein großes Tuch um den Kopf zu schlingen, evtl. noch eine Schüssel mit imaginärem Brei auf dem Schoß, in der während des Erzählens gerührt werden kann.)

Hanna: Guten Tag, Kinder, das ist ja schön, daß heute so viele Kinder um mich sind. Und noch dazu so nette! Wißt ihr, sonst sitze ich nämlich meistens völlig allein bei meiner Arbeit.

Elkana, mein Mann, ist auf den Feldern mit dem Vieh beschäftigt – und ich sitze hier, draußen spielen die vielen Kinder von Peninna. Ach, ihr wißt ja gar nicht, wer Peninna ist. Ja, das ist auch nicht so einfach zu erklären. Peninna ist nämlich die zweite Frau von meinem Mann: O, ihr meint, euer Vater hat nur eine Frau? Da könnt ihr von Glück sagen, bei mir ist das anders – da gibts eben noch diese Peninna. Wenn ich allein den Namen ausspreche, wird mir schon ganz schlecht. Peninna, jeden Mittag höre ich ihre laute

Stimme über den Zeltplatz dröhnen: „Alle meine Kinder kommen!" Oder: „Söhnchen, Wasser tragen! Töchterchen, kraul mir den Rücken!" Ach, eine ganz unangenehme durchdringende Stimme hat sie, diese Peninna. Ja, ich weiß, ihr meint jetzt, ich bin ungerecht. Diese Peninna, denkt ihr, kann ja auch nichts dafür, sie muß doch ihre Kinder irgendwie zum Essen rufen. Na gut, aber daß sie dann manchmal zu mir sagt: „Hej, Hanna, du hast doch jede Menge Zeit, rühr mir mal den Brei für mein Baby, ernte dies, wasch das, du hast ja keine Kinder zu versorgen!" Manchmal komme ich mir vor wie eine Magd, wie die Magd von Peninna. Hinter meinem Rücken, denk ich, lacht sie dann über mich: „Haha, ich bin die bessere Frau von Elkana. Ich bring ihm Kinder, Hanna bringt ihm nichts." Ihr wollt wissen, was Elkana, unser Mann, dazu sagt? Ach, der ist ganz lieb, der versucht mich immer zu trösten: „Ich hab dich doch lieb", sagt er. Sich lieb haben ist das Wichtigste. Aber ich bin dann trotzdem noch traurig. Eine Frau ohne Kinder, das ist nichts, sagt man hier bei uns. Und so fühle ich mich auch. Wie gar nichts. Könnt ihr mir nicht irgendwie helfen?

Kinder geben Tips (zum Arzt gehen, die Arbeiten nicht machen)

Hanna: (geht kurz raus, kommt wieder mit Tuch und Schüssel, diesmal ist der Brei für den kleinen Samuel drin) erzählt in ähnlicher Weise zu Ende…

Lied: Du verwandelst meine Trauer in Freude, du verwandelst

Gespräch: Vergleich Hannas mit den Verlierern im Spiel.

Merken: Hier geht es um mehr als beim Quartett, aber auch wir fühlen uns manchmal nicht so viel wert wie andere. Zu Gott können wir damit kommen.

Gebet: Bei manchen Kindergruppen (gerade bei jüngeren Kindern) kann man hier versuchen, die Anlässe selbst nennen zu lassen.

Lied: Du verwandelst meine Trauer in Freude

Segen: (Alle fassen sich an und sagen, was Eli Hanna gesagt hat): Geh in Frieden! Geh hin in Frieden! Geh hin in Frieden!

Benigna Carstens, Büdingen

Mein Herz ist fröhlich

Lobgesang der Hanna
Kanon für 2 (auslaufende) Stimmen

Text: nach 1 Sam 1+2
Musik: Siegfried Macht

Bewegungsanregung

Schon bei Mirjam lässt sich nachlesen (2 Mose 15,20), wie Dankbarkeit in Bewegung setzt und tanzen lässt, sie kann auch uns von Stühlen und Bänken reissen…
Noch sitzend singen wir die ersten beiden Zeilen des Kanons, stehen dann aber (hinter „er half mir auf"!) mit zwei Klatschern und/oder Stampfern auf und sammeln uns zum Kreis, fassen die locker herabhängenden Hände beider Nachbar(innen)n und beginnen (je nach Ausgangsstellung im Raum evtl. auch erst zum zweiten Melodiedurchlauf) seitwärts über die Kreisbahn zu tanzen:

Takt	Zählzeit	Bewegung
0		Auftakt abwarten
1		Wechselschritt links seitwärts:,
	1	links seitwärts stellen,
	2	rechts nachstellen,
	3	links seitwärts stellen.
2	1	Wiegen: Gewicht auf rechts seitwärts verlagern.
	3	mit Wechselschritt von vorn beginnen

Variation I

Hinter „er half mir auf" (evtl. auch hinter „nicht einer ist wie er") 2 x klatschen.

Variation II

Nach jeweils 2 je eineinhalbtaktigen Grundschrittfolgen (s. o.) im jeweils 4. Takt eine ganze Drehung um rechts mit drei Schritten:

Zeit	Bewegung
1	links vor rechts kreuzend Drehung um rechts beginnen (1/2 Drehung)
2	rechts nachziehend ganze Drehung beenden
3	links ranstellen
4	warten

Es folgen 2 Grundschrittfolgen (s. o., links beginnt!), im abschließenden 8. Takt ist das Schritt- und Rhythmusmuster mit dem 4. Takt identisch, die Schritte erfolgen jedoch kaum raumgreifend seitwärts (gegen Uhrzeiger) über die Kreisbahn und nicht als Drehung:

1	links an rechts ranstellen
2	rechts nach rechts seitwärts
3	links ranstellen
4	warten

von vorn (links beginnt!)

Siegfried Macht, Hannover

9.8.1998 – 9. Sonntag nach Trinitatis – 1. Samuel 1, 21 – 2, 11 i. A.

Hanna dankt für ihr Kind Samuel

Lieder: *Mein Herz ist fröhlich, s. o.*
Du verwandelst meine Trauer in Freude, MGR 30, MKL 91, LJ 508

Liturgischer Text: 1. Samuel 2,1.7.8.a

Zum Text

Hanna singt dieses Lied, als sie ihren Sohn Samuel (wahrscheinlich im Alter von drei Jahren, „als er entwöhnt war") in den Tempel bringt. Sie löst damit das Gelübde ein, das sie Gott gab, als sie ihn unter Tränen im Tempel von ihm erbat (1 Sam 1,11). Für uns ist das, was Hanna hier tut, schwer nachzuvollziehen: Lange mußte sie auf diesen Sohn warten. Wegen ihrer Kinderlosigkeit mußte sie viele Demütigungen durch Peninna, der zweiten Frau Elkanas, ertragen. Nun gibt sie dieses Kind ganz Gott. Samuel soll im Tempel aufwachsen, ein Geheiligter des Herrn werden. Als äu-

ßeres Zeichen soll kein Schermesser auf sein Haupt kommen, d. h., seine Haare sollen niemals geschnitten werden. Nur die wenigen Jahre der Stillzeit hatten also Hanna und Elkana ihren Sohn bei sich. Von nun an werden sie ihn nur noch einmal im Jahr sehen, wenn sie zum Erntefest nach Silo hinaufgehen. Dann wird Hanna ihm neue Kleidung, die sie selbst gewebt hat, und Verpflegung bringen. Elkana hindert seine Frau nicht daran, ihr Gelübde zu erfüllen. Ich sehe darin ein großes Zeichen seiner Liebe zu Hanna und auch seinen Glauben, daß dieser Sohn die Frucht von Hannas unablässigem Gebet zum Herrn ist.

Im Heiligtum zu Silo singt Hanna ihr Loblied. Wir können folgende Abschnitte erkennen:

V. 1 Hannas große Freude

V. 2 die Einmaligkeit des Herrn

V. 3 niemand trotze dem Herrn

V. 4–8 a die Verwandlungen, die beim Herrn möglich sind

V. 8b–10 die Macht des Herrn

Hannas spezielle Situation wird nur in einigen Versen angesprochen: V 1. Über ihre ganz persönliche Freude geht Hannas Lied schnell zur Situation ihres Volkes und zur ganzen Erde über, die in des Herrn Hand und seine Schöpfung ist. In V. 10 ist vom „Haupt seines Gesalbten" die Rede. Manche Theologen sehen hierin eine Anspielung darauf, daß Samuel einmal die Könige Saul und David salben wird und geben darum der Hanna den Titel „Prophetin". Wenn hier von den späteren Königen die Rede ist, zeigt es uns, daß ein damals bekanntes Loblied vom Erzähler der Hanna in den Mund gelegt wurde.

Hannas Loblied ist nicht einmalig. Es steht in einer Reihe mit dem Lied der Mirjam (2 Mose 15) und dem Lobgesang der Maria (Lk 1,46–55). Besonders mit dem Lobgesang der Maria finden sich viele Ähnlichkeiten: Von der persönlichen Freude geht es rasch über zur Freude des ganzen Volkes und zu Heil und Segen für die ganze Welt. Gerade in der Versgruppe 2,4–8a ergeben sich viele Ähnlichkeiten mit dem Lobgesang der Maria. Es lohnt sich, beide Lieder nebeneinander zu lesen. Allerdings singen alle drei Frauen in ganz unterschiedlicher Situation: Mirjam singt nach dem Sieg des Herrn über die mächtigen Ägypter und der wunderbaren Rettung ihres Volkes. Sie singt und tanzt gemeinsam mit den Frauen Israels. Hanna singt im Tempel, vielleicht vor versammelter, anbetender Gemeinde. Maria kann ihre Freude nur mit Elisabeth teilen, denn sie wird erst noch für andere offenbar werden – mit dem Gesang der Engel in der Weihnachtsgeschichte.

Der Text und die Kinder

Große Freude hat jedes Kind schon erlebt. Aber wie haben die Kinder auf diese Freude reagiert? Haben sie sie mit anderen geteilt? Haben sie gesungen, gelacht, getanzt, geschrien, getobt oder sich ganz still allein gefreut? Wer hat ihnen die Freude gemacht und wem haben sie gedankt? Hat die große Freude Auswirkungen auf ihren Alltag gehabt? Kinder können sich noch freuen, wie es uns Erwachsenen oft nicht mehr möglich ist. Ich staune auch immer wieder, worüber Kinder sich ganz besonders freuen. Ihre Erzählungen sind oft echte Überraschungen für mich. Daß einer seine Freude mit anderen teilen will, ist auch bei Kindern sehr wichtig. „Geteilte Freude ist doppelte Freude." Weil das so ist, wollen wir in diesem Kindergottesdienst unsere Freuden miteinander teilen. Wir feiern die Augenblicke der Freude in unserem Leben.

Dazu wollen wir uns gegenseitig von erfahrener Freude berichten.

Gestaltungsvorschlag

Hannas Freude

Hanna: Ich bin die Hanna, ich lade euch ein, mit mir meine Freude zu feiern.

Viele Jahre habe ich vergeblich auf Kinder gehofft. Aber der Herr hat mir keinen Sohn geschenkt.

Ich mußte mit ansehen, wie Peninna, die zweite Frau meines Mannes Elkana, jedes Jahr ein Kind bekam. Eine ganze fröhliche Schar hing bald an ihren Rockzipfeln. Das hat mir fast das Herz gebrochen. Mein Mann Elkana hat mir immer wieder versichert, daß er mich sehr liebt. Aber bei uns gilt eine Frau erst etwas, wenn sie Kinder geboren hat. Elkanas Liebe hat mir gut getan, aber die Schande konnte sie nicht von mir nehmen.

Dann sind wir zum Erntefest nach Silo gegangen. In meiner großen Verzweiflung habe ich im Heiligtum auf dem Fußboden gelegen und so innig gebetet, daß der

Priester Eli dachte, ich sei betrunken. Da habe ich ihm von meinem großen Kummer erzählt. Ich weiß ja, Menschen können mir aus meinem Leid nicht heraushelfen, von Gott allein kann mir Hilfe kommen. Und ich habe dem Priester Eli von meinem Versprechen erzählt: Wenn Gott mir einen Sohn schenkt, dann soll er ihm dienen sein Leben lang.

Der Priester Eli hat mich getröstet. Er hat mir Mut zugesprochen und neue Hoffnung gegeben.

Gott hört mich, wenn ich in meiner Not zu ihm flehe! Als ich nach diesem Gebet aufstand, da wußte ich: Gott hat mich erhört! Ich war von einer großen Freude erfüllt, hatte wieder Appetit und konnte essen und trinken!

Bald bin ich schwanger geworden, und dann habe ich den Sohn geboren, den ich Samuel genannt habe, das heißt: Ich habe ihn vom Herrn erbeten.

Jetzt ist Samuel drei Jahre alt. Ich bringe ihn zu Eli ins Heiligtum, denn ich möchte mein Versprechen einlösen. Er soll ein Mann Gottes werden und darum in der Nähe Gottes aufwachsen. Die Trennung wird mir nicht leicht fallen, auch meinem Mann Elkana nicht, trotzdem hat er mich nicht daran gehindert, zu erfüllen, was ich Gott versprochen habe. Für dieses Zeichen seiner Liebe bin ich ihm sehr dankbar.

Jedes Jahr werden mein Mann und ich unseren Sohn im Tempel besuchen. Dann bringen wir Samuel Verpflegung und neue Kleidung. Den Stoff dafür werde ich selbst weben. Meine ganze Liebe zu ihm werde ich mit hineinweben.

Nun habe ich ihn vor der ganzen versammelten Gemeinde Gott übergeben. Ich bin so unbeschreiblich glücklich, daß ich singen muß! Vor allen Gläubigen im Tempel! Alle sollen hören, was für Wunder unser Gott tut, ja, was für ein Wunder er an mir getan hat!

„Herr, du hast mich fröhlich gemacht! Du hast mich wieder aufgerichtet und gestärkt!
Ich bin voller Freude, weil du mir geholfen hast.
Der Herr allein ist heilig.
Es gibt keinen Gott außer ihm.
Keiner kann schützen wie er.
Tut nicht so groß! Spielt euch doch nicht so auf!
Der Herr weiß alles, was ihr tut.
Starken Männern zerbricht er die Waffen.
Schwachen und Entmutigten gibt er neue Kraft.
Die Frau, die kinderlos war, bringt sieben Kinder zur Welt.
Die Verachteten holt er aus ihrem Elend und bringt sie zu Ehren.
Er läßt sie aufsteigen in den Kreis der Angesehenen und gibt ihnen einen Ehrenplatz,
denn die ganze Erde gehört dem Herrn"
(Aus: Die Gute Nachricht)

Lied: Mein Herz ist fröhlich

Unsere Freude

Jetzt werden die Kinder aufgefordert, zu erzählen, was sie Besonderes erlebt haben, an welcher Freude sie uns Anteil nehmen lassen möchten. „Als ich einmal ganz glücklich war…" Wie haben sie ihre Freude geäußert? Wir machen alle mit! (z. B. tanzen, einen Luftsprung machen, sich umarmen, auf die Erde werfen …) Wem haben sie wie gedankt?

Im Schlußgebet greifen wir alle erzählten Freuden noch einmal auf und danken Gott dafür.

Gebet

Der Leiter oder die Leiterin bündelt am Ende alle Freudenberichte zu einem Lob- und Dankgebet. Zwischen den einzelnen Danksagungen kann ein bekannter Liedruf oder Lobvers gesungen werden.

Regina Bunzel, Königshain

16.8.1996 – 10. Sonntag nach Trinitatis – 1. Samuel 3,1–21

Gott ruft Samuel

Lieder: Du verwandelst meine Trauer in Freude, LJ 508, MKL 91
Mein Herz ist fröhlich, s. S. 151

Liturgischer Text: 1. Samuel 2,1.7.8a

Zum Text

Mit dem 3. Kapitel des 1. Samuelbuches endet die in Kapitel 1–2 eingeleitete Erzählung über die Kindheit Samuels. In diesen Erzählungen soll deutlich werden, daß die für die Geschichte Israels bedeutende Persönlichkeit Samuels schon von der Geburt an von Gott für eine besondere Aufgabe bestimmt war. Das 3. Kapitel erzählt von Samuels Berufung und macht zugleich klar, daß der Dienst der Priestersippe Elis und seiner Söhne zum Ende kommt. So zeigt die Berufung Samuels zum Propheten, daß damit eine Zeitenwende eingeleitet ist. Das vorstaatliche Israel entwickelt sich zu einem Staat, und hierbei fällt Samuel eine maßgebliche Rolle zu.

Einzelheiten zum Text
Er läßt sich wie folgt gliedern:
1. V. 1–11 Die Offenbarung Gottes an Samuel
2. V. 12–14 Das Gerichtswort über Eli und seine Söhne
3. V. 15–18 Mitteilung der Offenbarung an Eli
4. V. 19–21 Samuel wird in Israel als Prophet erkannt.

Der erste Teil (V. 1–11) erzählt in den beiden einleitenden Versen von dem Dienst des heranwachsenden Samuel unter der Obhut des Priesters Eli, und es wird bemerkt, daß zu dieser Zeit Gottesoffenbarungen selten geworden sind. Eines Nachts nun, als Samuel sich im Heiligtum schlafen gelegt hat, hört er eine Stimme. Dreimal (diese Wiederholung erzeugt wie auch bei anderen Geschichten die erzählerische Spannung) denkt Samuel, Eli habe ihn gerufen. Jedesmal schickt Eli daraufhin Sa-

muel wieder schlafen. Erst nach dem dritten Mal versteht Eli und sagt zu Samuel, daß er antworten solle: Rede, Herr, denn dein Knecht hört. Und beim vierten Mal vernimmt Samuel, daß Gott etwas tun wird in Israel, das bei jedem, der es hören wird, Entsetzen auslösen wird.

Der zweite Teil (V.12–14) ist eine spätere Ergänzung. Ein uns nicht mehr bekanntes Gerichtswort wurde hier ergänzt und überarbeitet, damit der Bezug zum 2. Kapitel V. 27ff. gegeben ist.

Da diese Erzählung insgesamt weniger das Ende Elis und seiner Söhne zum Thema hat, aber umso mehr die Berufung Samuels, muß dieser Abschnitt mit der harten Gerichtsrede nicht in den Vordergrund gestellt werden.

Der dritte Teil (V 16–18) läßt uns teilhaben an der Angst Samuels, Eli von der Ankündigung Gottes zu berichten. Diese Angst wird ihm genommen, da Eli selbst nach der Offenbarung fragt und schließlich sagt: „Er ist der Herr, er tue, was ihm wohlgefällt."

Der vierte Teil (V 19–21) schließt die Kindheitsgeschichten insgesamt ab und weist hin auf die gewachsene Bedeutung und Autorität Samuels und seine Anerkennung als Prophet. Wie zur Bestätigung erwähnt der letzte Vers, daß weitere Offenbarungen folgen und Samuel dieses Wort an ganz Israel ausrichtet.

Der Text und die Kinder

Können sich die Kinder unserer Kindergottesdienste mit Samuel vergleichen, und sollen sie es überhaupt? – Nein und ja.

Nein – zunächst geht es erst einmal um die

Begegnung mit Samuel, einem Kind, das vor mehr als 3000 Jahren gelebt hat, und das von Gott für eine ganz besondere Aufgabe ausersehen worden war. Samuel kennenzulernen, sein Leben, seine Aufgaben, seine Angst und sein Vertrauen, das wäre ein erstes Ziel.

Und ja – nach dem ersten Ziel möchte ich versuchen, einen Schritt weiterzugehen. In einem Erwachsenengottesdienst habe ich diese Geschichte einmal besprochen und dabei zwischen Wirklichkeit und Wahrheit unterschieden. Die Wirklichkeit des Lebens macht den Alltag aus. Samuel verrichtet unter der Obhut von Eli bestimmte Dienste am Heiligtum von Silo. Er ist dabei, wenn die Menschen kommen und ihre Opfer darbringen. Er lernt aus dem Verhalten von Eli, und er bekommt auch mit, wie schändlich sich die Söhne Elis verhalten, die u. a. das Fleisch für die Opferhandlungen an sich reißen. Das alles macht sein Leben, seine Wirklichkeit aus. Und die Wahrheit? – Sie erfährt Samuel unerwartet, versteht erst nicht, daß Gott ihn anruft, um ihm die Wahrheit zu sagen. Die Wahrheit soll sein Leben ändern. Nun hört er, wie Gott über Eli und seine Söhne denkt und urteilt, nun wird er zum Zeugen, zum Mitarbeiter, Boten Gottes. Nun ändert sich seine Wirklichkeit durch die Wahrheit, die er bezeugen soll.

Die Wirklichkeit und die Wahrheit. Unsere Kinder erleben eine andere Wirklichkeit. Sie merken, wie wichtig das Geldverdienen ist. Sie bekommen den Druck zu spüren, wenn Eltern und Lehrer immer mehr von ihnen fordern. Sie leiden mehr, als uns allen lieb ist, wenn Streit und Gewalt in ihrer Wirklichkeit das Zusammenleben bestimmen. Nun sage ich nicht, daß diese Wirklichkeit nicht stimmt, also nicht wahr ist. Ich kann mir nur vorstellen, daß es den Kindern gut tut, von der Wahrheit zu hören, die uns in der Bibel begegnet. Die Wahrheit ist dann, daß vor Gott ganz andere Maßstäbe gelten. Nicht Geld, Leistung, Gewalt zählen, sondern ein Leben, in dem es gerecht zugeht, in dem niemand nur an

sich denkt. Und wer weiß, wie dann das Wissen um die Wahrheit auch die Wirklichkeit bei uns verändern kann.

Gestaltungsvorschlag für jüngere Kinder

Puppenspiel und Erzählung

(Zwei Handpuppen, die Samuel und den Jungen Benjamin darstellen, können bei der Erzählung zu Hilfe genommen werden. Dabei kann die Erzählung durch Nachfragen Benjamins aufgelockert und ergänzt werden.)

„Samuel, Samuel, sag, wie wird man Prophet? – Du bist so berühmt, du weißt so viel. – Sag, wie bist du Prophet geworden?"

Der kleine Benjamin läßt einfach nicht locker, und so erzählt der alte Samuel seine Geschichte:

Weißt du, Prophet kann man nicht werden wie Tischler oder Hirte. Ich wollte das auch nicht. Ich wußte nicht einmal, was das ist, ein Prophet unseres Gottes. Ich dachte, ich würde Priester werden, so wie Eli einer war. Schon als Kind half ich ihm. Du erinnerst dich? – In Silo war ein Heiligtum, ein Haus, wo die Gottesdienste mit vielen Opfertieren verrichtet wurden. Und in der Mitte dieses Heiligtums war die Bundeslade aufgestellt. Du weißt doch, darin werden die beiden Tafeln mit den 10 Geboten aufbewahrt. Na ja, jedenfalls dachte ich, hier ist mein Zuhause, hier werde ich bleiben und irgendwann selber Priester werden. Aber dann eines Nachts passierte etwas. Eli, er war alt und auch schon blind, schlief in seinem Haus. Und ich hatte meine Schlafmatte im Heiligtum ganz dicht bei der Lade. Also in dieser Nacht hörte ich eine Stimme. Natürlich bin ich sofort zu Eli gelaufen, meinte ich doch, er habe mich gerufen. Aber es war wohl nichts. Und Eli schickte mich wieder schlafen. Doch dann wieder. Deutlich hörte ich eine Stimme, die „Samuel" rief. Ich wieder hin zu Eli. Der bestritt, mich gerufen zu haben. Merkwürdig. Also zurück, und schnell schlief ich wieder ein. Doch da war wieder diese

Stimme. Das muß doch Eli sein, und so weckte ich ihn ein drittes Mal. Was Eli dann zu mir sagte, verstand ich erst nicht. Er meinte, ich solle warten, und wenn ich die Stimme wieder höre, solle ich antworten und sagen: „Rede, Herr, denn dein Knecht hört." Und tatsächlich. Wieder hörte ich die Stimme. „Samuel, Samuel" – ganz deutlich. Und wie Eli es mir geraten hatte, antwortete ich: „Rede, Herr, denn dein Knecht hört."

Ich war ganz aufgeregt, denn langsam begriff ich, daß Gott selbst mir etwas zu sagen hatte. Und Gott sprach dann auch, er sagte, daß er es nicht länger zulassen will, daß die Söhne Elis immer nur an sich denken, immer nur das beste Fleisch für sich behalten, das doch zum Opfer bestimmt war. Er redete auch gegen Eli, daß er es zuläßt, daß seine Söhne sich so schändlich verhalten.

Du kannst dir gar nicht vorstellen, wie mulmig mir darauf zumute war. Am nächsten Morgen hatte ich richtige Angst, Eli zu begegnen. Aber das ließ sich selbstverständlich nicht umgehen. Er kam direkt auf mich zu und fragte. Ja, da mußte ich wohl antworten. Traurig sagte Eli: „Gott hat es so gesagt. Er ist der Herr, er tue, wie es ihm wohlgefällt."

Später starb dann Eli, und auch seine Söhne starben. Und überall fingen die Leute an zu erzählen, daß ich ein Prophet sei, einer, dem Gott die Wahrheit sagt. Noch oft habe ich Gottes Stimme vernommen, noch oft tun müssen, was er mir sagte. Ja, das ist meine Aufgabe bis heute. Und ich weiß, Gott ist bei mir, und die Angst wurde immer kleiner.

Und nun, Benjamin, leg auch du dich schlafen. Wer weiß, was aus dir einmal werden wird.

Zur Vertiefung

Wo Menschen auf Gott hören, da findet eine große Verwandlung statt. Da wird ein Priesterjunge zum Propheten. Da verändert sich das Leben der Menschen. Da werden Menschen, die verbittert und traurig sind, wieder froh.

Wir singen und spielen das Lied: „Du verwandelst meine Trauer in Freude". Das geht so: Wir bilden zwei Gruppen. Die Kinder der ersten Gruppe stellen die Trauer mit Gesten und Mimik dar, die zweite Gruppe zeigt die Verwandlung „in Freude". Danach werden die Rollen vertauscht.

Wenn Zeit ist, können noch Bilder gemalt oder Szenen gespielt werden von dem, was Menschen traurig macht oder froh sein läßt.

Gestaltungsvorschlag für ältere Kinder

Erzählung

Samuel ist alt geworden. Was hat er nicht alles gesehen und erlebt in seinem Leben? – Die Leute sagten: „Er ist ein Prophet." Er hat sich das nicht ausgesucht. Aber Gott hat ihn ausgesucht. Er sollte die Wahrheit hören und den Menschen sagen, die Wahrheit über Gut und Böse. Doch hören wir einfach einmal seine Geschichte. Hören wir, wie er einem Freund erzählt, was er als Kind im Tempel erlebt hatte:

„Weißt du, Schamma, das alles ist so lange her, aber das, was mir passiert ist, manchmal denke ich, es wäre gestern erst gewesen. Du mußt wissen, ich hatte es ganz gut. Nachdem meine Eltern mich nach Silo brachten, war ich erst ein wenig traurig. Aber Eli, der Priester war o.K. Schon bald durfte ich ihm helfen. Wenn aus dem ganzen Land die Menschen zu uns nach Silo kamen, dann war da viel los. Ich bekam viel zu tun und war auch stolz darauf, Eli zur Hand zu gehen. Sicher, seine Söhne waren ganz anders. Unfreundlich waren sie, und bei den Opferhandlungen verlangten sie immer das beste Stück Fleisch für sich. Nun, viel dachte ich mir nicht dabei. Ich dachte, so ist das eben, und glaubte auch, selber einmal Priester zu werden." (An dieser Stelle kann die Erzählung für die kleinen Kinder ohne den letzten Satz übernommen werden.)

Schluß: „Weißt du, Schamma, es ist wichtig, daß Gott mir die Augen und Ohren öffnet. Es ist wichtig, die Wahrheit zu kennen.

Es ist wichtig für die Menschen, daß sie gesagt bekommen, was richtig und was falsch ist."

Vertiefung

Die Kinder überlegen Situationen, bei denen sie gedacht haben: „Das ist eigentlich nicht in Ordnung", oder sie suchen dazu Bilder aus Illustrierten heraus und stellen sie zu einer Collage zusammen. Dabei überlegen sie, wie das Hören auf Gott die Wirklichkeit verändern könnte.

Uwe Wiarda, Leer

Gottesdienst zum Schulanfang

Thema/Text	Methoden und Mittel
Geborgen unter Gottes Schirm Lukas 15,11–24	Begrüßung, Psalm, Klappkarte mit Spruch und Partyschirmchen, großer Schirm, Erzählung, Zeichenhandlung, Gebet, Segen

Geborgen unter Gottes Schirm

Lukas 15,11–24

Lieder: *Heut war ein schöner Tag, LJ 556, LZU I 41, MGR 49, Sieben Leben, S. 11*
Halte zu mir, guter Gott, LJ 549, LZU I 39, MGR 47, MKL 52
Guter Gott, Danke schön (Refrain), MKL 51

Liturgischer Text: Psalm 31,15–24 i.A. (in Übertragung)

Vorbemerkung

Seit einigen Jahren laden wir die Schulanfänger unserer Stadt mit ihren Eltern, Geschwistern, Paten und Freunden zu einem Schulanfängergottesdienst in die Petrikirche ein. Da die Veranstaltungen in den Schulen zu unterschiedlichen Zeiten stattfinden, feiern wir den Gottesdienst als Tagesausklang um 18 Uhr. Dieser späte Zeitpunkt verlangt nach einer kurzen, durchsichtigen und bildhaften Gestaltung. Wenn es gelingt, daß die Kinder, die einen aufregenden Tag hinter sich haben, zur Ruhe kommen und die Schwelle des neuen Lebensabschnitts mit Freude und ohne Angst überschreiten können, und wenn sie darüberhinaus neugierig werden auf das, was sie in der Christenlehre erwartet, dann hat dieser Schulanfängergottesdienst am Abend des Einschulungstages sein Ziel erreicht.

Vorbereitung

– Klappkarten zum Verteilen (Aus der Vorderseite ein Fenster herausschneiden und ein Partyschirmchen mit Tesafilm dahinterkleben. Auf der zweiten Seite der Klappkarte steht der Spruch: „Wo ich bin, hält Gott die Wacht, führt und schirmt mich Tag und Nacht").
– Liedblätter mit den oben angegebenen Liedern

Gestaltungsvorschlag

Begrüßung

Seid alle herzlich willkommen hier in der Petrikirche! Schön, daß Ihr heute abend hierhergekommen seid. Ein ganz besonderer Tag geht nun zu Ende: der erste Schultag. Ich hoffe, daß es für Euch alle ein schöner Tag war.
Nun sind wir hier in der Kirche beisammen,

um zur Ruhe zu kommen, um Dank zu sagen für diesen Tag und um Gottes Segen zu bitten für die Zeit, die vor Euch liegt.
Lied: Heut war ein schöner Tag, Str. 1

Psalmgebet

Wir beten mit Worten aus der Bibel (nach Ps 31,15–24 i. A.)
Herr, ich vertraue dir, denn du bist mein Gott.
Behüte und beschirme mich,
hilf mir in deiner Güte.
Wie groß ist deine Güte gegenüber allen, die dich lieben und achten.
Du beschirmst sie im Schutz deines Angesichts.
Wie unter einem Dach bewahrst du sie.
Gelobt sei Gott, der wunderbar an mir gehandelt
und mir seine Güte erwiesen hat, als ich in Not war.
Ich dachte schon in meiner Angst: Ich bin allein.
Doch du, Gott, hast mein Rufen gehört.
Liebt Gott! Alle, die treu zu ihm halten, beschirmt er. Amen

Schirmbetrachtung

Ich habe heute meinen Schirm mitgebracht. Er ist nicht mehr ganz neu und schon ein bißchen kaputt. Aber ich mag ihn nicht wegwerfen. Er hat mir schon so oft geholfen.
So ein Schirm ist eine wunderbare Erfindung! Wenn es regnet, werde ich nicht naß. Und wenn die Sonne scheint und zu heiß wird, dann habe ich unter ihm Schatten. Mein Schirm hat einen schönen langen Stock, eine Krücke, und er läßt sich gut tragen. Wenn ich will, kann ich ihn sogar als Spazierstock gebrauchen.
Was meint Ihr, wieviele Leute unter meinen Schirm passen?
Wir wollen einmal ausprobieren, ob alle Schulanfänger, die hier in der Kirche sind, darunter Platz finden…
Stellt Euch vor: Es regnet und regnet, alles ringsum wird pitschenaß. Aber ihr habt es gut, ihr steht im Trockenen. Der Schirm ist wie ein Dach über Eurem Kopf. Unter ihm

seid Ihr geschützt und geborgen. Ja, so ein Schirm ist wirklich eine tolle Erfindung! Jetzt klappe ich den Schirm wieder zu, und wir schauen alle einmal nach oben: Über uns ist das große Kirchendach – wie ein Schirm wölbt es sich über uns. Es schützt uns, und wir können uns darunter geborgen fühlen.
Bildbetrachtung
Denkt Euch, es gibt auch unsichtbare Schirme – Schirme, die keiner sehen kann, und die doch da sind und uns beschirmen und beschützen. Denkt z. B. an eure Eltern: Sie beschirmen euch. Sie sind wie ein Schirm, der euch beschützt und behütet.
Wenn du einmal Angst hast, dann streicht Mutti oder Vati über deinen Kopf, und ihre Hände sind wie ein Schirm. Du fühlst dich darunter geborgen und alles ist nicht mehr so schlimm.
Oder deine Schwester oder der große Bruder legen den Arm um deine Schultern, und gleich fühlst du dich nicht mehr so ängstlich. Auch die Lehrerin in der Schule, die ihr heute kennengelernt habt, ist wie ein Schirm, unter den du dich flüchten kannst, wenn dir etwas Schlimmes passiert.
Wie gut, daß es solche unsichtbaren Schirme gibt!

Erzählung

Ich will Euch eine Geschichte erzählen. Sie handelt von einem Jungen und seinem Vater und von einem unsichtbaren Schirm: Der Junge lebte zu Hause und hatte es gut. Er hatte einen größeren Bruder, mit dem er spielen konnte, als sie noch klein waren. Und er hatte Eltern, die ihn lieb hatten und ihn beschirmten. Zu ihnen konnte er laufen, wenn er sich wehgetan hatte, oder wenn er Angst hatte vor dem großen Hund des Nachbarn, oder wenn ihn die großen Kinder auf der Straße ärgerten. Dann nahm Mutter ihn in die Arme, oder Vater legte ihm seine großen Hände auf den Kopf, und gleich fühlte der Junge sich sicher – wie unter einem Schirm. Als dann der Junge älter wurde, lief er nicht mehr so oft zu Vater und Mutter. Dafür war er nun zu groß. Und eines Tages war es so weit, daß es ihm nicht mehr gefiel, immer zu Hause zu sein. Er wollte fort. Er wollte das Leben entdecken. Er wollte Neues lernen. Dem Vater fiel es schwer, den Jungen fortzulassen. Er machte sich Sorgen, daß dem Jungen unterwegs etwas zustoßen könnte. Aber er ließ ihn ziehen. „Kinder müssen ihren eigenen Weg finden", sagte er. „Ich kann meinen Jungen nicht fernhalten von Schwierigkeiten und Problemen; denn auch das ist das Leben. Aber ich kann einen Schirm über ihm aufspannen: einen unsichtbaren Schirm der Liebe". Und so ließ er ihn ziehen.

Der Junge ging fort von zu Hause. Das Leben war aufregend und neu für ihn. Er genoß es in vollen Zügen, frei und unabhängig zu sein, erwachsen zu sein. Aber dann kamen die Schwierigkeiten, und schließlich geriet er in richtige Not. Was nun?

Da erinnerte er sich, wie er als kleiner Junge immer zum Vater gelaufen war, wenn etwas Schlimmes passiert war. Und Vater hatte seine großen, guten Hände auf seinen Kopf gelegt, und alles war dann gut. Wie unter einem Schirm hatte er sich dann geborgen gefühlt. Ob das jetzt auch noch möglich ist, jetzt, wo er groß ist und weit weg von zu Hause? „Ich will es versuchen", denkt der Junge. Und er macht sich auf den Heimweg. Endlich, nach langer Wanderung sieht er das Elternhaus in der Ferne auftauchen.

Seine Schritte werden immer langsamer statt schneller. Was ist, wenn der Vater ihn nicht empfängt? Oder wenn er schimpft und ihm Vorwürfe macht, weil er von zu Hause wegwollte?

Da sieht er, wie eine Gestalt ihm entgegenläuft. Zuerst ist sie ganz klein, dann wird sie größer und größer, und dann erkennt er sie: Es ist sein Vater, der auf ihn zuläuft. Und der Vater tut genau das, was er immer gemacht hatte, als der Junge noch klein war: Er legt seine Hände auf den Kopf des Jungen. Und da ist alles gut. Der Junge weiß auf einmal: Diese Hände sind ja immer über mir gewesen, auch als ich weit weg von zu Hause war. Auf dem ganzen Weg, den ich gegangen bin, waren sie wie ein unsichtbarer Schirm über mir.

So weit die Geschichte. Sie steht in der Bibel, in dem Buch, aus dem Ihr noch viel mehr in der Christenlehre hören werdet. Jesus hat diese Geschichte erzählt, damit wir wissen: Was auch immer geschieht: Jeder von uns hat so einen unsichtbaren Schirm, der über ihm aufgespannt ist. Gott hält seine Hände über dir und über mir, wie ein Vater und wie eine Mutter. Wenn wir ängstlich sind oder Kummer haben, wenn wir etwas falsch gemacht haben oder uns sehr freuen, dann sollen wir an den unsichtbaren Schirm denken, den Gott über uns aufspannt.

Lied: Halte zu mir, guter Gott, Str. 1

(Dieses Lied kann mit Bewegungen gesungen werden: 1. Zeile: Hände nach vorn strecken, 2. Zeile: Hände wie einen Schirm über den Kopf heben).

Klappkarten verteilen

Wir wollen den unsichtbaren Schirm nicht vergessen. Darum habe ich für jede und jeden von Euch eine Karte mit einem kleinen Schirmchen mitgebracht. Darauf steht ein Spruch, den wir ganz leicht lernen können: „Wo ich bin, hält Gott die Wacht, führt und schirmt mich Tag und Nacht" (wiederholen lassen).

Wenn Ihr in den nächsten Tagen einen Schirm seht oder wenn Ihr diese Karte anschaut, dann erinnert Euch: „Wo ich bin, hält Gott die Wacht, führt und schirmt mich Tag und Nacht".

Gebet

Jetzt wollen wir zusammen beten. Immer, wenn ich sage: „…denn ich weiß:", sprecht Ihr alle mit: „Wo ich bin, hält Gott die Wacht…"

Wer unter dem Schirm des Höchsten sitzt und unter dem Schatten des Allmächtigen bleibt, der hat es gut. Er kann sagen: Meine Zuversicht bist du, Gott. Mein Fels bist du. Dir vertraue ich. Denn du bist bei mir, wo ich auch bin. Ich brauche mich nicht zu fürchten; denn ich weiß:
Alle: „Wo ich bin…"
Nun beginnt die Schule. Ich werde neue

Kinder kennenlernen und neue Lehrer. Werden sie alle gut zu mir sein?
Ich brauche mich nicht zu ängstigen; denn ich weiß:
Alle: „Wo ich bin..."
Ich möchte gern viel Neues lernen: lesen und schreiben und rechnen. Ob ich alles schaffe und gut mache?
Ich muß mich nicht sorgen; denn ich weiß:
Alle: „Wo ich bin..."
Guter Gott, du spannst deinen Schirm der Liebe über uns allen auf: über den Kindern, die nun neue Schritte gehen werden, über den Eltern, die sich manchmal sorgen werden, über den Lehrern, denen unsere Kinder nun anvertraut werden. Beschütze und beschirme uns alle. Laß uns fröhlich in dieses neue Schuljahr gehen. Amen

Lied: Heut war ein schöner Tag, Str. 1 und 5

Ein Zeichen geben

Gottes Schirm ist über uns aufgespannt, darum können wir uns gegenseitig beschirmen: die Eltern die Kinder, die größeren Geschwister die kleineren, die Lehrer die Schüler, die Stärkeren die Schwächeren, einer den anderen.
Damit wir das nicht vergessen, wollen wir uns ein Zeichen geben: Wir machen unsere Hände zu einem Schirm über dem Kopf des anderen.
Und ich spreche dabei ein Segenswort für uns alle.

Segen

Gott segne und beschirme euch heute und jeden Tag.
Er lasse sein Angesicht leuchten über euch und sei euch gnädig.
Er hebe sein Angesicht über euch und gebe euch seinen Frieden. Amen

Lied: Fröhlich gehe ich

Wir reichen uns dabei die Hände und singen diesen Vers zweimal.

Dorothea Creutzburg, Stendal

XI Wenn einer am Boden liegt

Lied: Alle Knospen springen auf, LJ 472, MGR 7, MKL 112

Liturgischer Text: Psalm 124

Sonntag	Text/Thema	Art der Zusammenkunft Methoden und Mittel
23.8.1998 11. Sonntag nach Trinitatis	Psalm 124 Wenn alle gegen uns sind ...	Gottesdienst mit Kindern (und Erwachsenen) Erzählung, Spiel, Gebet
30.8.1998 12. Sonntag nach Trinitatis	Lukas 5,17–26 Gut, wenn man Freunde hat	Gottesdienst mit Kindern (und Erwachsenen) Kerzen zu gesprochenen Bibelwor- ten entzünden, Trage oder Matte, Erzählung der biblischen Geschichte, Umweltgeschichte
6.9.1998 13. Sonntag nachTrinitatis	Lukas 10,25-37 * Geschlagen – ausge- zogen – liegengelassen	Gottesdienst mit Kindern Raum als „Gasthaus zum barmher- zigen Samariter" gestalten, Ges- spräch, Erzählung, malen oder Sandkasten, Gebet
13.9.1998 14. Sonntag nach Trinitatis	Lukas 10,25-37 * „... und als er ihn sah, hatte er Mitleid"	Gottesdienst mit Kindern Gebet, Bilder, Erzählung, Grußkar- ten, Besuche

23.8.1998 –11. Sonntag nach Trinitatis – Psalm 124

Wenn alle gegen uns sind ...

Lieder: *Alle Knospen springen auf, LJ 472, MGR 7, MKL 112*
Ja, Gott hat alle Kinder lieb, MKL 20, LZU I 50
Am Anfang, bevor die Welt gemacht, MKL 136
Befiehl du deine Wege, EG 361,1–2.8–10, KGB 216, LJ 207

Liturgischer Text: Psalm 124

Zum Text

Ps 124 wird aus der Position der Geretteten, Bewahrten und Zuversichtlichen gesprochen oder gesungen. Aber die Gefahr zittert noch nach. Das Bewahrtwordensein ist noch ganz unglaublich, die Zuversicht überhaupt nicht selbstverständlich. Es ist nicht möglich, die konkrete Situation zu benennen, auf die sich der Psalm bezieht. Deutlich ist jedoch, daß es nicht um ein Naturereignis geht, sondern daß Menschen die Gefahr herbeigeführt haben. Bedrängnis, Krieg und Verfolgung hat das Volk Israel wahrhaftig oft durchgemacht. So sind verschiedene Anlässe denkbar, auf die der Text Bezug nimmt. Wir können uns sogar eine ruhige Zeit vorstellen, in der keine Feinde den Frieden zu bedrohen scheinen. Damit Menschen in solchen Zeiten das kostbare Gut der Freiheit, das Leben in Ruhe und Frieden auch recht zu würdigen wissen, aufmerksam und dankbar bleiben, erinnert der Dichter sie daran: Wenn der Herr nicht bei uns wäre, so sollt ihr sagen, dann wäre es längst aus mit uns. So bezeugt er Gottes bewahrende und helfende Gegenwart gerade auch im gewöhnlichen Alltag.

In drei Bildern beschreibt er die Situation, wenn Menschen sich gegen Menschen erheben. Erstens: Wie wilde Tiere fallen sie über sie her. Zweitens: Wie ein Hochwasser, aus dem es kein Entrinnen gibt. Drittens: Wie ein Vogelfänger mit einem Fangnetz, einem kescherähnlichen Gerät mit einem Ring und einem Netz daran, freie Vögel einfängt. Das letzte Bild wird weitergeführt: „Unsere Seele ist entronnen... Das Netz ist zerrissen, und wir sind frei." V. 8 gibt das Ziel dieser Bildbetrachtung an. Der Himmel und Erde gemacht hat, kann auch Wild und Wasser und Vogelfänger in die Schranken weisen.

Der Text und die Kinder

Ps 124,8 ist in vielen Gemeinden Teil der Liturgie. Gleich zu Beginn des Gottesdienstes wird uns bewußt gemacht, daß Gottes Schutz und Hilfe eine alltägliche Erfahrung sein kann und daß wir in jeglicher Gefahr bei Gott Geborgenheit und Zuversicht haben.

In der Kindergemeinde sind beide Wirklichkeiten möglich: Es können Kinder da sein, die ohne Probleme fröhlich in den Tag hineinleben, geordnete Verhältnisse haben und von Gefahren an Leib und Seele nichts wissen. Es gibt aber bei uns auch Kinder, die leider immer wieder erleben müssen, daß alle gegen sie sind. Sie haben Angst vor anderen Kindern, die reicher oder stärker sind, vor Lehrern, Hausmeistern, Nachbarn und anderen Erwachsenen, sogar vor Eltern. Beide „Sorten" Kinder sollen mit diesem Text Dank, Zuversicht oder die Bitte um Hilfe an Gott zu richten lernen.

Es geht nicht nur um das äußere Wohlbefinden und um äußere Sicherheit. V. 7 sagt: „Unsere Seele ist entronnen." Es ist nicht unbedingt nötig, den Begriff „Seele" zu erklären. Er hilft einfach dazu, daß wir

Distanz zu uns gewinnen und so besser von uns reden können. Die israelische Autorin Michal Snunit macht die Seele anschaulich, indem sie von dem Seelenvogel erzählt, der „alles fühlt, was wir fühlen". Wenn wir das Buch (Der Seelenvogel, Hamburg 5. Aufl. 1994) oder die Nacherzählung verwenden wollen, empfiehlt es sich, das Schwergewicht auf V. 7 zu legen. Wir erzählen von unserem Seelenvogel, überlegen, wer ihn denn fangen könnte und freuen uns daran, wenn er befreit wird. Das Schicksal des Seelenvogels dürfte auch jüngeren Kindern schon zugänglich sein. Älteren Kindern könnte der Zusammenhang mit dem gesamten Psalm aufgezeigt werden. Ihnen erzählen wir vom Durchzug durch das Meer beim Auszug aus Ägypten, in welchem die Israeliten Gottes helfendes Eingreifen und bewahrendes Handeln erfahren haben und sich dessen immer wieder erinnerten und so zu neuem Gottvertrauen ermuntert wurden. Neben dem Erzählen bildet das Spiel mit dem Netz, mit dem wir das Gefangensein und die Befreiung nachzuerleben versuchen, das andere tragende Element dieses Gottesdienstes. Es ist gut, wenn sich die Kinder V. 8 einprägen können.

Gestaltungsvorschlag für jüngere Kinder

Lied: Ja, Gott hat alle Kinder lieb

(mit Gestaltungsvorschlag nach MKL 20)

Erzählung

Ihr werdet es nicht glauben, aber es stimmt. Wir haben nicht nur jeder einen Namen, sondern wir haben auch jeder einen Vogel. Ich meine aber nicht einen Vogel im Käfig, der im Zimmer steht. Ich meine auch keinen Vogel auf dem Dach unseres Hauses. Ich meine den Vogel in der Seele, den Seelenvogel. Er macht immer alles mit, was wir mitmachen. Wenn uns jemand weh tut, dann tut es ihm auch weh. Dann wankt er hin und her, stößt überall an, oder er bleibt einfach hocken und möchte am liebsten sterben. Aber

wenn jemand freundlich zu uns ist und uns etwas Gutes sagt oder tut, dann richtet sich der Seelenvogel hoch auf, schlägt munter mit den Flügeln, hüpft fröhlich vorwärts und rückwärts und ist eben glücklich. Wenn einer uns ruft, dann streckt der Seelenvogel den Kopf vor, ganz aufmerksam horcht er, wie es gemeint ist, freundlich, lieb, mahnend oder böse. Und wenn jemand mit uns schimpft, dann steckt er den Kopf unter die Flügel, macht sich ganz klein und sagt keinen Pieps. Aber wenn uns einer in den Arm nimmt, dann wächst der Seelenvogel und breitet seine Flügel weit aus und singt sogar, weil es ihm so gut geht. Der Seelenvogel sieht natürlich ganz anders aus als andere Vögel. Wo andere Vögel Federn haben, hat der Seelenvogel Schubfächer. Ja, ihr habt richtig gehört: Schubfächer. Die kann er aufschließen und zuschließen. Dazu nimmt er einen Fuß. Darum steht er fast immer nur auf einem Bein. In den Schubfächern ist alles drin, was wir fühlen. In einer ist die Freude drin, in einer anderen die Traurigkeit, in einer ist Wut, in einer ist Eifersucht, in einer anderen Geduld. Es gibt auch eine mit Ungeduld. Und eine mit Faulheit. Und eine mit Begeisterung. Wieder in einer anderen ist Hoffnung. Dann gibt es noch Vertrauen, Schmusen, Langeweile, Hunger, Durst und Müdigkeit. Für alles gibt es ein Schubfach. Sogar eins für die Geheimnisse. Aber das bleibt fast immer verschlossen. Manchmal sind wir böse und wollen es gar nicht. Dann hat der Seelenvogel wohl ein Fach geöffnet, welches er nicht öffnen sollte. Er gehorcht uns eben nicht immer. Und alle Menschen haben verschiedene Seelenvögel. Manche machen morgens die Schublade Freude auf. Dann hat der Mensch den ganzen Tag gute Laune. Und manche machen morgens die Schublade Ärger auf. Dann hat der Mensch wohl den ganzen Tag schlechte Laune. Wie es dem Seelenvogel geht, so geht es auch seinem Menschen. Einmal wollte einer den Seelenvogel fangen. „Warte nur, dich kriege ich!" rief er. „Du sollst nicht so viel lachen. Das regt mich auf!" Er hatte ein Netz. Damit hat er ihn gefangen. Ein anderes Mal rief er: „Du sollst nicht so viel heulen!" Und husch war der Seelenvogel wieder gefangen. Der Seelenvogelfänger rief: „Hops nicht! Zappel nicht rum! Wie siehst du aus! Was hast du denn an! Sei still! Sag was!" Damit jagte er den Seelenvogel. Der wußte schon gar nicht mehr, wohin. Ein bißchen flatterte er noch im Netz herum, dann rührte er sich nicht mehr.

Dann aber geschah es: Da war ein Loch im Netz. Da konnte er durch. So wurde er frei. Jemand muß das Netz kaputtgemacht haben. Einer, der den Seelenvogel liebhat. Einer der stärker ist, als der Seelenvogelfänger. Der hat das Netz zerrissen. So kam der Seelenvogel frei.

Wie war ihm da wohl zu Mute?

Lied: Alle Knospen springen auf

oder noch einmal: Ja, Gott hat alle Kinder lieb

Spiel

Wir sitzen im Kreis ohne Tisch in der Mitte. Mit Bindfäden spannen wir ein Netz, indem je zwei sich gegenübersitzende Kinder die Enden eines Fadens festhalten. Mit älteren Kindern wird man mit einem Knäuel ein Netz schaffen können, indem das Knäuel von einem zum anderen geworfen und dabei abgewickelt wird. Wer wirft, muß dabei sein Stück Band festhalten. Ist das Netz fertig, stehen wir auf und heben die Arme hoch. Das letzte Kind geht in die Mitte des Kreises unter das ausgespannte Netz. Dort benimmt es sich wie der Seelenvogel oder flattert umher, wie ein gewöhnlicher Vogel. Dann gehen alle im Kreis in die Knie und drücken (behutsam) den Vogel mit dem Netz zu Boden. Ein Kind muß dann seinen Faden hochheben. Dort schlüpft der Vogel hinaus, fliegt außen um den Kreis herum, ruft dabei: „Das Netz ist zerrissen und ich bin frei!" und sucht ein anderes Kind aus, das jetzt den Vogel spielen darf. Wenn alle Kinder dran waren, sprechen oder singen wir nach einer selbst erfundenen Melodie: „Das Netz

ist zerrissen, und wir sind frei. Unsere Hilfe steht im Namen des Herrn, der Himmel und Erde gemacht hat." Die einzelnen Satzteile sprechen oder singen wir vor, die Gruppe wiederholt sie.

Gebet

Wenn alle gegen uns sind,
wenn uns ist, als ob uns das Wasser bis zum Hals steht,
wenn uns ist, als ob wilde Tiere nach uns schnappen,
dann wollen wir dir, unser Gott, vertrauen und sprechen:
Unsere Hilfe steht im Namen des Herrn, der Himmel und Erde gemacht hat. Amen.
Oder wir beten Ps 124.

Gestaltungsvorschlag für ältere Kinder

Lied: Am Anfang, bevor die Welt gemacht

Erzählung vom Seelenvogel

Lied: Alle Knospen springen auf

Spiel mit dem Netz, das mit einem Bindfadenknäuel „gesponnen" wird.

Gebet

Ps 124 mit folgender Einleitung:
Das Volk Israel wurde mehr als einmal verfolgt. Am schlimmsten war es wohl, als es mit Mose aus Ägypten weggezogen ist. Da kamen Soldaten hinter ihm her. Sie wollten die Israeliten einfangen. Die sahen schon die Staubwolke der Reiter. Und vor sich sahen sie das Meer. Sie glaubten, nun ist alles aus. Vorne das Wasser und hinten die Soldaten. Aber da ging das Wasser zur Seite. Keiner weiß, wie es geschah. Und Mose führte alle hindurch bis sie wieder festen Boden unter den Füßen hatten. Aber als die Soldaten herankamen, war das Wasser wieder da. Wütend liefen sie am Ufer hin und her. Und die, die auch durch das Meer reiten wollten, kamen darin um. Den Israeliten ist nichts geschehen. Sie sind gerettet worden. Daran haben sie oft gedacht, wenn sie keinen Ausweg mehr

wußten. Und wenn es ihnen gut ging, keine Feinde da waren und keine Gefahr drohte, dann haben sie sich daran erinnert, daß sie Gott immer dankbar sein wollten. Dazu hat jemand ein Gebet gemacht, das steht in der Bibel. Das wollen wir jetzt auch beten: ...

Gestaltungsvorschlag für Kinder und Erwachsene

Die Geschichte vom Seelenvogel kann man auch Erwachsenen erzählen. Dann könnte über die Gefahren, die dem Seelenvogel drohen, etwas ausführlicher gesprochen werden. Sie kommen von Menschen, die uns überfordern, von Nachrichten, die uns erschrecken, von dem eigenen Gewissen, das uns verklagt. Wir dürfen auch die Befreiung entfalten, indem wir auf die schon erfahrenen Wunder Gottes in Befreiung, Bewahrung und Vergebung hinweisen. Und schließlich dürfen wir die Hilfe Gottes beim Namen nennen: Jesus Christus ist der Retter, in dessen Nachfolge wir immer aufs Neue Zuversicht und Gottvertrauen gewinnen können.

Als Predigtlied eignet sich: Befiehl du deine Wege.
Wenn die Kinder während der Predigt ihren eigenen Kindergottesdienst hatten, spielen sie danach ihr **Spiel** mit dem Netz den Erwachsenen vor.

Martin Seidel, Neustrelitz

30.8.1998 – 12. Sonntag nach Trinitatis – Lukas 5,17–26

Gut, wenn man Freunde hat

Lieder: *Alle Knospen springen auf, LJ 472, MGR 7, MKL 112*
Der Gottesdienst soll fröhlich sein, EG 169, LJ 114, LfK I B 5
Nun lob mein Seel, EG 289, KGB 40, LJ 164
Sei Lob und Ehr, EG 326, KGB 41, LJ 190
Lobe den Herren, den mächtigen König, EG 316, KGB 49, LJ 178
Komm, Herr, segne uns, EG 170, LJ 116, LfK 1 C 26, MKL 22

Liturgischer Text: Psalm 124

Zum Text

Ein ähnlicher Bibeltext wie Lk 5,17–26 findet sich in Mt 9,1–8 und Mk 2,1–12. Es fällt auf, daß einer wohl ursprünglich in sich geschlossenen Heilungsgeschichte später eine Diskussionsrede über das Recht zur Sündenvergebung angefügt worden ist. In vorliegendem Entwurf wird Lk 5,17–26 jedoch als Einheit verstanden. Auch wenn diese biblische Geschichte wie ein Bericht aus dem Leben Jesu wirkt, so ist sie doch letztlich Verkündigung des Lukas an seine Christengemeinde. Er bezeugt ihr: Jesus Christus ist der Herr, der Heiland der Welt (s. Lk 2,11). Wo Menschen ihr anbefohlen werden, gibt es Vorzeichen künftiger Rettung und Heilung. Solche Vorzeichen helfen Christen, im Glauben und Hoffen nicht nachzulassen, Zweifel aushalten zu können und neuen Mut zu schöpfen.

Auffallend ist der selbstlose Einsatz der Männer, die den Gichtbrüchigen (Gelähmten) zu Jesus hintragen. Sie geben trotz widriger Umstände nicht auf (V. 19), steigen – den Kranken tragend – die Außentreppe hoch bis auf das in Israel übliche Flachdach des Hauses, entfernen die Deckenschicht aus Ziegeln, Lehm und Holz (werden die unten um Jesus Versammelten nicht einiges abbekommen haben?) und lassen den Kranken auf seiner Matte hinunter zu Jesu Füßen. Erst in besonderen Situationen erweist sich, wer ein echter Freund, eine echte Freundin ist. Nach dem Glauben des Gelähmten wird nicht gefragt. Die Güte Gottes gilt allen Menschen. Das Verhalten der Männer macht deutlich: Lebendiger Glaube an Gott ist nicht bloß etwas ganz Privates, sondern öffnet das Herz für die Nöte anderer. Fürbitte und Fürsorge sind Beispiele dafür.

Verwunderlich ist Jesu Wort der Sündenvergebung (V. 20) anstelle des erwarteten Heilungswortes, das später (V. 24) – wie angehängt – folgt. Als eigentliche Ursache der Krankheit wird die krankmachende Sünde genannt (in der Tiefe des Menschen). Wir Menschen, als Partner Gottes – und füreinander – geschaffen, leben uns selbst. Daraus ergibt sich im Alltagsleben vieles, was andere – und einen selbst – krankmacht, verdreht, lähmt, verändert usw. Die den Gelähmten tragenden Männer sind als äußerlich Gesunde nicht besser als der Kranke, aber sie wissen um Gottes wohltuende Nähe bei Jesus, von der sie glauben, sie werde dem Kranken auch guttun. Der christlichen Gemeinde sind – im Namen Jesu Christi – auch vielfältige heilende Kräfte verliehen, ohne je-

doch darüber selbstgefällig verfügen zu können. Es ist gut und heilsam, Gesunde und Kranke in Christi Nähe zu bringen. Ein Zusammenhang zwischen Sünde und Krankheit im einzelnen ist nicht aufweisbar. Jeder Versuch in dieser Richtung verbietet sich von selbst, auch wenn die Menschen zu Jesu Lebzeiten so dachten. Nur bei Einzelschicksalen ist zu ahnen, daß es einen Zusammenhang zwischen Sünde und Krankwerden gibt, wenn Menschen kaputtgehen, verzweifeln, sich aufgeben usw. Die Schriftgelehrten und Pharisäer lassen erkennen – wenn auch aus anderen Beweggründen – daß die von Jesus zugesprochene Vergebung Gottes erstaunlich, unverdient und sichtbar geworden ist.

Der Text und die Kinder

Kinder können verstehen, was gute Freunde sind. Bei längerer Krankheit (z. B.) zeigt sich, wer zu einem hält. Auch werden sie sich vorstellen können, was es bedeutet, sich nicht bewegen zu können. Die erzählende Schilderung der Krankheit soll so geschehen, daß offenbleibt, welcher Art die Lähmung ist (rein körperlich als Defekt der Wirbelsäule o. ä. oder durch unbewältigte – einen Menschen lähmende – Probleme). Kinder wissen, daß Verachtung, Haß… krankmachen können und daß Liebe und Zuwendung heilen. Dies kann zur Folie für die Vergebung Gottes durch Jesus werden.

Anhand einer Umweltgeschichte soll ein Beispiel gegeben werden, wie der Glaube eines anderen einem Alkoholkranken hilft, „trocken" zu werden. Außerdem zeigt die Alkoholkrankheit Tiefen von Schuld, Verlorenheit, Tod… auf.

Daß Häuser in Israel anders aussahen als die uns vertrauten, muß in der verkündigenden Erzählung klar werden.

Die rettende, liebende Nähe Christi (die weder ins Auge fällt noch greifbar ist wie die sonstigen Dinge des Lebens) soll zeichenhaft erlebbar werden beim Anzünden der Kerzen (s. Gestaltungsvorschlag).

Gestaltungsvorschlag für Kinder (und Erwachsene)

Gemeinsamer Beginn mit den Erwachsenen

Erwachsene stehen im Altarraum und halten – der Gemeinde zugewandt – jeweils eine (Altar-) Kerze in der Hand. Nach jedem Christuswort wird eine Kerze entzündet und auf den Leuchter gesetzt.
Mögliche Worte sind: Wo zwei oder drei versammelt sind in meinem Namen, da bin ich mitten unter ihnen. (Mt 18,20)
Mir ist gegeben alle Macht im Himmel und auf Erden. (Mt 28,18)
Und siehe, ich bin bei euch alle Tage bis an der Welt Ende. (Mt 28,20)
Wer zu mir kommt, den werde ich nicht hinausstoßen. (Joh 6,37)
Laß dir an meiner Gnade genügen; denn meine Kraft ist in den Schwachen mächtig. (2 Kor 12,9)

● **Lied:** Der Gottesdienst soll fröhlich

● **Aktion**

Vier Kinder bringen eine Trage (Matte) herein und stellen sie im Mittelgang ab.

● **Begrüßung und Gespräch**

Da kommen die verschiedensten Gedanken, wenn man so eine Trage sieht. (Mancher liegt flach – über diesen oder jenen wird gesagt: er sei „breit" – wer nur noch liegt, kann nicht mehr – auf andere angewiesen sein – wer läßt sich schon gerne tragen? – vieles kann einen krankmachen – manchmal ist man wie gelähmt – man kommt aus eigener Kraft nicht mehr hoch – gut, wenn man Freunde hat – …)

● **Gebet**

Das Genannte wird aufgenommen und Jesus Christus „vor die Füße gelegt".

Lesung: Ps 124 (evtl. im Wechsel)

Lied: Nun lob mein Seel

● **Erzählung zu Lk 5,17–26**

In der Gegend, wo der See Gennesaret liegt, wandert Jesus umher. Eines Tages kommt er in eine Stadt und geht in ein bestimmtes Haus. Das spricht sich herum: Wißt ihr schon? Jesus ist da! – Ist das der, der heilen kann und der Gott so gut kennt? – Ja, der ist's.
Und so weiß es bald die ganze Stadt. Von überallher kommen die Leute und stürmen in das Haus: Alte und Junge, einfache Leute und Schriftgelehrte, Eifrige und Sünder. Und der Raum ist voll, bis in die hinterste Ecke. Sogar von draußen drängen sie nach. Aber keiner kann mehr hinein. Und Jesus redet zu ihnen von Gott. Gespannt lauschen sie ihm.
Und in diesem Ort lebt auch ein Mann, der ist schon lange gelähmt. Wie das kam – ob durch kranke Nerven, einen Sturz – das weiß keiner. Jedenfalls kann er weder Arme noch Beine bewegen. Tagaus tagein liegt er auf seiner Matte und ist froh, wenn ihm jemand ein Stück Brot in den Mund schiebt oder den Wasserkrug an die Lippen hält.
Und an eben diesem Tag kommen vier Männer zu ihm und rufen: „Jesus ist da! Wir bringen dich zu ihm." Sie fassen seine Matte, jeder an einem Zipfel, und tragen ihn zu dem Hause, wo Jesus ist. Doch viele Menschen stehen davor und wollen auch hinein. „Macht Platz!" So rufen die vier Männer. Aber keiner läßt sie durch. Da laufen sie hinter das Haus, dort ist eine Treppe, die führt nach oben auf das flache Dach des Hauses. Dort hoch steigen sie mit dem Kranken. Sie nehmen Dachziegel weg, ziehen Holzbretter heraus, machen ein Loch, so groß wie die Matte. Einer holt Seile. Von oben sieht Jesus und viele Menschen. Da knüpfen sie die Seile an die Matte und lassen den Gelähmten langsam nach unten – Jesus vor die Füße. Erstaunt sieht Jesus nach oben, auf die vier Männer, er sieht ihren Glauben: Die vertrauen mir. Die warten auf Gottes Hilfe. Dann schaut Jesus den Kranken an: Mein Freund, deine Sünden sind dir vergeben. – Es ist ganz still. Warum sagt er nicht: Steh auf, nimm deine Matte und geh nach Hause? Die Eifrigen und Schriftgelehrten

schauen einander an: Was bildet der sich ein? Sünden kann nur Gott vergeben. Will der wie Gott sein?!
Und Jesus weiß, was sie denken. „Was ist leichter? Die Sünden zu vergeben oder den Kranken zu heilen? Beides ist schwer, und Gott hat mir dazu die Kraft gegeben." Dann schaut Jesus den Kranken an: „Steh auf, nimm deine Matte und geh nach Hause!" Und der steht auf, kann Arme und Beine bewegen, rollt seine Matte zusammen und geht nach draußen. Immer wieder murmelt er vor sich hin: „Gott sei gelobt! Gott sei gelobt!" Staunend treten die Leute zurück. Erst ruft es einer, dann stimmen viele ein: „Gelobt sei Gott!" Durch das Loch im Dach hört man es weit: „Gelobt sei Gott!"

Loblied

Zeugnis eines geheilten Alkoholkranken (wo möglich) oder

● **Umweltgeschichte**

René ist fünf Jahre alt. Vormittags ist er im Kindergarten. Und mittags, wenn er nach Hause kommt, ist die Mutti schon da und erwartet ihn. Sie arbeitet halbtags in einer Gärtnerei. Der Vati ist Schlosser von Beruf und kommt oft spät von der Arbeit. René ist bei gutem Wetter gern draußen und tollt mit seinen Freunden herum. Sonst spielt er gern in seinem Zimmer mit Lego-Steinen. Den Sonntag hat er am liebsten. Da haben die Eltern für ihn Zeit. Wenn nämlich kein Besuch kommt, wird gewandert oder „Schwarzer Peter" gespielt. Einmal hat ihm der Vati ein Wasserrad gebaut. Als nächstes ist ein Drachen dran. René kann sich schon vorstellen, wie hoch der Drachen fliegen wird.
Einmal wacht René nachts auf, eine Tür knallt, er hört Muttis Stimme: Dieser elende Schnaps! René öffnet die Tür und sieht den Vater torkeln. Am nächsten Morgen sieht er, wie Mutti verweinte Augen hat. Er wagt nicht zu fragen. Doch ihm fällt einiges auf: Vati kommt manchmal nicht nach Hause, Mutti versteckt Schnapsflaschen,

die Vati dann schimpfend sucht; René muß öfter als früher zum Glascontainer. Es ist vieles anders. Das Auto steht immer bloß da. Muß Vati nicht auf Arbeit?
Neuerdings klingelt sonnabends immer ein Mann und fragt nach Vati. Und wenn er da ist, fährt Vati mit und wird nach drei Stunden wieder zurückgebracht. Dieser Mann ist Herr Richter. Der hat auch mal getrunken – sagt Mutti. Aber nun ist er frei und will Vati helfen. René wundert sich. An einem Sonnabend sollen sie alle mitfahren. Herr Richter fährt sie in die Nachbarstadt, direkt zum Gemeindehaus neben der Kirche. Sie gehen in einen Saal. Dort sitzen schon mehrere Leute. René sieht, wie einige den Vati freundlich begrüßen. Immer wieder werden Männer und Frauen gebracht. Einer sieht ganz rot im Gesicht aus. – Ein Mann steht auf, es wird still, er zündet die Kerzen auf dem Tisch an, René sieht daneben noch Blumen und ein Holzkreuz. Sie singen. Einer betet: „Herr Jesus Christus, du weißt, wie schwach wird sind, aber du hast große Kraft. Schenke sie uns. Amen." Dann steht eine Frau auf und erzählt aus ihrem Leben. René versteht nicht alles. Er hört: Sie habe einmal viel Schnaps getrunken. Sie lag im Dreck. Sie konnte nicht mehr. Einer hat sie aufgehoben und hierher gebracht. Nun ist sie froh und frei. Am Schluß sagt sie: „Jesus Christus hat mich geheilt. Gott sei Dank!"
René weiß: So ähnlich ist es auch mit Vati. Hoffentlich bleibt es so! Gut, daß es den Herrn Richter gibt! René schaut Mutti an, Mutti lächelt zurück. Und ihm ist so, als würde auch Vati lächeln.
Zum Abschluß des Nachmittags trinken sie alle noch Kaffee. Dann geht's nach Hause: Bis nächsten Sonnabend!

Lied: Lobe den Herren

● **Fürbitte**

Bevor wir beten, sammeln wir Bitten, die wir zeichenhaft auf die Trage legen und die vier Kinder vor den Altar tragen.

● **Vaterunser**

Wir haben unsere u. a. Nöte vor Jesus Christus gebracht, und nun sollen auch wir andere in Fürbitte und Fürsorge mittragen.

Lied: Komm, Herr, segne uns
● **Segen**

Gottfried Schubert, Rabenau

6.9.1998 – 13. Sonntag nach Trinitatis – Lukas 10,25–37

Geschlagen – ausgezogen – liegengelassen
Gut, wenn einer da ist

Lieder: *Alle Knospen springen auf, LJ 472, MGR 7, MKL 112*
Das wünsch ich sehr, LJ 488, LfK 1 C 2, LZU I 10, MGR 16, MKL 6
Gib uns Ohren, die hören, LJ 534
Gott, du hast uns Augen gegeben, LJ 538

Liturgischer Text: Psalm 124

Zum Text

Das Gleichnis vom barmherzigen Samariter finden wir im Neuen Testament nur bei Lukas. Jesus erzählt es, als ein Gesetzeskundiger, ein Theologe, ihn fragt, was er tun müsse, um ewiges Leben zu gewinnen. Auf Jesu Gegenfrage, was er aus dem Gesetz seiner Bibel dazu wisse, antwortet er mit zwei Zitaten aus dem Alten Testament, die wir heute das „Doppelgebot der Liebe" nennen.
Das Lukasevangelium verbindet die zwei im Alten Testament getrennt stehenden Gesetzeszitate aus 5. Mose 6,5 und 3. Mose 19,18, und legt sie hier dem Schriftgelehrten in den Mund (vgl. Mk 12,30.31). Im weiteren Gespräch wird deutlich, daß Jesus das Gesetz des Alten Testamentes nicht außer Kraft setzen will. Er weist vielmehr auf die verborgenen Inhalte dieses Gesetzes hin und fordert auf, danach zu handeln.
Das bewirkt die nächste Frage seitens des Gesetzeslehrers: „Wer ist mein Nächster?" Jesus antwortet, indem er das Gleichnis vom Barmherzigen Samariter erzählt.

Auf der einsamen Straße von Jerusalem nach Jericho, berüchtigt für Raubüberfälle, wird ein Mensch überfallen, ausgeraubt und halbtot liegengelassen. Danach kommen drei Menschen auf ebenderselben Straße. Vom ersten, einem Priester, wird gesagt: und als er ihn (den Überfallenen) sah, ging er vorüber. Vom zweiten, einem Leviten (einem Tempeldiener), heißt es ebenso: als er ihn sah, ging er vorüber. Erst vom dritten, einem Samariter, hören wir: als er ihn sah, jammerte er ihn. Danach wird seine Hilfeleistung ausführlich beschrieben, wie er die Wunden mit Öl und Wein behandelt, sie verbindet, den Kranken auf sein Tier setzt und ihn schließlich in einer Herberge unterbringt.
Mit dieser Erzählung ändert Jesus die anfängliche Fragestellung. Es geht nicht um die theoretische Frage „Wer ist mein Nächster?" Es geht um den konkreten Fall: Wer wird dem, der jetzt und hier Hilfe braucht, ein Nächster?
Hat der Gesetzeslehrer im Grunde genommen nach der Begrenzung der Liebe zum Nächsten gefragt (Wer ist mein Nächster, wer nicht?), so sagt Jesus, daß die Näch-

stenliebe grenzenlos ist. Wichtig ist, daß wir jedem, der Hilfe braucht und erwartet, zum Nächsten werden. Priester und Levit verpassen diese Chance (die Geschichte nennt keine Gründe für ihre Verweigerung), der Samariter aber zeigt mit seiner spontanen Hilfe seine Liebe zum Nächsten, die keine Einschränkungen und Abgrenzungen zuläßt. Damit entspricht er auch der Liebe zu Gott. Das Doppelgebot der Liebe kommt so zur Erfüllung. Daß der Samariter dem Überfallenen zum Nächsten geworden ist, muß der Gesetzeslehrer anerkennen. Jesu Wort: „So geh hin und tu desgleichen!" ist eindeutig.

Der Text und die Kinder

Nicht überall kann die Geschichte vom barmherzigen Samariter bei den Kindern als bekannt vorausgesetzt werden. Im Mittelpunkt steht deshalb das Erzählen, und es ist lohnend, sich mit dieser für den christlichen Glauben grundlegenden Geschichte an zwei Sonntagen zu beschäftigen.

Das Thema ist hochaktuell. Kinder erleben Bedrohungen, Überfälle usw. oft sehr hautnah, und Wegsehen und Verweigerung sind an der Tagesordnung.

Ich möchte das Gleichnis zunächst ohne die Rahmengeschichte (Lk 10, 25–29 36–37) erzählen, denn es ist so meisterhaft komponiert, daß es sogleich auf die entscheidende Stelle konzentriert: Wer wird zum Nächsten, wer verweigert sich?

Am ersten Sonntag geht es darum, sich in die Lage des Überfallenen Menschen hineinzuversetzen. Das kann mit Bildern von Kranken, Verletzten und anderen „Liegengelassenen" geschehen. Aus der Sicht von Hilfsbedürftigen bekommt die Hilfeleistung einen anderen, dringenderen Stellenwert. Deshalb wird die Geschichte vom barmherzigen Samariter aus der Situation des Überfallenen erzählt. Nicht nur die Einsicht der eigenen Ohnmacht, sondern auch das Erleben unterlassener Hilfeleistung sind zunächst wichtig.

Die Befreiung durch die hilfreiche Tat der Barmherzigkeit am Ende macht den Kindern ein Stück von der Botschaft des Lukasevangeliums deutlich: Jesus will sich dem Leid der Menschen zuwenden, und er will, daß hilfsbedürftigen, in Not geratenen Menschen geholfen wird.

Gestaltungsvorschlag für jüngere und ältere Kinder

Raumgestaltung

Wer gerne kreativ arbeitet und etwas mehr Zeit zum Vorbereiten hat, sollte überlegen, ob er den Kindergottesdienstraum in eine Herberge, ein „Gasthaus zum Barmherzigen Samariter" umgestalten will (mit Aufschriften auf Tapetenrollen, Plakaten, Postern usw.) und die Kinder die Geschichte im „Gasthaus" hören läßt.

Lied: Alle Knospen springen auf

Gespräch

Bilder von Kranken, Verletzten, behinderten Menschen aus Zeitungen usw. oder Bildern zum Gleichnis aus Kinderbibeln bzw. aus der Kunst (z. B. der Holzschnitt von Walter Habdank „Samariter", 1963, Nashorn Verlag München) werden gezeigt. Wir lenken die Aufmerksamkeit der Kinder auf den Hilfsbedürftigen.

Im Gespräch werden die Kinder schnell von eigenen Erfahrungen reden. Wie ist einem, der krank ist, oder der geärgert und ausgeschlossen ist, wie ist einem, der am Boden liegt, zumute?

Gebet

Die verschiedenen Erfahrungen des Am-Boden-Liegens formulieren wir als Gebetssätze, zwischen denen der Gebetsruf „Herr, erbarme dich" gesprochen oder gesungen werden kann (z.B. EG 178.11).

Erzählung

Jesus hat eine Geschichte von einem Menschen erzählt, der nach einem Überfall am Boden lag und allein nicht wieder aufstehen konnte.

Was war passiert? Der Mann konnte sich

nur mühsam erinnern. Er lag in einem sauberen Bett in einem hellen Zimmer. Aber alle Glieder taten ihm weh. Er nahm wahr, daß er mehrere Verbände hatte. Er war gut versorgt. Was war geschehen? Er erinnerte sich langsam:

„Ich war in Jerusalem. Ich hatte dort zu tun. Dann wollte ich nach Jericho gehen. Der Weg ging durchs Gebirge. Er ist sehr einsam, und es wird immer wieder vor Wegelagerern und Räubern gewarnt. Doch ich ging wohlgemut los. Später machte mir die Hitze zu schaffen, und meine Schritte wurden langsamer. Weit und breit gab es keinen Schatten, nur Steine und Felsbrocken. Da passierte es. Ich wurde von hinten angefallen und zu Boden geworfen. Ich wehrte mich, da verspürte ich Schläge. Es waren viele, die über mich herfielen. Irgendwer zerrte mir meine Reisetasche weg, andere rissen an meinen Kleidern. Dann liefen sie mit meinen Sachen davon. Ich lag am Boden, ich blutete, ich konnte mich nicht mehr rühren.

Ob wohl jemand kommen und mir helfen würde? Ich hatte keine Hoffnung. Doch plötzlich hörte ich Schritte. Mühsam öffnete ich die Augen. Ja, da kam einer. Ich erkannte an seiner Kleidung, daß es ein Priester war. Er kam sicher aus dem Tempel. Ob er mir helfen würde? Ich merkte, daß er mich sah – aber er ging vorüber. Ich war mutlos.

Da kam wieder einer vorbei. Das war ein Levit, einer von denen, die im Tempel beim Gottesdienst helfen. Bestimmt sah er mich. Ich glaube, er erschrak, als er mich sah. Er schaute weg – und ging vorüber. Meine Schmerzen wurden stärker. Ich hatte keine Hoffnung mehr. Was würde werden?

Da kam wieder einer. Er sah aus wie ein Samariter. Samariter, die galten als Ausländer. Wir mochten sie nicht. Aber ausgerechnet er kam auf mich zu. Er blieb stehen, als er mich liegen sah. Er befestigte sein Maultier an einem großen Stein und kam ganz nah zu mir. Er hatte Öl und Wein in seinem Gepäck, damit versorgte er meine Wunden und verband sie. Von seinem Wasser gab er mir zu trinken. Wie gut tat das! Danach hob er mich auf sein Reittier, das tat ziemlich weh. Doch wie froh war ich, daß einer gekommen war, der mir half. Der freundliche Mann brachte mich zur nächsten Herberge. Ich wurde in dieses helle Zimmer hier gelegt. Das Bett, in dem ich liege, hat er schon beim Wirt bezahlt. Der Samariter hat den Wirt sogar gebeten, daß er mich pflegen soll, bis er in ein paar Tagen wiederkäme. Was wohl aus mir geworden wäre, wenn er das alles nicht für mich getan hätte?

Gespräch mit älteren Kindern

Wenn man am Boden liegt, ist es gut, wenn einer da ist, der hilft. Wenn ich hingefallen bin, ist es gut, wenn mich jemand aufhebt. Wenn ich im Krankenhaus bin und mich einsam fühle, ist es gut, wenn die Eltern mich besuchen. Als mich Kinder auf der Straße verprügelten, war es gut, daß jemand dazwischen ging und mich tröstete. Als ich auf dem Schulweg aus der S-Bahn gestoßen wurde, war ich froh, daß eine Frau meine Mappe aufhob und mir ein paar liebe Worte zu mir sagte. Es war gut, als …

Wir erinnern uns an das Gespräch vom Anfang des Gottesdienstes. Jetzt geht es um die Freude über die erfahrene Hilfe. Wie gut ist es, wenn jemand da ist, wenn wir Hilfe brauchen.

Vertiefung für jüngere Kinder

Die Geschichte kann gestaltet werden, sei es, indem wir die Geschichte beim Malen erinnern, oder sie im Sandkasten nachbauen (der Weg von Jerusalem nach Jericho; die Hilfe auf dem Weg, die Hilfe in der Herberge usw.). Wir freuen uns dabei über die Hilfe, die der Mann erfahren hat.

Lied: Das wünsch ich sehr

Gebet

Gott, viele Menschen sind in Not wie der Mann, der überfallen wurde. Wer hilft ihnen?

Wenn Kinder ausgeschlossen oder verprügelt werden,
trauen wir uns oft nicht, ihnen zu helfen.
Oft vergessen wir unsere Freunde, wenn sie krank sind.

Gott, laß uns die Not der anderen sehen und ihnen helfen,
wie der Samariter geholfen hat. Amen

Ingeborg Schröter, Berlin

13.9.1998 – 14. Sonntag nach Trinitatis – Lukas 10, 25–37

„... und als er ihn sah, hatte er Mitleid"
Gut, daß ich helfen kann

Lieder: *Alle Knospen springen auf, LJ 472, MGR 7, MKL 112*
Gib uns Ohren, die hören, LJ 534, GoKi 1994–2, S. 109
Gott, du hast uns Augen gegeben, LJ 538, GoKi 1994–2, S. 107
Viele kleine Leute, LJ 620, LfK 2 144, LZU I 89, MGR 93
Hilf, Herr meines Lebens, EG 419, LJ 230, LfK 1 B 28

Liturgischer Text: Psalm 124

Zum Text, s. S. 167

Der Text und die Kinder

Das „Gleichnis vom barmherzigen Samariter", für zwei Sonntage vorgesehen, wird am zweiten Sonntag aus einer anderen Sicht, aus der des Samariters, erzählt. Besonders kleine Kinder haben Freude daran, Bekanntes wiederzuentdecken. Das Erzählen aus der Sicht der verschiedenen beteiligten Personen ermöglicht es, die unterschiedlichen Akzentuierungen deutlich zu machen. (Am ersten Sonntag sagt der Überfallene: „Gut, daß einer geholfen hat"; am zweiten Sonntag sagt der Samariter: „Gut, daß ich helfen kann"). An diesem Sonntag erfahren die Kinder von dem Samariter, daß Helfen das Leben bereichert. Das ist so nicht im Text gesagt, ergibt sich aber aus der Frage des Gesetzeslehrers an Jesus, der in der Rahmenerzählung nach einem sinnvollen Lebensinhalt fragt.
Die Erzählung wird so auch dem Anliegen

der Rahmengeschichte gerecht: Der Gesetzeslehrer fragt Jesus nach seinem Nächsten, Jesus aber weist ihn an die Menschen, die ihn brauchen, denen er selber Nächster werden soll. Der Samariter wird ihm und den Kindern zum Vorbild: „So geh hin und tu desgleichen!". Es reicht nicht aus, mir meine Nächsten selber auszusuchen, sondern Jesus will, daß allen Menschen geholfen wird, so wie er allen geholfen hat.
Beim Erzählen der Geschichte aus der Sicht des Samariters kommen Priester und Levit nicht vor. Sollten in diesem Gottesdienst Kinder anwesend sein, die beim letzten Mal nicht da waren, muß das berücksichtigt werden.
Eine Aktion, z. B. Grußkarten gestalten und nach dem Gottesdienst alten oder kranken Gemeindegliedern (oder kranken Kindern, von denen wir wissen) bei einem Besuch überreichen, wird dem Anliegen der Geschichte gerecht und bezieht uns und die Kinder sowie die Gemeinde in ihr Anliegen ein.

174

Gestaltungsvorschlag

Lied: Alle Knospen springen auf

Gebet

Gott, wir freuen uns, daß wir heute wieder hier sind. Wir freuen uns, daß uns auf dem Weg hierher nichts passiert ist. Danke, daß du uns behütet hast. Gott, wir denken auch an die, die heute nicht hier sind, weil sie krank sind (evtl. Namen nennen). Behüte du sie und uns alle. Amen.

Bilder

Wir sitzen mit den Kindern im Kreis. Zur Erinnerung liegen in der Mitte ein oder mehrere Bilder, die das Gleichnis vom barmherzigen Samariter darstellen. Das kann z. B. aus einer Kinderbibel sein. Schöner wäre es, wenn wir von den Kindern selbstgemalte Bilder vom vergangenen Sonntag zeigen könnten. Vielleicht ist auch noch eine Darstellung der Geschichte im Sandkasten vom vergangenen Sonntag da.

● Erzählung

Immer wieder muß ich an den verletzten Mann denken. „Wie gut, daß mir jemand geholfen hat", so hatte er gesagt, als er in der Herberge im Bett lag und seine Geschichte erzählt hatte. Nach einigen Tagen kam der, der ihm geholfen und ihn auf seinem Tier hierher gebracht hatte, der Samariter, der Ausländer, zurück. Er hatte es dem Wirt ja versprochen, sich wieder nach dem Verletzten zu erkundigen. Außerdem wollte er auch noch bezahlen, was der Wirt zusätzlich für den Kranken ausgegeben hatte. Er ging in die Gaststube, unten in der Herberge. Hier saßen schon einige Menschen. Sie hatten vom Wirt erfahren, daß oben einer lag, der bei einem Raubüberfall verletzt worden war. Mit dem Samariter, dem Ausländer, wollten diese Menschen eigentlich nichts zu tun haben. Aber sie waren neugierig und wollten gerne noch einmal genau hören, was auf der Straße dort im Gebirge zwischen Jeru-

salem und Jericho passiert war. Die Menschen holten den Samariter an ihren Tisch, und er begann zu erzählen.

„Ich war in Jerusalem und mußte nach Jericho reisen. Mir graute vor dem Weg, der durch das einsame Gebiet führt. Dort gehen nicht sehr viele Menschen lang. Wenn Räuber oder Wegelagerer kämen, würde ich ziemlich hilflos sein, dachte ich. Aber ich mußte dort lang gehen. Sehr wachsam ging ich meines Weges. Doch plötzlich sah ich etwas, womit ich nicht gerechnet hatte. Da lag ein Mensch am Boden, fast nackt, dreckig und blutend. Hatten Räuber hier schon ihr Handwerk getan? Ich band meinen Esel an und ging zu dem Menschen hin. Wie übel er zugerichtet war! Er tat mir sehr leid. Und ich erschrak. Hätte mir das nicht genauso zustoßen können? Ich muß ihm helfen, dachte ich. Wenn ich ihm jetzt nicht helfe, stirbt er. Alles andere, mein Weg, meine Angst, waren jetzt unwichtig. Zum Glück hatte ich Öl und Wein bei mir. Damit konnte ich die Wunden behandeln. Ich zerriß mein Hemd und machte einen Verband daraus. Von dem Wasser, das ich bei mir hatte, flößte ich ihm etwas ein. Das reichte für die erste Hilfe. Vorsichtig richtete ich ihn auf und hob ihn auf meinen Esel. Es war zum Glück nicht weit bis zu dieser Herberge. Ihr wißt, daß der Wirt den Kranken aufgenommen hat. Wie gut, daß ich zur richtigen Zeit auf der Straße kam, wie gut, daß ich ihm helfen konnte! Und jetzt gehe ich hinauf zu ihm und sehe nach, wie es ihm geht."

Zusatz für ältere Kinder

Die Geschichte steht in der Bibel. Jesus hat sie erzählt, als ihn einmal ein Gesetzeslehrer fragte, was er tun müsse, um ein sinnvolles, gutes Leben zu führen. Mit dieser Geschichte sagt Jesus, daß man sich die Mitmenschen, denen man helfen soll, nicht aussuchen kann. Es kann immer sein, daß jemand Hilfe braucht, wie der, der auf dem Weg überfallen wurde und verletzt am Boden lag. Der Samariter hat geholfen. Nicht alle Menschen handeln so.

Der Priester und der Levit haben es nicht getan.

Wie der Samariter, so hat Jesus selber den Menschen geholfen (Beispiele!). Zum Schluß sagt er dem Gesetzeslehrer: „Gehe hin und tue das auch."

Ich denke, auch wir wissen, wer unsere Hilfe braucht. Die Kinder werden Kranke, alte Menschen, die Hilfe brauchen, oder Mitschüler, die geärgert werden und für die sie sich einsetzen könnten, nennen.

Aktion

Wir malen oder kleben bunte Grußkarten. Wenn möglich, besuchen wir zwei oder drei ältere Gemeindeglieder oder kranke Kinder gemeinsam nach dem Gottesdienst und überreichen ihnen die Karten.

Lied: Hilf, Herr meines Lebens oder: Viele kleine Leute

Ingeborg Schröter, Berlin

XII Solange die Erde steht, soll nicht aufhören Saat und Ernte
Gott gibt seinen Bund mit den Menschen nicht auf

Lied: *Du hast uns deine Welt geschenkt, LfK 1 C8, LJ 502, LZU I 14,*
MGR 28, EG Regionalteil

Liturgischer Text: Solange die Erde steh,. s. u.

Sonntag	Text/Thema	Art der Zusammenkunft Methoden und Mittel
20.9.1998 15. Sonntag nach Trinitatis	1. Mose 6,5 – 7,24 Gott bewahrt Noah	Gottesdienst mit Kindern Gestaltete Erzählung mit Tüchern oder Tonpapier, Holz- oder Watte- figuren, Arche gestalten
27.9.1998 16. Sonntag nach Trinitatis	1. Mose 8,1–20 Gott befreit Noah aus der Enge der Arche	Gottesdienst mit Kindern Kinder bringen Kuscheltiere mit, erlebnisorientierte Erzählung, Dankaltar bauen
4.10.1998 17. Sonntag nach Trinitatis / Erntedankfest	1. Mose 8,20–22; 9,8–17 * Gott schenkt die Erde als Lebensraum für Mensch und Tier	Gottesdienst mit Kindern (und Erwachsenen) Erntedankgaben, Altar schmücken, Tücher oder Bänder zu Regenbogenlied, Regenbogen malen (Geschichte spielen, Orffinstrumente, Lieder mit Bewegung, Besinnung)

Gebet – Solange die Erde steht

Gott, wir loben dich und danken dir!
Du hast die Erde so schön gemacht.
Die Sonne leuchtet, der Wind weht und
Regen kommt, damit Pflanzen gedeihen.
Du hast uns versprochen:

**Solange die Erde steht, soll nicht aufhö-
ren Saat und Ernte, Frost und Hitze,
Sommer und Winter Tag und Nacht.**

Gott, du hast uns alles gegeben, was wir
brauchen.

Wir haben Menschen, die uns lieb haben,
und Essen, das uns schmeckt.
Wir danken dir für dein Versprechen:

**Solange die Erde steht, soll nicht aufhö-
ren Saat und Ernte, Frost und Hitze,
Sommer und Winter Tag und Nacht.**

Gott, du hast uns deine Welt geschenkt.
Laß uns mithelfen, daß wir mit deiner Erde
schonend umgehen.
Schenke uns den Mut und gute Ideen, daß
wir sie schützen und erhalten.

Laß uns nie vergessen, was du versprochen hast:

Solange die Erde steht, soll nicht aufhören Saat und Ernte, Frost und Hitze, Sommer und Winter Tag und Nacht.

Vorbemerkungen zu den Texten 1. Mose 6,5 – 9,17

1. Die Sintflutgeschichte ist keine Strafgeschichte

Als Teil der Urgeschichte ist die Noahgeschichte wie alle anderen Erzählungen in 1 Mose 1 – 11 eine Glaubensgeschichte. Sie erzählt zwar von einem Strafgericht Gottes, das die Menschen auf Grund ihres Verhaltens mehr als verdient haben, aber das Zentrale ist nicht die Vernichtung der Erde, sondern die Rettung des Noah und damit die Rettung des Lebens allgemein.

Auch in anderen Kulturen gibt es ähnliche Flutberichte. Der berühmteste ist das babylonische Gilgamesch-Epos. Darin wird erzählt, wie die Götter eine Katastrophe kommen lassen, aus der ebenfalls ein Mensch mit seinen Verwandten gerettet wird. Die Katastrophe wird durch die schlechte Laune und den Zorn der Götter ausgelöst.

Im biblischen Sintflutbericht entsteht der Eindruck, daß Gott in einem schrecklichen Strafgericht die Welt, die er selbst geschaffen hat, vernichtet. Diese Handlungsweise Gottes ist für uns unvorstellbar und paßt nicht in unser Gottesbild. Sie ist auch nicht Gottes letztes Wort, sondern Rettung, und Noah ist für Gottes Rettungsgedanken offen und aufnahmefähig. Deshalb ist die Noaherzählung nicht in erster Linie eine Straf-, sondern eine Rettungsgeschichte.

Wie in anderen Teilen der Urgeschichte werden auch hier Grundzüge des Menschseins deutlich beschrieben:

– die Freiheit des Menschen, „fromm" (1 Mose 6,9) oder von „großer Bosheit" (1 Mose 6,5) zu sein;

– die Freiheit des Schöpfers gegenüber seiner Schöpfung, die aber in einer bindenden Zusage an die Liebe zu den Menschen endet und nicht von Willkür geprägt ist,

– die Erfahrung von katastrophaler Bedrohung und wunderbarer Rettung.

Die Sintflutgeschichte steht im Zusammenhang der ersten Kapitel der Bibel. In die „sehr gute" Schöpfung (1 Mose 1,31) kommt durch die Grenzüberschreitung des Menschen die Störung der Sünde (1 Mose 3). Sie wird konkret in Kains Brudermord an Abel (1 Mose 4). Das Geschlechtsregister 1 Mose 5 schlägt die Brücke in die Noah-Zeit, in der die „Bosheit" überhandnimmt (1 Mose 6,5). Aber Gott leidet an der Bosheit der Menschen. Er will eigentlich nicht das Versinken der Menschheit in Dunkel und Tod. Er will vielmehr ihr Heil. Dieser Heilswille Gottes begleitet die Unheilsgeschichte vom Sündenfall bis Abraham und findet seinen Ausdruck in der Rettung des Noah und seiner Familie. Weil nicht das Gericht, sondern das Heil Gottes letztes Wort ist, endet die Geschichte mit einem Bund zwischen Gott und allen Menschen. Unter dem Bundeszeichen des Regenbogens gibt Gott die Zusage: „Solange die Erde steht, soll nicht aufhören Saat und Ernte, Frost und Hitze, Sommer und Winter, Tag und Nacht."

2. Symbole in der Noahgeschichte

Die Noah-Geschichte ist reich an Symbolen, die losgelöst von der Erzählung eine eigenständige Bedeutung gewonnen haben:

Das **Wasser** symbolisiert die Bedrohung des Lebens. Auch andere biblische Texte wie Ps 93,3.4 und Jes 43,2 benennen diesen zerstörenden Aspekt des Wassers. Wir assoziieren heute mit der Sintflut auch die Zerstörung der Umwelt, das Steigen der Meeresspiegel, die drohende Klimakatastrophe und andere Entwicklungen, die wir Menschen nicht mehr in den Griff bekommen. Viele Menschen reagieren darauf mit Gleichgültigkeit, ganz ähnlich wie in dieser Geschichte, gemäß dem Motto: „Nach mir die Sintflut".

Die **Arche** ist ein Ort der Geborgenheit inmitten der Gefahr. Hier kann einem nichts passieren. Es könnte aber auch der Ort sein, an den ich mich zurückziehe, um Gefahren nicht ins Auge sehen zu müssen. Andererseits ist es ein Ort, an dem auf engem Platz viele Menschen (und Tiere) zusammenleben müssen. Das fordert und fördert Kooperation und Konfliktfähigkeit.

Die **Taube und** der **Ölzweig** sind als Friedenszeichen bekannt. Hier zeigen sie das Ende der Sintflut an. Die Hoffnung wächst, daß Mensch und Tier die Arche wieder verlassen können und von Gott eine neue Möglichkeit zu leben bekommen. Noah verläßt mit allen die Arche, und Gott erneuert bzw. wiederholt seinen Auftrag: „Seid fruchtbar und mehret euch und füllet die Erde". (1 Mose 1,28)

Der **Altar** ist ein sichtbares Zeichen für Noahs Dank gegenüber Gott. Er baut nicht erst Häuser und richtet sich ein, sondern dankt zuerst Gott für die Rettung.

Der **Regenbogen** ist bunt wie unser Leben und die Schöpfung. Er symbolisiert die überstandene Gefahr und will ein sichtbares Zeichen für die Zusage Gottes sein, daß nie mehr die Erde vernichtet wird. Er ist ein Bundeszeichen zwischen Gott und den Menschen. Daß die New-Age-Bewegung den Regenbogen als Kennzeichen hat, ist wohl der Tatsache zuzuschreiben, daß er geheimnisvoll ungreifbar und doch sichtbar für unsere Augen das „Göttliche" symbolisiert.

Gerlinde Tröbs, Petersaurach

20.9.1998 – 15. Sonntag nach Trinitatis – 1. Mose 6,5 – 7,24

Gott bewahrt Noah

Lieder: Du hast uns deine Welt geschenkt, LfK 1 C8, LJ 502, LZU I 14, MGR 28, EG
Regionalteil
Du, Vater, schenkst uns Leben, s. u.
Herein, s.u.
Liturgischer Text: Solange die erde steht, s. o.

Zum Text s.o.

Der Text und die Kinder

Erwachsene und Kinder haben zunächst mit der Sintflutgeschichte ihre Schwierigkeiten. „Warum vernichtet Gott Leben?" ist dabei die zentrale Frage. Da wir aber die Sintflutgeschichte nicht isoliert betrachten dürfen, muß bereits am ersten Sonntag herausgearbeitet werden, daß Gott die Welt retten will. Wir dürfen uns mit Noah und seiner Familie identifizieren und mit ihm Schutz in der Arche finden. Auf der anderen Seite kann vor allem den Großen bewußt gemacht werden, daß unser Tun auch Folgen hat. Es kann sich daraus eine Katastrophe entwickeln. Diese Möglichkeit wird in der Sintflut erzählt.

Die Geschichte von Noah und der Arche ist den meisten Kindern bekannt. Das Bild von der Arche als schützendem Raum vermittelt ihnen ein Gefühl der Geborgenheit. Gerne kuscheln sie sich mit den Tieren hinein.

Da Kinder sich oft mit Tieren identifizieren (das Kuscheltier als Mutterersatz), wird sie das Schicksal der Tiere außerhalb der Arche sehr berühren. Sie werden es als ungerecht empfinden, daß die Tiere wegen der Bosheit der Menschen leiden müssen. Verstehen können sie vielleicht, daß die Zerstörung des Lebens immer umfassend ist und den Lebensraum aller Geschöpfe, auch den der Tiere, umschließt.

An dieser Stelle kann zum einen die Verantwortung für unser Tun deutlich werden, zum anderen können Ängste bei den Kinder hochkommen. Wichtig ist deshalb, daß die Kinder erleben, daß sie bei Gott mit ihren Ängsten gut aufgehoben sind, und er nicht der Urheber von allem Bösen auf dieser Erde ist. Daß die Theodizeefrage bleibt, läßt sich wahrscheinlich nicht ändern, aber wir können mit den Kindern fragen und sie ermutigen, alle unsere Fragen Gott anzuvertrauen. An dieser Stelle wird Offenheit und Ehrlichkeit von den Mitarbeiterinnen und Mitarbeitern gefordert. Eigene Fragen zuzugeben, ist besser als in jedem Fall eine Antwort geben zu wollen und dadurch womöglich nur zu vertrösten.

Ältere Kinder haben oft schon Umweltängste. Diese dürfen ausgesprochen und aufgenommen werden. Ob es für die Jüngeren sinnvoll ist, den Grund der Sintflut zu behandeln, muß der Vorbereitungskreis gut bedenken. Vielleicht genügt es, daß der Bau der Arche angeordnet wird, weil eine große Flut kommt.

Gestaltungsvorschlag für jüngere Kinder

Vorbemerkung

Mit den jüngeren Kindern möchte ich die Geschichte während des Erzählens gestalten, die Kinder also gleich mitmachen lassen. Dazu ist es notwendig, daß das Lied „Herein" vorher eingeübt wird, damit es die Kinder gleich mitsingen können.

Herein

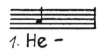

2. Heraus! Heraus! Kommt aus dem Schiff heraus!
Vertraut auf Gott, denn er allein verspricht: Ihr sollt gerettet sein!
Heraus! Heraus! Kommt aus dem Schiff heraus!

Einstimmung in das Thema

Die Kinder sitzen nach Möglichkeit im Kreis oder vor einer Pinwand oder Tafel. Eine leere Arche aus Tonpapier liegt in der Mitte oder hängt an der Wand. Wir lassen die Kinder raten, was das wohl ist. Figuren von Noah und seiner Frau kommen dazu.

Gestaltete Erzählung

Das ist Noah und seine Frau. Wir wissen nicht, wie sie heißt. Nennen wir sie einfach Frau Noah. Noah und seine Frau haben einen solchen Kasten, eine Arche gebaut, zusammen mit ihren drei Söhnen und deren Frauen (Figuren hinzufügen). Die Arche steht auf der Wiese (grünes Tuch oder Ton-papier unter die Arche legen oder hängen). Ihr wundert euch vielleicht, daß Noah eine Arche gebaut hat. Die Menschen damals wunderten sich auch und lachten Noah sogar aus. Aber Noah baute trotzdem, weil Gott ihm den Auftrag dazu gegeben hatte: „Es wird eine große Flut kommen. Noah, bau eine Arche und nimm von allen Tieren ein Paar mit", hatte Gott gesagt. Noah glaubte Gott und führte seinen Auftrag aus, auch wenn er ihn noch nicht richtig verstand.

Es war eine schwere Arbeit, diese Arche zu bauen. Wochenlang sägten sie Holz und hämmerten. Aber nun ist sie fertig. Noah, seine Frau und seine Kinder betrachten sie. Sie laden Vorräte ein, und dann kommen die Tiere. (Jedes Kind bekommt entweder Holztiere oder ausgeschnittene Tiere oder einfach Wattebällchen. In diesem Fall kann jedes Kind seiner Fantasie freien Lauf lassen und sagen, welches Tier es in die Arche gehen lassen möchte.) Noah und seine Frau begleiten die Tiere in die Arche, zuerst die großen. (Tiernamen nennen und die Kinder die Tiere in die Arche bringen lassen, dazu oder danach wird das **Lied** „Herein" gesungen.) Dann kommen die kleineren und schließlich die ganz kleinen Tiere. (Namen nennen und die Kinder die Tiere in die Arche bringen lassen.) Wenn alle Tiere in der Arche sind, gehen auch Noah, seine Frau, seine Söhne mit ih-

ren Frauen in die Arche (Figuren hineinlegen und noch einmal „Herein" singen). „So, jetzt sind alle drin, jetzt können wir uns geborgen fühlen", sagt Noah und schließt die Tür. Kaum hat er sich hingesetzt, da beginnt es schon zu regnen. Erst langsam, dann immer heftiger. (Auf einer Trommel oder einem anderen Gegenstand mit den Fingern Regengeräusche machen). Alle werden ganz still und lauschen, wie es regnet. „Das haben wir gerade noch geschafft!", sagt Sem, Noahs ältester Sohn. „Ja, wir können Gott dafür danken, daß er so gut für uns sorgt", sagt Noah, und alle setzen sich ganz nahe zu ihm hin und singen mit ihm ein Danklied:

Du, Vater, schenkst uns Leben

1. Du, Va - ter, schenkst uns Le - ben, dem Spatz, dem Mohn, dem Kind. Du willst es täg - lich ge - ben, weil wir dir wich - tig sind. So ver - bin-det uns mit dir ein bun-tes Band. So ver-bin-det uns mit dir ein bun-tes Band. Und das Band, das ist: daß du gut zu uns bist. So ver - bin-det uns mit dir ein bun-tes Band.

2. Du, Vater, willst uns heilen, denn vieles ist zerstört.
Laß uns zu Hilfe eilen, damit die Not aufhört.
So verbindet uns mit dir …

3. Du, Vater, hörst auf jeden, der dich anrufen will.
Wir können mit dir reden, mal laut und auch mal still.
So verbindet uns mit dir …

4. Du, Vater, hast Erbarmen, wenn wir Unrecht getan.
Stehst da mit offnen Armen und nimmst uns wieder an.
So verbindet uns mit dir …

5. Du, Vater, lädst uns gerne als deine Kinder ein,
die nahe sind und ferne, daß wir uns mit dir freun.
Und so geben wir einander unsre Hand,
und so geben wir einander unsre Hand.
Die auf Jesus schaun, lernen Gott vertraun,
Und so geben wir einander unsre Hand.

Text: Dietrich Petersmann
Musik: Detlev Jöcker
Melodie: „Und so gehen wir ihm alle hinterher"
aus: MC und Liedheft „Die gute Nachricht weitersingen"
Rechte: Menschenkinder Verlag, 48157 Münster

Abschluß

Die Kinder kleben entweder ihre *Tierfiguren* in die Arche oder schneiden aus alten Zeitschriften (z.B. Tierfreund) Tiere aus und kleben sie dann in die Arche.
Es kann sich außerdem ein *Gespräch* anschließen, wie Gott für uns sorgt, bzw. wofür wir dankbar sein können. Das kann im Schlußgebet aufgenommen werden. Vaterunser und Segen schließen sich an.
Die Kinder werden aufgefordert, ihr Kuscheltier nächsten Sonntag mitzubringen.

Gestaltungsvorschlag für ältere Kinder

Hinführung zur Geschichte

Ohne etwas zu sagen, heften wir einige Bilder aus Zeitungen, die Umweltverschmutzung, Krieg, Gewalt und Betrug darstellen, an eine Wand oder legen sie in die Mitte. Die Kinder äußern sich dazu. Wir hängen bzw. legen eine große Sprechblase mit der Aufschrift: „Ich kann's nicht mehr sehen! Ich hab's satt!" darüber. Gemeinsam überlegen wir, wer das wohl sagen könnte (Eltern, Lehrer, …, Gott). Schon eine ganz alte und bekannte Geschichte in der Bibel erzählt davon.

Erzählgerüst

Frau Noah ist gerade dabei, das Frühstück vorzubereiten, als ihr Mann ganz nachdenklich hereinkommt. „Gott hat mit mir gesprochen. Er hat es satt, daß die Menschen sich betrügen, belügen, Kriege führen, ihre Umwelt zerstören und ihm die Schuld dafür geben. Er will, daß die Erde schön ist und die Menschen mit ihm Verbindung haben. Aber keiner schert sich darum. Keiner will ihn hören, obwohl er es gut mit uns meint."
„Und warum erzählt er das gerade dir?" fragt Frau Noah.
„Ich war ja noch nicht fertig. Also, Gott will, daß wir eine Arche bauen, weil eine große Flut kommt. Wir sollen von allen Tieren ein Paar in die Arche mitnehmen. Gott will, daß das Leben weitergeht."
„Aber wie soll denn das gehen? Glaubst du, daß es wirklich so schlimm wird?"
„Ich weiß es nicht", antwortet Noah. „Aber ich will Gott ernst nehmen. Ich will seinen Auftrag ausführen."
Noah baut mit seinen Söhnen und dessen Frauen die Arche. Ein riesiger Kasten entsteht. So mancher wird über Noahs Eifer gelacht oder ihn sogar für verrückt erklärt

haben. Aber er baut weiter. Auch wenn es unbequem ist, führt er Gottes Auftrag aus. Er nimmt auch die Tiere mit in die Arche und richtet sich darin ein.

„Ich bin froh und dankbar, daß es uns hier so gut geht", sagt Frau Noah, als es zu regnen beginnt. „Bei uns ist es trocken und warm. Wir haben genug Vorräte, und unsere Kinder leben ganz friedlich mit uns."

„Das ist schon richtig", antwortet ihr Mann. „Gott schenkt uns einen Raum zum Leben und zeigt uns, daß er keine Zerstörung will. Dafür können wir Gott nur danken. Aber denke doch auch daran, was alles auf unserer Welt zerstört wurde und wird. Das können wir Gott nur klagen und ihn um seine Hilfe bitten."

„Was können wir Gott nur klagen?" fragt Sem, der älteste Sohn, der nur noch den letzten Satz gehört hat. „Wohl, daß Gott es endlos regnen läßt?" „Das vielleicht auch", entgegnet Frau Noah, „aber wir sollten ihm zuerst dafür danken, daß er so gut für uns sorgt und mit der Arche einen geschützten Raum gegeben hat."

Gespräch und Verarbeitung

Die Erzählung endet so offen, damit man mit den Kindern ins Gespräch kommt:
– Was meint ihr, wer wird sich durchsetzen, Frau Noah, die Gott danken will oder Noah mit Sem, die Gott alles Elend klagen wollen?
– Wo möchtest du klagen, und für was möchtest du Gott danken?

Zu beiden Bereichen können *Gebete* oder einfach Stichpunkte aufgeschrieben werden. Wenn die Dankgebete auf hellbraune und die Klagegebete auf blaue Zettel geschrieben werden, kann in der Schlußrunde aus den Dankzetteln eine Arche entstehen. Jedes Kind darf sein Dankgebet in die vorgezeichnete Arche kleben. In einer zweiten Runde werden die Klagen als Wasser um die Arche geklebt.

Bei Kindern ab zehn Jahren kann auch im Gespräch anklingen, daß es zur Schuld der Menschen dazugehört, unschuldiges Leben zu zerstören. Beispiele, wie das heute aussieht (Umwelt- oder Klimakatastrophen), findet man täglich in der Zeitung. Es könnten Schlagzeilen bedacht und als Schuldbekenntnis formuliert im Schlußgebet aufgenommen werden.

Wichtig ist, daß es aber nicht mit der Klage oder dem Schuldbekenntnis endet, sondern deutlich wird, daß Gott Schuld vergibt und uns Raum zu leben geben will, auch wenn es manchmal so wenig ist wie in der Arche. Deshalb würde ich mit einem mutmachenden Lied wie „Du, Vater, schenkst uns Leben" diesen Teil abschließen.

Abschluß

Wenn es zwei Gruppen gibt, bringt jede Gruppe ihre Arche mit ins Plenum und stellt sie den anderen kurz vor. Vaterunser und Segen schließen sich an.

Gerlinde Tröbs, Petersaurach

27.9.1998 – 16. Sonntag nach Trinitatis – 1. Mose 8,1–20

Gott befreit Noah aus der Enge der Arche

Lieder: *Du hast uns deine Welt geschenkt, LfK 1 C8, LJ 502, LZU I 14,*
MGR 28, EG Regionalteil
Meinem Gott gehört die Welt, EG 408, KGB 207, LJ 226
Herein Str. 2, s.o.
Gott sagt uns immer wieder, GoKi 1995, S. 166

Liturgischer Text: Solange die Erde steht, s. S. 177

Zum Text s. S. 178

Der Text und die Kinder

Die Arche als Ort der Geborgenheit soll einen nicht zu idyllischen Eindruck erwekken. Deshalb darf ruhig die Enge betont werden und die lange Zeit, die Noah und seine Familie auf diesem engen Raum leben mußten. Daß in dieser Enge Streit aufkommt zwischen den Geschwistern, und jeder seine Ruhe haben will, ist verständlich. Die Kinder erleben dies auch in engen Wohnungen, wenn das Wetter lange Zeit schlecht ist. Das Vertrauen, daß Gott Noah und seine Familie in der Arche nicht vergessen hat, ist hier gefragt. Symbol dieses Vertrauens, die Taube mit dem Ölblatt, ist das Hoffnungszeichen für einen Neubeginn. Die Kinder können sicher den Wunsch nachvollziehen, die Arche wieder zu verlassen und neu Verantwortung für die Welt zu übernehmen. Das Verlassen der Arche wird als Befreiung erlebt. Noah baut deshalb einen Altar, um Gott dafür zu danken. Dies kann uns und die Kinder zum Nachdenken anregen, wie oft wir Gott um etwas bitten, aber vergessen zu danken, wenn alles gut überstanden ist.

Gestaltungsvorschlag für jüngere Kinder

Hinführung zum Thema

Die Kinder werden mit ihren *Kuscheltieren,* die sie mitgebracht haben, begrüßt. Dann folgt ein *Lied* und der liturgische Text oder *Gebet.*
Das *Bild von der Arche* wird in die Mitte gelegt. Die Kinder dürfen erzählen, an was sie sich erinnern.
Danach bauen alle aus vier umgelegten Tischen eine viereckige *Arche.* Decken oder andere Tücher sind die Innenausstattung. Noah (eine Mitarbeiterin oder ein Mitarbeiter) steht in der Arche. Die Kinder krabbeln mit ihren Tieren nacheinander auf einen Stuhl vor der Arche, werden von „Noah" in Empfang genommen und gut in der Arche untergebracht.
Dazu kann das *Lied* „Herein" gesungen werden. Wenn alle in der Arche sind, beginnt Noah zu erzählen.

Gestaltete Erzählung

„Jetzt sind wir vor dem Regen geschützt", sagt Noah. „Ja, hier können wir uns geborgen fühlen", meint auch seine Frau. „Aber ich will jetzt Abendessen machen, und dann gehen wir alle schlafen."
Gesagt, getan. Wenig später liegen alle satt und zufrieden in der Arche (Kinder legen sich, so gut es geht, auf die Decken). Sie hören den Regen auf das Dach trommeln (evtl. wieder Regengeräusche mit einer Trommel o. ä machen). Noah spricht noch ein Abendgebet, und dann sind schon alle eingeschlafen. (Noah legt sich auch hin, macht eine Erzählpause).
Als sie am nächsten Morgen wach sind, geht es rund. (Kinder strecken sich und setzen sich auf.) Es macht Spaß, auf so engem Raum miteinander zu spielen. Man-

che hüpfen, andere sitzen ruhig in einer Ecke, wieder andere kuscheln sich an ihr Lieblingstier, und die, die eigentlich lieber draußen herumtollen würden, schlagen vorsichtig einen Purzelbaum. (Kinder versuchen dies auf engem Raum nachzumachen.) Dazwischen wird immer wieder etwas gegessen, und die Tiere werden versorgt. So vergeht der erste Tag im Nu. In den nächsten Tagen wird die Arche genau erkundet. Noah hat jedem eine Aufgabe gegeben. Jeder muß für seine Tiere sorgen und beim Kochen, Abspülen oder Putzen helfen. Die ersten Tage sind ja noch recht lustig, aber dann…

„Was spielen wir denn heute?" fragt Sem einige Tage später seine jüngeren Brüder Ham und Jafet. Doch die zucken nur die Schultern. „Weiß nicht", sagt Ham, und Jafet murrt schon: „Mir geht der ewige Regen auf die Nerven. Ich will die Sonne sehen und draußen arbeiten und spielen." „Verschon uns lieber mit deiner schlechten Laune. Sei froh, daß es hier trocken ist", sagt Sem zu Jafet. „Du hättest mich doch gar nichts fragen müssen! Laß mich in Ruhe!" faucht Jafet seinen Bruder an. „So ein Spielverderber, der mit seiner schlechten Laune", sagt Ham, als Frau Noah zum Essen ruft. „Was gibt es denn heute?" will Sem wissen. „Hirsebrei mit Apfelmus", antwortet die Mutter. „Schon wieder Hirsebrei! Den gab es doch gestern erst", ruft Sem zurück. „Jeden Tag Hirsebrei. Ich kann keinen mehr sehen!" motzt Ham. Aber sie gehen doch zum Tisch und essen, wenn auch mißmutig, ihren Hirsebrei. Keiner redet beim Essen. So hören sie, wie der Regen immer noch auf das Dach prasselt (Regengeräusche mit den Kindern machen). „Ich kann den Regen nicht mehr hören!" fängt Jafet wieder an. „Ich auch nicht!" stimmen ihm Sem und Ham wie aus einem Mund zu.

„Noah, langsam glaube ich, daß Gott uns vergessen hat", sagt schließlich seine Frau. „Wir sind jetzt schon drei Wochen in der Arche, und es regnet immer noch." „Ich weiß auch nicht, wann der Regen aufhört", antwortet schließlich Noah genervt. „Aber Gott hat uns versprochen, daß er

uns beschützt. Vielleicht sollten wir uns daran erinnern und ein Lied singen. Vielleicht habt ihr nachher wieder bessere Laune", meint Noah und fängt an zu singen:

Lied: Gott sagt uns immer wieder, daß man's nie vergißt, wo wir gehn, wo wir stehn, daß er bei uns ist.

Noch öfter hat Noah mit seiner Familie dieses Lied gesungen, wenn es ihnen in der Arche zu eng wurde. Aber eines Tages, Jafet reibt sich noch den Schlaf aus den Augen, da horcht er plötzlich auf! „Heute ist etwas anders", denkt er und hört noch einmal genau hin. Tatsächlich, der Regen hat aufgehört! „Es regnet nicht mehr! Habt ihr es auch schon gehört, es regnet nicht mehr!" ruft er durch die Arche. Alle sind blitzschnell auf den Beinen und horchen gespannt. „Du hast recht, der Regen hat aufgehört", sagt Noah. „Gott hat sich an uns erinnert. Er hat uns nicht vergessen!" Fröhlich pfeifft er sein Lieblingslied „Gott sagt uns immer wieder" (evtl. noch einmal singen).

„Wann gehen wir denn hinaus?" fragt Frau Noah. „Am besten gleich!" rufen Sem, Ham und Jafet wie aus einem Mund. „Halt! Halt!" ruft Noah. Es hat so lange geregnet. Wir werden erst einen Vogel hinauslassen. Wenn er wieder zurückkommt, ist es draußen noch zu naß, und wir müssen noch ein wenig warten", sagt Noah. Gemeinsam öffnen sie ein Fenster und lassen einen Raben hinausfliegen. Der fliegt immer hin und her, kommt aber bald zurück, weil er noch keinen trockenen Platz gefunden hat. Wenig später probieren sie es mit einer Taube, aber auch die kommt bald zurück und will wieder herein. Noah streckt seinen Arm hinaus und holt sie herein. Nach einer Woche probieren sie es noch einmal mit einer Taube. Am Morgen lassen sie sie hinaus, und erst am Abend kommt sie mit einem Olivenzweig im Schnabel zurück. Gott redet mit Noah: „Noah, geht hinaus aus der Arche! Sucht euch auf der Erde einen Platz und beginnt, sie zu bearbeiten." Da ist die Freude groß. Endlich dürfen sie heraus aus der Enge. Endlich haben sie wieder Boden unter den Füßen. Endlich können sie wieder pflanzen und ernten. Alle warten auf den Morgen. Endlich wird es Tag und die Sonne scheint. „Heraus! Heraus! Kommt aus dem Schiff heraus!" ruft Noah, und sie verlassen mit den Tieren die Arche. (Noah verläßt als erster die Arche und hilft den Kindern heraus. Dabei kann das **Lied** „Herein" Str. 2 gesungen werden: „Heraus! ..."

Altar bauen

Als alle draußen sind, sucht Noah Steine zusammen und baut als erstes einen Altar. Er dankt Gott, daß er sie beschützt hat. Auch wir wollen Gott danken. (Gemeinsam überlegen, wofür wir Gott danken können.) Jedes Kind darf einen großen Kieselstein oder Schuhkarton nehmen und gemeinsam wird damit ein Altar gebaut. Wer will, darf beim Ablegen seines Steines laut einen Dank sagen, z. B.: „Guter Gott, ich danke dir für ..." oder „ich danke dir, daß du ...

Abschluß

Das Altarbauen mit den Dankgebeten kann schon der Abschluß sein, auf den nur noch Vaterunser und Segen folgt. Wir erinnern die Kinder daran, daß am nächsten Sonntag Erntedankfest ist, und wir unseren Altar besonders schmücken wollen. Die Kinder werden gebeten, Erntedankgaben mitzubringen.

Gestaltungsvorschlag für ältere Kinder

Hinführung

Die gestaltete Arche des letzten Sonntags liegt in der Mitte oder hängt an der Tafel. Die Kinder äußern sich dazu. Wir schließen die Augen und gehen in Gedanken noch einmal in die Arche. Über eine Holzrampe gehen wir hinein. Drinnen ist es erst einmal dunkel. Die Augen müssen sich erst an das wenige Licht gewöhnen. Es gibt viele Ecken und Nieschen. In einer steht ein Tisch, in einer anderen liegen die Schlafmatten, in verschiedenen Nieschen haben sich Tiere breit gemacht. Jedes Kind sucht sich seinen Platz. Wo würdest du am liebsten sein?
Die Kinder erzählen von ihrem Platz in der Arche.

Erzählung s. o.

Sie kann als Gerüst verwendet werden. An einigen Stellen können sich die Kinder äußern, z. B. zum Steit der Brüder.

Altar bauen

Beim Bauen des Dankaltars beschriften die größeren Kinder die Steine, bevor sie sie aufschichten und ihre Gebete evtl. auch laut sagen. Gibt es keine Möglichkeit, einen Altar zu bauen, können auch aus Papier ausgeschnittene und beschriftete Steine auf ein Plakat geklebt werden. Neben der Arche kann das der zweite Teil eines Wandfrieses werden.

Abschluß

Das Altarbauen mit den Dankgebeten kann schon der Abschluß sein, auf den nur noch Vaterunser und Segen folgt. Wir erinnern die Kinder daran, daß am nächsten Sonntag Erntedankfest ist und wir unseren Altar besonders schmücken wollen. Die Kinder werden gebeten, Erntedankgaben mitzubringen.

Gerlinde Tröbs, Petersaurach

4.10.1998 – 17. Sonntag nach Trinitatis / Erntedankfest – 1. Mose 8,20–22; 9,8–17

Gott schenkt die Erde als Lebensraum für Mensch und Tier

Lieder: *Du hast uns deine Welt geschenkt, LfK 1 C8, LJ 502, LZU I 14, MGR 28, EG Regionalteil*
Du, Vater, schenkst uns Leben, s. S. 182
Ein bunter Regenbogen, LfK 2 131, LJ 509, LZU I 18, MKL 67
Weil der Himmel nicht mehr weint, LfK 126
Laudato si, EG 515, LJ 307, LfK 2 124, MLB 10

Liturgischer Text: Solange die Erde steht, s. S. 177

Zum Text s. S. 178

Der Text und die Kinder

Der Text erzählt neben dem Hineingehen in die Arche (Geborgenheit) jetzt vom Hinausgehen in die Welt, die Verantwortung abverlangt. Dieser Grundrhythmus des Lebens ist den Kindern spätestens im Kindergartenalter bewußt, wenn sie außerhalb des Elternhauses ihren Platz in einer Gruppe suchen müssen.

An diesem Sonntag wird das Erntedankfest gefeiert. Oft bringen Kinder Gaben in die Kirche und legen sie auf oder vor den Altar, um Gott dafür zu danken. So können sie sicher Noah verstehen, wenn er einen Altar baut, um Gott für die Bewahrung zu danken. Sie können erleben, daß Gott antwortet, indem er mit Noah einen Freundschaftsbund schließt und ihm neu die Aufgabe gibt, sich um die Erde zu kümmern. Das kann auch für die Kinder zur Aufforderung werden, an ihrem Platz für die Bewahrung der Schöpfung einzutreten.

Der Regenbogen ist das Zeichen Gottes für das Versprechen, daß nie wieder so eine Flut kommt. Er ist das Symbol für Gottes Schutz und Bewahrung. Nach Gewittern oder Regengüssen ist er am Himmel zu sehen und für Kinder wie Erwachsene gleich faszinierend. Der Regenbogen kann das sichtbare Zeichen werden für die Zusage Gottes: „Solange die Erde steht, soll nicht aufhören Saat und Ernte, Frost und Hitze, Sommer und Winter, Tag und Nacht."

Hinweis: Der Erntedankgottesdienst soll mit allen Kindern gemeinsam, am besten in einem Familiengottesdienst gefeiert werden. Für jede der beiden Formen gibt es einen Gestaltungsvorschlag.

Gestaltungsvorschlag für jüngere und ältere Kinder

Hinführung

Gemeinsam mit den Kindern wird der Altar geschmückt. Die mitgebrachten *Erntegaben* und Blumen werden auf oder neben den Altar gestellt. (Bitte vor dem Altar noch etwas Platz lassen, damit die Kinder ihren Dankaltar vom letzten Sonntag noch aufbauen können). Dazu singen wir das *Lied:* „Du hast uns deine Welt geschenkt" und „erfinden" neue Strophen, z. B. Du hast uns deine Welt geschenkt, die Äpfel, die Birnen … oder … die Blumen, die Büsche … usw. und zeigen auf die jeweiligen Dinge.

Die (beschrifteten) *Altarsteine* liegen auf einem Haufen. Die Kinder werden aufgefordert ihren Altar wieder aufzubauen und dazu zu erzählen.

Erzählung

Noah hat einen Altar gebaut. Er hat mit seiner Familie Gott für die Bewahrung gedankt. Danach gehen alle an die Arbeit.

Sem, Ham und Jafet gehen mit ihren Frauen los, um sich ein Plätzchen für ein Haus zu suchen. Schnell heben sie das Fundament aus. Sie fällen Bäume, hobeln Bretter, formen Ziegelsteine, und nach einiger Zeit stehen die Häuser fertig da. Auch Noah baut mit seiner Frau ein Haus, und sie legen sich einen Garten an. Sie säen und pflanzen, gießen und jäten Unkraut und freuen sich daran, wie schön alles wächst. Nur wenn es heftig regnet, ist ihnen mulmig. Dann werden sie immer wieder an die Zeit in der Arche erinnert.

Eines Tages, nach einem heftigen Regenguß, als die Sonne zu scheinen beginnt, schauen Noah und seine Frau zu den Wolken hoch. „Was ist denn das?" fragt Frau Noah. „So etwas habe ich ja noch nie gesehen. Das muß ein Wunder sein." „Ein bunter Bogen, der quer über dem Himmel steht," staunt auch Noah. „Damit will uns Gott bestimmt etwas sagen."

Das wollte Gott tatsächlich. Während Noah und seine Frau den bunten Bogen am Himmel noch bestaunen, spricht Gott zu ihnen: „Schaut euch diesen Regenbogen nur genau an. Immer wenn ihr ihn seht, könnt ihr euch daran erinnern, daß ich mit euch und der ganzen Erde einen Freundschaftbund schließen will. Damit will ich euch zeigen, daß ich euch nicht vergessen werde. Ich will nichts auf der Erde zerstören oder vernichten. Ich möchte, daß die Schöpfung bewahrt und gepflegt wird. Deshalb verspreche ich euch: Solange die Erde steht, soll nicht aufhören Saat und Ernte, Frost und Hitze, Sommer und Winter, Tag und Nacht. Und der Regenbogen ist das sichtbare Zeichen dafür, daß ich mein Versprechen halten werde."

Noah und seine Frau schauen noch in den Himmel und bewundern den Regenbogen. Da kommen ihre Söhne angelaufen und fragen sie: „Was gibt es denn da am Himmel zu sehen?" – „Oh, was ist denn das?" rufen sie wie aus einem Mund. „So ein schöner Bogen am Himmel! Diese Farben sind einfach wunderbar!" fügen ihre Frauen hinzu. „Ja, schaut ihn euch nur genau

an", sagt Noah. „Gott will uns damit zeigen, daß er uns nie vergessen wird und einen Freundschaftsbund mit uns schließen möchte. Der Regenbogen ist das sichtbare Zeichen für Gottes Versprechen: Solange die Erde steht, soll nicht aufhören Saat und Ernte, Frost und Hitze, Sommer und Winter, Tag und Nacht." Langsam verschwindet der Regenbogen am Himmel. Aber jedesmal, wenn er erneut am Himmel steht, erinnert er an das Versprechen Gottes.

Verarbeitung

Lied: „Ein bunter Regenbogen" oder „Weil der Himmel nicht mehr weint" mit Bewegungen. Bei dem Wort Regenbogen zeigen alle mit der Hand einen Bogen. Wenn man Tücher oder Kreppapierstreifen in Regenbogenfarben für die Kinder hat, wird der Regenbogen bei dem Lied sogar sichtbar.

Gemeinsam wird mit *Fingerfarben* auf einer Tapetenrolle ein Regenbogen gestaltet, der über die Arche gehängt wird.

Als Erinnerung an die Zusage Gottes kann aber auch jedes Kind auf festerem Papier seinen eigenen Regenbogen malen zu dem der Satz geschrieben wird: Solange die Erde steht ...

Im *Gespräch* kann mit den Älteren noch erarbeitet werden, daß wir besonders am Erntedankfest erleben, daß Gott sein Versprechen bis heute gehalten hat. Unter den Regenbogen können die Kinder etwas malen, wofür sie Gott danken wollen.

Wo es vom Raum her möglich ist, kann man auch mit den Kindern einen *Obstsalat* machen und schmecken, daß Gott sein Versprechen gehalten hat.

Abschluß

Den Abschluß bildet das Gebet „Solange die Erde steht", Vaterunser, Segen und das Regenbogenlied mit den Bändern oder Tüchern.

Gestaltungsvorschlag für Kinder und Erwachsene

Vorbereitung

Es bietet sich an, daß mit anderen Gruppen ebenfalls die Noahgeschichte im Vorfeld behandelt wird. Beispielsweise kann, wie hier beschrieben, zusammen mit der Christenlehre oder dem Kindergarten der Gottesdienst vorbereitet werden.

In kleineren Gemeinden kann dieser Familiengottesdienst auch ohne die aufwendige Vorbereitung gefeiert werden. Alle Kinder, die im Gottesdienst sind, werden aufgefordert, in die Arche zu gehen und spielen spontan zur Erzählung. Auf die Musik mit Orffinstrumenten kann verzichtet werden. Wenn das Spielen der Geschichte nicht möglich ist, kann auch evtl. mit der Diaserie von K. de Kort „Der Regenbogen" oder mit Folien von G. Harupa „Die Noahgeschichte" (aus: Bilder zur Bibel für Schule und Gemeinde, zu beziehen: Religionspädagogisches Zentrum der Ev.-Luth. Kirche in Bayern, Heilsbronn 1992) erzählt werden.

Im Kindergarten oder in der Christenlehre wird die Noahgeschichte schon vorher erzählt und gespielt und mit Musik durch Orffinstrumente untermalt. Einige Kinder verkleiden sich als Tiere, entweder einfach mit Tiermasken oder mit richtigen Kostümen. Die Mitarbeiterinnen und Kinder malen einen großen Regenbogen auf zusammengenähte Laken. Es werden Kreppapierstreifen in Regenbogenfarben zugeschnitten, so daß jedes Kind, das den Gottesdienst besucht, ein Band bekommt. Auch den Kindergottesdienstkindern ist die Geschichte von den ersten beiden Sonntagen her bekannt. Sie bringen Erntegaben mit, damit sie im Gottesdienst den Altar schmücken können.

Einzug

Die Kinder stellen sich vor der Kirche zu einem Zug auf. Die Kinder mit den Erntegaben gehen voran, alle anderen folgen. Je nach Tradition ziehen die Kinder beim Vorspiel oder dem ersten Lied der Erwachsenen, z. B. „Wir pflügen und wir streuen" ein.

Schmücken des Erntedankaltars und Dankgebet

Der Erntedankaltar wird geschmückt. Dazu wird als Dankgebet von allen „Du hast uns deine Welt geschenkt" mit Bewegungen gesungen.

Erzählung und Spiel

Im Altarraum ist aus Bierbänken eine Arche angedeutet. Zu einer einfachen Erzählung (s. 20. und 27.9. „Gestaltete Erzählung") spielen die Kinder die Geschichte und machen mit ihren Instrumenten Musik, die die Stimmung unterstreicht.

Erzählschwerpunkte sind:
– der Bau der Arche und das Hineingehen, dazu wird das Lied „Herein" gesungen
– der lange Regen und die Ungeduld (kurz!)
– das Herausgehen aus der Arche, Noah dankt Gott am Altar

Regenbogen

Der vorbereitete Regenbogen wird ausgerollt und im Altarraum aufgehängt. Alle singen: „Ein bunter Regenbogen ist übers Land gezogen" oder „Weil der Himmel nicht mehr weint" und zeigen immer beim Wort Regenbogen einen Bogen mit der Hand.

Gespräch

Die Gottesdienstbesucher werden aufgefordert, sich in den Bänken über Assoziationen zum Regenbogen auszutauschen. Ein Gesprächsimpuls könnte sein: „Wenn ich einen Regenbogen sehe, dann" oder „Der Regenbogen ist für mich / bedeutet für mich …".

Lied: Ein bunter Regenbogen, Str. 3 oder Weil der Himmel nicht mehr weint, Str. 2

Besinnung, Gebet

Eine kurze Deutung ist aus dem Schluß der Erzählung für jüngere und ältere Kinder (s. o.) zu entnehmen. Sie mündet in das Gebet „Solange die Erde steht". Vaterunser und Segen schließen sich gleich an.

Lied mit Bewegungen und Bändern

Zum Schluß bekommen alle Kinder ein Kreppapierband in einer Regenbogenfarbe, kommen evtl. nach vorne, und alle singen das Regenbogenlied noch einmal mit Bewegungen. Die bunten Kreppapierbänder werden dann zum Regenbogen.

Gerlinde Tröbs, Petersaurach

XIII Die armen Reichen bei Lukas

Lied: Selig seid ihr, LJ 608, LZU I 84, MGR 85, ML B 97, MKL 96

Liturgischer Text: Lukas 1,46–55

Sonntag	Text/Thema	Art der Zusammenkunft Methoden und Mittel
11.10.1998 18. Sonntag nach Trinitatis	Lukas 1,46–55 Maria lobt Gott, der die Armen nicht vergißt	Gottesdienst mit Kindern (und Erwachsenen Erzählung, Lesung, Gespräch, Pantomime
18.10.1998 19. Sonntag nach Trinitatis	Lukas 12,16–21 * Was fehlt dem reichen Kornbauern?	Gottesdienst mit Kindern (und Erwachsenen) Blumenstrauß vom Erntedankfest, Erzählung, Puppenspiel, „Vergeßt ihr auch das Beste nicht" (CD) von G. Schöne, evtl. Grafik von H.-G. Anniès, großer Terminkalender
25.10.1998 20. Sonntag nach Trinitatis	Lukas 18,18–27 Was hindert den reichen Jüngling?	Gottesdienst mit Kindern Erzählung, Gespräch, Gebetsriemen aus Steichholzschachtel und Geschenkband basteln, Gebet, Lied
1.11.1998 21. Sonntag nach Trinitatis Letzter	Lukas 21,1–4 Warum ist die arme Witwe reich?	Gottesdienst mit Kindern Lied, hinführende Erzählung, Erzählen und Spielen der biblischen Geschichte

11.10.1998 – 18. Sonntag nach Trinitatis – Lukas 1,46–55

Maria lobt Gott, der die Armen nicht vergißt

Lieder: *Lobet und preiset, ihr Völker, den Herrn, EG 337, KGB 54,LJ 196, LfK 1 B 9*
Ich will dem Herrn singen mein Leben lang, EG 340
Meine Seele erhebt den Herren, EG 310
Von guten Mächten wunderbar geborgen, EG 65, KGB 215, LJ 61, LfK 1 C 23
Selig seid ihr, LJ 608, LZU I 84, MGR 85, ML B 97, MKL 96

Liturgischer Text: Lukas 1,46–55

Zum Text

Man sagt, dieser Abschnitt des Lukas-Evangeliums habe den russischen Zaren in Schrecken versetzt, weil er in dem Lobgesang der Maria einen revolutionären Keim sah. Für die armen Bauern aus Nicaragua ist es das Lieblingsgebet, das sie immer wie ein Amulett bei sich tragen, berichtet Ernesto Cardenal.

Der Lobgesang der Maria, auch „Magnificat" genannt, weil er auf Lateinisch mit diesem Wort beginnt, gehört zum Sondergut des Evangelisten Lukas.

Er hat eine starke Nähe zu dem Lobgesang der Hanna in 1 Sam 2,1–10 (s. 9.8.1998).

Die schwangere Maria hat ihre Cousine Elisabet besucht, die gleichfalls ein Kind erwartet. Elisabet beglückwünscht sie, die Mutter des Messias zu sein, und Maria stimmt diesen Lobgesang an. Es ist ein Gesang der Armen.

In Israel wußte man schon lange, daß die Armen und Unterdrückten unter dem besonderen Schutz Gottes stehen. Fromme jüdische Kreise hofften darauf und beteten darum, daß Gott einst die Besitz- und Machtverhältnisse umkehre und damit die Heilszeit bringe – Erwartungen, die im Loblied der Maria aufgegriffen sind. Es wird wahr und verwirklicht sich bereits an Maria: Gott erwählt die Geringen! (V. 49) So kann Maria nur ihren Glauben bezeugen: Sie traut den Worten des Engels zu, daß sie bewirken, was sie zusagen! Maria hofft auf eine neue Zukunft durch das Kind in ihrem Leib. Sie vertraut ganz und gar den Worten des Engels. Das macht sie stark und läßt ihr Lied zu einem Hoffnungsgesang werden, der eine bessere Zukunft schon in nächster Zeit für alle voraussagt, die ebenso niedrig, müde und geschlagen sind. So beschreibt sie die großen Taten Gottes, die sich in der Umkehr der Machtverhältnisse und der Besitzverhältnisse äußern werden. (V. 50–53)

Sie nennt Gott „Retter" (bzw. „Heiland" bei Luther, V. 47), weil sie weiß, daß der Sohn, den er ihr geben wird, die Befreiung bringt. Sie erkennt die Befreiung – und das Lied will bewirken, daß wir sie auch erkennen, uns von ihr anstecken lassen: die Befreiung von Egoismus und Ungerechtigkeit, von allem was die Menschen in sich selbst gefangen hält und ihr Leben miteinander erschwert und zerstört. Maria nennt Gott „heilig" (V. 49), das bedeutet: Gott ist gerecht, der keinen verletzt oder beleidigt und Ungerechtigkeiten begeht. So ist Gott, und wir sollen sein wie er! Revolutionäre, d. h., verändernd und gerecht: dafür Sorge tragen, daß die Hungrigen zu essen haben, daß die Armen am Reichtum und dem Einfluß der Mächtigen gleichberechtigt teilhaben können. Im Bild vom Volk Israel (V. 54) wird an die Befreiung aus ägyptischer Unterdrückung erinnert, daran, daß das Volk auch selbst aktiv werden muß! Es muß sich aus eigener Kraft, aber im Vertrauen auf Gottes Nähe und Führung aufmachen.

Es ist ein Hoffnungsgesang für alle, die bedrückt sind. Er ermutigt, sich auf die

Verheißungen Gottes zu verlassen, darauf zu vertrauen, daß Gott eine Zukunft für uns bereit hält!

Der Text und die Kinder

Auch wenn der Inhalt des Magnificats vordergründig nur „Lebenserfahrene" anzusprechen scheint, so kann er doch auch für Kinder ein Ermutigungstext sein. Er ist rhythmisch einem Gedicht bzw. Lied ähnlich und kann somit bei Schulkindern einen vertrauten sprachlichen Zugang hervorrufen. Bereits im Alter vom fünften bzw. sechsten Lebensjahr an können Kinder ihre Ängste, bzw. Furcht vor Zukunft artikulieren. Je älter sie sind, desto deutlicher gelingt es ihnen, Sehnsucht nach Nähe und Geborgenheit auszudrücken, bzw. ihre Angst vor Umweltzerstörung, Kriege, Arbeitslosigkeit der Eltern, Ausbildungs- und Berufsängste, Einsamkeit, Überforderung und Leistungsstreß… Zu berücksichtigen ist auch, daß bereits Vorschulkinder über ein erhebliches Faktenwissen mittels Medien hinsichtlich dieser Bedrohungen verfügen, jedoch diese nicht wirklich „verarbeitet" haben. Beide Erfahrungsebenen müssen bei der Einführung des Textes berücksichtigt werden. Die Chance des Textes ist es, gerade diese beiden unterschiedlichen Erfahrungsebenen miteinander zu verbinden und sie zu einer gemeinschaftlichen und gleichzeitig individuellen Klärung zu bringen: Dem Gefühl bzw. der Erfahrung Sprache zu geben.

Die Zeitspanne eines Kindergottesdienstes wird wahrscheinlich nicht ausreichen, wenn das Ziel eine intensivere Auseinandersetzung mit den Welt- und Lebensproblemen und uns selbst sein soll. Dafür bieten sich die folgenden drei Entwürfe zum Schwerpunktthema „Die armen Reichen bei Lukas" an. In diesen Gottesdiensten kann das Magnificat immer wieder anstelle eines Psalms gebetet werden. Es verbindet die unterschiedlichen Themen in den Gottesdiensten und führt zum Grundgedanken zurück: Menschen aller Zeiten haben die Erfahrung gemacht, daß sie sich

auf Gottes Zusage verlassen können, daß er ihnen nahe ist und ihnen zu ihrem Recht verhilft.

Zu empfehlen ist die ökumenische Einheitsübersetzung, da diese zeitgemäßer für Kinder übersetzt. Dennoch werden einige Begriffe für Kinder schwer verständlich bzw. abstrakt bleiben. Es wäre überfordernd, ihnen diese alle erklären zu wollen. Ich bin überzeugt, daß die Kinder untereinander und für sich selbst eine Deutung herausfinden, wenn sie dazu ermuntert werden. Gut wird es sein, den Lobgesang der Maria in eine einführende Erzählung einzubetten, die dann in dem Lobgesang endet.

Das Magnificat ist in seiner lyrischen Form und seinen Inhalten so weit gefaßt, daß es die Chance bietet, daß sich darin Kinder aller Altersgruppen mit ihren Erfahrungen wiederfinden können. Ziel ist es, den Kindern die Erfahrung zu ermöglichen: Ich bin nicht allein, Gott ist da und ich darf auf seine Nähe hoffen. Es gibt trotz aller Bedrohungen eine Zukunft für mich durch Gott. Ich darf mich darauf verlassen.

Gestaltungsvorschlag für jüngere und ältere Kinder

Begrüßung und Beginn

Wir feiern Gottesdienst miteinander. Das heißt, der Gottesdienst kann eine Feier sein, aber er kann und will auch immer wieder zum Fest werden: zu einem Fest, bei dem wir Gott beim Wort nehmen, bei seiner Verheißung und bei seiner Barmherzigkeit. So wie ich bin, komme ich zu dir, Gott. So wie wir sind, kommen wir zu dir, unser Vater! Und so beginnen wir unsere Gottesdienstfeier im Namen des Vaters und des Sohnes und des Heiligen Geistes.

Erzählung

Ich will euch von Maria erzählen.
Maria ist noch jung. Sie ist verlobt mit einem Tischler, der in der Stadt Nazaret lebt. Sie glaubt daran, daß Gott sein Versprechen eines Tages wahr macht und seinem Volk, dem Volk Israel, seinen Sohn schickt.

Dann, so steht es in den alten Schriften der Propheten, die Maria gut kennt, dann würde alle Ungerechtigkeit zu Ende sein. Maria hofft sehr darauf, daß dies bald geschieht.

Maria ist unterwegs. Sie hat einen weiten Weg in das Gebirge vor sich. Sie will in eine der kleinen Städte im Land Juda. Dort wohnt ihre Cousine Elisabet. Elisabet ist viele Jahre älter als Maria. Sie ist verheiratet mit dem Priester Zacharias.

Seltsame Dinge hat Maria über Zacharias gehört. Er würde nicht mehr sprechen können, seit sieben Monaten. So lange ist es auch her, daß Elisabet weiß, daß sie ein Kind erwartet. Endlich! Denn es ist ihr erstes Kind, das sie bekommt! Sie hatte schon gar keine Hoffnung mehr, und nun war es wie ein Wunder.

Während Maria unterwegs ist, gehen ihr all die Ereignisse der letzten Wochen durch den Kopf, vor allem die Botschaft des Engels, daß sie ein Kind bekäme. Und nun war sie sie tatsächlich schwanger! Sie muß mit jemanden darüber reden, möglichst mit einer Frau: Elisabet, ihr geht es ähnlich. Sie würde sich in Marias schwierige Situation hineinversetzen können.

Denn Maria ist ja noch nicht verheiratet. Josef, ihr Verlobter, hält zu ihr. Er hat sie lieb, das weiß Maria, und das macht sie froh. Auch er glaubt daran, daß das Kind, das sie erwartet, ein besonderes Kind ist. Maria hatte ihm von dem Engel erzählt, der zu ihr gekommen war – oder war es nur ein Traum? Der Engel hatte zu ihr gesagt, daß sie schwanger sei und einen Sohn zur Welt bringen wird. Diesen soll sie Jesus nennen. Er wird der Sohn Gottes sein. Soll nun endlich eintreffen, was die Propheten immer wieder vorausgesagt haben, daß Gott an sein Volk denkt und ihm den Retter schickt? Darüber denkt Maria nach, während sie unterwegs ist.

Maria ist angekommen in der kleinen Stadt, in der Elisabet wohnt. Staubig sind ihre Füße und der Mantel und müde ihre Schritte. Der Weg war anstrengend und weit bis hierher. Dennoch geht von Maria Fröhlichkeit aus, die die Menschen auf der Straße sich nach ihr umdrehen läßt. Trotz ihrer Müdigkeit wirkt sie sehr selbstbewußt, wie jemand, der sich seiner Sache sicher ist. Vor dem Haus des Zacharias bleibt sie stehen und klopft an die Tür. Elisabet öffnet ihr. Beide Frauen sind voller Freude über ihr Wiedersehen. Sie umarmen sich und sehen einander immer wieder an. Elisabet spürt sofort, daß Maria ebenfalls ein Baby erwartet, dazu noch ein besonderes Kind! Und sie sagt es Maria: daß sie weiß, daß Gott mit Marias Kind etwas Besonderes vorhat. Maria ist froh über Elisabets Worte. So muß sie ihr nicht erst alles erklären. Elisabet hat ihre Situation sofort erfaßt und versteht sie. Das ist wohltuend für Maria. Nun kann sie ihre Freude über das Kind, das in ihr heranwächst, nicht mehr zurückhalten. Maria fängt an zu singen, ein Loblied auf Gott. So mitten auf der Straße!

Und was sie da singt: daß Gott sie, die kleine unscheinbare Frau beachtet, daß er die Mächtigen von ihren kostbaren Stühlen stürzt und die, die unterdrückt sind, wieder stärkt und aufrichtet. Den Hungrigen gibt er zu essen und die Reichen schickt er fort mit leeren Händen. Maria singt davon, daß Gott endlich an sein Volk Israel denkt und seinem Volk hilft.

Sie singt ihr Lied laut und mitten auf der Straße. Die Nachbarn hören sie. Sie treten heraus aus ihren Häusern und lauschen ihr. Sie fragen sich: „Wie sie das wohl meint? Ob wir endlich von den römischen Besatzern befreit werden? Ach, das wäre gut! Sie verbreiten unter uns so viel Angst und Schrecken. Und die Steuern sind so hoch, daß einem kaum noch etwas für das eigene Leben übrig bleibt." Sie sagen untereinander: „Mut hat sie ja, diese Maria. Wenn das der Falsche hört! Da kann man ihr schnell einen Strick daraus drehen. Die Römer sind da nicht zimperlich. Was sie da singt, ist ja regelrecht provozierend. Nein, es ist ein Aufruf zur Rebellion. Ja, so würde man es ihr auslegen: Anstiftung zum Aufruhr und Widerstand. Gefängnis oder sogar Kreuzigung wäre dann die Folge."

Dennoch, dieses Lied geht ihnen nicht so schnell aus dem Kopf. Maria hat sie an etwas erinnert, woran sie schon fast nicht mehr zu glauben wagten: daran, daß Gott ihre Not sieht und ihnen helfen wird. Am Abend sitzen sie vor ihren Haustüren beieinander. Sie reden miteinander darüber. Das Lied, das diese junge Frau da vor dem Haus des Priesters Zacharias gesungen hat, beschäftigt sie sehr. Sie erinnern sich daran, was der Prophet Jesaja vor langer Zeit verkündet hat: „Das Volk, das im Dunkeln lebt, sieht ein großes Licht." Ja, auch sie sehnen sich danach, daß sich die Worte des Propheten bald erfüllen werden. So hat es diese Maria auf offener Straße behauptet! Sie hat davon gesungen, daß Gott den versprochenen Retter jetzt schickt! Ob es ein starker König ist, der sie aus der Unterdrückung der Römer befreit? Wie gern wollen sie daran glauben, daß Gott sie nicht im Stich läßt. Eigentlich wissen sie es doch: Gott hat bisher immer zu seinem Volk gehalten. Nachdenklich sagen sie zueinander. „Gott will, daß die Menschen endlich wirklich friedlich miteinander leben können. Deshalb wird er den Messias schicken, den Retter und Erlöser der Welt. Dieser soll Mensch werden und mit den Menschen zusammen leben und ihnen helfen, im Frieden miteinander und mit der Schöpfung zu leben. Darauf hoffen wir doch schon so lange. Warum soll es jetzt nicht endlich so weit sein?"

Diese junge Frau hat ihnen wieder neue Hoffnung gegeben! Sie sind plötzlich nicht mehr so ängstlich. Gemeinsam versuchen sie nun das Lied, daß diese Maria gesungen hat, für sich zu wiederholen – und spät in der Nacht kann man sie miteinander singen hören.

Lesung oder Gesang

An dieser Stelle kann Lk 1,46–55 gelesen oder auch von einer Solostimme gesungen werden. (In der Weltgebetstagsordnung von 1996 ist das Magnificat als liturgischer Gesang abgedruckt!)

Gestaltungsvorschlag für ältere Kinder

Gespräch über den Text

Hierbei geht es darum, sich dem Text aus der eigenen Lebenswirklichkeit zu nähern: Was bedeutet der Text für mich heute? Was ist das „Revolutionäre" an ihm? Welche Zukunft erhoffe ich für mich, gerade in einer Zeit, in der Menschen häufig keine Kinder mehr wollen, weil das Leben immer schwieriger wird, die Umweltzerstörung ständig zunimmt, das tägliche Leben teurer wird und die Perspektive auf Arbeit für ein ganzes Leben nicht mehr gewährleistet ist …?

1. Kinder erhalten jeweils allein – oder auch zu zweit einen Zettel und Stift: Stellt euch vor, eine junge Frau ist schwanger. Sie erwartet ein Kind. Was hofft sie? Wovor fürchtet sie sich?
2. Die Antworten der Kinder zusammentragen und auf ein großes Blatt Papier auf der linken Seite untereinander notieren, unter dem Stichwort: Erwartungen an unsere Zukunft?
3. Maria aus Lk 1 kurz einführen… Auch Maria hat Erwartungen. Lest Lk 1,46–55.
4. Was hofft Maria? … Die Antworten werden auf das große Blatt auf der rechten Seite untereinander notiert.
5. Vergleicht diese beiden Spalten. (Gemeinsames farbig markieren.) Welche Hoffnungssätze der Maria könnte unsere junge Frau heute beten? Wir formulieren aus diesen Sätzen ein Gebet. Es kann in den Gesamtgottesdienst z. B. bei den Fürbitten eingebracht werden.

Gestaltungsvorschlag für Kinder und Erwachsene

Aneignung des Textes durch körperliche Darstellung/ Pantomime

(In kleineren Gemeinden mit bis zu 20 Gottesdienstbesuchern geeignet.)

Voraussetzung ist ein Raum, der genügend Bewegungsfläche für die Beteiligten bietet. Alle sollten in einem Halbkreis um den Altar herum sitzen, so daß möglichst ein größerer Innenraum entsteht.

Lk 1,46–55 wird nur kurz eingeführt. Dies kann über die Person der Maria geschehen. Dieser Text ist ein Gebet der Maria, als sie sich sicher ist, daß sie Jesus erwartet...

Der Text wird dann möglichst langsam vorgelesen, um die sprachliche Schönheit und Vielfalt zum Ausdruck zu bringen bzw. gesungen (s. o.).

Es ist beabsichtigt, sich den Inhalt des Magnificat mimisch bzw. gestisch zu erschließen. Dabei können alle Altersgruppen beteiligt werden, denn sie wählen nur die Begriffe aus dem Text, die sie auch verstehen und gestisch umdeuten können. Die körperliche Darstellung des Textes ermöglicht eine andere Aneignung der Aussage des Lobgesangs.

Den Beteiligten wird die Aufgabe gestellt, während des nochmaligen Vortragens des Magnificat sich ein Wort bzw. Formulierung zu merken, die sie sehr anspricht, bzw. bewegt.

Vorlesen des Magnificat

Versichern, ob jeder ein Wort bzw. Formulierung für sich gefunden hat. – Nun soll sich jeder eine Bewegung bzw. Geste zu seinem Wort ausdenken und gegebenenfalls auch schon mal ausprobieren. – Beim nächsten Verlesen des Textes kann sich jede oder jeder, sobald ihr oder sein Wort bzw. seine Wortgruppe genannt wird, in den Kreis begeben und diese durch Geste oder Bewegung darstellen. – Dies kann gut zwei mal wiederholt werden, um evtl. Hemmungen zu lösen.

Hiernach setzen sich alle. Jetzt folgt ein Austausch über unsere Erfahrungen, während der „Aufführung": Weshalb habe ich gerade diesen Begriff gewählt? Warum habe ich ihn so dargestellt? ... Ziel ist es, mittels des Gesprächs sich gegenseitig Begriffe zu erschließen und gleichzeitig eigene Erfahrungen mit einfließen zu lassen. Wir teilen uns etwas von uns selbst mit, indem wir unsere Auswahl begründen.

Aus diesem Gespräch kann das Fürbittengebet entstehen. Die Leiterin oder der Leiter sollte sich Notizen während des Gesprächs machen, die dann in einem Gebet zusammengefaßt werden.

Vielleicht findet sich auch eine Gruppe, die dies zusammenstellt, während die anderen das Magnificat „Meine Seele erhebet den Herren" einüben.

Katharina Doyé, Bergholz-Rehbrücke

18.10.1998 – 19. Sonntag nach Trinitaits – Lukas 12,16–21

Was fehlt dem reichen Kornbauern?

Lieder: *Selig seid ihr, LJ 608, LZU I 84, MGR 85, ML B 97, MKL 96*
Meinem Gott gehört die Welt, EG 408, KGB 207, LJ 226
Hilf, Herr, meines Lebens, EG 230, LJ 230, ML B 3
Meine Zeit steht in deinen Händen, LJ 598, LfK 2 53

Liturgischer Text: Lk 1,46–55

Zum Text

Wir haben ein Gleichnis Jesu vor uns, das vom Erntedankfest her vielen Kindern bekannt ist. Nur Lukas hat es überliefert, ihn interessiert das Verhältnis arm – reich besonders.

Ein Mann bittet Jesus, in einem Erbstreit zu schlichten. Jesus lehnt dieses Ansinnen ab. Er will nicht Richter und Schlichter sein. Und doch schickt er den Mann nicht ohne Antwort weg, seine Antwort ist diese Geschichte.

Jesus verurteilt nicht die irdischen Güter, aber sie sollen nicht einziger Inhalt von Lebensfreude und Hoffnung sein. Der Irrtum des Bauern ist, daß sich seine Gedanken und seine Hoffnungen ausschließlich auf das Sammeln und Bewahren der Schätze dieser Welt beschränken. Er ist erfüllt von einem fast verbissenen Sorgen, ohne an den Tod und an Gott zu denken. Nächstenliebe, die sich im Teilen der reichen Ernte gezeigt hätte und Verantwortung für die Armen, hätten ihm einen anderen, aber größeren Reichtum verschafft. Dann wäre er bei Gott reich geworden.

Reichtum gilt als Zeichen des Wohlwollens und Segens Gottes. Der Bauer ist also kein „gottloser" Mensch, der sich zu Unrecht seines von Gott geschenkten Reichtums freut. Er ist weder nur ein Genußmensch noch ein Egoist, sondern mehr ein naiver Durchschnittsmensch. Er ist kein Geizhals, wenn er auch oft so dargestellt wird. Aber er ist ein einsamer Mensch, der nur im Selbstgespräch mit seinem Reichtum umzugehen weiß.

Von Gott ist erst am Ende die Rede. So ist es oft auch in unserem Leben: So lange wir mit unseren irdischen Gütern beschäftigt sind, fehlen uns die Gedanken für Gott. Wir sind anderweitig besetzt. Mancher hört ihn erst – wenn überhaupt – am Ende seines Lebens.

Der Text und die Kinder

Oft erleben die Kinder, z. B. durch das Gespräch der Eltern, daß wir uns für viele Dinge des Lebens absichern müssen. Es gibt so viele Versicherungen, daß man den Überblick verlieren kann. Aber auch Kinder wissen schon, daß es gegen das Sterben keine Versicherung gibt. Sie wissen, daß wir in den Tod nichts mitnehmen können. Aller Besitz und Reichtum hat seinen Wert nur für dieses Leben. Dieser Gedankengang ist um der „Spitze" des Gleichnisses willen wichtig. Wir wollen den Kindern aber keine Angst machen, im Gegenteil: Wir können feststellen, daß es Dinge gibt, die über den Tod hinausreichen. Aber wir wollen Tod und Sterben nicht zum Thema machen, sondern die Frage bedenken: Welche Rolle spielt Besitz in meinem Leben? Auch Kinder freuen sich an Besitz, der ihnen unverzichtbar ist. Und wie oft wollen Kinder auch und gerade das haben, was andere Kinder haben. So reich wie der Bauer sind sie nicht, aber die Größe des Besitzes spielt in der Geschichte nicht die entscheidende Rolle. Es geht um eine „gesunde Sorglosigkeit", nicht um Leichtsinn und Oberflächlichkeit.

Kinder haben zumindest im Vorschulalter

noch kein sachliches Verhältnis zum Eigentum. Sie sind „geborene Egoisten" und würden ebenso handeln. Sie können aber auch schon die Entdeckung machen: Was nützt aller Besitz, wenn ich keinen Menschen habe, der mich mag und versteht? Oft leiden Kinder darunter, daß materielle Dinge als Ersatz für echte Zuwendung angeboten werden.

Gestaltungsvorschlag für jüngere Kinder

Hinführung

(Vielleicht stehen vom Erntedankfest noch Blumensträuße in der Kirche, sie sind nicht mehr „taufrisch".)
„Seht euch die Blumen an. Manche sehen aus, als ob sie traurig sind. Sie stehen ja auch schon seit dem Erntedankfest hier, nun sind sie am Verwelken. Ihr wißt: Alles Lebendige vergeht, bei Tieren und Menschen sagen wir: Es stirbt. Das Leben hat ein Ende. Deshalb müssen wir sehen, was wichtig ist. Wichtig sind Mutti, Vati, Omi, Opi … Wichtig für uns alle ist Gott, er macht unser Leben reich und schön.
Jesus erzählte eine Geschichte von einem Mann, der das vergessen hat. Ich will sie euch jetzt weitererzählen.

● Erzählung

Micha und Ananias, zwei Bauern, treffen sich. Sie begrüßen sich: „Schalom, Friede sei mit dir, Micha! Du willst wohl auch auf das Feld?" „Schalom! Ja, Ananias. Ich will nachschauen, ob ich mit der Ernte beginnen kann. Das Wetter ist schön. Das muß ich nutzen."
Ananias winkte ab und sagte: „Ja, jetzt ist das Wetter schön. Aber das rettet die Ernte auch nicht mehr. Ich habe in diesem Jahr nicht viel Glück." Micha stimmt ihm zu: „Mir geht es ebenso. Wahrscheinlich haben wir zu zeitig ausgesät. Dann kam das Unwetter und hat der Aussaat geschadet."
Beide gehen nachdenklich weiter. Da begegnet ihnen der größte Bauer des Dorfes.

„Schalom!" grüßen ihn beide. Aber er antwortet nur kurz und geht schnell weiter.
„Was er nur hat? Er ist schon ein paar Tage so anders. Kannst du dir vorstellen, was passiert ist?" fragt Micha. „Das kann ich dir sagen", antwortet Ananias, „ich kann es mir zumindest denken. Er war klüger als wir. Er hat mit der Aussaat erst später begonnen. Nun hat er eine Ernte – so gut wie nie zuvor." „Was hat denn das mit seiner Unfreundlichkeit zu tun?" wundert sich Micha. Ananias kann es ihm gut erklären: „Ich denke mir, er fühlt sich von Gott so reich beschenkt. Nun meint er, er sei etwas Besseres. Außerdem hat er angefangen, seine Scheunen abzureißen. Er baut große Vorratshallen, damit er die Ernte unterbringen kann. Bauen während der Ernte! Wer hat das schon einmal gemacht? Da hat er den Kopf voll!" Nun versteht Micha: „Dann hat er sicher seine Gedanken ganz woanders, dann hat er keine Zeit. Das ist verständlich. Und ich dachte schon, ich hätte ihm etwas getan."
Die beiden gehen weiter, jeder auf sein Feld.
Der reiche Bauer ist inzwischen nach Hause gekommen. Sein Gesicht wird freundlicher. Er sieht, daß sein Bau gut vorangekommen ist. In wenigen Tagen kann er endlich mit der Ernte beginnen. Und er kann alles gut lagern. Er ist ein erfahrener und kluger Bauer. Er weiß: Nächstes Jahr kann die Ernte schlecht sein. Aber davor braucht er nun keine Angst mehr zu haben. Was er dieses Jahr geerntet hat, reicht für mehrere Jahre. Ja, Glück muß man haben. Jetzt denkt er an die beiden, denen er gerade begegnet ist. Ihre Ernte ist nicht so gut. ‚Ob sie über den Winter kommen werden?' denkt er. Aber er hat keine Zeit, lange zu grübeln. ‚Dafür brauchen sie nicht noch während der Erntezeit zu bauen. Viel Geld kostet das!' Mit diesen Gedanken beruhigt er sich. Gott hat ihn mit einer so guten Ernte beschenkt! ‚Jedem, wie er es verdient', denkt er.
Er geht in sein Haus. Nun will er es sich gemütlich machen. Endlich hat er keine Sorgen mehr. Aber er kann sich nicht lange

freuen. Ihm kommen plötzlich ganz traurige Gedanken. Es kommt ihm vor, als ob jemand zu ihm spricht. Kann das Gott sein? Gott sagt zu ihm: „Du bist ein Dummkopf, ein Narr! Du freust dich über die gute Ernte. Die nützt dir nur, so lange du lebst. Wenn du heute Nacht stirbst, war alle deine Mühe umsonst. Dann hast du auch die Vorratshallen umsonst gebaut. Hättest du dir lieber auch ein wenig Zeit genommen und an Gott gedacht. Statt zu beten, hast du geschuftet. Statt von deiner reichen Ernte den Armen zu geben, hast du noch Geld für große Lagerhallen ausgegeben. Du hast nur an dich gedacht. Wenn du jetzt stirbst, wird es niemanden geben, der dir dankbar ist. Das ist wirklich ein trauriges Leben."

Jesus erzählte diese Geschichte, und am Ende sagte er: „So geht es den Menschen, die nur an sich und ihren Reichtum denken, dabei aber Gott vergessen. Sie denken nur an das, was sie zu diesem Leben brauchen. Sie vergessen dabei, daß das Leben mit dem Tod nicht zu Ende ist."

Lied: z. B. Hilf, Herr, meines Lebens

Puppenspiel

Nach dem Bilderbuch „Frederick" von Leo Lionni, Middelhave Verlag könnten wir ein Puppenspiel aufführen. Hier der Inhalt der Geschichte:
Eine Feldmausfamilie sammelt Vorräte für den bevorstehenden Winter. Aber Frederick macht nicht mit. Er sitzt da und tut nichts. So fragen ihn die anderen Mäuse: „Warum machst du nicht mit?" „Ich sammle auch", antwortet er. „Ich sammle nämlich Sonnenstrahlen, Farben und Wörter." „Aber davon wird man doch nicht satt", sagen die Mäuse. – Es kommt der Winter, er ist streng. Den Mäusen geht es trotzdem gut, sie haben ja genug zu essen. Aber der Winter ist sehr lang, und die Vorräte werden alle. Ihnen wird kalt, sie werden immer stiller. Da holt Frederick seine „Vorräte" hervor. Er erzählt ihnen von der Sonne. In vielen Farben und Worten beschreibt er die schöne bunte Welt. Die Mäuse werden wieder munter. Es wird ih-

nen dabei gleich viel wärmer, und sie überstehen gut den Winter.

Wenn ich ein Puppenstück spiele, wirft die „Hauptperson" am Schluß des Stückes oft Bonbons unter die Zuschauer. Kinder, die bis dahin still und aufmerksam waren, werden nun sehr munter. Es reicht für jeden, aber es geht ein manchmal fast brutales Sammeln los. Ohne zu moralisieren könnte darüber gesprochen werden: Ihr seht, das Mehr-Haben-Wollen hat Glück und Frieden zerstört. Alle Menschen erfüllt die Sehnsucht nach Glück, aber die Gier, es zu erjagen, bringt sie um.

Gestaltungsvorschlag für ältere Kinder

Hinführung

Heute möchte ich euch zuerst ein bißchen von mir erzählen: Es gibt Dinge, die mir besonders gut gefallen. Und weil sie mir so gut gefallen, sammle ich sie auch. Das ist mein Hobby. Welche Hobbys habt ihr? ...
Es fällt mir auf, daß Hobbys oft mit Sammeln zu tun haben. Ich sammle Handspielpuppen und Musik auf Schallplatten oder CDs. Das macht mir Freude. Ganz stolz bin ich, wenn ich wieder etwas Schönes oder Seltenes gefunden habe. Ich kann damit auch anderen Menschen eine Freude machen. Die Puppen nehme ich und spiele Kindern und manchmal auch Erwachsenen etwas vor. Dann freuen wir uns miteinander. Die Musik einer Schallplatte kann ich mir auch mit anderen anhören. Ich möchte euch jetzt eine CD von Gerhard Schöne vorspielen. Sie heißt: „Vergeßt Ihr auch das Beste nicht?" (Aus „Die sieben Gaben" Nr. 4, Buschfunkvertrieb)
...
Das Beste ist immer das, was wir lieb haben. Bei den beiden ist das klar, daß sie das Beste vergaßen, ohne daß sie es wollten. Wie das kam? ... Der viele Reichtum hatte sie vergeßlich gemacht.
Nun habt ihr mir vorhin erzählt, wie viele schöne Dinge ihr habt und auch sammelt. Aber ihr wißt auch, daß es viele Kinder

gibt, die überhaupt keine Spielsachen haben. Die können höchstens mit einem selbstgebastelten Stoffball oder einer „Eigenbaupuppe" spielen. Könnten wir ihnen etwas abgeben? Vielleicht könnt ihr aus euren vielen Sachen ein Spielzeug aussuchen und es das nächst Mal mitbringen, damit wir es ins Kinderheim nach … schikken können? Ihr findet vielleicht etwas, das ihr gern verschenkt? (Dabei sollten wir unbedingt darauf achten, daß Kinder dieses Alters nicht ihr liebstes Spielzeug verschenken. Wir dürfen sie nicht dazu herausfordern und ihnen auch kein schlechtes Gewissen machen. Wichtig ist das Teilen überhaupt.)

● **Erzählung**, s. o.

● **Nach der Erzählung**

Nachdem wir das Gleichnis erzählt haben, überlegen wir einen anderen Schluß. Wir überlegen, wie die Geschichte „laufen" müßte, damit am Ende der Satz Gottes stehen könnte: „Du kluger Mann! Heute Nacht wirst du zwar sterben, aber der Tod kann dir nichts nehmen. Du bist reich für Gott!" (Nach einer Idee von H. Brandauer) oder:
Wer die Grafikmappe von H.-G. Anniès „Zeichen", (Evangelische Verlagsanstalt 1980, Grafik und S. 17) hat, kann die Grafik zu unserem Text heranziehen. Wir betrachten das Bild in einzelnen Schritten, im Begleitheft ist ein möglicher Ablauf gut beschrieben. Dabei schauen wir auf Jesus, der selbst keinen irdischen Besitz hatte. Aber er war „reich für Gott", denn er verließ sich ganz auf Gott und war ganz für die Menschen da.

Gestaltungsvorschlag für Kinder und Erwachsene

Wir haben einen großen (Wochen-) Terminkalender vorbereitet. Wir tragen gemeinsam ein, welche Termine für die kommende Woche schon feststehen.
Was nehmen wir uns gemeinsam für die noch nicht verplante Zeit vor? Dabei werden wir feststellen, daß wir auch noch Zeit für nicht vorhersehbare Dinge einplanen müssen. Das Gleichnis hat ja auch etwas mit dem Schatz „geschenkte Zeit" zu tun.
Nun überlegen wir: Wozu müßten wir uns Zeit nehmen? Auf dem großen Terminkalender versuchen wir dafür einen Termin zu finden. Haben wir auch in dieser Woche ein paar Termine für Gott eingeplant? (Ich denke, wenn wir nach dem Einstieg diese Frage stellen, ist sie nicht „aufgesetzt fromm".) Wo bringen wir noch etwas unter? Wo kann etwas wegfallen?

Horst Ramsch, Forchheim

25.10.1998 – 20. Sonntag nach Trinitatis – Lukas 18,18–27

Was hindert den reichen Jüngling?

Lieder: Selig seid ihr, LJ 608, LZU I 84, MGR 85, ML B 97, MKL 96
Gib uns den alten Glauben, s. u.
Wenn du singst, LJ 422, LZU I 92, MKL 149

Liturgischer Text: Lukas 1,46–55

Zum Text

„Es fragte einer Jesus." ... Die innere Struktur des Fragenden, seine Biografie, seine Gründe, Jesus anzusprechen, alles, was er mit sich selbst schon ausgemacht haben mag, bleibt unerwähnt. Eine derartige Erzähltechnik wird angewendet, um mit kleinem Aufwand breitgefächerte Interessen bei den Lesern in die zu berichtende Geschichte einzubeziehen. Lukas klammert jedoch eines nicht aus: den Hinweis, daß es sich um einen Mann aus der Oberschicht handelt, der zu den Reichen gehört. Der Zielpunkt der Erzählung ist daher scheinbar erreicht, wenn Jesus abschließend ein grundsätzliches Wort zur Situation der Reichen sagt. Es kommt aber überraschend eine Reaktion aus der Gruppe der Zuhörer, nachdem der Reiche die Runde bereits verlassen hat: Wer kann dann selig werden? Die Engführung der Geschichte auf das Thema „Reichtum" erfährt so wieder ihre Ausweitung auf die grundsätzliche Frage vieler.

Die größte Herausforderung ergibt sich dabei an jenem Punkt des Gespräches, an dem Jesus die eigentliche Lösung anbietet: Es fehlt dir noch eines. Würden wir nach dem „ewigen" Leben gefragt, würden wir wohl kaum mit „einem" auskommen. Das nun Folgende erhält also besonderes Gewicht. Uns würde es kaum verwundern, wenn die Lösung dieser schwerwiegenden Frage sich erst in einer mehr oder weniger dramatischen Entwicklung in der Person des Antwort-Suchenden ergeben würde. Hier aber liegt die Lösung in dem „Einen", was dem Fragenden fehlt.

Wiederholt weist Jesus einen konkreten Weg: Verkauft, was ihr habt und verteilt den Erlös (Lk 12,33). Ebenso konkret sein Anspruch an die Jünger: das Ihre verlassen und die Nachfolge auf sich nehmen (18,28; 9,23; 5,28). So etwas läßt sich ja Schritt für Schritt abarbeiten. Und mit den Geboten verhält es sich ebenso: Ohne unverschämt zu prahlen, kann der reiche Mann für sich in Anspruch nehmen, den Forderungen der Gottes- und Nächstenliebe nachgekommen zu sein. Nur seine Hoffnung auf bleibende Geborgenheit in Gott ist unerfüllt geblieben. Das „Eine" hat sich in alledem nicht verborgen, und es hat sich ihm bisher nicht erschlossen.

Das Eine ist also gar nicht so sehr ein Programm aus Nehmen und Geben, Einnehmen und Aufteilen, Sammeln und Verschenken. Das Eine ist etwas, wozu Besinnung, Mut und Offenheit nötig sind: sich Gott in die Arme werfen. Einer, der mit seiner Lebensphilosophie allein ist, kann nicht „alles verkaufen". Einer, der „im Himmel" zu Hause ist (das heißt nicht: einer, der total abgedreht ist; sondern: einer, der in innerem Frieden seine menschliche Verantwortung trägt), kann – wenn es nicht anders geht – alles verkaufen, alles verlassen, alles hergeben. Es kann auch genügen, etwas herzugeben, etwas zu opfern, auf etwas zu verzichten. Mit einem „Schatz im Himmel" hat solche Kalkulation eine feste Grundlage.

Lukas will diesem „Einen" einen festen Platz auf der Welt geben. Darum ist es eine kleine, geschlossene Geschichte, in der er es vorträgt – aber so erzählt, daß sie für uns frei zugänglich wird.

Der Text und die Kinder

Kinder leben ganz im Augenblick. Sie denken nicht so wie wir in die Zukunft. Die Frage, die in der Geschichte den reichen Mann zu Jesus führt, verstehen sie deshalb nicht als Frage nach irgendeiner Zukunft. Faßbar wird sie für die Kinder als Frage danach, was Menschen tun sollen, um Gott näher zu kommen. Es ist die Frage, was vor Gott gut ist.

Reichtum und Armut nehmen Kinder wahr als Gegebenheiten, in denen sie und andere leben. Sie richten sich ein und arrangieren sich mit ihrer Situation. Für sie ist an ihren Lebensumständen nichts änderbar.

Unsere Geschichte soll die Kinder nicht dazu bewegen, ihre eigenen Lebensumstände in ihrer Familie infragezustellen. Vielmehr sollen die Kinder ein Stück weit in das Bemühen des Mannes, in seine Traurigkeit, aber auch in die Antwort Jesu hineingenommen werden. Gemeinsam ist das aufzuspüren: der Mann will vor Gott gut sein und merkt, es ist echt schwer.

Gestaltungsvorschlag für jüngere Kinder

Gespräch

– „Ich möchte euch heute etwas vom Wünschen erzählen. Ich glaube, jeder von euch weiß, wie das geht – das Wünschen."
– Die Kinder erzählen von ihren Wünschen, davon, wie Wünsche in Erfüllung gehen; was man selbst dafür tun muß; wie es ist, wenn ein Wunsch unerfüllt bleibt; wenn man niemanden hat, dem man den Wunsch vortragen kann.
– „Meistens wünschen wir uns etwas, was wir gerne haben möchten. Manchmal ist es auch etwas, was wir schon mal hatten, aber jetzt fehlt es gerade: daß du dich mit einem Freund wieder verträgst; daß die Mutti mal Zeit hat, dir eine Geschichte vorzulesen oder mit dir ins Kino zu gehen…
Ich möchte euch von einem Mann erzählen, der sich auch etwas gewünscht hat: Er wollte gern etwas sehr Wichtiges herausbekommen."

Erzählung, s. u.

Erzählen oder vorlesen: Ein Mann auf dem Weg zu Jesus

Bastelvorschlag für Kinder im Grundschulalter

Wenn genügend Zeit für die Vorbereitung ist und auch im Kigo selbst ausreichend zur Verfügung steht, kann mit den Kindern in Anlehnung an jüdische Tefillin ein Gebetsriemen gebastelt werden. Tefillin – das ist eine kleine schwarze Lederkapsel, die zum Gebet mit einem Riemen an der Stirn oder am Oberarm befestigt wird. Sie enthält vier festgelegte Bibeltexte aus dem 2. und 5. Buch Mose. „Es soll wie ein Zeichen sein auf deiner Hand und zwischen deinen Augen, damit des Herrn Gesetz in deinem Munde sei." (2 Mose 13,9) Die Tefillin werden für den Kigo hergestellt: Jedes Kind bekommt eine leere Streichholzschachtel, die mit Buntpapier beklebt wird. Auf eine der beiden großen Flächen der Außenschachtel wird von innen ein Stück Geschenkband geklebt, das an beiden Seiten 40 bis 50 cm herausschauen sollte. In die Innenschachtel wird ein kleines, zusammengerolltes Blatt gelegt, das zuvor beschriftet wurde: „Du hast einen Schatz im Himmel. Komm und folge mir." Die „Tefillin" werden (nicht zu fest) um den Arm gelegt. Die losen Enden werden in der Hand festgehalten. Die Bedeutung als „Gedächtnisstütze" wird erklärt. Die Tefillin können zu anderen Kindergottesdiensten wieder mitgebracht werden.

Lied: Wenn du singst oder Gib uns den alten Glauben

Gestaltungsvorschlag für ältere Kinder

Erzählung, s. u.

Gesprächsimpulse

– Wenn wir von einem Menschen hören, stellen wir uns ihn vor. Wie geht es diesem Mann? Was ist seine große Frage? Er hat Jesu Antwort gehört, aber sein Herz ist jetzt schwer.

2. Es war gut für den alten Mose…
3. Es war gut für den König David …
4. Es war gut für die Propheten…
5. Es war gut für unsre Väter…

Worte und Weise: von einem unbekannten
Verfasser – Satz: Gunter Gerhardt

204

– Wir hören hier von einem erwachsenen Mann, von seiner großen Frage und von seiner Traurigkeit. Ich weiß von Kindern, denen es so ähnlich ging:
Eine Familie in Deutschland hat Besuch aus Tanzania. Der Schwarze und die Familie – Vater, Mutter, die drei Kinder – verlieren die Scheu voreinander. Sie spielen und erzählen in diesen drei Wochen miteinander. Der Mann aus Tanzania erzählt: sechs Kinder hat er zu Hause, auch so alt wie die drei. Kaum Spielzeug haben sie. – Der Tag der Abreise des Besuches kommt, und die Familie packt ihm einen Koffer zum Mitnehmen. Die drei Kinder wollen den Kindern in Tanzania etwas von ihrem Spielzeug geben. „Das ist gut", merken sie – auch vor Gott. Sie gucken ins Spielzeugregal und sagen: „Das ist unser liebstes Spiel, das wollen wir behalten. Das Matchbox-Auto färbt sich doch, das will ich selber noch fahren. Das Buch habe ich schon immer gerne angeguckt, das brauche ich selber." Und sie können sich von fast gar nichts trennen. Wirklich nicht.
– Für den Mann, der zu Jesus kam, und für diese Kinder, für Erwachsene und Kinder, für uns alle ist das manchmal so: Wir merken, das wäre gut zu tun – und merken gleichzeitig, das ist uns doch zu schwer.
– Die Kinder erzählen von eigenen Erfahrungen.

Gebet

Gott, unser Vater. So ist es: Manchmal merken wir, was gut wäre zu tun – und wir schaffen es nicht. Bleib uns nahe – auch dann. Stärke uns bitte im Suchen nach dem, was bei dir gut ist. Amen.

Lied: Wenn du singst oder Gib uns den alten Glauben

Erzählung

(Nach: de Vries, Anne: Großes Erzählbuch der biblischen Geschichte, Bd. 2, Konstanz, Friedrich Bahn Verlag 1963, S. 158–159)
Ein Mann war auf dem Weg zu Jesus. Er war vornehm gekleidet, und die Menschen grüßten ihn ehrerbietig. Denn er war der Oberste der Synagoge und hielt sich treu an die Gebote Gottes. Gewissenhafter als er konnte es wohl niemand tun. Jedermann dachte: Was für ein glücklicher Mensch! Was fehlt ihm – nichts! Er war reich, er brauchte sich keine Sorgen zu machen. Wenn der nicht glücklich war, wer sollte es dann wohl sein? Und doch ließ eine innere Unruhe ihn oft nicht schlafen, dann halfen ihm weder Geld noch Vornehmheit. Nicht einmal seine treue Beachtung der Gebote Gottes konnten ihn trösten. Es quälte ihn das Verlangen, Gott noch näher zu kommen. Doch er wußte nicht, wie er es anfangen sollte. Darum wollte er jetzt zu Jesus gehen, den er sehr bewunderte.
Jesus war ein großer Rabbi, ein bekannter Lehrer, ja ein Prophet, ein Gottesmann wie die alten Propheten. Als der Mann Jesus kommen sah, lief er hocherfreut auf ihn zu und kniete demütig vor ihm nieder. „Guter Meister", fragte er, „was muß ich tun, daß ich das ewige Leben ererbe?"
„Guter Meister nennst du mich?" antwortete Jesus. „Gott allein ist gut. Und du kennst seine Gebote. Lebe danach, dann gehst du zum Leben ein."
„Welche Gebote?" fragte der Mann, denn er meinte: es müßten wohl ganz besondere sein; solche, die er noch nicht kannte – vielleicht ein Geheimnis für ganz besondere Leute. Aber Jesus erinnerte ihn: „Du sollst nicht töten; du sollst nicht stehlen; du sollst nichts Falsches über deinen Nächsten sagen; ehre Vater und Mutter. Und: du sollst deinen Nächsten lieben wie dich selbst."
Der Mann sprach: „Das habe ich alles gehalten von meiner Jugend auf." „So fehlt dir noch eins"; Jesus merkte: dieser Mann hatte sich wirklich immer alle Mühe gegeben; in seinem Herzen war ein großes Verlangen nach Gott. Aber was mochte ihn hindern, Gott von ganzem Herzen zu dienen? „Es fehlt dir noch eins. Willst du vollkommen sein, so verkaufe, was du hast und gib es den Armen. Du hast doch einen

Schatz im Himmel bei Gott, den du suchst. Und komm und folge mir nach auf meinem Weg."
Da erschrak der Mann und schüttelte traurig den Kopf, denn er war sehr reich. Diesen Preis konnte er nicht zahlen. Und betrübt ging er davon – zurück zu seinem Reichtum.
Jesus sah ihm nach und sagte bekümmert: „Ein Reicher wird schwer ins Himmelreich kommen. Wer sein Vertrauen auf seinen Reichtum setzt, hat es schwer. Leichter geht ein Kamel durch ein Nadelöhr als daß einer in Gottes Reich kommt, der an seinem Reichtum hängt."
Da sagten die Leute bedrückt: „Wer kann dann selig werden?" Jesus sah sie an und sagte. „Für uns allein ist es schwer, ja unmöglich. Aber alle Dinge sind möglich bei Gott."

Annette und Christoph Carstens, Erfurt

1.11.1998 – 21. Sonntag nach Trinitatis – Lukas 21,1–4

Warum ist die arme Witwe reich?

Lied: Selig seid ihr, LJ 608, LZU I 84, ML B97, MKL 96

Liturgischer Text: Lukas 1,46–55

Zum Text

Eine Witwe steht im Mittelpunkt dieser kleinen Episode. Die arme Witwe ist im Neuen Testament ein Symbol der Hilflosigkeit und völliger Mittellosigkeit. Jesus beobachtet die Frau im Tempelvorhof, der für Frauen zugelassen ist. Sie wirft ihren ganzen Lebensunterhalt in den Opferkasten ein. Das, was er sah, wird kommentiert. Die Witwe erlangt die Anerkennung Jesu, weil sie es ist, die wirklich etwas gibt, auch wenn der Geldbetrag ein sehr geringer war. Zwei Scherflein gab sie, das waren die kleinsten Münzen, die im Umlauf waren. Wichtiger als der eigentliche Geldbetrag ist das Verhältnis des Geldes zu ihrem ganzen Eigentum. Es war eben alles, was sie besaß. Die Reichen dagegen, die Jesus vorher beim Geben ihrer Opfer beobachtete, gaben von ihrem Überfluß. Der Geldbetrag war sicher ein höherer, aber gesehen im Verhältnis zu ihrem gesamten Eigentum, war es ein sehr geringer Teil.

In den Gotteskasten, der, wie die anderen zwölf auch im Tempelvorhof stand, kamen die freiwilligen Gaben der Gläubigen hinein. Es waren Naturalien und Geld. Beides wurde für gottesdienstliche Zwecke gebraucht. (Lexikon zur Bibel, Brockhaus)
Im Lukasevangelium steht vor dieser Geschichte die Warnung Jesu vor den habgierigen Schriftgelehrten, die nur zum Schein nach den Gesetzen und Geboten leben. Lukas hält sich hierbei an die Vorlage des Evangeliums nach Markus und schließt die Geschichte von der selbstlosen Witwe an. (Josef Ernst, Das Evangelium nach Lukas, St.Benno-Verlag)
Im Urteil Jesu hat diese Frau mehr Geld in den Gotteskasten hineingeworfen als alle anderen. Doch hierbei kann nicht der Geldbetrag gemeint sein, denn der war ja viel geringer. Hier wird ja die kleinste Münzeneinheit genannt. Jesus erklärt es, und diese Erklärung ist auch einleuchtend: Die Spende aus Überfluß kann sittlich nicht so wertvoll sein wie die Gabe der Armen.

Die Frage hierbei ist allerdings, worin denn eigentlich die ethische und religiöse Leistung besteht? Es wird ja nicht hervorgehoben, wofür die Gabe eigentlich gedacht ist. „Man wird wohl an die Liebe zu Gott als das treibende und von allen Bindungen befreiende Motiv zu denken haben." (Josef Ernst)

Die Frau hat aus Liebe zu Gott so gehandelt. Sie hat ihren ganzen Besitz, ihren gesamten Lebensunterhalt weggegeben. Durch ihren Mut, der darin Ausdruck findet, daß sie alle materiellen Sicherheiten aufgibt, bezeugt sie ihr Vertrauen auf Gottes Fürsorge. Sie ist reich an Vertrauen zu Gott und reich an Liebe zu Gott. Darin ist die arme Witwe reich.

Der Text und die Kinder

Die Kinder werden sicher auf den Text mit Unverständnis reagieren. Durch ihre Umwelt erfahren sie, daß Geld und materielle Sicherheit angestrebt wird. Wer viel Geld hat, kann sich viel leisten. Wer wenig Geld hat, gehört zu den Verlierern dieser Gesellschaft, ist ausgeschlossen von dem kaufbaren Glück, welches die Werbung verspricht. Die Kinder erfahren in der eigenen Familie oder in den Familien der Freunde und Schulkameraden, wie schwer es ist, Wünsche sich nicht erfüllen zu können, weil das Geld dazu fehlt. Ziel ist es zu sparen, viel Geld zu verdienen, um sich etwas leisten zu können. Deshalb wird es sicher befremdlich sein, daß eine Frau, die schon zu den Ärmsten gehört, all ihr Geld weggibt. Sie bekommt nicht einmal eine materielle Gegenleistung dafür, sondern sie spendet dieses Geld. Ist das nicht dumm? Warum macht sie das? Und dann wird sie für diese Dummheit noch von Jesus gelobt.

Diese Fragen der Kinder müssen unbedingt bedacht werden und einen Platz haben. Sicher werden die Kinder verstehen, daß materieller Reichtum für Jesus nicht wichtig ist. Er ging ja gerade zu den Armen und von der Gesellschaft ausgeschlossenen Menschen. Doch warum eine Frau, die alles, was sie besitzt, weggibt und deshalb von ihm gelobt wird, können sie sicher nicht verstehen. Diese Frau muß einen sehr guten Grund für ihr Handeln haben.

Die Kinder sollen davon hören, daß die Liebe zu Gott und das ganz große Gottvertrauen der Frau größer waren als das Verlassen auf Geld und materielle Absicherung. In der Beziehung zu Gott gelten also andere Maßstäbe. Es gibt dort einen anderen Reichtum, nämlich Vertrauen, Glauben an eine Führung und Begleitung durch das Leben. Und wer um diesen Reichtum weiß, auf ihn seine Hoffnung setzt, der ist reich und kann sich glücklich wissen.

Es gibt in der Erfahrungswelt der Kinder auch Beispiele, durch die bewußt gemacht werden kann, daß Glück nicht von Geld und materiellen Sicherheiten abhängig ist, daß es andere Werte gibt, die ein Leben reich machen können. Es gibt Erfahrungen der Kinder, in denen punktuell diese anderen, ich möchte sagen, göttlichen Maßstäbe, zum Tragen kamen. Doch waren sie den Kindern als solche nicht bewußt. Deshalb soll eine Geschichte aus der Welt der Kinder dieser Bibelgeschichte vorangestellt werden. Hierdurch sollen die Kinder schon für die Aussage der Bibelgeschichte sensibilisiert werden. Die arme Witwe ist nämlich reich, weil sie von sich wegblickt, von ihren materiellen Sicherheiten absieht und Gott vertraut.

Wichtig hierbei ist es, daß bei den beiden Geschichten die Methode des Erzählens wechselt. Es können bei einer Geschichte Handpuppen oder Illustrationen zur Hilfe genommen werden. Ich habe mich entschieden, die Bibelgeschichte mit den Kindern zu spielen. Dabei können auch die Fragen der Kinder zur Handlungsweise der Witwe besser mit einbezogen werden. Die Kinder schlüpfen in die Rolle der Witwe, der Reichen, derer, die zusehen und der Jünger Jesu. Jesus sollte dabei von einem Erwachsenen gespielt werden, der oder die die Szene kommentiert. Je nach Alter und Anzahl der Kinder kann die Geschichte ausgeschmückt werden. Den Kindern können zwischendurch Fragen gestellt werden, was z. B. die Reichen denken, wenn sie ihr Geld geben. Einfache Tücher, die die Kinder um den Kopf bzw. die Schultern legen, deuten die einzelnen Rollen an (die Witwe ein schwarzes Tuch, die Reichen bunte Tücher, Jesus ein weißes Tuch). Der Gotteskasten kann ein einfacher Karton sein, das Geld wird durch Papier angedeutet. Der Spielleiter oder die Spielleiterin erklärt, was gespielt wird und gibt Hintergrundinformationen (Tempelvorhof, Gotteskasten für die gottesdienstlichen Feiern, Armut der Witwe usw.). Dabei muß darauf geachtet werden, daß die Schilderungen von Details die Kinder nicht von der eigentlichen Geschichte ablenken.

Gestaltungsvorschlag für jüngere und ältere Kinder

Lied: Selig seid ihr

Es wird nach dem Lied mit den Kindern überlegt, welches andere Wort für „selig" gesagt werden kann, z. B. glücklich, fröhlich. Sind die Kinder mit der Wortgruppe: „Fröhlich seid ihr, wenn ihr Freude macht" einverstanden?
Lied mit dem gefundenen Wort und der neuen Wortgruppe singen: Fröhlich/glücklich seid ihr, wenn ihr Freude macht (weiter mit altem Text).

Erzählung

Jetzt möchte ich euch eine Geschichte erzählen, die etwas mit unserem „neuen" Lied zu tun hat.
In einer Schulklasse soll ein großes Fest gefeiert werden. Die Kinder haben die Idee, sich gegenseitig etwas zu schenken. Jedes Kind schreibt seinen Namen auf einen Zettel. Diese Zettel werden gut gemischt, jeder Junge und jedes Mädchen zieht einen Namen. Das Kind muß dann beschenkt werden.
Ein Mädchen, wir nennen es einmal Anja, hat Bernd zu beschenken. Und Carolyn

hat den Zettel von Anja gezogen. Für Anja ist das alles kein Problem. Sie sagt ihrer Mutter: „Du Mutti, ich brauche ein Geschenk für Bernd. Kauf mal irgendetwas. Mir egal, was es ist. Hauptsache ich habe etwas und bekomme selbst auch ein großes schönes Geschenk." Die Mutter kauft ein T-Shirt, ein Buch und viele Süßigkeiten. Anja wickelt alles ein und schreibt mit großen Buchstaben : „Für Bernd" auf das Geschenk.
Für Carolyn ist die Sache schon viel schwieriger. Ihre Mutter kann ihr kein Geld geben. Sie bekommt manchmal von der Oma Geld, doch davon kauft sie sich ihre Schulsachen. Ihre Mutter ist arbeitslos, und ihr Vater lebt in einer anderen Stadt. Was soll sie bloß machen? Sie mag Anja eigentlich ganz gern, aber so richtige Freundinnen können sie nicht werden. Nicht einmal ein Eis kann sie mit ihr nach der Schule essen, weil sie kein Geld hat. Einmal hat sie Anja mit zu sich nach Hause eingeladen. Doch Carolyn kann einfach nicht mithalten mit ihrem Spielzeug. Sie schämt sich richtig. Zum Glück fand Anja ihre Murmelsammlung sehr schön, besonders die ganz alten Glasmurmeln. Jetzt hatte Carolyn plötzlich eine gute Idee. Wenn sie die Anja schenkt?… Doch sie hängt an den Murmeln, gerade an diesen. Aber Anja würde sich sicher freuen!
Sie beklebte eine alte Zahnpastaschachtel mit buntem Papier und legte die Murmeln hinein. Die schönsten! Ein wenig tat es ihr leid, aber Anja würde sich sicher freuen.
Das Fest wurde gefeiert. Es gab Kuchen und Cola, und es wurde gespielt und getanzt. Doch der Höhepunkt kam erst: die Geschenke. Endlich hatten alle eines in der Hand. Anja sah man die Enttäuschung an. So ein kleines Kästchen? Und sie hatte solch ein großes Paket abgegeben. Sie sah zu Bernd herüber. Der hatte seines schon ausgepackt und zur Seite gelegt. Für ihn waren die Kuchenteller interessanter.
Anja machte die Schachtel vorsichtig auf. Doch da, was war das? Ihre Augen leuch-

teten. Sie stieß ihre Nachbarin an. „Guck mal, was ich für schöne Murmeln bekommen habe. Genau solche habe ich mal bei Carolyn gesehen." Da fiel es ihr ein: Klar, Carolyn hat ihr das Geschenk gemacht. Und sie dachte bei sich: „Carolyn hat mir diese Murmeln geschenkt, weil sie wußte, wie sehr ich mich darüber freue!" Sie lief zu Carolyn und umarmte sie vor Freude. Und Carolyn? Carolyn vergaß vor lauter Freude ihre Päckchen auszupacken. Sie war wohl die glücklichste auf diesem Fest. Und dann fiel ihr ein Lied ein, das sie schon irgendwo einmal gesungen hat.

Lied: „Fröhlich seid ihr, wenn ihr Freude macht…"

Schluß der Erzählung

Carolyn und Anja wurden richtige Freundinnen, und Carolyn hat gemerkt, daß sie auch ohne viel Geld andere glücklich machen kann. Sie selbst aber war die Glücklichste, weil sie jetzt eine richtige Freundin hatte, auf die sie sich verlassen konnte, und weil es ihr gelang, Anja richtig glücklich zu machen.

Lied: Fröhlich/glücklich seid ihr, wenn ihr Freude macht

Erzählung und Spiel

Eine ganz andere Geschichte, die aber auch mit dem froh sein ohne viel Geld zu tun hat, steht in der Bibel. Diese Geschichte hat auch etwas mit Freundschaft zu tun, nämlich mit der Freundschaft und dem Vertrauen zu Gott. Wir wollen sie jetzt einmal gemeinsam spielen.

Wir alle befinden uns jetzt im Tempelvorhof, einem Platz vor dem großen Tempel, in dem die Menschen ihre Gottesdienste gefeiert haben. In diesem Tempelvorhof stehen Opferkästen. Die Menschen legen dort Geld hinein. Dies Geld wurde gebraucht, um Kerzen und Weihrauch für die Gottesdienste zu kaufen. (Ein Karton mit Öffnung wird an die Seite gestellt.) Es waren gerade viele Leute dort. (Bunte

Tücher werden an die Kinder verteilt.) An den bunten Tüchern konnten alle die reichen Menschen erkennen.

Dann war da aber auch eine arme Frau. Sie trug ein schwarzes Tuch. Es war eine Witwe. (Ein Kind bekommt das schwarze Tuch.)

Und in einer Ecke saß Jesus, zu erkennen an dem weißen Tuch, mit seinen Freunden. (Ein Erwachsener, der die Geschichte kennt, spielt Jesus.)

Die Reichen gingen an dem Opferkasten vorbei und legten viel Geld hinein. (Kinder mit bunten Tüchern legen Papiergeld hinein, evtl. mit Bemerkungen zu ihrem Betrag und zu den Vorgängern o. ä.) Nun kommt die Witwe und sagt, daß sie so arm ist, daß sie eigentlich kein Geld hat, nur diese beiden Münzen, die sie hineinlegt. Gott wird ihr schon irgendwie weiterhelfen. (Witwe kann dabei noch äußern, daß sie sich schämt, nur so wenig gegeben zu haben.)

Nachdem die Kinder alle in Aktion waren, steht Jesus (weißes Tuch) auf und sagt zu allen: „Ich habe eben etwas beobachtet. Dies muß ich euch weitersagen. Diese arme Frau hat mehr Geld gegeben, als alle Reichen zusammen. Sie hat nämlich alles gegeben, was sie besaß, um einen guten Dienst zu tun, um Gott etwas Gutes zu tun. Aus ihrer Liebe zu Gott hat sie alles gegeben, was sie besaß. Sie hat dabei so viel Vertrauen zu Gott, daß er ihr weiterhelfen wird im Leben, auch wenn sie jetzt kein Geld mehr hat."

Schluß

Nun liegt es an der Gruppe, ob sich im Anschluß an dieses Spiel noch ein Gespräch entwickelt. Ansonsten kann mit dem Lied „Selig seid ihr" (Originaltext) abgeschlossen werden, evtl. mit dem Hinweis, daß der Text des Liedes auch in der Bibel steht und Jesus dies einmal ganz vielen Menschen sagte. Zuvor werden alle Tücher wieder eingesammelt und die Kinder setzen sich wieder auf ihre Plätze.

Schlußsatz: „Zwei Geschichten haben wir

heute gehört, bzw. gespielt. So wie Carolyn die Freude Anjas über ihre Murmeln glücklich macht, so ist die Witwe durch ihr Vertrauen und ihren Glauben zu Gott glücklich. Die Witwe ist keine arme Frau. Sie ist eine reiche Frau durch ihr großes Gottvertrauen und ihre Liebe zu Gott."

Lied oder Segen

Maren Borchert, Rödlin

XIV Geborgen ist mein Leben in Gott
Vom Sterben und vom Tod

Lied: Wie in einer zärtlichen Hand sind wir geborgen bei Gott für alle Zeit, s. u.

Liturgischer Text: Geborgen ist mein Leben in Gott, s. u.

Sonntag	Text/Thema	Art der Zusammenkunft Methoden und Mittel
8.11.1998 Drittletzter Sonntag des Kirchenjahres	Müssen denn alle sterben? Psalm 31,6.16a	Gottesdienst mit Kindern Etwas kleines Zerbrechliches, (s. u.), Erzählung, Hände aus Tonpapier ausschneiden und beschriften
15.11.1998 Vorletzter Sonntag des Kirchenjahres	Wer tröstet mich? Lukas 7,11–17 *	Gottesdienst mit Kindern (und Erwachsenen) Bildbetrachtung, Erzählung, Fürbittgebet mit Bildbetrachtung
22.11.1998 Letzter Sonntag des Kirchenjahres	Was ist, wenn ich tot bin? Römer 14,8.9	Gottesdienst mit Kindern Erzählung, Gespräch, große Kerze, Teelichter, Steine, evtl. Friedhofsbesuch

Wie in einer zärtlichen Hand

Text und Melodie: Bernd Schlaudt,
Gruppe Liturgie 1985

Wie in einer zärtlichen Hand sind wir geborgen bei Gott für alle Zeit.

Aus: Die Kerze brennt, Liturgische Stücke, kurze musikalische Bausteine und einfache Lieder für den Gottesdienst mit Kindern und Erwachsenen, hrsg. von der Beratungsstelle für Gestaltung von Gottesdiensten und anderen Gemeindeveranstaltungen, Frankfurt/ Main

Geborgen ist mein Leben in Gott

Geborgen ist mein Leben in Gott.
Er hält mich in seinen Händen.

Manchmal habe ich Angst.
Ich bin ganz allein.
Wer ist da, der mich tröstet?

Geborgen ist mein Leben in Gott.
Er hält mich in seinen Händen.

Manchmal bin ich sehr traurig.
Oft weiß ich nicht – warum ...
Wer ist da, der mich in seinen
Arm nimmt?

Geborgen ist mein Leben in Gott.
Er hält mich in seinen Händen.

Manchmal habe ich das Gefühl,
daß niemand mich leiden mag.
Oft mag ich mich selbst nicht.
Wer ist da, der mich verstehen will?

Geborgen ist mein Leben in Gott.
Er hält mich in seinen Händen.

Manchmal bin ich feige.
Ich traue mich nicht, den Mund
aufzumachen.

Ich habe nicht den Mut, das Rechte
zu tun.
Wer ist da, der mir hilft?

Geborgen ist mein Leben in Gott.
Er hält mich in seinen Händen.

Manchmal habe ich Angst vor
dem Sterben.
Ich versuche, mir das vorzustellen.
Wer ist da, der mich in dieser
Angst bgleitet?

Geborgen ist mein Leben in Gott.
Er hält mich in seinen Händen.

Er ist für mich da.
Er hat mich lieb.

Aus: Lob sei dir. Wir feiern Kindergottesdienst: Passion und Ostern, Hrsg. Rheinischer Verband für Kindergottesdienst, Saarbrücken

8.11.1998 – Drittletzter Sonntag des Kirchenjahres – Müssen denn alle sterben?

Psalm 31,6.16a

Lieder: *Wie in einer zärtlichen Hand, s. o.*
Meinem Gott gehört die Welt, Vers 2 u. 6, EG 408

Liturgischer Text: Geborgen ist mein Leben in Gott, s. o.

Zum Thema

Im November werden wir in besonderer Weise an die Vergänglichkeit unseres Daseins erinnert. Das Vergehen in der Natur, das Wetter und die besonderen Gedenktage, wie der Volkstrauertag (Sonntag vor dem Totensonntag), der Buß- und Bettag und der Ewigkeitssonntag (Totensonntag), machen den November zu einem Monat der Besinnung und der Trauer. Das ist gut so, denn zur Reife eines Menschen gehört, daß er seine Sterblichkeit akzeptiert. „Lehre uns bedenken, daß wir sterben müssen, auf daß wir klug werden", so betet der Psalmist in Ps 90,12. In der gegenwärtigen Gesellschaft wird das Thema Sterben und Tod jedoch weitgehend aus dem öffentlichen Bewußtsein verdrängt. Gestorben wird in Krankenhäusern und Pflegeheimen, und selbst die Angehörigen erleben das Sterben meist nicht mit. Die frühere Großfamilie, in der Sterben häufiger erlebt wurde, hielt Verhaltensmuster bereit. Die heutige Kleinfamilie wird unvorbereitet betroffen. Menschen, die helfen und echt trösten können, sind nötig.
Was kann Trost geben? Auf manchen Grabsteinen habe ich gelesen: „In Gottes Hand". Dieses Bildwort drückt viel Geborgenheit aus. Ich habe dabei ein kleines Kind vor Augen, das sich in großer Angst in die Hände und Arme der Mutter flüchtet. Im Alten Testament finden wir oft dieses Bildwort von der Hand Gottes. In ihm drückt sich die Erfahrung aus, daß Gottes Liebe durch Leben und Tod hindurchträgt. Gottes starke Hand rettete sein Volk Israel aus der Sklaverei in Ägypten (2 Mose 13,3). Gottes Hand gibt aber auch dem Einzelnen Halt und Geborgenheit, sie leitet und führt (Ps 139; Ps 73,23). Im Neuen Testament nimmt Joh 10,28 dies auf. Dort sagt Jesus von denen, die an ihn glauben und ihm nachfolgen: „Niemand wird sie aus meiner Hand reißen." Der Beter des 31. Psalmes gibt, angesichts starker existentieller Bedrohung, sein Leben ganz in Gottes Hände (V. 6), er liefert es ihm aus. Mit „Geist" ist der Lebensatem gemeint, also sein Leben überhaupt. Er gibt es in die Obhut dessen, von dem er es empfing. Er ist dankbar für das geschenkte Leben, die geschenkte Spanne Zeit und gibt sich ganz in Gottes Hände (V. 16). Wir wissen nicht mehr genau, was sein Leben so an den Rand des Todes brachte. Waren es Feinde, die ihn verfolgten (V. 5.9.21), ein Mordanschlag (V. 14) oder eine Krankheit (V. 10–13)? Die Bedrohung kann verschiedene Gesichter haben, auch bei uns. Wichtig ist, daß er sich von den Händen Gottes umfaßt weiß und vor ihm, seinem Erlöser, sein ganzes Elend ausschüttet. In Luthers Morgen- und Abendsegen wird dies in ähnlichen Worten ausgedrückt. Da heißt es: Denn ich befehle mich, meinen Leib und Seele und alles in deine Hände.

Das Thema und die Kinder

Da viele Erwachsene Fragen nach Tod und Sterben verdrängen, können sie den Kindern diesbezüglich nicht helfen. Die Kinder werden meist abgeschoben und abgeschirmt und mit ihren Fragen allein gelassen. Zur Beerdigung nimmt man sie nicht mit. „Das ist nichts für Kinder!" – wird gesagt. Aber für Kinder ist der „Tod" oft ein quälendes Problem, vor allem der Gedanke, daß die Eltern sterben könnten, und sie dann allein wären (siehe Erzählung Gestaltungsvorschlag!). Kinder begegnen dem Tod in der Natur und bei ihren Haustieren, seltener in der Familie. In den Massenmedien wird „en gros" gestorben, doch davon werden sie emotional kaum berührt. Im Kindergottesdienst, besonders wenn die Verkündigung parallel zur Predigt der Erwachsenen verläuft, ist nicht genügend Zeit, die Erfahrungen der Kinder und ihre Fragen im Blick auf das Thema, aufzunehmen. Ich verzichte darum in dem Gestaltungsvorschlag auf Impulse für ein Gespräch. Fragen und Beiträge der Kinder, die sich spontan nach dem Hören der Geschichte ergeben, sollten aber aufgenommen werden.

Gestaltungsvorschlag für jüngere und ältere Kinder

Begrüßung

Gebet

Kanon: Wie in einer zärtlichen Hand (Er soll an dieser Stelle eingeübt werden.)

Liturgischer Text: Geborgen ist mein Leben in Gott,

Kanon: Wie in einer zärtlichen Hand (wiederholen)

● Einstieg – Hände können schützen und bewahren

Wir machen deutlich, daß unsere Hände etwas schützen und bewahren können: Der Leiter nimmt etwas Kleines, Zerbrechliches (einen Marienkäfer, ein Gänseblümchen, ein buntes getrocknetes Blatt, ein Schneckenhaus oder ein Ei) in die hohle Hand und deckt es mit der anderen Hand zu. Er kann die Kinder raten lassen, was er in der Hand versteckt hat. Dann zeigt er es ihnen und macht deutlich, solange es in seiner Hand ist, ist es geschützt und geborgen. Es kann nicht zertreten, zerstört und kaputt gemacht werden.

● Erzählung – Geborgen in Gottes Hand

Dani stieg in sein Bett, zog die Bettdecke über sich und wartete, daß der Vati zu ihm kam. Dani hatte es immer sehr gern, wenn Vati Zeit hatte, ihm Gute Nacht zu sagen. Meist setzte sich Vati noch eine Weile auf Danis Bettkante, und Dani konnte erzählen, was an dem Tag schön für ihn war, z. B.: Mit seinem neuen Fahrrad fahren. Er konnte es schon ziemlich gut. Danach beteten sie immer zusammen und dankten Gott für den Tag. Manchmal versteckte sich Dani unter seiner Bettdecke, und der Vati mußte ihn erst suchen. Das war lustig.

Doch heute lag er ganz still im Bett. Vati merkte gleich, daß Dani etwas bedrückte. „Was ist, Dani?"– fragte er darum, als er sich zu ihm setzte. „Sterbt ihr auch – du und Mutti?" Dani standen Tränen in den Augen.

Der Vati setzte sich dicht neben Dani und legte seinen Arm um ihn. Das tat Dani gut. Er fühlte sich geborgen. „Wie kommst du denn darauf?" wollte der Vati wissen. „Der Opa von Sven ist gestorben. Er hat oft mit Sven gespielt und ihm lustige Geschichten erzählt. Jetzt ist Sven traurig, weil er seinen Opa nicht mehr hat." „Ja, das ist sehr traurig für Sven. Da mußt du jetzt besonders lieb zu ihm sein. Du bist doch sein Freund. Du kannst ihn ruhig wieder mal zu uns einladen. Da könnt ihr hier zusammen spielen."

„Müssen denn alle sterben – Vati?" „Ja, Dani, alle Menschen müssen einmal sterben. Wenn man alt ist und krank und wenn dann das Herz aufhört zu schlagen, stirbt man."

Dani dachte an Svens Opa. Er war alt. Er konnte ganz schlecht laufen, und manchmal stöhnte er dabei, weil er Schmerzen hatte. Die letzte Zeit mußte er im Bett liegen, weil er so schlimm krank war. Sven hatte ihm davon erzählt.

„Doch manchmal, Dani, sterben auch jüngere Menschen", sagte Vati weiter. „Keiner weiß, wann er sterben wird. Das weiß nur

Gott. Er schenkt uns das Leben. Er schenkt uns Zeit zum Liebhaben und Freuen, auch zum Weinen und Traurigsein. Und Gott beendet diese Zeit. Das steht in seinen Händen. Doch auch wenn Gott unsere Lebenszeit beendet und wir sterben, sind wir bei ihm geborgen. Gott kann den Lebenden und den Toten ganz nahe sein. – Weißt du noch, Dani, bei dem letzten Gewitter hattest du große Angst. Da bist du aus dem Bett in Muttis Arme geflüchtet. Dort fühltest du dich geborgen. So hat sich ein Mensch in großer Angst um sein Leben zu Gott gewendet und zu ihm gesagt: „In deine Hände befehle ich mich; du hast mich erlöst, Herr, du treuer Gott." (Ps 31,6) Das ist ein ganz altes Gebet. Es steht in der Bibel. Viele Menschen haben in ihrer Angst so gebetet, und sie fühlten sich dabei geborgen, so wie du in Muttis oder Vatis Armen. Wir können auch Svens Opa Gott anbefehlen. Willst du mit mir beten?" „Ja", sagte Dani, und der Vati betete laut: „In deine Hände befehlen wir Svens Opa. Bitte hilf auch Sven und laß ihn nicht allzu traurig sein. Amen"
„Ich kenne ein Lied, wo etwas von den Händen Gottes vorkommt", fiel Dani ein. „Soll ich es dir mal vorsingen? Wir haben es in der Kinderstunde gelernt." „Ja, fein," sagte Vati und Dani sang:

Und sein eigen bin auch ich.
Gottes Hände halten mich
gleich dem Sternlein in der Bahn;
keins fällt je aus Gottes Plan.

Leb ich, Gott, bist du bei mir,
sterb ich, bleib ich auch bei dir,
und im Leben und im Tod
bin ich dein, du lieber Gott.

● **Lied:** Meinem Gott gehört die Welt, Str. 2.6

● **Gestaltung**

Zur Erinnerung an diesen Kindergottesdienst können die Kinder vorbereitete Hände aus Tonpapier, mit den Worten des Kanons „Wie in einer zärtlichen Hand", mit nach Hause nehmen. Wenn die Verkündigung parallel zur Predigt der Erwachsenen geschieht, müßten die Hände von den Mitarbeitern angefertigt und nur an die Kinder verteilt werden. Ist mehr Zeit vorhanden, können die Kinder die Hände doppelt ausschneiden und an der Unterseite zusammenkleben, so daß diese eine Tasche bilden (s. Skizze!). Auf die Innenseite werden die Worte des Kanons geschrieben, oder es wird ein Zettel mit dem Kanon hineingelegt. In diese Händetasche könnten auch Zettel mit Namen von Menschen, für die wir beten möchten, oder Gebete gelegt werden.

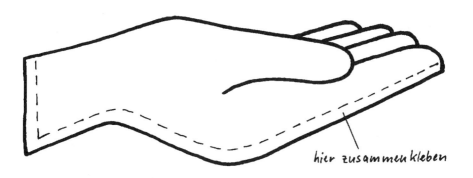

hier zusammenkleben

Kanon: Wie in einer zärtlichen Hand

Schlußgebet

Gott, dein guter Segen
ist wie des Freundes Hand,
die mich hält, die mich führt
in ein weites Land.
Guter Gott, ich bitte dich:
führe und begleite mich.
Laß mich unter deinem Segen

leben und ihn weitergeben.
Bleibe bei uns alle Zeit,
segne uns, segne uns, denn
der Weg ist weit.

(Wo dies als Lied bekannt ist, kann es natürlich auch mit den Kindern gesungen werden.)

Brunhilde Börner, Bad Freienwalde

15.11.1998 – Vorletzter Sonntag des Kirchenjahres – Wer tröstet mich?

Lukas 7,11–17

Lied: Wie in einer zärtlichen Hand, s. S. 212

Liturgischer Text: Geborgen ist mein Leben in Gott, s. S. 212

Vorbemerkung

Der 15. November 1998 ist der Sonntag inmitten der Friedensdekade und zugleich der staatliche Volkstrauertag. Die Bearbeitung versucht daher, das Friedensthema wie auch die Erinnerung an die Opfer von Krieg und Gewalt mit aufzunehmen.

Zum Thema

Die Worte „Trost – trösten" hängen sprachgeschichtlich zusammen mit „Zuversicht, Treue, treu". Dieser Zusammenhang legt eine hilfreiche Unterscheidung nahe: Wir verstehen Trost einmal als heilendes, aufrichtendes Geschehen in einer schmerzlichen Situation – also „trösten".
Wir erinnern uns z. B. an D. Bonhoeffers Zeilen, geschrieben im Gefängnis zum Jahreswechsel 1944/45:

Von guten Mächten treu und still umgeben,

behütet und getröstet wunderbar,
so will ich diese Tage mit euch leben
und mit euch gehen in ein neues Jahr.

Zum anderen verstehen wir Trost als die Gewißheit, in verläßlicher Geborgenheit zu leben, dem Leben mit Hellem und Dunklem zuversichtlich und zum Handeln ermutigt entgegenzugehen – also „getrost sein". Dieses Getrost-Sein kommt biblisch sehr schön in Röm 8,31–39 zum Ausdruck, aber auch in der letzten Strophe des genannten Bonhoeffer-Gedichtes:

Von guten Mächten wunderbar geborgen,
erwarten wir getrost, was kommen mag.
Gott ist mit uns am Abend und am Morgen
und ganz gewiß an jedem neuen Tag.

Beide Gesichtspunkte sind aufeinander bezogen und ergänzen sich: Ein Kind kann getrost sein, weil es weiß, daß es im Schmerz nicht allein gelassen wird, daß vielmehr jemand da ist, der sich seiner annimmt, es tröstet.

In unserem Glauben sagen wir diesen Zusammenhang so: Wir dürfen leben in der Gewißheit, daß Gottes Treue uns trägt und wir in seiner Liebe geborgen sind; niemals wird er uns fallen lassen, uns vielmehr aufrichten, ermutigen und stärken.

Zum Text

Nain ist eine Stadt an der Südgrenze Galiläas, nicht weit vom Tabor oberhalb der fruchtbaren Ebene Jesreel gelegen.

Mit dem Ortsnamen „Nain" ist verbunden die Gestalt des Simon bar Giora, ein radikaler, äußerst brutaler Führer von Aufständischen gegen die römische Herrschaft in Israel. Er beanspruchte königliche, ja messianische Würde. Einen Ort namens Nain hatte er als Stützpunkt für seine gewalttätigen Streifzüge ausgebaut. Simon bar Giora übt Gewalt aus und bringt den Tod; Jesus Christus handelt gewaltlos und bringt das Leben.

Erzählt wird eine Handlung, die Tod und Auferstehung Jesu vorzeichnet. Jesus macht sich das Leid der Mutter und den Tod des Sohnes zu eigen und gibt vorläufigen Anteil an seinem Leben. Als Zeichenhandlung weist das Geschehen voraus auf das Große und Ganze der neuen Welt Gottes (2 Petr 3,13; Offbg 21, 1–5).

Im Vorbereitungskreis

– Wir erzählen einander: Wie ich einmal getröstet wurde …
– Wir stellen dar, erleben und bedenken: liegen und aufgerichtet werden; verstummen und reden.

Das Thema und die Kinder

Daß die Frage „Wer tröstet mich?" ein kindernahes Thema aufgreift, braucht nicht eigens erläutert zu werden. Dabei wird die genannte Unterscheidung wichtig sein: Worauf kann ich mich auch im Leid und im

Schmerz verlassen? Wer ist gut zu mir, wenn etwas Schlimmes passiert ist?

Der biblische Text legt Identifikationen nahe: mit dem Sohn, der Mutter. Und die Kinder werden auch fragen: Was empfindet Jesus, was wird er tun?

Wichtig ist, daß Jesus nicht als „Superman", als Zauberer erscheint. So gewiß er einzigartige Vollmacht hat, so ist er doch unterwegs nach Jerusalem, zum Leiden, zum Kreuz. Er teilt das Leid und schenkt Leben. Den Zeichencharakter und der vorläufige Hinweis auf das Umfassende des Reiches Gottes müssen deutlich werden. Der naheliegenden Kinderfrage „Kann Jesus heute auch Tote lebendig machen?" kann so begegnet werden: Kranke können geheilt und Mutlose aufgerichtet werden. Wer aber tot ist, wird auferweckt in Gottes Reich. Mit Jesus treten wir ein für das Leben und damit für Gerechtigkeit und Frieden und verweigern uns dem Götzendienst für den Tod.

Gestaltungsvorschlag für Kinder und Erwachsene

Liedvorschläge

Brich mit den Hungrigen dein Brot (EG 420)
Deine Hände, großer Gott, halten unsre liebe Erde (KGB 185)
Komm in unsre stolze Welt (EG 428)
Meinem Gott gehört die Welt (EG 408/ KGB 207)
Morgenglanz der Ewigkeit (EG 450/KGB 151)
Von guten Mächten wunderbar geborgen (EG 65/KGB 215)
Weißt du, wieviel Sternlein (EG 511/KGB 193)

Gemeinsames **Psalmgebet**

Ps 23 oder Ps 71 (Psalmen in Auswahl im EG)

Bildbetrachtung

Das abgedruckte Bild von Käthe Kollwitz „Frau, ihr totes Kind umklammernd, 1911" (als Plakat vergrößert, auf Folie kopiert und mit einem Tageslichtschreiber reproduziert

Käthe Kollwitz,
Frau, ihr totes Kind umklammernd, 1911
(c) VG Bild-Kunst, Bonn 1997

Käthe Kollwitz, Erbarmen mit Kindern
(c) VG Bild-Kunst, Bonn 1997

oder als Dia fotografiert) als Einstieg für die Verkündigung (s. auch unten). (Käthe Kollwitz lebte von 1867 bis 1945. Sie verlor im 1. Weltkrieg ihren Sohn Peter, im 2. Weltkrieg ihren Enkel, der ebenfalls Peter hieß. Sie malte Bilder gegen den Krieg. Die Bibel war für sie ein Buch von „wundervolle(r) Schönheit".)

Erzählung (s. u.) als Predigt(teil) bzw. Predigtanregung

Fürbittgebet

Das abgedruckte **Bild** von Käthe Kollwitz „Mütter, 1919" reproduzieren. Gebetsteile sind vorbereitet oder werden von kleinen Gruppen im Gottesdienst geschrieben. Sie werden einzeln vorgetragen, die ganze Gemeinde spricht nach jedem Gebetsteil: „Gott sagt: Ich will euch trösten, wie einen seine Mutter tröstet." (nach Jes 66,13)

Gestaltungsvorschlag für jüngere und ältere Kinder

Lieder und Psalmen s.o.

● **Bildbetrachtung**

Käthe Kollwitz, „Frau, ihr totes Kind umklammernd" (in der Handreichung oder als Kopie) betrachten. Mögliche Impulse: „Was wird mit dem Kind sein?" „Wo die Mutter ist, da ist es ganz dunkel." „Wo das Kind ist, da ist es hell."

● **Erzählung**

(Wird das Friedensthema nicht aufgegriffen, können die in Klammern gesetzten, kursiven Abschnitte wegfallen).

Da gehen zwei Gruppen von Menschen. Die erste Gruppe kommt aus einer Stadt heraus, die andere geht auf sie zu. Die Stadt heißt Nain. Sie liegt im Heiligen Land Israel. Der Name „Nain" bedeutet „lieblich". Und Nain ist auch eine schöne Stadt. Lieblich liegt sie an einem Berghang, Weinberge und Obstgärten umgeben sie. Und die Menschen schauen in die weite fruchtbare Ebene Jesreel. „Nain" – das

klingt (eigentlich) wie blühendes Leben voller Freude.

(Eigentlich, denn mit dem Namen „Nain" verbindet sich auch die Erinnerung an Simon bar Giora. Er war ein brutaler Anführer von Leuten, die gegen die damalige römische Herrschaft im Land Israel kämpften. Viele Männer kämpften mit ihm und kamen um. Viele – auch eigene Landsleute – ließ er töten, verstümmeln, raubte er aus. „Nain" – das klingt nach Gewalt und Mord.)

Die Menschengruppe, die aus der Stadt herauskommt, sieht ganz dunkel und traurig aus. Die Menschen gehen gebeugt, ihre Schritte sind langsam und schwer. Viele weinen. Denn in ihrer Mitte tragen sie einen Toten, sie bringen ihn zum Grab, sie müssen ihn beerdigen. Der Tote ist nicht alt geworden, ein ganz junger Mann. Und wie gerne hätte er noch leben wollen … heiraten, Kinder haben und alt werden. Nahe beim Sarg geht die Mutter. Viele Menschen sind bei ihr, und doch ist sie ganz allein. Ihr Mann ist schon früher gestorben, und der Tote war ihr einziges Kind. Können wir uns vorstellen, wie schlimm das für die Mutter ist? Ob sie jemand trösten kann? Ob sie Trost findet?

(Woran mögen sie gestorben sein – der Vater und der Sohn? Ob sie mit den Aufständischen gegen die römische Herrschaft gekämpft haben und umgekommen sind – erst der Vater und dann auch der Sohn? Oder ob sie von Söldnern umgebracht wurden? Wie oft verlieren Frauen ihre Männer, Mütter ihre Söhne durch Krieg und Gewalt!)

Die andere Gruppe geht auf die Stadt Nain zu. Die Menschen gehen aufrecht, ihre Schritte sind leicht. Sie reden, sie diskutieren. In ihrer Mitte ist Jesus. Die Leute sagen: „Bei Jesus spüren wir Freude, vieles ist leichter. Es ist gut, bei Jesus zu sein."

Die beiden Gruppen begegnen sich, die Gruppe des Lebens und die Gruppe des Todes. Sollen Jesus und seine Freunde jetzt anhalten, zur Seite treten, still werden und den Trauerzug ehrfürchtig vorbeiziehen lassen? Werden sie zuerst ein wenig erschrocken sein, bald aber zu den alten Gesprächen zurückkehren?

Jesus bleibt stehen. Er sieht die Frau, die Mutter. Er sieht ihren toten Sohn. Er sieht sie mit seinem Herzen. Und ihr Leid geht ihm zu Herzen. Er sieht ihre Tränen, hört ihr Weinen. „Weine nicht", sagt Jesus zu der Frau. Er sagt es wohl auch zu sich selbst. Denn ihr Leid geht ihm so nahe, daß er mitweinen möchte. „Weine nicht", sagt Jesus. Er sagt das nicht streng. Er sagt nicht: „Sei tapfer! Reiß dich zusammen!" Nein, er sagt: „Weine nicht", weil er helfen, weil er dem Weg des Todes Einhalt bieten kann und will. Er beendet den Todesweg, stoppt den Trauerzug.

(„Hört auf", will Jesus sagen, „hört auf mit Gewalt und Krieg, mit Terror und Mord. Seht doch auf diese Mutter!")

Er geht zu dem Sarg, rührt ihn an, und die Sargträger bleiben stehen. Dann wendet er sich dem Toten zu und spricht zu ihm: „Junger Mann, ich sage dir, steh auf." Jesus will kein Zauberstück machen. Er will zeigen: Dafür bin ich da, daß Traurige getröstet werden, daß diese Mutter getröstet wird. Dafür bin ich da, daß ihr Leid mein Leid wird. Dafür bin ich da, daß Menschen leben, daß dieser junge Mann lebt. Dafür bin ich da, daß alle verstehen: Nicht der Tod hat das letzte Wort, sondern der lebendige Gott. Darum sagt Jesus: „Junger Mann, ich sage dir, steh auf."

Und dann lesen wir in der Bibel: „Und der Tote richtete sich auf und fing an zu reden." Der, der nur noch liegen konnte, steht auf. Er lag wie einer, der schlimm krank ist, oder ganz traurig oder mutlos ist. Er lag wie einer, der tot ist. Jetzt richtet er sich auf, bekommt neue Kraft und bekommt neuen Mut, kann wieder um sich schauen. Der, der verstummt war wie einer, der einen großen Schrecken bekommen hat, redet wieder. Der, der gar nicht mehr reden konnte wie einer, der sich nicht mehr traut, noch irgend etwas zu sagen, spricht wieder. Der, zu dem auch keiner mehr sprechen konnte, der nicht mehr hörte, redet – und alle hören ihn.

Und die Mutter? Jesus wendet sich ihr sogleich zu. Ihren Sohn gibt er der Mutter zurück. Es ist, als nähme ihn Jesus bei der Hand und brächte ihn zu seiner Mutter. „Hier, Mutter, hier hast du dein Kind."

Die Menschen wundern sich; die Leute aus Nain und die Leute, die mit Jesus gekommen sind, staunen. Sie spüren: durch Jesus hat Gott gehandelt; Gott stoppt den Todeszug; Gott schenkt Leben. Und Gott tröstet, „wie einen seine Mutter tröstet." Er tröstet sein Volk Israel und alle Menschen. Denn das, was hier einmal und an wenigen Menschen geschah, gilt allen Menschen. Und so soll die ganze Erde einmal sein: Wie Nain – kein Ort des Todes, ein Ort des Friedens, eine liebliche Stadt mit blühendem Leben.

● **Bildbetrachtung**

Käthe Kollwitz, „Mütter" betrachten
Impuls: Hinweis auf Jes 66,13

Fürbittengebet s.o.

Alfred Mengel, Lengerich/Emsland

22.11.1998 – Letzter Sonntag des Kirchenjahres – Was ist, wenn ich tot bin?

Römer 14,8.9

Lieder: *Wie in einer zärtlichen Hand, s. S. 212*
Ausgang und Eingang, EG 175, LJ 119
Meinem Gott gehört die Welt, EG 408, KGB 207

Liturgischer Text: Geborgen ist mein Leben in Gott, s. S. 212

Zu Thema und Text

„Was ist, wenn ich tot bin?" Ist das ein Thema für den Kindergottesdienst? Mag ich über diese dunklen, traurigen Dinge nachdenken? Soll ich sie mit Kindern thematisieren?

Eine Mutter meldete ihr Kind zur Christenlehre an. „Wir gehören nicht zur Kirche", sagte sie, „aber die Nachbarin hat mich ermutigt, N in die Christenlehre zu schikken. Vor ein paar Monaten begann sie plötzlich, Fragen nach dem Sterben und dem Todsein zu stellen. Wir waren alle gesund, hatten keinen Todesfall in der Familie und konnten uns nicht erklären, wie sie zu diesen Fragen kam. Zwei Wochen später diagnostizierten die Ärzte bei N eine lebensbedrohliche Krankheit, seitdem lag N mit Pausen in mehreren Krankenhäusern."

Die Mutter vermochte nicht, mit ihrer Tochter über deren Fragen zu sprechen und erhoffte dies von uns. Wissen wir mehr davon? Über konkrete Details „danach" können wir keine Auskunft geben. Was die Bibel uns lehrt, ist jedoch eine Sicht, die den Tod nicht ausklammert, die ihn einbezieht ins Leben. Fast wie eine Zusammenfassung, wie auf den Punkt gebracht klingt der Bibeltext Röm 14,8: „Leben wir, so leben wir dem Herrn; sterben wir, so sterben wir dem Herrn. Darum: wir leben oder sterben, so sind wir des Herrn." Gott ist der Herr, und die gesamte menschliche Existenz – im Leben und im Sterben – gehört ihm. Wer im Vertrauen zu Gott lebt, kann auch im Vertrauen zu Gott sterben. Die Scheu vor dem Tod weicht. Wir gehören zu Gott, auch im Tod. „Denn dazu ist Christus gestorben und wieder lebendig geworden, daß er über Tote und Lebende Herr sei." (Röm 14,9) Dieser Glaube ist eine Lebenshaltung, die Trost und Kraft für das Leben und Sterben gibt.

Das Thema und die Kinder

Immer wieder erleben wir es, daß Erwachsene den Fragen der Kinder nach Sterben und Tod nicht nur ausweichen, sondern sie auch davon fern halten wollen. Kinder werden zu Beerdigungen meistens nicht mitgenommen und bleiben mit ihren Fragen allein. Dabei ist bei jüngeren Kindern das Interesse eher ein unbeschwert sachliches, sie wollen wissen, was Totsein ist, ob es weh tut, warum der Tote in die Erde gelegt wird usw. Ältere Kinder wissen schon um die Endgültigkeit der Trennung und haben mitunter auch große Ängste. Welche Antworten haben wir für die Kinder auf die Frage „Was ist nach dem Tod?" Wir können von Beerdigung und Trauer sprechen, wir können dem Kind die Angst nehmen, daß Totsein weh tut und in die Erde gelegt werden schlimm ist. Kleine Kinder hören gern, daß Tote in den Himmel kommen, aber mit „Himmel" bekommen sie irgendwann auch wieder Schwierigkeiten. Himmel, wo ist das? Die Antwort aus unserem Text ist genauer und hoffnungsvoller: bei Gott. Das heißt nicht nicht sein, nicht allein sein, es heißt aufgehoben sein, geborgen sein. Wollen die Kinder konkret wissen, wie das vor sich geht, ob sie die Oma unter all den vielen Menschen wiedererkennen usw., kann ich nur antworten: Ich weiß nicht, wie es sein wird, aber es wird gut sein. Ich kann die Kinder an meinem Glauben teilnehmen lassen, daß Gott meine gesamte Existenz, zu der Leben und Tod gehören, umspannt und trägt.

Gestaltungsvorschlag

Lied: Ausgang und Eingang
Dazu können wir uns bewegen:
Ausgang: linken Arm seitlich emporheben
und Eingang: rechten Arm seitlich emporheben
Anfang: linken Arm ausgestreckt vor den Körper waagerecht senken
und Ende: rechten Arm vor den Körper waagerecht senken
liegen bei dir, Herr, füll du uns die Hände: Hände vor dem Körper als geöffnete Schale hinhalten

Liturgischer Text: Geborgen ist mein leben in Gott

Liedruf: Wie in einer zärtlichen Hand

Erzählung

Die Kinder aus der Fischgasse dachten sich gerne lustige Spiele aus. Schließlich war die Fischgasse Spielstraße. Nur Verstecken konnten sie schlecht spielen, es gab einfach zu wenige Verstecke. Auf der einen Seite war die Mauer zum Friedhof, auf der anderen Seite waren die Vorgärten, alle durch einen Zaun abgeschlossen. Wenn da einmal der Ball darüberflog und herausgeholt werden mußte, gab es schon genug Ärger.
Max spielte am liebsten Verstecken, und heute hatte er eine Idee. Max hatte immer gute Ideen. Er schlug vor, Verstecken auf dem Friedhof zu spielen. Da gab es Büsche und große Grabsteine, man konnte davor oder dahinter verschwinden. Alle stimmten zu. Antje mußte suchen. Erst schaute sie nur umher, aber nichts regte

sich. Sie ging ein kleines Stück, und da schlugen sich auch schon alle mit großem Hallo frei.
„Was ist denn das für ein Krach? Ihr weckt ja die Toten in den Gräbern auf!" donnerte eine Stimme. Die Kinder erschraken. Ein Herr kam auf sie zu und war außer sich.
„Wißt Ihr nicht, wie man sich auf einem Friedhof benimmt? Schreit und rennt man da umher?" Die Kinder sahen sich fragend an.

Gespräch

Der Mann hat sich über die Kinder geärgert. Wißt Ihr, warum? Wißt ihr, wie man sich auf einem Friedhof benimmt?
Vielleicht war dem Mann ein lieber Mensch gestorben, und er wollte still an ihn denken. Manche Menschen sprechen am Grab auch ein leises Gebet.
Heute ist Ewigkeitssonntag oder Totensonntag. Es gehen viele Menschen auf den Friedhof und denken an ihre Toten. Die Gräber sind schön geschmückt. Im Gottesdienst der Erwachsenen werden alle Namen der Verstorbenen vorgelesen, die in diesem Jahr kirchlich beerdigt wurden. Habt ihr schon einmal eine Beerdigung miterlebt? Wie ist das gewesen? (Meistens interessiert die Kinder der technische Ablauf einer Beerdigung, wir erzählen davon. Es ist damit zu rechnen, daß die Kinder auch von ihren verstorbenen Haustieren sprechen, die sie beerdigt haben und um die sie trauern.)

Fortsetzung der Erzählung

Abends lag Max in seinem Bett. Er war müde, aber er konnte noch nicht schlafen. Ein unangenehmes Gefühl schlich in ihm herum. Bilder vom heutigen Tag zogen an ihm vorüber. An der Schule lag es nicht. Er hatte eine Eins bekommen, und die letzte Stunde Sport hatte so viel Spaß gemacht. Die Aufgaben, die Mutti ihm gegeben hatte, waren ganz schnell erledigt, dann hatten sie gespielt. Ja, das war es: der Friedhof. Was hatte der Mann gesagt: „Der Krach weckt ja die Toten in den Gräbern auf." Max wurde es heiß. Er knipste die Lampe an, aber das beruhigte ihn auch nicht. Er stieg aus dem Bett und ging ins Zimmer zu seinen Eltern.

„Ich denke, es ist Zeit zu schlafen", sagte der Vater. „Können die Toten in den Gräbern aufwachen?" fragte Max. „Du hast wohl zu viel ferngesehen!" „Nein, heute überhaupt nicht. Können die Toten aus ihren Gräbern herauskommen?" „Nein. Wenn jemand gestorben ist, kann er gar nichts mehr bewegen, keine Hand, keinen Fuß und auch kein Augenlid. Er ist tot." „Ist das schlimm?" „Der Tote spürt es nicht. Er fühlt gar nichts mehr. Der Körper wird Erde. Deshalb muß er auch beerdigt werden." „Aber warum hat der Mann gesagt, wir wecken die Toten auf?" Der Vater bekam große Augen. „Wer hat das gesagt?" Max biß sich auf die Lippen. Das wollte er eigentlich nicht erzählen, aber nun mußte er es wohl tun. Der Vater hörte mit gerunzelter Stirn zu. „Und jetzt", sagte er, „hast du also verstanden, daß der Friedhof kein Spielplatz ist?" Max nickte. Er wollte wieder ins Bett gehen. Eine Strafpredigt am Tag reichte ihm. Er hatte schon verstanden: Respekt vor den Toten, sie ehren. Solche Worte hatte der Mann auf dem Friedhof gesagt. Schnell verließ er das Zimmer.

Als Max wieder im Bett lag, dachte er über das, was der Vater gesagt hatte, nach. Er streckte den Arm, er beugte die Füße auf und ab, kniff die Augen zu und öffnete sie. Er lebte. Und er würde noch lange lange leben. Alt würde er werden, alt wie die Urgroßmutter, die im vorigen Jahr gestorben war. Was war nun mit ihr? War sie schon Erde? Max sprang noch einmal aus dem Bett und ging ins Wohnzimmer. „Aber Urgroßmutter", sagte er. Bei ihrer Beerdigung sagte der Pfarrer doch, sie ist jetzt bei Gott.

„Ja", sagte der Vater. „Ich habe den Spruch aufgeschrieben, den der Pfarrer damals an ihrem Sarg gesagt hat. Soll ich ihn dir vorlesen?" Max nickte und Vater holte ein Papier aus der Schublade. Er las: „Leben wir, so leben wir dem Herrn; sterben wir, so sterben wir dem Herrn. Darum: wir leben oder sterben, so sind wir des Herrn." So heißt der Spruch aus der Bibel. Es ist ein wichtiger Spruch. Wir leben und erfahren: Gott ist bei uns. Auch im Sterben ist Gott bei uns. Auch im Sterben sind wir nicht allein. Und Christen glauben: Auch nach dem Sterben, im Tod ist Gott bei uns oder wir sind bei Gott. Der Körper ist im Grab, wir brauchen ihn nicht mehr, wenn wir tot sind; so wie wir jetzt lange Haare oder Fingernägel nicht mehr brauchen. Aber unser Leben ist bei Gott aufgehoben. Das glauben wir.

Wirst du jetzt schlafen können? Wollen wir zuvor den Bibelspruch zusammen lesen? ‚Leben wir, so leben wir dem Herrn; sterben wir, so sterben wir dem Herrn. Darum: wir leben oder sterben, so sind wir des Herrn.'"

Als Max wieder im Bett lag, dachte er an ein Lied, das sie im Kindergottesdienst gesungen hatten, das klang wie der Spruch. Doch schon war Max eingeschlafen.

Lied: Meinem Gott gehört die Welt

Wir sprechen die 6. Strophe vor, wiederholen sie zusammen und singen sie. Danach singen wir das ganze Lied, auch die 6. Strophe noch einmal.

Aktion

Wenn Angehörige oder Freunde der Kinder in letzter Zeit gestorben sind, dürfen sie eine Kerze anzünden und den Namen nennen.

Gebet

Einer:
Guter Gott, wir denken an die Menschen, die gestorben sind.
Bitte tröste alle, die traurig sind.
Hilf allen, die Angst haben.
Alle:
Leb ich, Gott, bist du bei mir,
sterb ich, bleib ich auch bei dir,
und im Leben und im Tod
bin ich dein, du lieber Gott. Amen

Liedruf: Wie in einer zärtlichen Hand

Segen

Es segne und behüte uns Gott,
der unser Herr ist im Leben und Sterben.
Es segne und behüte uns Gott, heute und
immer.

Friedhofsbesuch

Wenn wir viel Zeit zur Verfügung haben,
können wir auf dem Friedhof Grabsteine
suchen, auf denen etwas zu unserem Thema geschrieben steht.

Dorothea Meinhold, Naumburg

XV Friede ist angesagt

Lied: Er ist die rechte Freudensonn, EG 2, LJ 14

Liturgischer Text: Sacharja 9,9.10

Sonntag	Text/Thema	Art der Zusammenkunft Methoden und Mittel
29.11.1998 1. Sonntag im Advent	Sacharja 9,9.10 * Es wird Friede sein	Gottesdienst mit Kindern und Erwachsenen Anspiel, Folien oder Dias aus Bilderbuch (s. u.), Erzählpredigt
6.12.1998 2. Sonntag im Advent	Micha 5,1–4 Er kommt aus Betlehem	Gottesdienst mit Kindern Phantasiereise, Krippenbild, Modellbau (Knete), Erzählung, Dialog mit zwei Figuren
13.12.1998 3. Sonntag im Advent	Jesaj 8,23 – 9,6 Er bringt Licht in die Finsternis	Gottesdienst mit Kindern Gespräch, Erzählung, schwarzer Pappstreifen, Kerze, Zeichenhandlung, Sterne aus Folie basteln, Gebet
20.12.1998 4. Sonntag im Advent	Jesaja 11,1–9 Er bringt Gerechtigkeit und Frieden	Gottesdienst mit Kindern Selbst hergestelltes Bilderbuch, Erzählung, Gebet

29.11.1998 – 1. Sonntag im Advent – Sacharja 9,9–10

Es wird Friede sein

Lieder: *Macht hoch die Tür, EG 1, LJ 12, KGB 60*
Tochter Zion, freue dich, EG 13, LJ 22
Siehe, dein König kommt zu dir, KGB 63, LfK 2 19, MK 370
Er ist die rechte Freudensonn, EG 2, LJ 14
Seht, die gute Zeit ist nah, EG 18, LJ 28, LZU I 81

Liturgischer Text: Sacharja 9,9–10

Zum Text

Jubel ist angesagt, hohe Erwartungen werden geweckt und Hoffnung begründet.
Der König Jerusalems kommt in seine Stadt, die poetisch „Tochter Zion" und „Tochter Jerusalem" genannt wird.
Ein König ist in erster Linie für Recht und Gerechtigkeit im Land zuständig, aber auch für Schutz gegen Bedrohungen von außen. Jerusalems König wird sich seiner Stadt zuwenden und ihr beides angedeihen lassen, denn „Gerechter und Helfer" wird er ausdrücklich genannt.
Nach der Lutherübersetzung ist er arm, neuere Übersetzungen sagen für das betreffende hebräische Wort „demütig" (Jerusalemer) oder „nicht hochmütig" (Gute Nachricht). Dieser König ist demütig, weil er sich von Gott abhängig weiß. Er kommt auch nicht auf einem stolzen Roß geritten, sondern auf einem Esel. (Das nachgesetzte „Füllen der Eselin" ist eine typisch hebräische Wendung, mit der oft ein Nachsatz den vorherigen nochmals beschreibt.)
Z. Zt. Davids galt der Esel als königliches Reittier (1Kön 1,33), im Richterbuch wird Reichtum nach der Zahl der Esel gemessen (Ri 5,10; 10,4; 12,14), und er wurde auch im Krieg verwendet. Doch nach David wurde für Kampfeinsätze mehr und mehr das stärkere und dressierbarere Pferd eingesetzt (1Kön 10,28f.).
Käme der König auf einem Pferd, so würde er sich als ein streitbarer, kampfbereiter

König ausweisen, aber er kommt als Friedenskönig auf einem Esel geritten.
Gott selbst wird die Kriegswagen, die Kampfrosse und die Kriegsrüstung in Ephraim und Jerusalem, d. h. in ganz Israel, beseitigen. Es wird Frieden sein, und der Friedenskönig wird von einem Ende der Erde bis zum anderen herrschen.
Die Evangelien beziehen Sach 9,9 auf Jesus (s. Mt 21,5), aber nicht Sach 9,10. Jesus wurde als Friedenskönig erlebt, vor allem für den Frieden zwischen Gott und den Menschen, aber Frieden auf der ganzen Erde – diese große Ankündigung steht noch aus. Sie bleibt als Hoffnung bis zur Wiederkunft des Friedenskönigs.

Der Text und die Kinder

Am ersten Sonntag im Advent wird in vielen Gemeinden Familiengottesdienst gefeiert. Die Kinder sind mit ihren Angehörigen gekommen, in freudig erwartungsvoller Stimmung auf die vor ihnen liegende Zeit. Diesem emotionalen Empfinden wird der Aufruf zum Jubel aus Sach 9,9 entgegenkommen. Wir werden ihm im Gottesdienst mit Musizieren und Singen Ausdruck geben. Kinder, die ein Instrument spielen, dürfen mitwirken.
Für den Gottesdienst mit jüngeren Kindern schlage ich vor, von dem Symbol des Friedenskönigs, dem Esel auszugehen. Im folgenden Entwurf habe ich mich an die Geschichte „Ein Esel geht nach Bethlehem" von Scheidl / Bernadette, Nord-Süd Verlag, ISBN 3858253170, 24,80 DM

angelehnt. Dieses Bilderbuch gibt es auch im Kleinformat als Verteilheft für 1,50 DM. Ich habe mir drei Bilder dieses Buches farbig auf Folie kopieren lassen und sie mit dem Overheadprojektor (aus der Schule geliehen) während der Erzählung gezeigt. Es ist aber auch möglich, die Bilder zu beschreiben (s.u.).

Ausgehend vom Schimpfwort „Du alter Esel" haben Kinder einer fünften Klasse zur Gottesdienstvorbereitung in der Christenlehre erzählt, wie sie gerade mit dem Wort belegt worden waren, und dieses Erlebnis im Gottesdienst frei und erheiternd nachgespielt.

Gestaltungsvorschlag

Begrüßung und Wochenspruch

Ich grüße alle herzlich zu diesem Gottesdienst, Sie, liebe Erwachsene, und euch, liebe Kinder. Heute ist der erste Sonntag im Advent, NN (ein größeres Kind) zündet für uns die erste Kerze am Adventskranz an.

Wir feiern diesen Gottesdienst im Namen des Vaters und des Sohnes und des Heiligen Geistes. Amen.

Wir freuen uns, daß es Advent ist, und wir haben Grund zur Freude. Das steht in dem Spruch für diese Woche aus Sacharja 9,9, den uns NN (ein Kind) jetzt sagt: „Du, Tochter Zion, freue dich sehr, und du, Tochter Jerusalem, jauchze! Siehe, dein König kommt zu dir, ein Gerechter und ein Helfer, arm und reitet auf einem Esel."

Wir wollen uns diesen Spruch zusprechen, ich sage ihn Satz für Satz noch einmal, und ihr sagt ihn zu mir zurück. …

Wir können ihn auch singen:

Lied: Tochter Zion, freue dich oder Kanon: Siehe, dein König kommt zu dir

Psalm 24,7–10 im Wechsel

Gebet

Gott, wir rufen dich an und bitten dich, nimm von uns, was uns belastet, vergib uns, was wir in der vergangenen Woche

falsch gemacht haben, öffne uns für die Freude des Advent. Laß uns feiern und dich loben. Amen

Lied: Macht hoch die Tür, 1–3

Dieses Lied ist dem Spruch nachgedichtet, den uns vorhin NN gesagt hat.

„Du, Tochter Zion, freue dich sehr, und du, Tochter Jerusalem, jauchze! Siehe, dein König kommt zu dir, ein Gerechter und ein Helfer, arm und reitet auf einem Esel."

Um einen König und um einen Esel geht es. Paßt mal auf, wo mir zuletzt ein Esel begegnet ist, auf dem Schulhof war es, die Kinder werden es uns zeigen: …

Anspiel

A: Ätsch, wir haben gewonnen!

B: Na und?

A: Ihr seid ja Flaschen, ihr verliert doch immer!

B: Von wegen! Immer! Ihr Angeber!

A: Ihr wißt grade mal wie ein Ball aussieht, aber von Spielen habt ihr keine Ahnung!

B: Dir ist wohl in den Kopf gestiegen, daß ihr gewonnen habt! Zufällig! Rein Zufällig!

A: Was bildest du dir ein, du alter Esel!

B: Selber Esel!

C (älter als A und B kommt vorbei): Mann, müßt ihr die Tiere immer beleidigen?

Predigt Teil I

„Du alter Esel" – das ist wohl eines der häufigsten Schimpfwörter. Es stimmt, der Esel wird oft beleidigt. Eigentlich ist er ein liebes Tier. Vielleicht ist jemand von euch schon einmal auf einem Esel geritten? Seid ihr mit ihm ausgekommen? …

In der Bibel wird sehr oft vom Esel gesprochen. Er galt als ein kostbares Tier. Er half und er hilft auch heute noch bei der Feldarbeit. Und er trägt Lasten, geduldig schleppt der Esel, was man ihm aufpackt.

Aber nicht nur als Arbeitstier wird er geschätzt, auch als Reittier. Als man noch gar nicht wußte, daß man auf Pferden reiten kann, ritt man auf dem Esel. Wer Esel besaß, war reich. Die Bibel erzählt von

Menschen, die auf weißen Eselinnen reiten und auf Teppichen sitzen; von einem Richter Israels, der dreißig Söhne besaß, die auf dreißig Eseln ritten und dreißig Städte besaßen, und von einem, der hatte vierzig Söhne und dreißig Enkel, die ritten auf siebzig Eseln – so reich war dieser Mann. Und König David ritt auf einem Esel, es war sein königliches Reittier. Erst seine Söhne hatten Pferde. Aber Pferde wurden im Altertum als Kampftiere im Krieg verwendet. Sie hatten die schweren Kriegswagen zu ziehen.

Der Esel dagegen war nicht so stark und schnell. Ihn konnte man im Krieg auch gebrauchen, er konnte das Gepäck tragen. Aber für den Kampf war das Pferd besser. Der Esel war mehr das Tier für den Frieden.

Wie hieß der Bibeltext, um den es geht?

Lesung Sach 9,9 f. (durch ein älteres Kind)

Predigt Teil II

Der König kommt von Gott. Wenn er einzieht, wird Frieden sein. Gott selbst wird die Kriegswagen mit den Kriegsrossen wegtun und die Waffen vernichten. Der kommende König wird ein Friedenskönig sein. Er wird Frieden gebieten, allen Völkern der Erde. So steht es im Alten Testament beim Propheten Sacharja.

Und im Neuen Testament, im Evangelium des Matthäus, steht: Dieser König, der auf dem Esel geritten kommt, ist Jesus: Er reitet auf dem Tier des Friedens, Jesus ist der König des Friedens.

Lesung Mt 21,1-9 (durch ein älteres Kind)

● **Kanon:** Siehe, dein König kommt zu dir

● **Erzählung (mit Bildern)**

Ich habe euch ein Bild und eine Geschichte von einem Esel mitgebracht, eine Fabel.

(Folie 1: Der Esel auf dem Weg) Es war zu jener Zeit, als ein Raunen durch das Land ging: der Friedenskönig Jesus ist angekommen. Ein jeder, der an den König glaubte, machte sich auf den Weg zu ihm.

Auch ein kleiner Esel wollte gehen. Aber sein Herr sagte: „Das ist Unsinn." Und er verbot dem Esel zu gehen. Da der Glaube des kleinen Esels so stark war, blieb ihm nichts anderes übrig, als sich unbemerkt davonzustehlen.

Erst fürchtete er sich ein bißchen. Doch wollte er nicht den neuen König begrüßen? „Gewiß wird dieser mich freundlich anlächeln", dachte er. Und bei diesem Gedanken verflog seine Angst.

Nun müßt ihr wissen, daß Esel gut einen Weg finden. Sie haben die Eigenschaft, immer geradeaus zu gehen, ganz geradlinig auf ihr Ziel zu. So ging auch der kleine Esel, Schritt für Schritt. Steile Hügel mußte er überwinden, und die Wege waren steinig. Doch der Esel achtete nicht darauf. Er dachte nur an den König, den er begrüßen wollte. Unterwegs begegnete er vielen Tieren. „Wohin gehst du, kleiner Esel", fragten sie ihn. „Ich will den neuen König begrüßen. Er wird sich darüber freuen und mich anlächeln", antwortete er. „Was bildest du dir ein," sagte das Kamel". Der König wird dich niemals anlächeln. Davonjagen wird er dich, weil du nur ein einfältiges Tier bist." Der kleine Esel war traurig. Was sollte er tun? Sollte er weitergehen? Oder lieber umkehren? Er trottete weiter, Schritt für Schritt. Ein Löwe musterte ihn geringschätzig: „Nur mich wird der neue König anschauen, bin ich doch ein gewaltiges Tier, du aber bist ein Nichts." Der kleine Esel war verschüchtert. Eine Hyäne trat ihm in den Weg: „Du törichter Esel!" grinste sie. „Du bist gerade gut genug, Lasten zu tragen, aber nicht würdig, deinen Rükken vor einem König zu beugen. Geh zurück, woher du gekommen bist." Zurückgehen sollte er? Nein, das wollte er nicht. Was konnte er dafür, daß er ein Esel war. Und geradeaus ging er weiter, auf sein Ziel zu. Immer wieder kamen Tiere vorüber, die ihn auslachten. Selbst die Schafe machten sich über ihn lustig.

(Folie 2: Esel mit gesenktem Kopf) Da begann der Esel, sich seiner grauen Eselshaut zu schämen und wagte kaum noch die Augen zu heben.

Kennt ihr das auch? Wenn mir alle die kalte Schulter zeigen, mich verächtlich machen, mir nichts zutrauen, dann gehts mir ähnlich. Ich werde ganz klein. Wenn sie über meinen Glauben lachen, dann werde ich mutlos. Wenn sie mein Ziel verspotten, werde ich unsicher.

Der Esel schämte sich, daß er ein Esel war. Er hatte sich von den anderen Tieren ganz klein und ganz kleingläubig machen lassen. So geschah es, daß er gegen seine gute Eselsart nicht mehr geradeaus ging und vom Weg abirrte und in der Dunkelheit beinahe zu Tode stürzte. Er rieb sich die schmerzenden Flanken und ließ mutlos den Kopf hängen.

(Folie 3: Engel und Stern über dem Esel) Wie finster es war, nirgends ein Licht, welches Trost spendete. Oder täuschte er sich? Löste sich die Finsternis nicht auf in einen goldenen Dunst? Die Engel konnte der Esel nicht sehen. Aber er spürte ihre Nähe. Da fand er den Weg wieder. Vertrauensvoll folgte er Schritt für Schritt.

Manchmal glaubt man, kein Licht mehr zu sehen, weil man vergißt, daß nicht alles mit unseren Augen zu sehen ist. Manchmal verliert man deshalb den Weg unter den Füßen und das Ziel aus den Augen. Vielleicht ist es dann gut, stehen zu bleiben, um zu spüren, daß das Licht da ist, um den Schein auf unserem Weg wieder zu sehen, der die Richtung weist. Das will Advent, Zeit der Ankunft. „Siehe, dein König kommt zu dir, ein Gerechter und ein Helfer."

Der kleine Esel achtete nun nicht mehr auf die Tiere, die ihm begegneten. Er hörte auch ihren Spott nicht mehr. Er sah nur noch das Licht, welches sich ausbreitete und immer heller wurde. Er erblickte den Stern über Betlehem.

Wenn ihr Weihnachtsbilder oder Weihnachtskrippen seht, dann schaut ihn euch an, den kleinen Esel. Er ist angekommen, in Betlehem, an der Krippe. Und der neue König lächelte ihm zu. Und Jahre später durfte der Esel den Friedenskönig Jesus, auf seinem Rücken tragen. Amen.

Lied: Seht, die gute Zeit ist nah

Gebet

Großer Gott, wir freuen uns, daß du uns den König des Friedens schickst.
Wir bitten dich für alle Menschen, die sich nicht freue können,
für alle Kinder und Erwachsenen, die Krieg und Hunger leiden (aktuelle Fürbitten … Herr erbarme dich …), für alle, die friedlos sind.

Vaterunser, Segen

Dorothea Meinhold, Naumburg

6.12.1998 – 2. Sonntag im Advent – Micha 5,1–4

Er kommt aus Betlehem

Lieder: *Er ist die rechte Freudensonn, EG 2, LJ 14*
Schalom für Dorf und Stadt, LJ 604, LfK 1 C 10, MGR 79, ML 2 B 204

Liturgischer Text: Sacharja 9,9.10

Zum Text

Efrat ist eine jüdische Siedlung bei Betlehem. Muhammad Nawaf hat daran mitgebaut, ein Gelegenheitsjob als er 24 Jahre alt und Student war. Er erinnert sich genau „Es ist eine einzige Demütigung, und du weißt genau, daß du gegen dein eigenes Volk handelst – aber du brauchst ja was zu Essen", sagt er. Muhammad Nawaf ist Palästinenser. Angst und Mißtrauen sitzen tief.

Jonathan wohnt jetzt in Efrat. Das ist die andere Seite. Er fühlt sich nicht sicher auf seinem Schulweg. An manchem Tag hat der Busfahrer nur eine Hand für das Lenkrad frei, die andere braucht er für eine Pistole. „Ist doch normal", denkt Jonathan, denn er ist ein jüdischer Junge. Auf dem Schulweg seines Vaters war es nicht anders. Die palästinensische Selbstverwaltung hat am spannungsvollen Alltag nichts geändert.

Jeder Ort und jeder Begriff trägt die Last unheilvoller Geschichte. Der Begriff Palästina wurde von der römischen Besatzungsmacht für Eretz Israel – so der biblische Begriff für das Land, in dem Jesus lebte – eingeführt, um die Bevölkerung zu demütigen. Es bedeutet „Land der Philister". Auch wenn Muhammad Nawaf kein Terrorist ist und seine Familie nichts gemein mit den grausamen Philistern aus biblischen Zeiten hat, wird es zur Weihnachtszeit vielleicht wieder eine Ausgangssperre in Betlehem geben. Frieden bedeutet unendliche Mühe, aber Menschen sind manchmal am Ende ihrer Kraft. Das Leben ist in ständiger Gefahr und die Sehnsucht nach Sicherheit und Ruhe wächst.

Betlehem Efrata bleibt ein Ort mit besonderem Klang. Efrata hieß die Frau, die von Kaleb, ihrem Mann einen Sohn namens Hur bekam, nachzulesen in 1Chr 2. Hur wurde erwachsen, und er gründete Betlehem, eine Stadt, und eine große Familie, den Grundstock der Sippe Efrat. Das war der Anfang. Aber Größe ist relativ. Efrat war so klein, daß sie nicht zu den ‚Tausendschaften', so V. 1 wörtlich, gerechnet wurde. Das heißt, sie brauchte keinen Anteil am Heer Judas zu stellen. Ein unscheinbarer Ort macht Geschichte!

Was nach menschlichem Ermessen keine Bedeutung hat, kann Gott groß machen. So wird Betlehem zu einem Beispiel, ja zu einem biblischen Schlüsselbegriff. Wo menschlich gesehen keine Chance mehr besteht, öffnen sich, weil Gott es will, alle Möglichkeiten. Mit der Salbung des kleinen David aus Betlehem (1Sam 16) hat diese Erfahrung Tradition. Die Zeit von David ist vorbei. Die biblischen Zeiten sind vorüber. Die Hoffnung, die sich an den Namen Betlehem knüpft, bleibt: Gottes Heil wird dort geboren, wo es niemand erwartet, im Alltäglich-Unscheinbaren. Jetzt begreifen Sie vielleicht noch einmal neu, warum Lukas die Geburt von Jesus aus Nazaret in Betlehem erzählt. Betlehem steht für die menschliche Fehleinschätzung einer Entwicklung, die Gott bestimmt.

Auf die Frage, was aus dieser Welt wird, antworten Juden: „Wir warten auf den Messias." Christen warten auf die Wiederkunft des Herrn. Oder trösten sie sich in ihrer Resignation mit dem schönen Stall von Betlehem fernab jeglicher Wirklichkeit dieses Ortes damals und heute?

Der Text und die Kinder

Ich möchte die Kinder überraschen. Sie wissen zu genau, was Betlehem bedeutet. Jedes Kaufhaus erzählt die Geschichte, und die Schokolade bekommt einen farbigen Überdruck mit verschneitem Stall, Laterne, Tannengrün und der Heiligen Familie, süß. Die Kinder sollen das Betlehem der Bibel finden, 8 km südlich von Jerusalem. Das Belehem von damals und das Bethlehem heute haben viele Gemeinsamkeiten. Dort sehnen sich die Menschen in ihrem ausweglosen Alltag nach Sicherheit und Ruhe. Der Hintergrund von Mi 5, die Belagerung von Jerusalem 701 v. Chr. durch Sanherib ruft vergleichbare Ängste und zugleich eine unbeirrbare Hoffnung auf Gottes Rettung wach.

Gestaltungsvorschlag für jüngere und ältere Kinder

1. Komm, wir gehen nach Betlehem – Eine Phantasiereise

Wir brechen auf und verlassen unsere festen Vorstellungen. Am Ausgangspunkt betrachten wir noch einmal einen winterlichen Stall mit Laterne und Tannenbäumen, anheimelnd und beschaulich (Krippenbild einer typischen Weihnachtskarte). Dann gehen wir los, und Kraft Ihrer Phantasie gehen die Kinder mit. Die Veränderung ist zunächst ein Wechsel der Temperatur. Wir gehen nach Betlehem, es wird warm und trocken. Schnee und Tannenzweige bleiben zurück. Wir brauchen keine warme Kleidung mehr. Wir machen eine Zeitreise und erreichen Betlehem zur Zeit Jesu, ein Dorf in Eretz Israel. Kein schiefes Dach ist zu sehen. Alles ist anders als gedacht.

2. Wie wohnt man in Betlehem? – Modellbau

Wir bauen vor den Kindern ein typisches Haus zur Zeit Jesu. Nötiges Material: Knete und Äste. Das Haus besteht aus Lehmziegeln (Knete) und hat keine Fenster, allenfalls kleine Öffnungen, durch der der Rauch der Öllampe abziehen kann. Normalerweise sind die Häuser sehr eng aneinander gebaut. Der eigentliche Lebensraum ist das Dach. Es handelt sich dabei um ein Flachdach, das jene kleine Neigung aufweist, durch die das Regenwasser in den Dachtrauf abfließen kann. Es ist geschützt durch eine kleine Umrandung. Erzählen Sie beim Bauen, wie das Leben im Haus ist! Auf dem Dach wird geschlafen, werden die Mahlzeiten eingenommen, wird der Brotteig zum Gehen gebracht und dort befindet sich der Vorratsraum für Wasservorräte. Das Dach ist auch der Kinderspielplatz.

Die Dächer bestehen aus längs und quer gelegten Ästen, zwischen denen die Erde festgestampft wird. (Kein Problem, ein Loch in ein Dach zu machen, wie Markus berichtet.)

3. Wir begegnen Jonathan – Dialog mit zwei Figuren

Je einfacher die Figuren sind, desto besser. Reicht nicht ein Holzklotz, die eigene Hand oder ein Bleistift? Die erste Figur ist Jonathan. Er ist ein jüdischer Junge. Er ist 10 (ein in die Gruppe passendes Alter einsetzen) Jahre alt. In diesem Haus wohnt er. Hat einer von euch Lust, auf das Hausdach zu steigen und Jonathan zu besuchen? Wer sich meldet, dessen Name bekommt die zweite Figur (z. B. Uwe) verliehen. Die Figur Uwe begegnet Jonathan. Beide Figuren begrüßen sich. Jonathan sagt „Schalom", Uwe antwortet mit „Guten Tag", aber er bekommt von Jonathan gezeigt, wie es richtig heißt. Schalom ist die Begrüßung in Bethlehem. Schalom heißt mehr als Frieden.

Das Lied „Schalom für Dorf und Stadt" beschreibt das in drei Strophen. Schalom bedeutet eine politische Wirklichkeit, in der es jedem gut geht. Wir lernen das Lied.

4. Wir lassen Uwe Jonathan befragen und die Figuren sprechen

Uwe: Wer regiert bei Euch?
Jonathan antwortet und erzählt von den römischen Besatzungstruppen: „Die römi-

schen Behörden haben sich den Tempel-schatz geraubt, um eine Wasserleitung zu bauen. Sie achten den Gott Israels nicht. Sie fordern so viele Abgaben, daß eine Bauersfamilie bei guter Ernte hungern muß. Manche Dörfler sind fortgezogen. Sie verstecken sich in den Bergen und überfallen in terroristischen Gruppen (genannt Zeloten) Versorgungstransporte des römischen Militärs. Bei uns zu Hause gibt es wenig, die Zeloten werden wenigstens satt. Manchmal suchen Soldaten nach Zeloten im Dorf, dann laufe ich fort."

Uwe: „Wirst du, wenn du groß bist, auch Zelot?"

Jonathan antwortet: „Nein, denn ich glaube, der Messias kommt!"

Uwe: „Wer ist der Messias?"

Jonathan: „Messias ist der, den Gott schickt, um die Welt wieder gut und gerecht zu machen. Wenn es so schlecht steht wie jetzt, wird Gott ihn bald schicken. Messias bedeutet ‚Gesalbter'. Früher, als wir noch eigene Könige hatten, haben wir sie mit kostbarem Öl gesalbt, bevor sie anfingen zu regieren. David wurde zum König gesalbt. Aber das ist lange her. Er hat als König manche Fehler gemacht. Der Messias, den Gott schickt, schafft es, die Welt ganz in Ordnung zu bringen. Wenn es so weit ist, haben die Römer nichts mehr zu sagen, und bei uns gibt es genug zum Leben. In der Bibel steht, der Messias könnte aus Betlehem kommen. Aber ich kenne niemand bei uns, der ein Messias sein könnte."

Uwe: „Ein Kind, das Jesus heißt, wird bei euch geboren. Die Eltern heißen Maria und Josef. Wir nennen es das Christuskind. (In der Sprache der ersten Christen, auf griechisch heißt Messias Christus)"

Jonathan: „Der Messias ist stark, und er wird die Römer verjagen. Was aus einem Kind wird, kann niemand wissen."

Jetzt ist Uwe ratlos. Jesus wurde von den Römern gekreuzigt. Warum hat er sie nicht fortgeschickt? Warum ist die Welt noch immer nicht in Ordnung, obwohl Jesus, der Christus, d. h. Messias, da war?

Uwe verläßt das Dach. Er kommt zurück in die Gegenwart, zurück in die Gruppe, zurück aus Bethlehem und stellt uns seine Fragen.

Was bleibt uns als mögliche Antwort? Jesus muß noch einmal kommen. Juden und Christen warten gemeinsam, und Jonathan, der heute 1998 in Betlehem Efrata wohnt, wartet besonders darauf. Betlehem ist keine Stadt von gestern. Deshalb empfehle ich, wenn Zeit ist, von der augenblicklichen Situation in Betlehem zu erzählen.

Matthias Brix, Crailsheim

13.12.1998 – 3. Sonntag im Advent – Jesaja 8,23 – 9,6

Er bringt Licht in die Finsternis

Lieder: *Mache dich auf und werde licht, LfK 2 15, MKL 128*
Wir sagen euch an den lieben Advent, EG 17, LfK 2 10, LJ 26, MKL 134
Er ist die rechte Freudensonn, EG 2, LJ 14

Liturgischer Text: Sacharja 9,9.10

Zum Text

Der vorliegende Text konfrontiert uns mit einem grundsätzlichen Problem: Wie sind Altes und Neues Testament aufeinander bezogen? Ist das Alte Testament nur die Verheißung dessen, was sich dann erst im Neuen Testament erfüllt? Oft werden allzu unreflektiert alttestamentliche Prophetentexte ausschließlich auf Jesus Christus hin interpretiert. Doch diese Vorgehensweise wird dem ursprünglichen Anspruch der Texte nicht gerecht.

Ich möchte angesichts des zu bearbeitenden Textes versuchen, Parallelen zwischen der damaligen Situation und der Zeit Jesu Christi sowie unserer Gegenwart aufzuzeigen. Not, Leid und Ungerechtigkeit hat es zu allen Zeiten gegeben. Und seit es Menschen gibt, war der Blick zum Himmel gerichtet, ob es denn nicht Erlösung gibt. Es ist die Erfahrung der Gläubigen zu allen Zeiten: Gott hat immer wieder eingegriffen: in die Geschichte und in das Leben einzelner Menschen. Sein Wirken war und ist zu allen Zeiten wahrnehmbar. Dabei hat er mit seinem Sohn Jesus Christus zwar ein überdeutliches Zeichen gesetzt, aber er war eben schon vorher in vielfältiger Weise spürbar am Werk.

Bereits die Menschen des alten Gottesbundes haben in Unrechtssituationen immer wieder auf Gottes nahe Hilfe gehofft, auf eine Hilfe, die ihnen durch die Propheten angesagt wurde, und deren Verwirklichung auch durchaus handgreiflich erfahren werden konnte. Immer wieder haben die Israeliten Hilfe und einen neuen Anfang erleben dürfen.

In der Verkündigung müßte der Jesaja-Text in einen Rahmen gestellt werden, der dies deutlich macht.

Der Text und die Kinder

Was denken Kinder eigentlich, wenn sie diesen Text hören oder gar lesen?

Ich war mir ziemlich sicher, daß Kinder dabei nicht an Advent und Weihnachten denken. Sollte es Kindern möglich sein, in ihrer Aufregung im Krippenspiel-Gottesdienst am Heiligen Abend auf derlei Texte zu hören, sie dann auch noch zu verstehen und nicht zu vergessen?

Ich habe meine neunjährige Tochter „getestet": „Hör dir mal diesen Text an und sag mir, was dir einfällt." Es fiel ihr das Licht ein und viele Engel (?). Auch daß Menschen „alles wegtun", konnte sie mir sagen. Als ich später nachfragte, was sie damit meint, fielen ihr nur noch die Mäntel ein. „Warum tun sie die Mäntel weg?" „Na, weil das Licht soo warm ist." „Und wo hast du diesen Text schon einmal gehört?" „Na, in der Weihnachtsgeschichte doch!…"

Aha, der Zugang zu Advent und Weihnachten ist also doch nicht so weit weg, wie ich dachte. Doch was tue ich mit dem, was vor dem Licht da ist? Mit den blutigen Mänteln, die einfach überhört werden, den Gedröhn verbreitenden Stiefeln? Es ist in unserem Text sowohl das erlittene als auch das selbstverschuldete Leid und Unrecht angesprochen. Und dieses Leiden wird zudem mit deutlichen Worten benannt, so daß ich daran nicht vorbeikomme.

Ich will mit den Kindern in einer ersten Einheit über Trauer, Leid usw. nachdenken. Eine zweite Einheit wird dann das Licht in die Finsternis bringen.

Gestaltungsvorschlag für jüngere und ältere Kinder

Lied: Er ist die rechte Freudensonn

Gebet

Wir feiern Advent.
Wir feiern, daß du zu uns kommst, Gott.
Mache dich auf und werde licht,
denn dein Licht kommt.
(Zu singen nach MKL 128)
Es ist oft dunkel auf der Erde.
Wir hören von Streit und Hunger,
von Armut und Leid.
Mache dich auf und...
Es ist oft auch in uns dunkel.
Wir sind traurig und fühlen uns allein.
Mache dich auf und ...
Komm zu uns, Gott,
damit dein Licht unser Leben erhellt,
damit wir füreinander leuchten können.
Amen.
Mache dich auf und ...

Gespräch

Sie sitzen mit den Kindern im Kreis, am besten um einen Tisch herum. In der Mitte liegt ein schwarzer Pappstreifen (ca 5 x 40 cm, je nach Größe der Stumpenkerze). Tragen Sie mit den Kindern Situationen zusammen, in denen Menschen Trauer erfahren. Die Stichpunkte schreiben Sie mit einem weißen Stift oder einem Bleistift auf eine Seite des Pappstreifens – möglichst kreuz und quer durcheinander, damit am Ende alles vollgeschrieben wirkt. Versuchen Sie, die Kinder zu Konkretionen zu ermuntern, wenn es um das Leid in fremden Ländern geht (Krieg – wo herrscht gerade Krieg? Hunger – welche Länder kennen die Kinder, wo Hunger herrscht? usw.)

Erzählung

Versuchen Sie nun eine Rahmenerzählung zum Bibeltext einzufügen, vielleicht in der Art, wie im folgenden beschrieben:
Wißt ihr, es hat, seitdem es Menschen gibt, immer Leid und Trauer gegeben, Einsamkeit und Not. Das ist in der weiten Welt so, auf unserem Zettel stehen eine ganze Menge Beispiele dazu. Und vielleicht seid ihr selbst auch schon einmal sehr traurig gewesen. Versucht euch zu erinnern! Da ist es einem manchmal, als wäre man ganz allein auf der Welt. Da sitzt einem so ein großer Kloß im Hals, der irre wehtut. Menschen zu allen Zeiten haben das erlebt. Erwachsene Menschen beschreiben ihr Traurigsein manchmal wie eine Mauer, die sich um sie schließt und die niemanden durchläßt. Als Zeichen für dieses Gefühl klebe ich unseren Trauerstreifen jetzt zu einem Trauerring zusammen.
Die gottesfürchtigen Menschen der Bibel fühlten sich vor langer Zeit auch bedrückt: Sie erlebten ihr Volk und ihre Machthaber als ungerecht, selbstsüchtig, als gottlos. Und sie flehten Gott an: Hilf uns doch, wir halten das nicht mehr aus.
Ein Mann namens Jesaja hörte das Flehen des Volkes sehr genau. Er sagte zu seinen Landsleuten folgendes:
„Das Volk, das im Finstern wandelt, sieht ein großes Licht; und über denen, die da wohnen im finstern Lande, scheint es hell.
Du, Gott, weckst lauten Jubel, du machst groß die Freude.
Denn du hast ihr drückendes Joch, die Jochstange auf ihrer Schulter zerbrochen.
Denn jeder Stiefel, der mit Gedröhn dahergeht, und jeder Mantel, durch Blut geschleift, wird verbrannt und vom Feuer verzehrt.
Denn uns ist ein Kind geboren, ein Sohn ist uns gegeben, und die Herrschaft ruht auf seiner Schulter; und er heißt Wunder – Rat, Gott – Held, Ewig – Vater, Friede – Fürst; auf daß seine Herrschaft groß werde und des Friedens kein Ende in seinem Königreich."
Die Menschen bekamen durch die Worte des Jesaja neue Hoffnung. Und tatsäch-

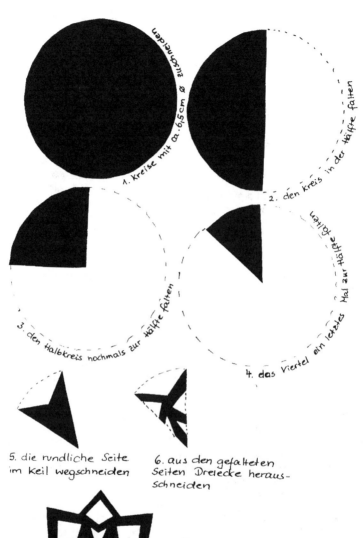

1. Kreise mit ca. 6,5 cm Ø zuschneiden

2. den Kreis in der Hälfte falten

3. den Halbkreis nochmals zur Hälfte falten

4. das Viertel ein letztes Mal zur Hälfte falten

5. die rundliche Seite im Keil wegschneiden

6. aus den gefalteten Seiten Dreiecke heraus-schneiden

7. auseinander-falten ...

(... und sich freuen, daß es ein Stern geworden ist)

lich sah es so aus, als ob Gott wirklich eingegriffen und dem Volk Israel geholfen hatte.

800 Jahre später war es aber wieder so. Manchen Menschen war alles egal. Hauptsache, sie selbst hatten ihren Nutzen. Viele litten Not. Da entschloß sich Gott ein Zeichen zu setzen, das keiner übersehen konnte: Er legte ein Kind in eine armselige Krippe und sagte: Das ist mein Sohn. Er kommt in die Welt, um alle Menschen zu retten. Wenn wir heute Advent und Weihnachten feiern, denken wir an Gottes Sohn Jesus Christus. Wie froh waren damals die Hirten und die Weisen, als sie das Kind im Stall endlich gefunden hatten!

Gespräch

Und wenn wir heute traurig sind? Merken wir auch, daß Gott uns hilft?

Zeichenhandlung

Zünden Sie nun die weiße Kerze an und stellen Sie sie in den schwarzen Ring. Das Zeichen spricht für sich. Mit nur wenigen Worten erläutern Sie, daß Gott unser Dunkel, unsere Angst, Trauer, Not, unser Leid erhellt. Er nimmt dies nicht weg, aber er hilft, es zu tragen. Es verliert seine alles bestimmende Macht. Und das wollen wir uns in besonderer Weise im Advent und zu Weihnachten vor Augen führen.

Basteln Sie vor den Augen der Kinder aus goldener Bastelfolie einen Faltstern (s. Anleitung). Diesen kleben Sie an den schwarzen Ring, so daß durch den weihnachtlichen Stern das göttliche Licht zu sehen ist.

Für alle Kinder gibt es nun noch etwas zu tun:

Jedes Kind bekommt einen schwarzen Tonkartonstreifen (ca 2 x 14 cm groß). Der Streifen wird zum Ring geklebt und um ein Teelicht gelegt. Dann bastelt jedes Kind einen Faltstern aus Goldfolie wie oben beschrieben und klebt ihn am schwarzen Ring fest.

Lied: Wir sagen euch an den lieben Advent

Gebet

Gott, du bist gut.
Wie oft bin ich traurig,
dann brauche ich jemanden zum Reden.
Gott, kannst du mir nicht zuhören?
Dir will ich alles erzählen.
Und ich hoffe, es wird mir dann leichter um's Herz.
Gott, du bist gut.
Das will ich ganz fest glauben.
Sei gut zu Menschen, die ein schweres Leben haben: ohne Arbeit, ohne Familie, ohne Essen und Trinken.
Sei gut zu ihnen.
Gib ihnen ein Zeichen, daß du da bist, wenn sie jemanden brauchen.
Bleibe bei uns, bei unseren Eltern und Geschwistern und Freunden. Schenke allen Menschen ein Licht.
Amen.

Simone Carstens-Kant, Röcken

20.12.1998 – 4. Sonntag im Advent – Jesaja 11,1–9

Er bringt Gerechtigkeit und Frieden

Lieder: *Es ist ein Ros entsprungen, EG 30, LJ 36, KGB 74*
Seht, die gute Zeit ist nah, EG 18, LJ 28,
Er ist die rechte Freudensonn, EG 2, LJ 14

Liturgischer Text: Sacharja 9,9.10

Zum Text

Jesaja kündigt dem Volk das Kommen eines Friedensherrschers an. Dies sagt er in einer Zeit, in der das Reich von den Assyrern bedroht wird, in der die Eroberung durch die Assyrer sich abzeichnet. Das große Reich Davids ist bereits untergegangen. Es existiert nur noch das kleine Land Juda.

Jesaja spricht vom Kommen eines Friedensherrschers gerade in einer kriegerischen Zeit. Seine Vision besteht aus drei Bildern:

Der neue Herrscher wird aus der Dynastie Davids hervorgehen, sein Vater Isai wird als Ursprung, als Wurzel, angegeben. Das bestehende Reich wird zerschlagen wie ein Baum, der umgehauen wird. Aber aus dem Wurzelstumpf wird ein neuer Trieb austreiben.

Der neue Herrscher wird ein Friedensherrscher sein. Er wird den Geist der Erkenntnis Gottes und der Furcht Gottes haben. Deshalb kann er gerecht sein. Er wird sich nicht beeinflussen lassen von vordergründiger Sicht, sondern mit den Augen Gottes urteilen können. Gerechtigkeit und Treue – die Begriffe werden gemeinsam sonst meist nur auf Gott selbst bezogen – sind ihm wie ein zweite Haut (ein Gurt der Hüften und Lenden ist sozusagen die Unterkleidung). Betont wird, daß er den Armen Gerechtigkeit schafft und den Gewalttätern allein durch seine Befehle Einhalt gebieten kann.

Durch diesen Herrscher wird ein Friedensreich entstehen. In der Vision drückt sich dieser Frieden darin aus, daß von keinem Geschöpf mehr eine Gefahr für ein anderes ausgeht. Das Land und alles, was lebt, besteht aus Gotteserkenntnis wie das Meer aus Wasser besteht. Als Vision nimmt Jesaja etwas von Gottes Wirklichkeit in seine Zeit hinein. Er ermutigt sein Volk zum Vertrauen darauf, daß dieser Frieden kommen wird.

Dieser Frieden ist nicht eingetreten, die Gerechtigkeit ist nicht geschaffen. Nicht nach Jesajas Zeit und auch nicht seit Jesus, an den wir im christlichen Verständnis diese Verheißung binden. So hat das jüdische Volk schon damals die nahe Hoffnung auf einen neuen Staat und Frieden in diesem Text stark auf eine spirituelle Ebene gebracht. So haben Christen ihre nahe Hoffnung auf Frieden und Gerechtigkeit schon verknüpft mit der Aussage „mein Reich ist nicht von dieser Welt". Die visionäre Sicht, das spirituelle Friedensreich entfaltet aber Kraft, indem wir glauben und aus diesem Glauben handeln.

Der Text und die Kinder

Die drei Bilder des Textes sind für Kinder sehr eindrücklich. Jedes spricht für sich bereits die ganze Vision an. Ich kann mir daher gut vorstellen, sich auf nur ein Bild zu beschränken und dies ausführlicher zu bearbeiten, vor allem wenn viele kleine Kinder zum Kindergottesdienst gehören. Für sie wird vor allem das letzte Bild vom Frieden zwischen den wilden und den zahmen Tieren eindrücklich sein. Ich möchte Sie daher ermutigen, den nachfolgenden Entwurf nach Ihren Bedürfnissen zu kür-

238

zen und das Bild, für das Sie sich entscheiden, intensiver zu gestalten.

Der Inhalt des Textes spricht Kinder sicher tief an in ihren Erfahrungen von Krieg und Armut, die sie vor allem durch das Fernsehen haben, und die sie auch ängstigen. Kinder sehen, daß Erwachsene andere Erwachsene und Kinder im Krieg töten. Sie wissen, daß viele Menschen hungern und auf der Flucht sind. Sie sehen Armut, die gerade in unseren Städten ganz deutlich wächst. Die Vision des Jesaja darf nicht als Weltflucht, als heile Traumwelt vermittelt werden, sondern gerade in ihrer Kraft, etwas von Gottes Gegenwart, von seinem Frieden in die kaputte, schlimme Welt hineinzuholen. Hoffnung und Mut will die Vision hervorrufen. Angst, Ohnmacht und Gleichgültigkeit sollen nicht die Macht über uns gewinnen.

Von Gott zu erzählen, der den Frieden und die Gerechtigkeit will, und dessen Friedensreich nicht durch Gewalt gegründet wird, ist wichtig auch als Gegenpol zu den Retterfiguren, die Kindern in Comics begegnen und die durch magische Kräfte immer wieder „Teilsiege" über das Böse erringen.

Das Friedensreich entsteht durch den Geist Gottes und durch die Ausrichtung an seiner Gerechtigkeit.

Gestaltungsvorschlag

Bilderbuch und Erzählung

Der Text könnte gut mit einem Riesenbilderbuch erzählt werden. Das Bilderbuch kann von den Mitarbeiterinnen und Mitarbeitern vorbereitet werden. Das letzte Bild oder das Bild, worauf der Schwerpunkt gelegt wird, kann von den Kindern ergänzt werden. Die Bilder könnten auch auf Altersgruppen verteilt werden („Gerechtigkei" für die Älteren).

Material: pro Bild 1 DinA2 Fotopappe oder Tonkarton, Stifte, Material für Collagen, Locher und Bänder zum Zusammenbinden. Die Bilder sollen möglichst unterschiedlich gestaltet werden. So könnte der Reis aus dem Baumstumpf z. B. als Transparentbild gestaltet werden, die Gerech-

tigkeit mit Zeitungsbildern, das Friedensreich mit den wilden und zahmen Tieren aus gemalten und ausgeschnittenen Figuren, in denen die Kinder weitere Gestalten ergänzen.

Wer Spaß an der Gestaltung hat, kann mit …Bildteilen experimentieren (Fotopappe so aufschlitzen, daß eine Figur mit einer kleinen Tasche eingeschoben werden kann). Das Bilderbuch könnte für die Weihnachtszeit zum Anschauen bei der Krippe oder auf dem Altar liegenbleiben.

Ich erzähle die Geschichte so, daß sie zeitnah an der Geburt Jesu ist und die Vision Jesajas als Hoffnungstext in dieser Zeit gedeutet wird.

Erzählung für ältere Kinder (für die jüngeren kürzen)

Die alte Frau geht mit ihrem Enkel zum Markt nach Jerusalem. Auf den Straßen sind überall römische Soldaten. Dem Kind ist das unheimlich. Was wollen die hier? Er greift nach der Hand der Großmutter. Sie schaut auf ihn herunter. „Hab' keine Angst, sie werden einer alten Frau und einem Kind schon nichts tun", sagt sie, obwohl sie sich auch fürchtet. „Sie suchen bestimmt wieder nach Aufständischen. Komm, wir gehen doch besser wieder in's Haus!" „Was sind Aufständische, Oma?" fragt der Junge. „Das sind Leute von unserem Volk, die versuchen, die Herrschaft der Römer in unserem Land abzuschütteln. Du hast doch sicher schon davon gehört, daß manchmal Militärposten angegriffen wurden oder römische Beamte. Die Aufständischen versuchen, sie auf diese Weise zu vertreiben. Und die Rache der Römer ist oft schrecklich. Neulich haben sie in einem Dorf hier in der Nähe alle Häuser durchsucht und vieles dabei zerstört. Einige Männer haben sie als Gefangene mitgenommen." Der Junge schweigt. Dann sagt er: „Ich will aber nicht, daß die Soldaten hier sind. Sie sollen keine Häuser überfallen. Hoffentlich werden sie bald verjagt!" Die alte Frau sieht das Kind lange an, dann sagt sie: „Ich erzähle Dir, was der Prophet Jesaja gesehen hat. Das ist schon viele 100 Jahre her, aber damals war es ähnlich.

Soldaten aus einem anderen Land kamen, und Israel – auch Jerusalem – wurden in einem Krieg erobert, und es geschah großes Leid. Jesaja hat etwas gesehen – wie in einem Traum, den Gott geschickt hat. Es ist ein Traum, der Wirklichkeit werden soll." (Hier nimmt die Erzählerin das Riesenbilderbuch „Jesajas Traumbuch")

1. Seite (Baumstumpf, Trieb; s. Goki 1997, S. 222; erst die Kinder das Bild betrachten und erzählen lassen.)

Von diesem Baum ist nichts mehr übrig als ein Stumpf. Er ist abgehauen worden. Ein großer, mächtiger Baum ist es gewesen, nun ist nur noch die Wurzel übrig. Aber Jesaja hat gesagt: Aus diesem Stumpf läßt Gott einen neuen Trieb wachsen. Und so wird es mit unserem Land sein. Es kann zerstört werden, aber es wird ein neuer Herrscher für uns kommen. Der wird anders sein als alle Könige und Herrscher vorher. Er wird ein Friedensherrscher sein. Auf ihm wird Gottes Geist sein. Er wird nicht mit Gewalt und Soldaten regieren, sondern mit Weisheit, denn Gott selbst wird sein Ratgeber sein.

2. Seite (eine Waage für die Gerechtigkeit, auch erst die Kinder erzählen lassen, was sie bedeuten könnte)

Der neue Herrscher wird gerecht sein. Er wird die Armen nicht übersehen, sondern gerade für ihre Rechte siegen. Sie sollen satt werden, sie sollen wohnen können. Diejenigen, die ihnen Gewalt antun wollen, wird er allein durch die Kraft seiner Worte schlagen können, sie werden keine Chance mehr haben.

3. Bild (Baum, Löwe, Lamm)

Die Welt wird sich ganz verwandeln, wenn dieser neue Herrscher da ist. Kein Geschöpf wird einem anderen mehr Leid zufügen. Ein Löwe und ein Lamm können nebeneinander auf der Weide sein. Er wird es nicht fressen. Ein kleines Kind kann mit einer giftigen Schlange spielen, sie wird es nicht beißen.

Das sind die Visionen der Propheten, die die Großmutter erzählt hat. Dem Jungen hat das letzte Bild besonders gefallen. „Wie schön wäre es, wenn kein Geschöpf mehr einem anderen Leid zufügt", dachte er. „Ob so ein Herrscher noch kommt?" Er fragt die Großmutter. Sie sagt: „Ich habe Vertrauen zu dem Bild vom Baumstumpf, aus dem ein neuer Zweig treiben wird. Weißt du, es kann immer Gewalt und Ungerechtigkeit geschehen, die alles, was gut ist, zerstören. Aber ich glaube fest, daß Gott den Friedensbringer, den gerechten Herrscher, eines Tages schicken wird. Deshalb will ich mich nicht fürchten und ich will selbst schon Frieden machen, wo ich kann. So, und jetzt gehen wir zum Markt." (Wenn die Bilder oder ein Bild mit den Kindern weiter ausgestaltet werden, kann im Gespräch weiter erzählt werden, was uns selbst ermutigt, wie wir schon einmal Gerechtigkeit und Frieden gespürt haben.)

Gebet

(Große Kerze in der Mitte, alle stehen dicht im Kreis, evtl. an den Händen gefaßt; nach jeder Fürbitte weitet sich der Kreis und kommt für die nächste Bitte wieder zusammen.)

Wie das Licht der Kerze sich ausbreitet, so soll Gottes Frieden sich unter den Menschen ausbreiten.

Wir bitten dich, Gott, für alle Menschen, die in Kriegsgebieten leben (evtl. Länder nennen).

Laß den Wunsch nach Frieden so stark werden, daß der Krieg beendet wird.

Wir bitten dich, Gott, höre uns…

Wir bitten dich für alle Menschen, die in Armut leben, stärke alle, die sich für Gerechtigkeit einsetzen, daß niemand in Not leben muß.

Wir bitten dich, Gott, höre uns…

Wir bitten dich für alle Kinder auf dieser Welt, daß sie stark sind, daß sie mutig werden, daß sie spüren: Du bist das, dein Frieden ist ihnen und uns versprochen, darauf verlassen wir uns, und darum bitten wir dich.

Wie das Licht der Kerze sich ausbreitet, so soll Gottes Frieden sich unter den Menschen ausbreiten. Amen.

Ursula Trippel, Darmstadt

XVI Weihnachten – Jesus ist geboren

Lied: Stern über Bethlehem, LJ 326, LfK 2 20, MKL 131, ML B 30

Liturgischer Text: Jesaja 60,1–3

Sonntag	Text/Thema	Art der Zusammenkunft Methoden und Mittel
24.12.1998 Heiligabend	Matthäus 1,18–25	Christvesper Erzählung und darstellendes Spiel (8 Personen, Requisiten s. u.), Umzug der Kinder, Fürbitten
25.–27.12.1998 Christfest – 1. Sonntag nach dem Christfest	Lukas 1,1–20	Gottesdienst mit jüngeren Kindern (und Eltern) Erzählung mit nachspielen und verkleiden

24.12.1998 – Heiligabend – Matthäus 1,18–25

Christvesper

Lieder: Stern über Bethlehem, LfK 2 20, LJ 326 MKL 131
Stille Nacht, EG 46, LJ 46
Lobt Gott, ihr Christen, EG 27, KGB 71, LJ 34
Ihr Kinderlein kommet, EG 43, KGB 82, LJ 44

Vorbemerkung

Jesus ist der Messias – nicht nur für die Juden, sondern für die ganze Welt. Matthäus erzählt von Jesu Geburt so, daß daran kein Zweifel bleibt: Sogar aus dem fernen Babylon kommen Gelehrte, um dem königlichen Kind in der Krippe zu huldigen. Diesen Leitgedanken der matthäischen Weihnachtsgeschichte haben wir in dieser Christvesper aufgenommen. Aus allen Himmelsrichtungen machen sich Menschen auf den Weg, um das Kind in der Krippe zu suchen. Welcher Stern wird ihnen den Weg weisen? Die Verknüp-fung mit Mt 25,40b macht deutlich: Für uns führt der Weg zur Krippe, zum verheißenen Messias, über den notleidenden Menschenbruder und die notleidende Menschenschwester. Das im Wesentlichen pantomimische Spiel, das nach einer Idee von Lene Mayer-Skumanz entstanden ist, eignet sich für große, akustisch schwierige Kirchenräume. Dadurch, daß der gesamte Kirchenraum mit in die Gestaltung einbezogen wird, kann jeder an seinem Platz etwas vom Spiel hautnah erleben.
Für die Gestaltung sind folgende Requisiten nötig:

– Fische, die aus Pappe ausgeschnitten und mit Silberfolie beklebt werden,
– eine Medizinflasche,
– ein Indianerzelt,
– ein Stoffballen,
– eine Milchkanne,
– zwei große Sterne mit Schweif aus Pappe, die beiderseitig mit Goldfolie beklebt werden. Der eine Stern wird in fünf Einzelteile zerschnitten.

Ablauf der Christvesper

Begrüßung
Lied: Es ist ein Ros entsprungen, Str. 1–3
Gebet
Lied: Stille Nacht
Weihnachtsspiel „Der Stern"
Lied: Stern über Bethlehem
Fürbitten / Vaterunser
Lied: Lobt Gott, ihr Christen alle gleich, dabei Sammlung der Kollekte
Umzug der Kinder
Dabei Lied: Ihr Kinderlein kommet
Verteilen der Faltkarten
Lied: O du fröhliche
Segen

Weihnachtsspiel „Der Stern"

Erzähler: Als Jesus geboren wurde, da geschah dies ganz in der Stille – abseits vom bunten Treiben und Leben der Stadt Betlehem. Es geschah in einem Stall am Rande der Stadt. Wie haben es denn die Menschen erfahren, daß ein so besonderes Kind geboren worden war? Damals gab es ja noch keine Zeitung, kein Radio und kein Fernsehen. Wer die Weihnachtsgeschichten der Bibel kennt, der weiß, wie die Menschen den Weg zur Krippe fanden: Da waren die Engel, Gottes Boten. Sie kamen zu den Hirten auf dem Felde und sagten ihnen: „Euch ist heute der Heiland geboren, in Bethlehem. Und das soll euer Zeichen sein: Ihr werdet das Kind in einem Stall finden. Es liegt, in Windeln gewickelt, in einer Futterkrippe." So fanden die Hirten das Jesuskind. Anderen Menschen wurde ein anderes Zeichen geschickt: Für sie leuchtete ein besonders heller, strahlender Stern am Himmel auf und führte sie zum Kind im Stall. So fanden die Weisen aus dem Morgenland das Kind. Wie aber können wir Jesus finden? Davon erzählt die Geschichte, die ihr jetzt hören und sehen werdet. Ja – auch heute noch gibt es Boten, die uns den Weg zu Jesus zeigen. Wir müssen nur unsere Augen und Ohren aufmachen und auch unsere Herzen und Hände, damit wir Gottes Boten erkennen und nicht übersehen.

(**Bote** tritt auf. Er trägt einen alten, schäbigen Umhang.)

Erzähler: Der Bote in unserem Weihnachtsspiel hat keine Engelsflügel, wie wir es von den Weihnachtsbildern kennen. Er trägt auch kein leuchtendes Kleid. Ihr seht ihn hier stehen – arm und unscheinbar – in einem Bettlergewand. Doch seht, was er in seiner Hand hält: den Weihnachtsstern, das Zeichen, das uns den Weg nach Betlehem zum Kind in der Krippe zeigen will.
Aber nun versteckt er es wieder unter seinem Bettlergewand. (Bote hockt sich auf den Boden.)
Viele Leute gehen am Bettler vorüber. Die meisten haben es eilig. Sie wollen wohl schnell nach Hause und Weihnachten feiern. Sieht denn keiner den Bettler am Straßenrand? Bleibt denn niemand ste-

hen? – Aber da sehe ich, daß in der Ferne noch mehr Menschen unterwegs sind. Aus allen Himmelsrichtungen kommen sie: aus dem Norden, aus dem Süden, dem Osten und dem Westen. Überall, wo auf der Erde Weihnachten gefeiert wird, da sind Menschen unterwegs, die zu Jesus wollen, um ihm ihr Geschenk zu bringen. Werden sie den Boten und sein Zeichen entdecken? Doch seht! Da kommen **zwei Leute** heran. Sie haben einen weiten Weg hinter sich, **aus dem hohen Norden** sind sie hergekommen. In Kälte und Frost sind sie gereist, durch Eis und Schnee, zuerst mit dem Hundeschlitten, das letzte Stück zu Fuß. Sie suchen das Kind in der Krippe. Sie wollen ihm ihr Geschenk bringen. Ob sich Jesus und seine Eltern über die Fische freuen werden, die sie selber gefangen haben? Aber was ist das? Hört nur!

Bettler: „Ich habe Hunger! Bitte, helft mir!"

Erzähler: Die beiden bleiben stehen und schauen sich ratlos an. Was sollen sie tun? Die Fische sind doch für das Jesuskind bestimmt. Wenn sie sie dem Bettler geben, dann haben sie kein Geschenk mehr. Aber der Mann sieht wirklich hungrig aus! Und so halten sie ihre Fische kurzentschlossen dem Bettler hin. Der nimmt sie. Dann greift er unter seinen Mantel und holt etwas Glitzerndes hervor.

Bettler: „Nehmt dies als Dank, es wird euch zum Ziel führen".

Erzähler: Verwundert betrachten die beiden die Gabe des Bettlers. Eine Spitze, die glänzt und glitzert wie Gold – was sie wohl bedeuten mag? Nachdenklich gehen sie weiter.
Da nähert sich wieder jemand. Es ist **eine Frau.** Sie sieht fremdländisch aus. Wo mag sie herkommen? Ihre Heimat liegt weit im Süden, da, wo die Sonne heiß und brennend am Himmel steht, wo es Wüsten gibt und wo das Wasser zum kostbarsten Gut der Menschen gehört. Auch sie trägt ein Geschenk in der Hand, das für Jesus bestimmt ist: eine kleine Flasche. Darin ist

Medizin, gewonnen aus vielerlei Heilkräutern ihrer Heimat. Viele Pflanzen hat sie gesammelt, getrocknet, ausgepreßt, um dieses kleine Fläschchen Medizin herzustellen. Es könnte ja sein, hat sie bei sich gedacht, daß das Kind oder die Mutter krank werden. Dann wird es gut sein, wenn sie diese Medizin haben. – Sie ist so in ihren Gedanken versunken, daß sie den am Boden kauernden Mann gar nicht bemerkt.

Bettler: „Ich bin schwach und krank! Bitte, hilf mir!"

Erzähler: Erschrocken bleibt die Frau stehen. Was soll sie tun? Die Medizin ist sehr kostbar, und sie ist für das Christkind bestimmt. Unmöglich! Sie kann dem Bettler nicht helfen!
Langsam geht sie weiter. Aber ihre Gedanken lassen ihr keine Ruhe. Was ist, wenn der Mann sterben muß, weil sie ihm nicht geholfen hat? „Nein, das kann ich nicht verantworten", denkt sie. Kurzentschlossen kehrt sie wieder um. Sie geht zum Bettler hin und reicht ihm die Flasche. Der greift wieder unter seinen Mantel und reicht auch der Frau einen glitzernden Zacken.

Bettler: „Nimm dies als Dank, es wird dich zum Ziel führen!"

Erzähler: Verwundert betrachtet die Frau das Geschenk des Bettlers. Dann steckt sie es ein. Sie wird es mit nach Hause nehmen als Andenken an diese merkwürdige Begegnung.
Und wieder nähern sich **zwei Menschen** dem Bettler. Auch sie sind lange unterwegs: **Aus Mexiko** sind sie gekommen. Sie haben sich durch Musik ihre Reise verdient. Auf Straßen und Plätzen haben sie musiziert, und nachts haben sie ihr Zelt aufgeschlagen. Dieses Zelt soll ihr Geschenk für das Jesuskind sein. Denn so ein Zelt ist genau das Richtige für Jesus und seine Eltern. Wenn es kalt wird oder regnet, dann wird das Kind immer ein Dach über dem Kopf haben.

Bettler: „Ich bin obdachlos. Bitte, helft mir!"

Erzähler: Die beiden bleiben stehen und schauen den Bettler mitleidig an. „Armer Menschenbruder", denken sie. „Wir wissen auch, was es bedeutet, arm zu sein und kein Dach über dem Kopf zu haben. Aber dieses Zelt ist für das Jesuskind bestimmt. Was sollen wir jetzt tun?" Sie gehen ein Stück beiseite und reden flüsternd miteinander. Wie werden sie sich entscheiden? Doch seht! Sie gehen zum Bettler und geben ihm das Zelt. „Nimm du es. Du brauchst es. Wir werden dem Christkind stattdessen ein wenig Musik vorspielen. Bestimmt wird es sich auch darüber freuen." Da greift der Bettler wieder unter seinen Mantel.

Bettler: „Nehmt dies als Dank – es wird euch zum Ziel führen".

Erzähler: Während die beiden verwundert die Gabe des Bettlers betrachten, nähert sich **eine Frau.** Sie kommt **aus dem Osten,** aus dem Land der aufgehenden Sonne. Gerade hält sie Ausschau nach einem Platz, wo sie sich ein wenig ausruhen und das Paket mit der kostbaren Seide ablegen kann, da hört sie die Stimme des Mannes, der dort am Boden kauert:

Bettler: „Ich friere! Bitte, hilf mir!"

Erzähler: Die Frau blickt sich unsicher um. Meint der Bettler etwa sie? Die Seide ist für das Jesuskind bestimmt. Denn wer, wenn nicht das göttliche Kind, wäre würdig, in Seide gekleidet zu werden? Aber Seide für einen Bettler? Das kann doch wohl nicht ernst gemeint sein! Aber der Mann friert. Zögernd reicht die junge Frau dem Bettler das Paket mit der Seide hin. Und auch für sie holt der Mann einen glitzernden Zacken unter dem Mantel hervor.

Bettler: „Nimm dies als Dank – es wird dich zum Ziel führen".

Erzähler: „Wie der Schwanz eines goldenen Vogels", denkt die Frau. „Welcher Vogel mag ihn verloren haben?" Sie steckt die Gabe des Bettlers ein und macht sich wieder auf den Weg.

Mit eiligen Schritten kommt **eine Frau** heran, ein wenig außer Atem vom schnellen Gehen. So vieles war für das Fest vorzubereiten: die Einkäufe, das Essen, der Baum. Nun aber soll auch das Jesuskind zu seinem Recht kommen. Sonst würde dem Weihnachtsfest doch irgend etwas fehlen. Sie hat eine Kanne Milch mitgenommen. Das ist etwas Nützliches und wird dem Jesuskind guttun. Während sie eilig dahingeht, dringt die Stimme des Bettlers an ihr Ohr:

Bettler: „Ich habe Durst ! Bitte, hilf mir!"

Erzähler: Ein wenig unwillig bleibt sie stehen. Das hat gerade noch gefehlt! Nun wird sie zu spät kommen. Und die Weihnachtsstimmung ist auch dahin. Aber dann sieht sie den Bettler genauer an, und Mitleid regt sich in ihr. So ein armer Mensch! Soll er doch auch ein wenig Weihnachten haben! Und der Bettler gibt ihr den letzten goldenen Zacken, den er unter dem Mantel verborgen hatte.

Bettler: „Nimm dies als Dank – es wird dich zum Ziel führen"

Erzähler: Wie wird es weitergehen? Werden die Menschen aus Nord und Süd, aus Ost und West das Jesuskind finden? Seht, da kommen sie heran. Ihre Wege kreuzen sich. Sie bleiben stehen. Sie schauen einander an. Jeder hält eine goldene Zacke in seiner Hand und betrachtet erstaunt die Zacken der anderen. Ihr auch? Habt ihr auch das gleiche Ziel wie wir? So fragen sie verwundert. Und dann hält plötzlich einer seinen Zacken in die Mitte. Und die anderen tun es ihm nach. Da fügen sich die Teile wie von selbst zusammen. Ein Stern, ein wunderschön strahlender goldener Stern leuchtet auf. Und während sie noch staunend auf den Stern schauen, steht plötzlich der Bettler neben ihnen. Ganz anders sieht er jetzt aus, fast wie ein Engel!

Bote: „Seid willkommen, ihr seid am Ziel!"

Erzähler: Da sehen sie die Krippe, zu der sie so lange unterwegs gewesen waren. Und an der Krippe liegen all ihre Geschenke: die Fische, die Medizinflasche, das Zelt, die Seide und die Milchkanne. Merkwürdig! Das Jesuskind hat alles bekommen, was sie dem Bettler, dem armen Menschenbruder geschenkt haben! Ja, so einfach kann es sein, Jesus zu finden. Denn, so sagt Jesus, „was ihr getan habt für einen von meinen geringsten Brüdern, das habt ihr für mich getan". Amen

Fürbitten

Jesus, du Kind in der Krippe, Sohn Gottes und unser Bruder!
Dir möchten wir begegnen an deinem Geburtstag.
Du aber weist uns an die Menschen, die in Not sind. In ihnen willst du dich finden lassen.
So bitten wir heute besonders für alle Menschen, die hungern und frieren, die obdachlos und auf der Flucht sind,
für die Kranken und Einsamen, für die Traurigen und Verzweifelten. Gib uns offene Augen und Herzen, daß wir nicht an ihnen vorübergehen, wenn wir ihnen begegnen.
Laß uns und alle Menschen froh werden, und hilf, daß es durch uns heller wird auf dieser Erde.
Wir beten gemeinsam: Vater unser im Himmel...

Ansage zum Umzug der Kinder

Nun dürft ihr Kinder euch auf den Weg zur Krippe machen – zusammen mit den Menschen aus der ganzen Welt, die unterwegs sind, um Jesus zu finden: mit den Eskimos und der Frau aus Afrika, mit den Mexikanern und der Japanerin und mit der Frau aus unserem eigenen Land. Sie alle erwarten euch jetzt an der Seite im Kirchenschiff und wollen mit euch zur Krippe gehen. Und wir Erwachsenen singen dabei das Lied: Ihr Kinderlein kommet.

Segen

Es segne euch der freundliche und barmherzige Gott. Und der Weihnachtsstern lasse auch euch den Weg zum Kind in der Krippe finden und darüber froh werden.
Amen

Dorothea Creutzburg, Stendal

25.–27.12.1998 – Christfest – 1. Sonntag nach dem Christfest – Lukas 2,1–20

Die Geschichte von den armseligen Hirten

Lieder: *Kommet, ihr Hirten, KGB 84, EG 48, LJ 47,*
Seht, die gute Zeit ist nah, EG 18, LJ 28, LZU I 81
Tragt in die Welt nun ein Licht, EG Regionalteil, LJ 327, LZU I 85, MKL 132

Liturgischer Text: Jesaja 60,1–3

Zum Text

Hirten waren die ersten Besucher der jungen Familie.
Sie repräsentieren das Volk des Alten Bundes, stehen in der Tradition von Abraham und David und sind damit diejenigen, die auf den verheißenen Sohn, auf den Messias warten. Zugleich sind die Hirten aber auch armselige Menschen und stehen auch für die Erniedrigten und Beleidigten, die gering Geachteten in ihrer Zeit. Sie werden von der Engelsbotschaft im Kern ihres Wesens getroffen: Furcht und Freudlosigkeit, aber auch Hoffnung und Glaubensbereitschaft.
Während wir aus der Kunst und von Krippenspielen die Anbetung der Hirten kennen, wird im Text lediglich vom Finden und Sehen gesprochen. Aber das entspricht ihren Voraussetzungen: Die Hoffnungsträger sind ans Ziel gekommen, wenn sie „gefunden" haben. Die einfachen, oft abseits stehenden Menschen dürfen „sehen", das heißt, sie dürfen dabei sein.

Der Text und die Kinder

Wenige Kinder kennen aus ihrer Lebenswelt Hirten, und wahrscheinlich verwenden sie dann in unserer Gegend als Berufsbezeichnung eher Schäfer. Aber in der Weihnachtszeit begegnen Hirten auf Bildern, in Liedern, als Krippenfiguren und im Krippenspiel.
In diesem Gottesdienst erfahren die Kinder, was die weihnachtliche Botschaft den Hirten bedeutet.

Wir erzählen die Geschichte von den armseligen Hirten so, daß die Kinder sie mitgestalten können. Ich empfehle, den mitspielenden Kindern einfarbige Tücher (70 x 70 cm) umzuhängen und einen Hirtenstab zu geben. Alles weitere ergibt sich aus der Erzählung. Gespielt wird im Kreis, im Altarraum oder wo Platz ist. Nicht das Vorspielen ist hier das Entscheidende, sondern das Dabeisein. Wenn Eltern an dem Gottesdienst teilnehmen, können sie sich eher auf die Botschaft konzentrieren, wenn sie nicht gleichzeitig auf ihre Kinder in den Bänken aufpassen müssen.

Gestaltungsvorschlag (besonders geeignet) für jüngere Kinder

Vorspiel

Begrüßung

Wir feiern miteinander Weihnachten, weil Jesus Christus, unser Bruder und Freund, geboren ist. Er hat gesagt: Ich bin das Licht der Welt. Wer zu mir kommt, bleibt nicht im Finstern. Amen. Wir sehen uns um und entdecken, wo überall Licht zu sehen ist…

Lied: Tragt in die Welt nun ein Licht

Liturgischer Text

Lied: Seht, die gute Zeit ist nah

Einladung

Wir wollen die Weihnachtsgeschichte spielen. Dazu lade ich alle Kinder ein: Kommt hierher auf den Teppich. Alle können mitspielen. Und wenn die Eltern Lust haben, können sie sich dazusetzen.

Erzählung

Es ist Nacht. Hirten hüten ihre Schafe. *(Die Hirten werden verkleidet, manche Kinder spielen auch gern Schaf.)* Die Schafe schlafen ja in der Nacht. Die Schäfer dürfen nicht schlafen. Sie sitzen an einem kleinen Feuer zusammen und erzählen sich etwas. Zwischendurch passen sie auf, ob alles ruhig bleibt und kein wildes Tier herumschleicht oder ob böse Schafräuber kommen. Mit festem Griff halten sie die langen Stöcke fest. Es sind rauhe Burschen, diese Schafhirten. Sie lassen sich nichts gefallen, und es soll ja keinem einfallen, sich mit ihnen anzulegen.

Aber so stark wie sie sind, so arm sind sie. Die Schafe gehören ihnen nicht. Sie kriegen nur ein bißchen Lohn, und wenn mal ein Tier verloren geht, dann wird es ihnen gleich vom Lohn abgezogen. Und weil es ihnen nicht gut geht, erzählen sie auch meist traurige Geschichten am Lagerfeuer: Die Politik ist schlecht. Der Kaiser von Rom unterdrückt sie, sagen sie dann. Und die Wirtschaft ist schlecht: Alles ist zu teuer. Und die Reichen betrügen die Armen. Die Schafhirten finden immerzu etwas zu klagen und zu jammern. Aber sie finden nichts zum Freuen. Schlechte Zeiten sind das. Keine Treue, keine Liebe, keine Ehrlichkeit. So sitzen sie da, die armseligen Hirten.

Manchmal erzählen sie auch von früher. Da gab es Hirten! Einer hieß Abraham, ein anderer David. So einer müßte einmal wiederkommen! Dann würde alles besser sein! Plötzlich wachen die Schafe auf. Sie klingeln mit den Glöckchen, sie fangen an zu blöken. Es ist noch Nacht, aber die Tiere benehmen sich, als sei es Morgen, und als ginge es auf Futtersuche. Mit einem Satz sind die Schafhirten auf den Beinen. Da merken sie, es ist taghell auf dem Berg. Und da steht ein Engel zwischen den Schafen *(Ein Kind bekommt ein weißes Tuch um und eine Kerze in die Hand)* und spricht zu ihnen:

„Fürchtet euch nicht", sagt der Engel, „fürchtet euch nicht!" Er hat wohl gemerkt, was die Hirten für einen Schreck bekommen haben. Sie waren so trübsinnig – und dann so etwas!

„Fürchtet euch nicht, denn siehe, ich verkündige euch große Freude, die für alle Leute bestimmt ist, für alle Leute, also auch für euch armselige Gesellen, große Freude, denn euch ist heute der Heiland geboren. Hier in eurem Betlehem, in der Davidstadt. Geht hin, ihr werdet finden das Kindchen in Windeln gewickelt und in einer Krippe liegen!"

Dann ist der Engel nicht mehr zu sehen. Die Hirten sehen sich an, sie kneifen sich in den Arm. Was war das?

„Was hat der Engel gesagt? Weißt du es noch?"

„Von Betlehem hat er gesprochen."

„Und von großer Freude für alle, auch für uns."

„Und von einem Kind hab ich etwas gehört. Ein Kind ist geboren. Der Heiland soll es sein."

„Der Heiland? Der Heiland! Als ich Kind war", sagte der eine armselige Hirte, „als ich Kind war, da habe ich davon gehört. Wenn der Heiland kommt, so steht es geschrieben, dann werden die Menschen heil, die Traurigen froh und die Müden munter. So war das mit dem Heiland."

„Und der ist jetzt gekommen, hat der Engel verkündet. Euch ist der Heiland geboren! Los, das sehen wir uns an!"

„Eh, wo willst du denn hin? Es gibt so viel Häuser in Betlehem."

„Na, wo eine Krippe ist."

„Eine Krippe? Woraus die Ochsen fressen?"

„Ja, und die Esel auch. Und wo sind Ochsen und Esel?"

„Im Stall natürlich. Wir brauchen nur die Stallhöhlen abzusuchen. Dann werden wir den Heiland schon finden."

In der Aufregung vergessen sie, die Schafe einzusperren. Und zurückbleiben will natürlich auch keiner. So hat in dieser Nacht niemand auf die Schafe aufgepaßt. Es ist ihnen auch nichts passiert.

(Wenn es geht, gestalten wir auch den Marsch der Hirten musikalisch, oder wir singen „Kommet, ihr Hirten".)
Die armseligen Hirten wissen, wohin sie gehen müssen. Sie laufen schnurstracks zur nächsten Stallhöhle. Sie gehört einem Gastwirt aus Betlehem. Es könnte sein, denkt der älteste Hirte, daß der Wirt sogar dort Gäste untergebracht hat.
Vorsichtig nimmt er den schweren Vorhang beiseite. Ein schwaches Feuer brennt in der Mitte. Und hinten an der Wand, da, wo die Futterkrippe ist, da sind Menschen. *(Maria und Josef werden eingekleidet.)* Eine Frau und ein Mann. Der Mann redet beruhigend auf die Frau ein. Er wendet sich mal ihr zu, mal dreht er sich zur Futterkrippe. Die Frau liegt auf dem Stroh am Boden. Sie richtet sich auf. Der Mann stützt sie. Jetzt sehen beide in die Krippe, sie lachen oder weinen, das kann der Mann am Vorhang nicht erkennen. Vorsichtig tritt er näher. Und die anderen kommen sofort hinterher. Jetzt sehen sie, was die beiden so freut: In der Futterkrippe liegt ein Baby, mit kleinen Händchen, die lustig hin und her rudern, und das Baby hat eine Schnute. Die Hirten stoßen sich an, damit sie nicht laut losprusten vor Lachen. Die Frau und der Mann haben sie bemerkt: „Kommt her, seht ihn euch an, unseren Jesus."
„Der Heiland", sagt der älteste Hirte. Und die anderen erzählen, was sie von dem Engel über das Kind gehört haben, von der großen Freude für alle Menschen.
Der Mann sagt dann: „Ich heiße Josef und das ist Maria. Wir sind nicht von hier. Wir mußten herkommen, der Kaiser hat es befohlen. Wir kommen aus Nazaret."
„Oh, das ist weit", sagt der jüngste Hirte, „ich war schon einmal dort."
„Und als wir hier waren", sagt Maria, „da war kein Platz für uns. Obwohl meine Vorfahren von hier sind. David zum Beispiel."
„Richtig, die Davidstadt hat der Engel genannt", sagt der mittlere Hirte.
„Ja, so haben wir keinen anderen Platz gefunden in der Stadt. Niemand hat uns aufgenommen. Nur dieser Gastwirt hat uns seinen Stall angeboten. Hier kam der Heiland zur Welt", sagt Maria.
Lange sitzen sie noch beieinander in dieser Nacht: die armseligen Hirten und die wohnungslose Familie Maria, Josef und der kleine Jesus.
Maria und Josef erzählen, daß so viele Menschen auf den versprochenen Retter gewartet hätten.
Die armseligen Hirten erzählen von der Freude, die ihnen der Engel verkündet hat.
Endlich verabschieden sie sich. Auf dem Weg nach Hause jammern und klagen sie nicht. Sie sprechen von der großen Freude, die sie erfahren haben. Sie erzählen davon, allen, die ihnen begegnen. Und diese staunen: Sind das noch die armseligen Hirten?

Lied: Seht, die gute Zeit ist nah

Martin Seidel, Neustrelitz

248